JN418574

고등교육기관들의 학문목적 영어강의:

사례 및 원리

머릿말

오늘날 전 세계적으로 대학을 비롯한 고등교육기관들 간에 자신들의 글로벌 위상을 높이기 위해 치열한 경쟁을 벌이고 있다. 고등교육기관들의 경쟁은 고등교육 국제화의 산물로서, 날로 확산되는 신자유주의 경제 흐름 속에서 각국 정부들은 고등교육기관들이 창출하는 경제적 부가가치의 중요성을 인식하고 자국의 고등교육기관들의 글로벌 경쟁력을 신장하기 위해 다양한 노력을 경주하고 있다.

본 저서에서는 고등교육의 국제화를 초래한 다양한 요인들을 살펴보고, 고등교육 국제화 수단으로서 우리나라를 비롯한 전 세계 고등교육기관들이 적극적으로 활용하고 있는 학문목적 영어강의에 대해 주요 사례들을 제시하며 설명한다. 다음으로 고등교육기관들의 학문목적 영어강의의 기초 원리들을 제시하고, 효과적 학문목적 영어강의 실시를 위해 요구되는 교수자의 역량과 학습자의 역량들에 대해 설명한다.

오늘날 우리나라 대학들마다 국내외적 경쟁력 제고를 위한 수단의 일환으로 전공과목 영어강의를 확대하는 추세를 보이고 있으나, 영어강의의 영어교육학적 원리에 대한 이해가 부족한 교수자와 학습자에 대한 배려 없이 실시되고 있어서, 영어강의의 효과성과 만족도에 대한 우려가 커지고 있다. 본 저서는 대학을 비롯한 고등교육기관들에서 학문목적의 영어강의에 대한 기본 원리들을 설명함으로써, 학문목적 영어강의 제도가 보다 효과적으로 운영될 수 있도록 도움을 주고자 한다.

본 저서 집필을 위해 지원해준 한국연구재단에게 깊은 감사의 마음을 전한다. 본 저서의 편집과 출판을 도와주신 루시드-i 와 숭실대학교출판부에도 감사의 마음을 전한다.

2018년 8월

CONTENTS

제 4장

고등교육기관들의 학문목적 영어강의 사례

제 5장

내용 · 언어 통합 프로그램

제 6장

학문목적 영어강의의 이론적 기초

제 7장

학문목적영어 교수요목 개발

제 8장

영어강의 교수자 역량

제 9장

내용보호 언어교수 관찰프로토콜

제 10장

영어강의 학습자의 학습역량

부록 1

참고문헌

색 인

제 1장.
글로벌화와 고등교육기관의 국제화

제1장.
글로벌화와 고등교육기관의 국제화

21세기 들어서 전 세계 국가들은 저마다 글로벌화를 국가적 어젠다로 설정하여 자국의 글로벌 경쟁력을 높이기 위해 치열한 노력들을 경주하고 있다. 글로벌화는 오늘날 인류의 모든 생활 영역에 심대한 영향을 미치고 있는 바, 교육 분야, 특히 대학을 비롯한 고등교육분야도 예외가 아니어서 고등교육은 글로벌화와 분리하여 논할 수 없게 되었다.

1.1. 글로벌화

글로벌화 개념에 대한 접근은 정치경제적 영역과 문화적 영역의 두 거시적 영역을 중심으로 진행되어 왔다. Ritzer 와 Atalay(2011)는 정치경제적 영역에서의 글로벌화를 문명, 동양주의/식민주의/탈식민주의, 신자유주의, 구조조정, 국가, 초국가주의, 세계체제, 제국, 네트워크 사회와 정보화, 세계 위험사회 및 사해동포주의, 맥월드(McWorld)와 지하드(Jihad) 등 다양한 차원에서 관련 학자들의 연구들을 소개하고 있고, 문화적 영역에서의 글로벌화에서는 크레올화/혼종화/글로컬화, 맥도널드화, 세계문화 등의 관점에서 관련 학자들의 분석을 소개하고 있다.

글로벌화 과정의 핵심적 특성은 과거에 비해 국가 간 상호의존성이 심화되고 통합을 향한 이동이 활발하게 진행되는 것이다. 과거에는 국가 내부 지역, 국가, 대륙, 전 세계 간의 차별성을 야기했던 지리적 개념들이 이들 간의 중복성과 상호침투가 복잡하게 이루어지는 네트워크 세상에서는 더 이상 작동할 수 없게 되었다. 즉 공간적 경계를 벗어나 상이한 국적의 사람들 간에 공통의 가상 공동체가 형성되고 있다. 글로벌화 과정을 통해 기존의 전통적 정치, 경제, 문화, 지리적 경계를 뛰어넘는 새로운 사회적 네트워크 및 활동들이 창조되고, 또한 기존의 사회적 네트워크 및 활동들이 증폭되며, 사람들 간의 사회적 관계, 활동, 상호의존성이 확장되고 신장된다. 이러한 글로벌화 과정은 단지 객관적, 물질적 차원에서만 발생하지 않고 인간 의식의 주관적 측면도 포함하고 있다. 즉, 글로벌화는 시공을 초월한 공동체의 거시적 구조와 개인의 미시적 구조를 모두 포함하고 있다.

글로벌화는 기본적으로 불균형적 과정으로서 세계 다양한 지역의 사람들이 거대한 사회구조 및 문화적 영역의 변화로 인해 상이한 방식으로 영향을 주고받고 있다. 글로벌화 개념에 대해서는 다양한 논쟁이 벌어지고 있는데 이유 중 하나는 학자들 간에 어떤 종류의 사회적 과정이 글로벌화의 본질인가에 대해 합의점이 없기 때문이다. 학자들 간에 글로벌화의 정의에 대한 상이한 견해가 존재하는 만큼이나 글로벌화의 규모, 원인, 역사, 영향, 결과 등에 대해 견해들이 상이하다.

Steger(2009)는 글로벌성(globality)과 글로벌화(globalization)를 구분한다. 그에 의하면 글로벌성은 전 세계에 걸쳐 사람들 상호 간에 강력한 경제적, 정치적, 문화적, 환경적 상호 연계와 이동으로 인해 기존의 다양한 경계들이 무너지는 사회적 조건을 지칭하고, 글로벌화는 오늘날 약화되고 있는 국가성(nationality)을 글로벌성(globality)으로 전환시키는 일련의 사회적 과정을 지칭한다. 즉, 한 국가의 정치, 경제, 문화, 환경적 경계가 무너지면서 폐쇄적 국가성이 사라지고 초국가화하는 과정을 글로벌화로 보고 있다. 이러한 글로벌화 과정은 인간의 접촉형태를 과거와는 근본적으로 다르게 변화시키고 있다. Steger는 이러한 글로벌화 개념이 다음의 세 가지 주장을 함의하는 것으로 보고 있다. 첫째, 18세기 이후 점진적으로 전개되어온 현대국가성(modern nationality)에서 서서히 탈피하고 있다. 둘째, 인류는 포스트모던적 새로운 글로벌성 조건들을 향해 나아가고 있다. 셋째, 그러나 아직 포스트모던적 새로운 글로벌성 단계에는 이르지 못하고 있다.

Steger는 글로벌화를 새로운 현상이라기보다는 역사적으로 되풀이되어온 반복적 현상이라고 보고 있는데, 그에 의하면 인류 역사상 선사 시기(10000 BC – 3500 BC), 근세이전 시기(3500 BC – 1500 BC), 근세 초기 시기(1500 BC – 1750), 근대 시기(1750 – 1970), 현재(1970 ~) 동안 다섯 차례의 글로벌화 주기를 겪어왔다. 각 시기별로 글로벌화가 진행되었는데 주목할 점은 근대 시기 이후의 글로벌화 과정이 이전 시기에 비해 양적, 질적인 면에서 엄청난 차이를 보이고 있다는 것이다. 즉, 운송혁명, 통신기술 발전, 방송매체 혁명, 폭발적 인구 증가 등으로 인해 이전과는 비교할 수 없을 정도의 급속한 글로벌화를 경험하게 되었다. Steger는 글로벌화를 경제적 차원, 정치적 차원, 문화적 차원, 생태적 차원, 이념적 차원의 다섯 차원에서 소개하고 있는데 이중 정치적, 경제적, 문화적 차원의 글로벌화를 간단하게 정리하면 다음과 같다(ibid: 38–84).

정치적 글로벌화:

정치적 글로벌화는 전 세계에 걸쳐 정치적 상호관계들이 강화되고 확장되는 현상을 지칭하며 이러한 과정은 국가주권 원리, 정부 간 기구들의 영향력, 지역적 거버넌스 및 글로벌 거버넌스 들에 대해 중요한 정치적 이슈들을 제기한다. 학자들은 오늘날의 국가체제의 기틀이 유럽의 종교개혁 이후 유럽국가들 간의 종교전쟁을 종식시킨 1648년 베스트팔렌 조약(Peace of Westphalia)으로 마련되었다고 본다. 이는 주권 및 영토성 원리와 국가들 간의 동등한 자결권 원리에 입각하여 새로운 개념의 국제법을 점진적으로 발전시킨 계기가 된 것으로 인식되고 있다. 웨스트팔리아 평화조약 이후, 유럽을 중심으로 정치권력의 중앙집권화, 국가행정의 확장, 전문적 외교의 발전, 국가의 강압수단의 독점화 등으로 특징지어지는 근대 국가들이 수립되었다.

오늘날 세계는 현대적 국가체제로부터 포스트모던 형태의 글로벌 통치체제로 전환되고 있다. 현대적 국가체제는 개별 국가의 존재적 안정성과 역사적 연속성을 심어주면서, 동시에 시민들에게는 국가에 대한 충성을 요구하는 심리적, 문화적 전제에 기반하고 있다. 1970년대 이후 글로벌화 경향이 강화되면서 개별 국가들로 구성된 글로벌 체제들의 출현으로 인해 개별국가의 독점적 주권에 도전하는 정치적 상호의존적 글로벌 연결망이 급속하게 확산되고 있다. 20세기 중반 이후 글로벌 차원에서 각국 정부들은 UN, NATO, WTO, OECD 등 다수의 국제기구들에 참여하였으며, 글로벌 거버넌스는 이 외에도 전 세계적으로 수천 개에 이르는 자발적 비정부 조직체들에 의해 형성되고 있다. 글로벌화 주창자들은 이로 인해 종전의 영토의 개념의 퇴색하고 있다고 주장한다. 즉 정치적 영향력이 글로벌 조직체들에 의해 행사되고, 또한 영토 기반의 국가들이 아닌 글로벌 네트워크를 통해 표현된다고 주장한다. 이러한 지구촌 민주주의의 출현으로 인해 상호 관용과 책무성의 구조 내에서 복수의 정체성들이 형성되고 번성할 것으로 예상된다.

경제적 글로벌화:

경제적 글로벌화는 전 세계적으로 경제적 상호관계가 강화되고 확장되는 현상을 지칭하는 것으로서, 거대 다국적 기업, 강력한 국제 경제기구, 대규모 지역적 무역시스템 등이 21세기 글로벌 경제 질서의 주요 구성 요소로 등장하고 있다. 오늘날의 세계 경제 질서는 1944년 미국 주도로 이루어진 브레톤 우즈(Breton Woods) 체제에 기반을 두고 있는 것으로서, 이를 통해 국제통화기금(IMF), 세계은행(World Bank), 세계무역기구(WTO) 등 경제관련 국제기구들이 창설되었다. Breton Woods 협정은 통제 자본주의의 황금기를 확립하여, 2차 세계대전 종전이후 미국, 유럽을 중심으로 이전의 자유방임주의 경제체제 대신 케인즈 식의 국가의 적극적 개입을 통한 경제 질서를 추구하였다. 그러나 1970년대 초 유가급등으로 인해 세계 경제에 큰 변화가 초래되면서 Breton Woods 체제는 붕괴되었고 이후 자유시장 확장에 기반을 둔 새로운 경제 질서가 등장하였다. 이러한 새로운 경제 체제는 경제 및 사회 정책에 대한 신자유주의접근을 옹호하는 정치 집단에 의해 주도되었는바, 이들 신자유주의 경제체제 옹호론자들은 글로벌화를 전 세계적 경제 자유화와 연계하였다. 이러한 신자유주의적 경제 글로벌화는 무역 및 금융의 국제화, 초국적기업 영향력 확대, IMF, World Bank, WTO 같은 국제 경제기구들의 역할 강화를 초래하였다. 대표적 신자유주의 정책들로는 공공부문의 사기업화, 경제규제완화 및 폐지, 무역 및 산업의 자유화, 공공지출 축소, 정부조직 축소, 국제시장의 확대, 글로벌 금융자본 이동제한 철폐 등을 들 수 있다.

자유무역 주창자들은 국가 간의 무역장벽의 철폐가 소비자의 선택폭 확대, 글로벌 부의 증가, 국제관계 평화 증진, 신기술의 전 세계 전파 등의 긍정적 효과를 유발한다고 주장하고 있으나, 각국의 기업노조 및 환경단체들은 사회적 통제장치의 미비로 인해 글로벌 노동조건의 하락, 심각한 생태계 파괴, 저개발 국가들의 부채 증가 등이 초래되었다고 비판한다. 무역 국제화는 금융거래의 자유화와 병행되어왔는데 금융거래 자유화의 핵심 요소는 이자율 규제 철폐, 신용통제 완화, 국영은행 및 금융기관들의 사기업화 등이다. 글로벌 금융거래와 관련된 자본의 상당부분은 생산적 투자를 위한 자본을 공급하는데 사용되지 않고 있고, 국제적 투기집단들이 개발도상국가들의 신흥 금융시장에서 엄청난 수익을 올리기 위해 취약한 금융 및 은행 규제를 이용하고 있어서 세계 금융시스템의 불안정성, 과다한 경쟁 등이 지속적으로 이어지고 있다는 비판이 일고 있다(Abouharb & Cingranelli, 2011; Babb, S. 2011; Glassman & Carmody, 2011; Lloyd, Weissman, 2011; Scott, 2011).

초국가적 기업들이 글로벌 영향력을 확대함에 따라, 여러 국가에 자회사를 둔 강력한 초국가적 거대기업들의 수가 급증하였다. 이들 대기업들이 북미, 유럽, 일본 등 일부 지역 및 국가들에 집중되어 있다는 사실이 선진국과 후진국 간의 비대칭적 관계를 보여주고 있다. 오늘날 초국적기업들은 막강한 자금력을 바탕으로 전 세계에 걸쳐 상이한 장소에서 상이한 단계로 분산해서 제품을 생산할 수 있는 능력을 구비하여 전 세계 다수 국가들의 경제, 정치, 사회복지 등에 영향을 미치는 매우 중요한 주체로 부상하고 있다.

문화적 글로벌화:

문화적 글로벌화는 전 세계에 걸쳐 문화적 흐름이 강화되고 확장되는 현상을 지칭한다. 언어, 음악, 이미지 등이 문화의 주요한 상징적 표현 형태로서, 문화적 차원에서 글로벌화의 핵심은 문화적 실행인데 오늘날 문화적 실행들은 특정 도시 및 국가의 고정된 공간을 넘어 글로벌 주체들과 상호작용하는 가운데 새로운 의미들을 창출하고 있다. 글로벌화 주창자들은 서구 문화산업에 의해 주도되는 동질적 대중문화의 증가를 예상한다. 특히 미국주도의 세계화는 맥도널드화(McDonalization)로 상징되는데, 이는 미국을 비롯한 전 세계를 지배하는 광범위한 사회문화적 과정을 의미한다(Bryman, 2011; Ritzer, 2011; Turner, 2011; Waters, 2011). 전 세계에 걸쳐 진행되고 있는 미국 주도의 문화적 동질화는 장기적인 면에서 인간의 창조성을 저해하고 사회적 관계를 비인간화하는 획일적 기준을 강요한다는 비판을 받고 있다. 초국적 미디어 기업들이 전파하는 가치들은 대중문화에 대한 확고한 주도권을 확보할 뿐 아니라 사회적 실체들을 탈정치화하고 시민들 간의 유대를 약화시키고 있다. 뉴스산업과 연예산업 간의 제휴로 인해 언론을 자신들의 지배적 영향력을 확대하는 수단으로 활용하는 사례들이 빈번하게 발생하고 있다. 또한 문화를 형성하는 중요한 요소인 언어의 글로벌화로 인해 일부 소수 언어들만 국제적 의사소통 수단으로 사용되는 반면, 대부분의 언어들의 중요성이 감소되거나 심지어 소멸의 과정을 겪고 있다.

이처럼 전 세계적으로 문화적 차원의 동질화가 확산되고 있으나, 일부 학자들은 전 세계에 강력한 동질화 경향이 존재하는 것을 인정하는 것과 문화적 다양성이 사라질 것이라고 주장하는 것은 별개의 것으로 인식하고 글로벌화를 새로운 형태의 문화적 표현과 연계하는 상반된 평가를 제시하고 있다(Hannerz, 2011; Pieterse, 2011, Robertson, 2011). Robertson(2011)은 글로벌적 문화 흐름이 로컬 문화의 틈새를 활성화한다고 주장한다. 그는 글로벌과 로컬간의 복잡한 상호작용인 글로컬화(glocalization)를 주창한다. 이러한 글로컬적 혼종화과정이 패션, 음악, 춤, 영화, 음식, 언어 등의 영역에서 두드러지게 가시화되고 있다.

1.2. 고등교육의 글로벌화 및 고등교육기관들의 국제화

1.2.1. 고등교육의 글로벌화

글로벌 지식경제 체제에서 고등교육 및 연구의 역할이 나날이 증가하고 있다. 고등교육의 역할은 국가의 경제발전을 촉진하고 개인들에게 기회를 제공하는 것에 국한되지 않고, 문화적 다양성 증진, 정치적 민주화, 경제적 교역 등으로 확대되고 있다. 고등교육과 전 세계적 지식교류는 오늘날 인류가 직면한 도전 과제인 세계사회의 형성에 특히 중요한 역할을 담당하고 있다. 고등교육 및 지식은 지역성, 국가성, 글로벌성을 동시에 포함하고 있다.

고등교육의 글로벌화를 추동하는 요인들로서, 크게 정치적, 경제적, 학문적, 사회문화적인 것들을 들고 있다. 전 세계적으로 국가들 간에 글로벌화가 활발히 진행되면서, 정치적, 경제적, 문화적 차원의 글로벌화들이 각국의 고등교육 글로벌화를 자극하는 동인이 되고 있다. 고등교육과 연구는 지식 및 기술 창출, 국가들 상호간 초국경적 연계, 복합사회 구축 등의 기초로서, 글로벌 환경 형성의 핵심적 요소이다. 고등교육은 글로벌화의 대상이기도 하지만 또한 글로벌화의 주체이기도 하다. 전 세계에 걸쳐, 주요 연구중심 대학들은 글로벌화의 거점이자 추동력이며, 또한 자국을 글로벌화에 참여시키는 주요 주체인 것이다. 글로벌화의 많은 변화들이 문화적 차원에서 발생하고 있으나, 대부분의 고등교육의 글로벌화 현상에 대한 논의는 고등교육의 시장화, 경쟁, 관리에 집중되고 있다(Teichler, 2004a, 2004b). 비록 고등교육이 경제적 부의 창출에 있어서 이차적 역할을 담당하고 있지만, 연구 및 고등지식 창출에 핵심적 역할을 담당하고 있고, 다양한 언어, 정보, 문화 간 접촉을 활성화하며, 또한 미디어 및 통신과 다양한 연계 관계를 형성하고 있다. 정보 및 지식은 유동성이 커서 국가 간 경계를 쉽게 뛰어 넘기 때문에 연구와 정보가 생산되는 고등교육의 문화적 측면은 경제적 영역보다 더 글로벌화되어 있다. 특히 인터넷 및 모바일 통신의 범세계적 확산으로 인해 오늘날 고등교육은 이들과 분리될 수 없을 정도로 전 세계적으로 각종 데이터베이스 구축과 학자들 간 협력을 촉진하고, 면대면 및 화상 회의를 증진하고 초국경적 온라인 학습을 촉발하고 있다.

오늘날에는 정부와 고등교육기관들을 연결하는 기존의 폐쇄적 정책결정 채널들이 개방되어, 국가 및 고등교육기관들은 다양한 형태로 글로벌화에 참여하고 있다. 전 세계적으로 국가들의 대외 개방성과 글로벌화 참여가 확대함에 따라 대부분의 국가들이 정책기능의 일부를 개별 고등교육기관들에 위임하고 있고, 일부 국가들에서는 고등교육에 대한 규제를 완화하고 있다. 그 결과 국가로부터 부분적 위임을 받으며 기업화되고 자치권을 행사하는 고등교육기관들이 출현하고 있다. 일부 고등교육기관들은 초국가적, 독립적 운영을 하고 있는데, 각국 정부들은 이것이 고등교육기관의 글로벌 경쟁력을 신장한다고 믿고 장려하고 있다. 연구중점 대학 및 사립고등교육기관, 영리추구 지향적 상업적 고등교육기관 들이 높은 수준의 글로벌 자치권을 향유하는 고등교육기관들이다. 하지만 그 어느 정부도 고등교육기관들에게 완전한 자치권을 부여하지는 않으며 지원규모, 인센티브 제공, 인적, 물적 이동 등, 다양한 채널 들을 통해 고등교육기관들의 초국경적 거래 및 교류에 영향력을 행사한다.

Marginson(2010: 6965-6)은 고등교육의 글로벌화 유형으로서 세 가지 를 제시한다. 첫째 유형(유형1)은 통합적 유형의 글로벌 프로세스 형으로서 이는 국가형 고등교육과 차별화되며 일단 고등교육기관이 설립되면 국가기관이 이를 저지하거나 변경하는 것이 어려운 경우로서, 인터넷 출판, 고부가 가치 과학적 노동영역의 글로벌 시장 형성 등이 이에 해당한다. 둘째 유형(유형2)은 국가 고등교육 시스템의 변화를 유발하는 글로벌 체제와 관계들이 고등교육 시스템의 글로벌 융합과 통합을 이끄는 유형으로서 예를 들어, 학문교류 언어로서의 영어사용, 석 · 박사학위 교육과정의 통합 등이다. 고등교육 글로벌화의 셋째 유형(유형3)은 공통의 아이디어와 템플릿에 따라 각국 정부들이 평행적으로 고등교육을 개혁 하는 것으로서 이를 통해 국가들 간에 고등교육기관들의 부분적 통합을 이룰 수 있고 또한 각 국가들 간의 상이한 고등교육 시스템들을 상호 연계할 수 있다. 예를 들어, 개별 국가들이 미국식 고등교육 템플릿을 바탕으로 자국의 고등교육기관들의 경영을 선별적으로 변화시킬 수 있다. 첫째 유형과 둘째 유형의 고등교육 글로벌화는 글로벌화가 모든 국가들과 고등교육기관들을 차별화하고 있음을 시사한다. 고등교육기관들과 학문들에 대한 국제적 벤치마킹 시도는 세계 도처에서 발생하고 있는데, 고등교육기관의 연구수행 능력, 글로벌 순위가 고등교육의 글로벌 차별화 과정을 심화시키고 있으며 고등교육기관 운영자들의 사고에 심대한 영향을 미치고 있다.

고등교육의 글로벌화에는 두 가지 핵심 변화가 수반된다. 첫째, 고등교육 시스템 및 연구활동이 부분적으로 국가로부터 분리되며, 둘째, 고등교육 및 연구가 창출하는 글로벌 사적재화 및 공적 재화가 부가적 중요성을 띠게 되며 이중 특히 글로벌 공적재화 창출의 중요성이 부각된다.

고등교육 시스템이 정부의 통제로부터 벗어날 가능성에 대한 증거는 일부 영역에서 나타나고 있다(6967). 첫째, 고등교육기관들에 대한 국가차원의 재정지원 축소로서 일부 국가들에서 고등교육에 대한 재정지원 여력의 감소로 인해 고등교육기관들이 부가적 수입을 창출하기 위해 초국경적 재원을 찾고 있다. 영국, 호주, 뉴질랜드의 대학들과 미국의 일부 대학들이 이에 해당하는데, 호주의 경우 자국의 대학들에서 등록금을 납부하며 학업을 수행하는 유학생 비율이 1995년 5.8%에서 2005년 15%로 크게 증가한 것으로 나타났다. 둘째, 고등교육기관들이 초국경적 교육 프로그램들을 개발하여 국가 간 경계를 초월하여 오프라인 교육과 함께 온라인 가상 교육 프로그램들을 운영함으로써 자국 법 적용의 테두리를 벗어나는 사례들이 증가하고 있다. 셋째, 연구영역에 대한 재정 지원이 기존의 개별국가 단위를 넘어 국제적, 초국가적 수준에서 이루어지는 것이 가능해졌다. 넷째, 초국가적 고등교육 인증시스템이 구축되어 고등교육기관들이 해외 인증기관의 인증을 추구하는 사례가 증가하고 있다. 그 이유들로는 자국 내에서의 인증 시스템 부재, 국가 위상을 높이기 위한 국제적 인증 사용, 자국 인증요건들을 회피하기 위한 국제적 인증 사용, 저명한 외국 인증기관의 인증을 통한 글로벌 위상 확보, 자국의 고등교육 서비스의 해외 수출 의도 등을 들 수 있다.

고등교육 시스템의 국가로부터의 분리는 앞에서 언급한 고등교육의 글로벌화 유형2와 유형

3에서 시작되지만, 이는 고등교육 시스템을 부분적으로 글로벌화하며 결국에는 국가수준에서 통제하기 어려운 유형1의 결과를 낳게 된다(6967). 고등교육 시스템의 정부로부터의 독립 가능성은 국가 내에서 다양한 고등교육기관들 간의 역학 관계에 따라 차이가 있다. 전통적 명성을 유지하는 고등교육기관들은 기관의 명성과 학문의 수월성 측면에서 국가적 표준을 달성한 것으로 인정받기 때문에 글로벌화 압력에 비교적 영향을 덜 받으며 안정적 위상을 지속적으로 확보할 수 있다. 글로벌화 압력은 이들 우수한 고등교육기관들보다 낮은 위상에 머물고 있는 고등교육기관들에 보다 직접적 영향을 미치고 있는바, 이들은 새로운 형태의 경쟁에 대응하기 위해 상호 간 합병이나 구조조정에 적극적이고 자국 내에서의 자신들의 위상을 향상하려는 목적으로 글로벌화를 적극적으로 활용하려고 한다.

오늘날 고등교육기관들의 초국경적 활동이 심화되면서 공교육의 개념과 관련된 우선순위, 책무성 등에 대한 문제가 제기되어 이에 대한 새로운 정립이 요구되고 있다. 고등교육에 있어서 인적자원, 기술, 통신, 아이디어 및 지식의 초국경적 이동은 단순히 무역 차원을 넘어 그 자체로서 중요성을 지닌다. 고등교육은 국가적 차원과 글로벌 차원에서 사적 재화와 공적 재화의 복합적 혼합체를 생산하는 바, 글로벌 사적 재화에는 초국경적으로 이루어지는 고등교육 학위 취득과 초국경적으로 유통되는 상업적 연구들이 포함된다. 공적 재화 창출은 정보와 지식의 내재적 본질로서 이에 대한 고등교육의 역할이 매우 중요하다. 공적 재화 창출을 극대화하기 위한 전략들은 정부 뿐 아니라 개별 고등교육기관들에 의해서도 이루어질 수 있다. 일례로, 미국의 메사츄세츠 공과대학(MIT)은 일찍부터 인터넷을 활용해서 지식 및 정보에 대한 열린 접근방식을 활용하여 자신들의 강의자료 들을 제공함으로써 고등학습의 창출자로서의 위상을 홍보하고 결과적으로 자신의 글로벌 위상 더욱 강화하고 있다. MIT는 이와 같은 방식을 활용하여 자신의 역할을 지식 및 정보의 내재적 본질에 부합시키고 또한 지식형성 기관으로서의 자신의 본질과 연계하고 있다(Marginson, 2004). 글로벌 공적 재화는 비경쟁성과 비배제성을 지니며 다수의 국가들에서 다수의 사람들이 이용할 수 있고 또한 세대를 넘어 전이될 수 있다(Kaul, Grunberg, & Stern, 1999: 2-3).

글로벌화에 적극적인 정부 및 고등교육기관들은 글로벌 무대에서 자신들의 능력과 수행을 극대화 하고 아울러 국가적, 지역적 환경에서 글로벌 연계성 강화, 국제적 활동 수혜의 최적화라는 상호 연관된 두 가지 글로벌 전략 목표를 설정한다. 이러한 글로벌 정책 목표달성 여부는 국가 및 고등교육기관의 위상, 글로벌 전략의 실현 가능성들에 대한 현실적 이해 등의 요인들에 좌우된다. 또한 국가 시스템과 고등교육기관의 초국경적 환경에서의 작동여부 및, 이들의 효과적 글로벌 참여 여부에 영향을 받는다. Marginson(2010: 6972)에 의하면 한 국가의 고등교육 글로벌화 능력은 다양한 요소들에 의해 형성된다.

· 교육 전통, 언어, 문화, 역사
· 지리적 위치 및 면적
· 국내총생산, 개인 소득
· 글로벌 언어 파워
· 연구 역량
· 고등교육, 연구, 정부 정책, 산업들 간의 시너지
· 효율적 초국경적 활동

이들 글로벌화 요소들을 구체적으로 살펴보면 다음과 같다.

물적 자원:

고등교육 시스템이 글로벌 위상을 구축하기 위해 필요한 물적 자원으로는 국가총생산, 글로벌 연결망에 대한 지속적 참여를 위한 통신 기반시설, 정부운영 수단의 질, 고등교육기관의 조직문화 및 인센티브, 초국경적 프로그램(연구, 학문적 교류, 연구 협력 등)에 대한 재정 지원, 고등교육기관의 창업 분위기, 고등교육기관 자율성 및 학문자유의 성격 등이다.

글로벌 언어 파워:

영어는 비즈니스 및 전문적 영역에서의 의사소통을 위한 가장 중요한 언어이고, 또한 과학, 연구, 학문출판 분야의 독보적 글로벌 언어이다. 이러한 영어의 지배적 위상으로 인해 전 세계적으로 고등교육기관들이 영어 사용권 학술지들에 자신들의 학문적 연구 결과들을 출판하고자 노력하고 있다. 이처럼 영어는 글로벌 지식체제에서 최고의 국제 통용어가 되었으며 이를 통해 언어적 지배권을 더욱 공고히 하고 있다. 이러한 영어의 독점적 위상으로 인해 영어의 파워는 언어 자체를 넘어서 그것이 창출하는 다른 영역들로 확산되고 있다. 영어로 창출되고 논의되는 지식들이 타 언어들에 비해 특권적 지위를 얻고 있기 때문에 사회적, 과학적 중요도가 높은 학문적 작업이 영어 이외의 타언어로 창출될 경우 글로벌 지식 사회에서 배제되어 결과적으로 경제적, 사회적 발전과 언어사용의 측면에서 다양한 부작용을 초래하고 있다. 고등교육 및 연구 영역에서의 영어의 지배적 위상으로 인해, 영어 사용국가 이외의 국가들에서도 전공학문 영어강의제도 도입이 급속하게 확산되고 있다. 이러한 고등교육기관들에서의 영어매개강의(English medium instruction)에 대해서는 후에 구체적으로 논의하기로 한다.

1983년 미국의 일간지 US World & Report가 처음으로 전 세계 고등교육기관들의 글로벌 순위를 발표하기 시작한 이후, 다수의 고등교육 평가기관들이 저마다 상이한 평가 지표들을 사용하여 고등교육기관들의 글로벌 순위를 발표해오고 있다. 오늘날 세계적으로 활용도가 높은 평가기관으로서 영국의 The Times Higher Education World University Rankings(THE)와 중국의 Shanghai Jiao Tong University가 있다. 고등교육기관들의 글로벌 순위를 보면, 연구역량이 집중된 국가들에서 지식의 흐름이 창출되고 있는 것을 알 수 있는 바, 2005년 기준으로 미국의 이공계 과학자 및 사회과학자들의 학술저널 발표가 전 세계의 1/3을 차지했고, 또한 미국 학자들의 학술논문들이 전체 학술논문인용의 44%를 차지한 것으로 나타났다.

지식경제 집중도:

강력한 지식 파워의 글로벌 집중은 전형적으로 정부 프로그램 및 제도에 의해 지원되고 산업 및 통신과 연계되어 효과적인 시너지를 내며, 그 결과 전 세계로부터 우수한 인재들을 끌어들인다. 지식경제 집중에 가장 우호적인 환경은 교통과 통신의 허브 기능을 수행하는 글로벌 도시들로서, 뉴욕, 런던, 파리, 도쿄 등 글로벌 도시들은 규모, 기반시설, 주거 매력도 등의 면에서 우월성을 지니고 있다.

글로벌 참여도:

고등교육의 글로벌 참여도는 인적 자원의 초국경적 이동 규모와 지향성에 의해 평가된다. 첫째, 글로벌 시장 내에서의 초국경적 학위취득을 위한 학생들의 이동이 있다. 학위과정의 글로벌 경쟁은 주로 아시아 국가 학생들의 미국 및 유럽 대학들로의 이동에서 이루어지고 있는데 특히 영미권 국가들이 이 분야의 주도적 국가들로서 전 세계 고등교육 학위 수출의 절반을 차지하고 있으며, 영미권 국가들에 유학하는 학생들의 대부분은 학비를 자비로 충당하고 있다. 둘째, 전 세계적으로 박사학위 시장과 박사후 과정 시장이 존재하는데, 특히 미국 고등교육기관 박사학위 시장이 글로벌 고등교육 학위시장을 선도하고 있다. 셋째, 방문교수 유형으로 이 역시, 미국, 영국을 비롯한 서구 국가들이 압도적 우위를 점하고 있다.

1.2.2. 고등교육기관들의 국제화

국제화(internationalization)는 각국 정부들이 고등교육의 글로벌화 압력에 대응하기 위해 채택하는 일련의 과정들을 지칭한다(Marginson & Van der Wende, 2006). Knight(2006)는 국제화 개념의 다층성을 강조한다. 즉, 국제화는 진화적 특성, 정책 및 프로그램에 국제적 요소들 반영의 중요성, 국내외 모든 차원에서의 상호연계성 및 국내외적 다양성을 포함하는 포괄적 개념으로서, 국제화를 추동하는 핵심적 주체가 고등교육기관들임을 명확히하고 있다.

오늘날 대부분의 선진국들은 자국의 경제체제를 지식기반 경제로 방향전환하고 있다. 이는 경제적 부가가치가 높은 지식의 생산 및 전파가 경제발전의 기초임을 인식하기 때문이다(Brinkley, 2006; Greenwood, 1999). 지식기반 경제가 21세기의 국가 발전의 추동력이 됨에 따라 고등교육의 존재감도 크게 증대되었다. 이는 고등교육기관들이 지식기반의 새로운 경제 패러다임에 적합한 고등교육 인재 배출 및 경제성장을 추동할 새로운 지식의 창출 기능을 수행하기 때문이다(Altbach, 2004; Altbach & Knight, 2007; Marginson & Wan der Wende, 2006; Sursock & Smidt, 2010). 전 세계적으로 고등교육들의 국제화는 고등교육 영역이 당면한 새로운 도전 과제들을 해결하기 위해 확장되어왔다(Marginson & Van der Wende, 2006).

각 국가의 고등교육기관들은 자신들의 경쟁력을 높이기 위해 설립이념, 전략, 활용가능 자원, 사회경제적 환경 등에 따라 다양한 방식으로 국제화를 추진하고 있다. 유럽의 경우, 1990년대 들어서 본격적으로 고등교육의 국제화가 핵심 이슈로 등장하였다(Marginson & Van der Wende, 2006; Teichler, 2004a, 2004b). 이전에는 국제화가 주로 유럽화를 의미하는 것으로 인식되었으나, 1990년대 이후 글로벌화의 급격한 성장에 대해 효과적으로 대응하기 위한 과정으로 인식이 전환되었다. 국제화의 주요 목표는 교수진과 학생들의 교류를 증진하는 것으로서, 에라스무스 프로그램(ERASMUS Program), 볼로냐 프로세스(Bologna Process), 리스본 선언(Lisbon Declaration) 등이 대표적 사례들로 언급된다(Teichler, 2009; Valimaa & Hoffman, 2008). 유럽 고등교육의 국제화는 과거에는 주변적 관심사에 지나지 않았으나 오늘날은 주요 관심사로 부상하였으며 고등교육을 변화시키는 강력한 요인이 되었다(De Wit, 2010). 2000년에 채택된 리스본 전략(Lisbon Strategy)은 국제화와 글로벌화가 상호 불가분의 연계성을 지니고 있음을 분명히 하였고, Horizon 2020의 채택은 중기적으로 유럽 고등교육의 국제화에 심대한 영향을 미치게 되었다. 리스본 전략은 유럽의 고등교육을 현대화하고 유럽 국가들이 지식기반 경제 체제에서 자신들이 직면한 도전들에 효율적으로 대처해서 자신들의 입지를 보다 잘 구축하기위한 방편으로서 규제 완화, 전문적 경영, 경쟁기반의 연구 지원, 결과물 기반의 교육 재정 지원 등, 시장기반 고등교육 구조를 도입하였다. 1998년 소르본느 선언(Sorbonne Declaration)과 1999년 볼로냐 선언(Bologna Declaration)에 이은 볼로냐 프로세스(Bologna Process)는 유럽 고등교육기관들의 학위 프로그램들의 투명성 및 상호병립성을 향상시킴으로써 학위 구조들을 통일하는데 큰 기여를 하였다.

미국의 경우, 고등교육 국제화의 주요 목표는 외국 학생들을 유치하고 자국 학생들을 일정기간 해외로 보내는 것이다. 이와 다른 차원에서 국제화를 추진하는 국가들로서 호주, 뉴질랜드, 영국을 들 수 있는데 이들 국가들은 대학 등록금 수입을 증가시키기 위해 적극적으로 외국학생들을 유치하고 있다. 아시아에서는 싱가포르와 말레이시아가 이런 부류에 속한다. 그러나 다수의 아시아 국가들은, 고등교육의 국제화를 고등교육기관의 경쟁력 제고 및 고등교육 체제개혁을 통한 대학 조직문화 변화를 위한 전략으로 추진하고 있다. 아시아 각국의 고등교육기관들은 교수채용 및 평가, 학문 프로그램 및 학위과정 표준화를 위해 글로벌 표준채택에 적극적이며, 외국 고등교육기관들과의 교류 프로그램, 공동학위과정 운영, 학생 및 교수 교류 등에 대해 적극적이다. 한국의 경우 정부차원의 Study Korea Project가 대표적 사례이다.

오늘날 고등교육기관의 국제화와 밀접한 관계에 있는 것으로서 전 세계적으로 대학들 간의 글로벌 순위 경쟁을 들 수 있다. US News & World Report가 1983년 처음으로 전 세계 대학순위를 보도한 이후 각국에서 고등교육기관 순위의 중요성에 대한 인식이 현저하게 증가했다. 글로벌 고등교육기관 순위는 이를 글로벌 경쟁력의 핵심 잣대로 인식하는 고등교육기관들 및 정부에게 큰 영향을 미치고 있다. 그러나 고등교육기관들의 글로벌 순위 평가는 많은 부작용도 낳고 있는데, 특히 심각한 문제로서 평가기관들이 정한 평가지표에 따라 고등교육기관들의 계층화 및 상대화가 심화된다는 것이다. 고등교육기관 위상의 수직적 계층화는 고등교육기관들의 다양화에 부정적 효과를 미치고 있고, 또한 순위평가지표들이 지나치게 단순화되고 계량화되어 교육의 질을 정확하게 반영하지는 못한다는 비판도 받고 있다.

각국 정부와 고등교육기관들이 글로벌 순위 경쟁에 민감하게 반응하면서, 정책결정자들과 고등교육기관 운영자들은 초일류 고등교육기관 육성에 관심을 기울이고 있다. 각국의 정책결정자들은 자국 고등교육기관들의 경쟁력을 높이고 지식기반 경제에서 우월한 위상을 확보하기 위해 글로벌 경쟁력을 갖춘 연구중심 고등교육기관을 육성하려는 의지를 강화하고 있다. 글로벌 지식경제 사회에서 연구중심 고등교육기관들이 창출하는 수익이 증가함에 따라, 각국 정부들은 자국의 지식생산 위상을 높이기 위해 연구중심 고등교육기관의 개발을 독려하고 있다. 아시아 국가들의 경우 우리나라를 비롯해 일본, 중국, 대만, 싱가포르, 홍콩 등이 세계 최고수준의 고등교육기관 육성에 적극적으로 나서고 있다.

아시아 각국 정부와 고등교육기관들은 자신들이 처한 환경 속에서 다양한 전략들을 활용하여 국제화를 달성하려고 노력하고 있다. 그러나 이러한 고등교육 국제화 추진 과정에서 아시아 국가들은 크고 작은 문제들에 직면하고 있다. Wong & Wu(2011: 198)는 아시아 국가들의 고등교육 국제화 과정에서 직면하고 있는 주요한 고민들로 다음의 것들을 든다. 첫째, 아시아의 고등교육기관들은 서구화, 특히 미국화를 국제화 모델로 설정하고 있는데 이러한 현상은 아시아 대학들이 서구 대학들의 강의 스타일 모방, 학생중심 교육 채택, 외국 학생 유치를 두드러진 국제화 전략으로 활용하는 것에서 드러나고 있다. 그러나 서구식 교수방식을 모방함으로써 아시아 국가들의 고등교육기관들에서 교수 및 학생들의 고유한 문화적 배경이 무시되는 경향이 증가하고 있다. 학습자 중심의 강의 스타일을 강조하는 서구식 모델은 아시아 고등교육기관들의 교수 및 학생들의 가치 및 관행과 충돌하여 이들에게 딜레마를 제공할 수 있다. 외국 학생들의 적극적 유치는 미국 고등교육기관들이 수익을 창출하기 위해 자신들의 국제화 전략으로 활용하는 것 중의 하나로서, 오늘날 동아시아의 많은 고등교육기관들이 이러한 국제화 모델을 모방하여 외국 학생 유치를 위해 많은 투자를 하고 있으나 동아시아 고등교육기관들은 유치한 외국 학생들을 캠퍼스에서 융합하는데 많은 어려움을 겪고 있다. 둘째, 아시아 고등교육기관들 대부분이 국제화 과정에서 서구 국가들 일변도의 협력관계를 맺는 반면 아시아 역내 고등교육기관들과의 협력관계에 소홀히 하고 있어서 학문의 서구 종속성을 심화시킬 수 있는 우려가 커지고 있다. 이를 극복하기 위해서는 동아시아 지역 국가들과 보다 활발한 지역적 협력관계를 형성하는 것이 필요하다(Mok, 2007). 셋째, 고등교육기관에서의 영어사용 강화에 대해 아시아 국가들의 고등교육기관들에서 학생과 교수자 모두 영어강의 확산을 비판하고 있다. 교수자들은 영어강의 강화가 교수 및 학습의 질에 부정적 효과를 초래하고 있고, 또한 교수 및 학습 과정에 부담을 가중한다고 주장한다. 신규 임용된 교수들은 일반적으로 의무적 영어강의 책무가 주어지는데 이것이 이들에게 과도한 압력으로 작용하고 있으며, 영어사용능력이 부족한 학생들 또한 영어강의에 의해 불이익을 겪고 있다. 그러나 아시아 모든 국가들에서 영어강의에 대한 비판이 있는 것은 아니고, 홍콩과 싱가포르 고등교육기관들의 경우 영어강의가 문제가 되지 않고 있고 오히려 고등교육기관의 글로벌적 특성을 신장하고 있어서, 그 결과 이들 두 국가는 고등교육 국제화 선도국가들로서의 지위를 구축하고 있다. 이처럼 동아시아 국가들의 상이한 결과들은 언어가 국제화를 촉진하거나 방해하는 등 상반된 역할을 수행함을 보여준다. 고등교육의 국제화와 영어사용 간의 관계에 대해서는 후에 깊이 논의하기로 한다.

Eckel, Hill, & Green(1998)(Wong & Wu, 2011 재인용: 207-9)은 아시아 국가들의 고등교육기관 국제화를 깊이와 폭의 두 차원에서 네 부류로 제시한다. 첫째, 피상적이며 고립적 변화로서, 이는 국제화가 변화의 깊이와 폭에 있어서 최소 수준에 그치는 경우로서, 외국 학생들을 고등교육관 내에 완전하게 통합하려는 노력 없이 외국 학생들을 유치하는 것이다. 둘째, 피상적이지만 광범위한 변화로서, 국제화가 많은 구성원들에 영향을 미치지만 변화의 깊이가 없기 때문에 변화의 효과가 두드러지지 않는다. 우리나라 대학들의 경우, 모든 학생들이 일부 전공과목들을 영어로 수강해야 하거나, 또는 외국 유학생들로 하여금 한 두 개 정도의 한국어 강좌를 이수하게 하는 것이 이에 해당한다. 기초수준의 언어학습 강좌를 제공하는 것으로는 학생들이 의사소통하는데 충분한 정도의 언어유창성을 신장시킬 수 없고, 언어적 장벽을 극복하는데 충분하지 않다. 셋째, 깊이 있는 고립적 변화로서, 국제화가 핵심 프로그램이나 개별 학과에게 영향을 미치는 중요한 변화를 창출하지만 대학 전체로는 확산되지 않아서 영향력이 제한되는 경우로서, 대학의 하계/동계 방학을 이용한 특수 국제화 관련 프로그램들 제공이 이에 해당한다. 넷째, 깊이 있고 폭넓은 변화로서, 변화의 깊이나 폭에서 근본적 변화가 일어나서 관련 효과들의 시너지가 대학기관 전체에 파급되는 것으로서, 홍콩과 싱가포르의 경우 단순히 대학 차원을 넘어 국가 차원에서 고등교육기관들의 변모를 시도하고 있는 사례들이 이에 해당한다. 아시아 국가들의 고등교육기관들은 개별 국가와 고등교육기관들이 처한 환경에 따라 위에서 제시한 네 가지 유형의 전략들을 구사하며 국제화를 추진하고 있다. 우리나라도 예외가 아니어서, 대학별로 자신들의 환경, 역량 등을 고려하여 나름대로 다양한 방식으로 국제화를 추진하고 있다.

1.2.3. 고등교육기관의 글로벌 순위체제와 고등교육기관 국제화

앞에서 언급한 바와 같이, 1983년 미국 일간지 US News & World Report가 최초로 전 세계 고등교육기관들의 순위를 보도한 이래 고등교육기관 순위 평가기관 수가 증가해왔다. 이러한 글로벌 평가시스템 도입은 OECD의 Programme for International Student Assessment(PISA) 시행 이후 확대되었다(Marginson, 2009). 오늘날 고등교육기관들에 대한 대표적 글로벌 순위 평가기관으로서 중국의 Shanghai Jiao Tong University의 Academic Ranking of World Universities(ARWU)와 영국의 London Times Higher Education(THE) 두 기관을 들 수 있다. 고등교육기관들을 대상으로 한 글로벌 순위 평가는 고등교육 소비자들에게 고등교육기관들에 대한 정보를 제공함으로써 고등교육기관들의 마케팅 전략에 영향을 미치며, 이들의 글로벌 위상 향상에 대한 압력으로 작용함으로써 고등교육기관들의 안주를 방지하는 효과를 거두고 있다(Buela-Casal, Gutierrez-Matinez, Bermuda-Sanchez, & Vadillo-Munoz, 2007). 고등교육기관 순위 발표에 따라 고등교육기관들은 예전에 비해 높은 수준의 책무성을 요구받고 있다. 오늘날 고등교육기관 순위 평가제도가 예전의 국가단위에서 국제적 단위로 변화한데에는 글로벌화에 따른 학생들의 빈번한 국제적 이동이 한 요인이 되고 있다. UNESCO 통계에 의하면 1999년부터 2007년 동안 국가 간 학생 이동 비율이 53% 증가했다. 이처럼 고등교육 목적의 국제적 학생 이동이 빈번해짐에 따라 고등교육기관들의 국제적 순위가 점점 더 큰 중요성을 지니게 되었다. 특히 글로벌 경제 체제 하에서 다국적 기업들의 활동이 증가함에 따라 학생들 또한 자국의 고등교육기관들의 국제적 순위에 영향을 받게 되어, 고등교육기관들은 학생들의 경제적 가치를 창출하는 기능도 떠맡게 되었다.

ARWU와 THE의 순위 지표들은 Usher & Savino(2007)가 제시한 6가지 요소로 구성되어 있다.

- 입학생들의 특성: 중등학교 성적, 표준시험 성적, 국제학생/소수민족 학생 비율, 고등교육기관 선별성
- 자원 및 교직원 차원의 학습 입력: 교수/학생 비율, 교직원 자격, 장학금제도, 학비
- 학습 결과: 졸업생 비율, 재적생 비율
- 졸업생 사회진출도: 취직율

• 연구: 피인용 횟수, 출판, 연구 보상
• 평판: 동료 평가, 직장 평가

ARWU와 THE는 연구중심 고등교육기관을 순위평가의 이상적 모델로 보고 있다. 그러나 ARWU가 고등교육기관들의 연구 결과물에 대해 초점을 맞추는데 비해 THE는 기업 고용주들의 의견과 동료 의견을 상당히 크게 반영하고 있다. 고등교육기관들의 글로벌 순위 평가에 대해서는 다양한 비판이 제기되고 있다. 첫째, 평가지표 선정, 가중치 부여, 방법론적 불투명성 면에서 제기되는 공통적 비판은 특정 지표에 부여된 가중치에 대한 정당성 여부이다(Buela-Casal, Gutierrez-Matinez, Bermuda-Sanchez, & Vadillo-Munoz, 2007; Ghazarian, 2011). 평가지표의 가중치는 순위 결정 기관들이 고등교육기관들의 위상에 큰 영향을 미칠 수 있는 손쉬운 방법으로서 지표들의 가중치가 적절하지 못할 경우, 결과적으로 순위에 대한 신뢰성에 문제가 발생할 수 있다. 또 다른 문제로서, 순위와 지표간의 상호작용 가능성이다. 현재 THE가 사용하는 것처럼, 고등교육기관에 대한 사회적 평판이 평가지표로 설정될 경우 이는 이미 최상위 수준에 있는 일부 고등교육기관들의 지배력을 영속화하는 효과적 수단으로 사용될 수 있다. 둘째, 교육 소비자들에 대한 정보 제공의 정확성 여부 문제로서, 고등교육기관 평가에 있어서 교육보다 연구의 질을 강조하는 현재의 평가체제에서는 학부과정에 재학하는 학생들에게 고등교육기관에 대한 최상의 정보를 제공하지 못한다. 연구의 질과 교육의 질 간의 관계에 대해서는 논란의 여지가 많은 것으로서, 연구능력이 우수한 교수자가 반드시 교수능력이 뛰어난 것은 아니기 때문에 교수능력 평가가 배제된 고등교육기관 평가는 불완전한 평가가 될 가능성이 높다. 이에 따라 교수능력을 직접 평가할 수 있고, 또한 교수자의 연구가 학생들의 학습으로 연결될 수 있는 능력에 대한 지표를 설정하는 것이 보다 적절하다는 비판이 제기된다. 또 다른 비판으로서, 평가기관의 관점과 고등교육 소비자의 관점 간에 차이가 있을 수 있는데, 평가기관들이 소비자의 관점을 무시하고 일방적으로 지표를 설정하여 평가할 가능성이 높다는 것이다. 셋째, 고등교육기관들 간의 비교의 어려움으로서, 모든 고등교육기관들이 동일한 조직 구조를 가지고 있지는 않기 때문에 고등교육기관들 간에 쉽게 비교할 수 없다. 전통적 대규모 대학과 소규모 대학, 특성화 대학, 교양대학, 과학기술대학 등, 고등교육기관들이 규모나 특성화 면에서 다양한 종류가 존재하기 때문에 단순화한 지표들로 이들 상이한 유형의 고등교육기관들을 비교하는 것은 무리가 있을 수밖에 없다. 넷째, 고등교육에 대한 편향된 인식을 심어줄 수 있는 것으로서, 순위지표에 맞춰 대응하지 않은 고등교육기관들에 대해 심각한 결과를 초래하고 있다. 고등교육기관 순위의 경쟁적, 위계적 본질로 인해 지식경제 사회에 있어서 지식생산의 열린 창구로서의 고등교육기관들의 본질적 역할이 위축되고 있는 것이다(Marginson 2009, 2010). 또한 글로벌 순위 상승을 위한 고등교육기관들 간의 치열한 경쟁으로 인해 고등교육기관들이 자신들의 한정된 자원을 효과적으로 배분하지 못함으로써 결국 고등교육기관의 생산성을 약화시킬 수 있다. 또 다른 문제로서, 국가적 관심이 소수의 초일류 고등교육기관들에 집중되는 결과 자원배분에 있어서 상위 순위의 대학들에게 집중되고, 낮은 순위에 머문 지역 대학들이 우선지원 순위에서 밀려나게 된다(Ghazarian, 2011: 178-82).

위와 같은 문제점들로 인해, 초기에는 우리나라를 비롯해 중국, 일본 등 아시아 국가들에서 고등교육기관 순위 발표에 대해 강한 거부감들이 팽배했으나, 점증하는 대학입학 경쟁 및 등록금 인상 등으로 인해 고등교육기관에 대한 일반인들의 정보공개 요구가 증가하고 있다(Marginson & van der Wende, 2007). 또한 국제적 회의들를 통해, 고등교육기관 순위결정 방법론이 보다 엄격해지고 투명해짐에 따라 평가 결과에 대한 국제적 신뢰도가 높아지고 있다(Merisotis & Sadlak, 2005). 또 다른 개선으로서, 고등교육기관 순위평가 시스템을 사적 이해관계로부터 차단하는데 주력하여 고등교육기관 순위결정 기관이 신문 등의 대중매체들에서 탈피하여 독립적, 비영리 연구기관들로 전환되고 있다. 이처럼, 고등교육기관 순위 결정에 대한 초기의 저항에도 불구하고, 고등교육기관들의 글로벌 순위가 연례적으로 보도됨에 따라 서서히 순위 결과들을 수용하고 이를 자국의 고등교육체제 개혁 및 국제화에 적극적으로 활용하기 시작하였다. Wang(2009)에 의하면, 중국의 경우 글로벌 고등교육기관 순위 결과가 자국의 고등교육기관들 상호간의 평가를 유도함으로써 결과적으로 고등교육기관들의 사회적 책무성을 강화하는 결과를 낳고 있다.

고등교육기관들에 대한 지속적 글로벌 순위 발표로 인해 고등교육기관들이 일반인들의 관심을 얻게 되었고, 국가정책 결정자들 및 고등교육기관들에게 큰 영향을 미치게 되었다. 고등교육기관 순위발표는 고등교육 정책에 압력으로 작용하고 있으며(Deem, Mok, & Lucas, 2008), 그 결과 각국의 고등교육기관들은 영어를 사용하는 국제화 프로그램 개설, 교수자의 전통적 역할에 대한 변화 등, 다양한 변화를 시도하고 있다. 일본의 경우, 고등교육기관들에 대한 순위지향적 정책들이 교수자들의 연구에 대한 인센티브 제공, 외국 학생 유치 확대, 영어강의 개설 등의 형태로 나타나고 있다(Hazelkorn, 2009). 그러나 동아시아 국가들의 고등교육기관 글로벌 순위 향상 노력들은 역효과를 낼 우려도 존재한다. 분석 결과 영국 THE 평가의 중요한 지표인 국제적 교수진 및 외국 학생 수는 연구능력 향상과 부정적 상관관계가 있는 것으로 나타났는데, 그 이유는 연구역량이 부족한 동아시아 고등교육기관들이 글로벌 순위를 향상시키기 위한 손쉬운 방법으로 외국인 교수진과 외국 학생들을 엄격한 선별절차를 거치지 않은 채 적극적으로 유치하고 있기 때문인 것으로 해석된다(Ghazarian, 2011). 이러한 접근 방식은 다양한 문제들을 야기한다. 외국인 교수진 초빙과 학생 유치에 있어서의 부실한 채용 및 선발 과정으로 인해 자원이 낭비되고 결과적으로 고등교육기관들의 순위향상에 대해 의미 있는 기여를 하지 못한다. 즉, 외국 학생과 교수자 수가 증가할지라도 이들이 연구결과물 향상에 의미 있는 기여하지 못하고 있는 것이다. 외국인 교수자와 학생들을 지원할 수 있는 고등교육기관들의 능력이 없이는 궁극적으로 고등교육기관들의 자원의 고갈로 이어지게 될 것이다.

결론적으로, 고등교육기관들이 글로벌 순위를 상승시키기 위해서는 신중한 전략적 접근이 요구된다. 연구의 관점에서 한 가지 영역에 집중함으로써 연구의 질을 높이거나, 연구 결과물의 산출을 늘리기 위해 교수진에게 인센티브를 제공하거나, 교수자 대 학생 비율을 줄이는 것 등이 고등교육기관들의 연구 증진에 기여할 것이다. 또한 외국인 교수자와 학생들을 유치할 경우 이들이 대학 내에서 기여할 역할과 비용 대비 효과에 대해 신중하게 고려해야 한다. 고등교육기관들이 외국인 학생 및 교수자를 수용하고 지원할 수 있는 환경을 구축하는데 필요한 의지와 조직 변화를 유인할 자원을 확보하고 있으면 이 전략은 추구할 가치가 있지만, 단순히 내국인 학생 및 교수자보다 낮은 질의 외국인 교수자 학생을 충원하는 것은 자원의 낭비를 초래할 수 있다.

제 2장.
글로벌 언어로서의 영어의 위상

제 2장.
글로벌 언어로서의 영어의 위상

오늘날 영어는 명실공이 세계에서 가장 강력한 영향력을 행사하는 언어이다. 영어의 이러한 독점적 위상을 반영하여 영어를 최고의 위상을 지닌 글로벌 언어라 부른다. 즉, 영어는 단순히 소수 특정 국가들의 언어를 넘어, 전 지구촌 사람들의 언어가 된 것이다. Crystal(2003)은 한 언어가 글로벌 언어의 위상을 확보하기 위해서는 전 세계 국가들이 인정하는 특별한 역할을 수행해야한다고 주장한다. Crystal은 이러한 특별한 요인들의 하나로서 영어 사용자들의 지리적, 역사적 배경을 들고 있다. 오늘날 전 세계적으로 약 5억 명의 사람들이 영어를 자신들의 모어로 사용하고 있다. 이들 국가들로는 미국, 영국을 비롯해 아일랜드, 캐나다, 호주, 뉴질랜드, 남아프리카공화국, 중미 카리브지역의 일부 국가들이다. 그러나 단순히 모어 사용자 수만으로 글로벌 언어의 위상을 얻을 수 있는 것이 아니다. 언어 사용자 수면에서 볼 때, 중국어 사용자의 수는 약 14억 명으로서 영어 모어 사용자의 세배 가량이고, 또한 스페인어, 힌두어 사용자들도 각각 수억 명에 달해, 단순히 영어 모어 사용자 수가 5억 명에 이른다는 것만으로는 글로벌 언어로서의 당위성에 대한 설득력이 부족하다. 한 언어가 글로벌 위상을 부여받을 수 있기 위해서는 그 언어를 모어로 사용하지 않은 국가들에서도 사용되어야 한다. 타 국가들에서의 언어 사용은 공용어와, 외국어의 두 가지로 구별될 수 있다. 첫째, 타 언어가 한 국가에서 공용어로 사용된다는 것은, 입법, 사법, 행정 등 정부 기관들 뿐 아니라, 대중매체, 교육 등의 분야에서 소통 매체로 사용된다는 것을 의미한다. 영어의 경우, 오늘날 인도, 나이지리아, 싱가포르, 필리핀, 케냐 들을 비롯한 70개 이상의 국가들에서 공용어의 기능을 수행하고 있다. 물론, 프랑스어, 독일어, 스페인어, 아랍어 등도 일부 국가들에서 공용어의 지위를 누리고 있으나 영어에 비해 크게 제한되어 있다. 다음으로, 외국어로서의 교육 및 사용 면에서 영어는 타의 추종을 불허할 만큼 전 세계적으로 광범위하게 확산되고 있다, 영어를 외국어로 학습하는 사람들의 수는 전 세계적으로 100개 이상의 국가들에서 10억 명 이상인 것으로 추정되며 이 수는 계속해서 증가하고 있다.

Kachru(1992)는 영어 사용자 집단을 크게 모어 사용집단(Inner English Speaking Circle), 공용어 사용집단(Outer English Speaking Circle), 외국어 사용집단(Expanding English Speaking Circle)의 세 부류로 구분하는데, Crystal은 이러한 분류가 오늘날 영어 사용자들의 변화하는 추세를 정확하게 반영하지 못할 수 있다고 지적한다. 그에 의하면, 영어를 외국어로 사용해온 많은 국가들에서 영어의 위상이 단순 외국어로서의 위상을 넘어 점차 제2언어로서 발전하는 사례들이 나타나고 있다. 예를 들어 덴마크, 네덜란드, 스웨덴, 노르웨이 등 북유럽 국가들에서 영어는 제2언어에 준하는 위상을 차지하고 있다.

그러면 어떤 요인들이 영어로 하여금 타 언어들을 제치고 글로벌 언어로 부상하게 만들었는가? 역사적으로 볼 때, 시대별로 글로벌 언어로 부상했던 언어들은 단순히 사용자 수 때문이 아니었다. 대표적 예로, 고대 로마제국 시절 라틴어의 경우 로마인들의 수는 자신들이 정복했던 광대한 제국의 식민지 사람들의 수에 비해 현저히 작았으나, 라틴어는 글로벌 언어로서의 위상을 누렸다. 이와 유사한 사례들로는 중세에 중동 및 아프리카 지역에서의 아랍어 사용, 근대 서구 제국주의 시절의 스페인어, 포르투갈어, 프랑스어 등이 있다. 이들 제국들의 경우 막강한 군사적, 정치적 파워가 자신들의 언어를 글로벌 언어로 통용시킨 주된 요인이었다. 18-19세기에는 영국이 막강한 해양 군사력을 바탕으로 전 세계에 걸쳐 식민지들을 개척하며 영어를 전파하면서 영어의 글로벌 위상이 높아졌다. 20세기 들어서서 미국이 영국을 대체하며 국제적 영향력을 급속도로 확대하면서 영어의 글로벌 위상은 더욱 공고해졌다. 특히 2차 세계대전 종전 후 세계 유일의 수퍼파워 국가로 발돋움한 미국의 전 세계적 영향력 확대는 영어가 국제적으로 번성할 조건들을 창출하였다. 즉, 미국의 국제 정치력과 군사력이 영어의 글로벌화의 기초 동력이 된 것이다. 그러난 한 언어가 진정한 글로벌 위상을 지니기 위해서는 단순히 정치적, 군사적 요인 들 만으로는 부족하고 강력한 경제적 파워를 지니고 있어야만 한다. 20세기 후반 전 세계가 급속한 글로벌화 과정에 참여하면서 글로벌화의 다양한 차원 중, 특히 경제적 차원의 글로벌화가 국가 및 개인들의 삶에 심대한 영향을 미치고 있다. 통신기술의 발달, 글로벌 다국적 기업의 등장, 신자유주의 시장경제 확산, 다국적 언론 미디어 등장, 국제적 엔터테인먼트 산업의 발달, 과학, 기술 연구의 국제적 협력 확대 등 경제적 차원의 글로벌화가 초국경적으로 진행됨에 따라(Graddol, 1997; Held, McGrew, Goldblatt, & Perraton, 1999) 실용적 목적의 의사소통을 위한 공통의 언어에 대한 요구가 증가하였고, 영어가 이러한 기능을 수행할 수 있는 언어로 선택이 되었다. 오늘날 영어는 누구나 추구하는 언어가 되어 사실상의 국제적 의사소통 언어로 발전하였고, 희망, 물질, 기술 진보, 과학발전의 이데올로기를 체화한 언어로 인식되고 있다.

2.1. 유럽에서의 영어 위상

유럽 고등교육 체제의 국제화를 향한 거대한 움직임에 있어서 볼로냐 프로세스(Bologna Process)는 가장 큰 영향력을 행사한 요인으로 간주된다(Marginson & Van der Wende, 2006). 유럽 국가들은 볼로냐 프로세스를 통해 유럽고등교육영역(European Higher Education Area) 창출하는 것을 목표로 제시하였다. 볼로냐 프로세스는 유럽 역내 국가들의 언어적 문화적 다양성을 존중한다고 선언하였으나, 현실적으로는 수사적 선언에 그치고 말았고 그 결과 실질적으로 영어가 가장 중요한 언어로 자리매김하는 길을 열어주었다. 영어가 유럽 사회의 지배적 언어로 등장한 배경에는 두 가지 요인이 있다. 첫째, 1999년 볼로냐 프로세스 발효 이후 EU 소속 국가들 간의 회의, 워크숍, 실무 작업, 기타 관련 포럼들이 거의 영어로 진행되었고, 각종 문서들은 영어로만 이용할 수 있게 되었다. 둘째, 볼로냐 프로세스 내에서 언어적 이슈들에 대한 관심이 결여되었고 이는 결과적으로 볼로냐 프로세스가 유럽의 국제화를 사실상 영어화하는 효과를 초래하게 되었다. Phillipson(2006)과 Ljosland(2005)는 볼로냐 프로세스가 고등교육의 국제화와 고등교육기관의 영어강의 도입 간의 직접적 연관관계를 창출했다고 주장한다.

유럽 국가들에서 영어사용의 확산은 하향식과 상향식 과정이 결합된 효과로서(Phillipson 2003), 영어에 대한 높은 학습율이 영어의 효용성에 대한 인식을 증가시키고 이는 다시 학습율 증가로 이어지고 있다. Myers-Scotton(2002)은 이 현상을 눈덩이효과(snowball effect)로 명명하고, Beacco & Byram(2003)은 자기강화상승효과(self-reinforcing upward spiral)이라 부르며, Bolton(2011)은 마이크로소프트효과(Microsoft effect)라 부른다. 즉, 영어의 점유율 상승이 타 언어들의 성장을 막으며 이는 다시 영어의 지배력을 더욱 공고히 하게 되는 것이다. 유럽 다수의 국가교육 시스템들에 있어서 영어능력의 중요성이 커지게 됨에 따라, 영어사용능력은 마치 산업혁명시기의 문해력에 필적하는 것으로 여겨진다(Carmichael, 2000). 이미 영어는 유럽 각국의 의무교육의 통합적 일부가 되었고, 영어사용능력은 IT 능력과 비슷한 필수 기초능력으로 간주되고 있다(Graddol, 2004). 독일의 경우, 초등학교 영어교육 연령이 계속 낮아지고 있고(Wastiau-Schluter, 2005), 중등 교육과정의 경우 가장 중요한 외국어로 자리 잡았다.

교육영역에 있어서의 영어사용능력의 중요성은 고등교육영역에서 더욱 두드러지게 나타나고 있는데, 유럽 전역에 걸쳐 고등교육기관들의 입학의 요건으로 영어사용능력이 점점 더 중요하게 인식되고 있다. 또한 일부 국가들에서는 영어사용능력이 많은 사회영역에서 취업의 필수 요건이 되고 있다(Phillipson, 2007). 이 뿐 아니라, 영어는 다양한 고등학문 영역들에서 최신의 문헌자료들을 접할 수 있는 필수 언어로 인식되고 있고(Ammon, 1991; Truchot, 2002; Viereck, 1996), 그 결과 다수의 유럽 학문 단체들이 영어를 학문적 사고들의 교류의 배타적 언어로 사용하고 있다(Crystal, 2003). 영어가 국제적 의사소통언어로 등장한 배경은 전문 서적 및 학술지 편집자, 교사, 학생, 부모, 작가, 출판사, 번역가, 학술단체, 기업, 학교 등 수많은 결정 요인들이 누적된 효과이다(Montgomery, 2004). 이러한 요인들이 축적된 결과, 다수의 유럽 국가들에서 영어가 교육 및 전문분야의 언어로 사용되고 자국어는 일상생활 언어로 기능하는 양층언어 사회로 진행하고 있다.

이처럼 유럽에서 영어의 위상이 상승함에 따라 독일어, 프랑스어 등 타 주요 언어들의 상대적 위상이 급격히 하락하게 되었다(Ammon, 2007). European Commission(2004) 자료에 의하면 1990년대에 유럽에서 통용되는 주요 언어들 중, 영어 점유율이 40%, 프랑스어 점유율이 40%, 독일어 점유율이 5%였는데 반해, 2010년에는 영어 75%, 프랑스어 8%, 독일어 3%로 변화하여 불과 20년 만에 영어의 점유율이 대폭 상승한 반면 불어와 독일어의 점유율이 크게 하락한 것을 알 수 있다. 특히 프랑스어의 경우 유럽에서의 점유율이 10% 이하로 떨어짐으로써 가장 큰 타격을 입고 있다, 유럽에서 영어의 점유율이 75% 이른다는 사실은 영어가 이 지역에서 사실상 독점적 지위를 확보했다고 해도 과언이 아니다.

이와 같은 영어의 높은 점유율은 영어의 유용성 측면과 밀접한 상관관계를 유지하고 있는데, 2005년 조사에 의하면, 영어를 모어로 사용하지 않는 사람들 중 78%가 영어를 가장 중요한 언어라고 응답했고, 다음으로 프랑스어 28%, 독일어 27%, 스페인어 17% 순이었다(Pietilainen, 2011: 5-6). 1995년~2005년 기간 동안 언어의 인기도 면에서 가장 중요한 변화는 독일어의 유용성에 대한 인식이 상당히 감소했다는 점이다. 이 기간 동안 스페인어가 독일어보다 오히려 더 유용한 언어로 인식되었다. 독일어 및 프랑스어의 선호도는 유럽의 거의 모든 국가들에서 하락했는데, 특히 예전에 이 두 언어에 대해 상대적으로 선호도가 낮았던 국가들에서 이러한 추세가 두드러졌다. 이처럼 EU 국가들에서 가장 유용성이 높은 언어로서의 영어의 위상은 유례없이 높은 수준을 보이고 있는 반면, 독일어와 프랑스어는 매주 낮은 수준에 머물고 있다. 어떤 언어가 가장 유용한 언어인가에 대한 인식은 학습할 언어에 대해 강한 영향을 미치게 되는데, 영어가 이런 면에서 유럽에서 가장 많은 사용되는 외국어로서의 위상을 유지할 것으로 보인다.

유럽 내에서 영어가 사실상 가장 중요한 의사소통 수단으로 위상을 굳건히 함에 따라, 영어를 유럽의 통용어로 보급하자는 주장들이 나타나고 있다(Cogo & Jenkins, 2010). 이에 대한 배경으로 EU가 역내 소속 국가들의 언어들에 대해 동등한 권리를 부여하기로 결정했지만 EU 가입 소속 국가들의 확대로 인해 언어 사용의 문제들이 증가함에 따라 인조언어, 소멸 언어의 재사용, 소수의 언어들을 통용어로 사용하자는 등 방안들이 제기되었으나 그 어느 것도 성공적으로 실시되지 못했음을 든다(De Swaan, 2007). EU의 '모어 + 2개 외국어' 언어정책은 EU 학생들도 하여금 자신의 모어 이외에 두 개의 외국어를 학습할 기회를 제공하고 있는데, 두 외국어 중 하나는 개인 스스로 선택한 언어이고 다른 하나는 일반적으로 영어를 선택하고 있다. 이는 영어가 비즈니스, 무역, 등 비즈니스 인들이 기본적으로 연마해야 할 언어 기술로 인식되고 있고 있기 때문이다.

이처럼 현실적으로 존재하는 영어의 지배적 위상을 애써 외면할 것이 아니라 적극적으로 수용하여 유럽인들 간 의사소통의 어려움을 해결하는 방안으로 영어를 유럽인들의 통용어(English as a lingua franca: ELF)로 도입하는 가능성이 검토되고 있다. ELF 주창자들은 ELF를 영국 및 미국 영어와 별개의 언어변이형으로 보고있고, 또한 외국어로서의 영어(English as a foreign language: EFL)와도 상이한 개념으로 규정한다. EFL은 영국 영어, 미국 영어 등 전통적 영어를 전제로 한 개념인데 비해, ELF는 그 자체가 독립된 영어 변이형으로 간주되는 것이다. 즉, ELF를 글로벌 영어 변이형들의 하나로 보고 다른 영어 변이형들과 동등한 지위를 부여하려고 한다. ELF는 비 원어민 영어사용자들이 사용하는 영어들을 영국, 미국 영어에서 일탈한 언어가 아닌 단지 상이한 언어로 간주한다. 즉, 원어민 영어와 비원어민 영어와의 차이들을 비 원어민 화자들의 무능력 때문인 것으로 보지 않고 오히려 비 원어민 화자들의 영어 변이형들을 ELF의 잠재적 자질로 인식한다. ELF 관점에서는, 비원어민 영어 사용자를 실패한 EFL 사용자가 아니라 자신들의 다중언어 자원을 활용하여 영어 사용자들 간의 결속을 증진하고 문화적 정체성을 투사하며 다양한 모국어 배경의 화자들을 효과적으로 수용하는 언어사용자로 인정한다. ELF는 또한 협의의 언어적 정확성보다 언어 사용자 상호간의 성공적 의사소통을 우선시한다. 즉, 영국영어, 미국영어 중심의 정확한 언어형태가 아니더라도 비원어민 화자들 간의 의사소통에 문제가 없는 요소들을 추출하여 이들 핵심적 공통 요소들을 기반으로 독립적 영어변이형을 만들어 사용하고자 하는 것이다. 이를 위해 발음, 어휘, 문법, 화용적 측면에서 다양한 비원어민 영어 사용자들이 공통적으로 사용하는 자질들을 발굴하려는 시도들이 활발하게 진행되고 있다. ELF 도입을 적극적으로 주창하는 자들은 EU가 영어를 공식 ELF로 선언해서 다중언어사용을 수용하고 다중언어능력을 신장하도록 지원해야 한다고 주장한다. 즉, 영국식 영어를 진흥하지 말고 영어사용의 화용론적 전략과 의사소통적 융통성을 수용해야 해야 한다는 것이다. 이렇게 함으로써 영어가 EU의 통용어로서 보다 현실적인 관련성을 구비할 수 있다고 주장한다(Cogo & Jenkins, 2010).

2.2. 아시아에서의 영어 위상

글로벌 언어로서의 영어의 위력은 단지 유럽에서만 나타나는 것이 아니라, 동아시아 지역에서도 동일하게 나타나고 있다. 중국의 경우 오늘날 14억 명의 중국 인구 중 영어학습자 수가 약 수억 명이 이르고 있다. 이는 등소평 집권 이후 대외개방정책을 강력하게 추진하는 과정에서 영어의 중요성이 부각되며 영어교육이 국가적으로 중요한 과제로 부상한 결과이다. Lam(2002)에 의하면, 중국은 1990년대에 WTO 가입, 올림픽 개최 등 국제적 지위를 얻으려는 열망으로 영어교육을 강화를 하였다. 교육 시스템 차원에서 학교영어교육 도입 시기를 낮추고 학교의 핵심시험 과목으로 지정하였다. 중국은 2001년부터 국가교육과정에서 초등학교 3학년부터 영어교육을 도입하여 실시하고 있는데(Wang, 2007), 이는 영어가 단순히 개인적 발전과 교육적 성공 뿐 아니라 글로벌 국가 건설이라는 국가적 목적달성을 위한 핵심 언어라는 것을 인정하는 것이다. 오늘날 학생들이 초등학교 입학 전에 영어에 친숙해져야 한다는 기대감이 중국 대도시에서 중소도시로 확산되고 있으며, 이 과정에서 영어 사교육도 급속하게 팽창하고 있다.

중국에서의 영어교육 열풍은 초중등학교 교육과정에만 그치지 않고 대학교를 비롯한 고등교육기관들에서도 영어의 중요성이 강조되고 있는 바, 모든 대학생들은 전공을 불문하고 대학 입학 및 졸업을 위해 영어를 배우도록 요구받고 있다. 중국 대학들은 1980년대 초부터 규모가 급격히 팽창하기 시작하였는데 현재 전체 고등학교 졸업생의 20% 이상이 대학에 진학하고 있으며, 그 수가 매년 폭발적으로 증가하고 있다. 이들 대학생들 대부분이 영어를 학습하고 있으며, 앞으로도 점점 많은 수의 학생들이 영어를 학습할 것으로 예상된다. 1997년 보고서에 의하면, 1978년에서 1997년 까지 20년 동안 27만 명의 중국 학생들이 해외 유학을 떠났으며 이중 40%가 미국으로 유학하였다(Tang, 1997). 2011년 China Daily에 의하면 약 23만 명이 해외 유학중이고 2014년까지 그 수가 60 만 명에 이를 것으로 전망되었다(Bolton & Graddol, 2012). 2010-11년 미국에 유학하는 중국인 학생은 약 16만 명으로서 미국 내 전체 유학생의 21.8%를 차지하고 있다. EU 자료에 의하면, 2010년 기준으로 EU 내 중국 유학생 수는 12만 여명으로서 2000년의 6배에 이르고 있다. 이와 동시에, 중국 대학들도 국제화를 적극적으로 추진하고 있는데 국제화 전략으로서 영어강의 수를 확대하고 있으며 이는 부분적으로 외국 학생들을 유치하기 위한 것이다. 2012-13년 기준으로 다수의 중국 유명 대학들이 외국 학생들을 수용하기 위해 일부 과목들을 영어로 제공하고 있다. 이외에도 비즈니스, 경제학, 금융 분야에서도 영어강의를 제공하고 있다. China Daily(2010)에 의하면, 중국 대학들은 영어강의를 통해 캠퍼스의 다양화를 추구하고 있으며 2020년까지 중국 대학에 자비로 유학하는 외국 유학생의 수를 50만 명으로 늘릴 계획을 가지고 있다(Bolton & Graddol, 2012). 이처럼 중국 사회전반에 걸쳐 영어의 중요성이 부각되며 영어사용이 증가함에 따라, 언어적 차원에서 중국식 토착영어가 영어의 독립적 변이형으로서 발전하고 있는가가 새로운 관심사항으로 주목받고 있다.

일본 대학들은 2차 세계대전 종전 이후 영어 이외에 프랑스어, 독일어 등의 외국어들을 교육했으나 1980년대에 대학 교육과정들이 개편되면서 영어를 제외한 주요 외국어 과목들이 대폭 축소되었다(Gottlieb, 2012). 특히 2000년대 들어서서 과학기술 및 국제적 의사소통에 있어서의 영어의 도구적 역할에 대한 인식이 커짐에 따라 일본의 고등교육기관들은 프랑스어, 독일어 등 기존의 타 주요 언어들을 제치고 영어에 초점을 맞추게 되었다(Gottlieb, 2012; Horii, 2015; Yamada, 2015). 일본 고등교육기관들의 영어중시 추세는 영어강의 실시에 긍정적, 부정적 측면을 동시에 유발하고 있다. 긍정적 측면은 일본 사회에서 영어가 더 이상 이질적 언어로 인식되고 있지 않게 되었다는 점이고, 부정적 측면은 영미식 영어에 대한 집착으로 인해 경계초월, 의미창출, 의미변환 자원으로서의 복수/다중 언어사용 현실에서의 영어사용에 대한 관심이 감소되었다는 점이다(Iino & Murata, 2016; Jenkins, 2007, 2014; Kubota, 2012; Seidlhofer, 2011; Yamada, 2015).

일본 사회에서 영어교육의 성장은 정책결정자들이 확대되는 글로벌 상호연계성 추세에 적극적으로 대응하려는 의식의 증가에 기인한다. 최근에 전 세계적으로 고등교육 국제화가 대응적 차원에서 선제적 차원으로 변화하고 있지만(Dafouz, 2014) 일본은 여전히 국제화를 대응적 차원에서 다루고 있다(Yamagami & Tollefson, 2011). 일본이 영어사용과 영어교육에 국가적 관심을 기울이는 이유는 서구화를 통해 국제사회에서 자국의 위상을 확보하는데 도움이 된다고 판단하기 때문이다(Kubota, 2002). 그러나 일본의 영어 및 국제화 지원 단계 및 전략은 일본의 국가적 정체성을 손상시키기 않기 위해 방어적 차원에서 도입되고 있다. 즉 일본의 국제화는 서구화와 국가주의 간의 균형을 도모하고 있다. 이러한 관점에서 오늘날 일본 고등교육기관들의 영어강의는 일본 사회의 역사적, 이념적 틀에 큰 영향을 받고 있다.

대만의 경우에도, 영어의 글로벌 위상이 정부 정책에 큰 영향을 미치고 있다. 대만은 글로벌 경제 주역으로 부상하기를 희망하고 있는 바, 이러한 목표를 달성하기 위한 수단으로서 영어의 중요성이 인식되고 있다. 대만 정부는 1999년 초등학교 5학년 과정에 영어를 도입 한 후 2002년에는 영어교육 도입 시기를 초등학교 1학년으로 낮추었다. 대만 교육부의 교육과정 문서에서는 초중등학교 영어교육의 목표를 학생들의 영어사용능력을 신장시켜 자국의 경쟁력을 높이기 위한 것임을 분명히 하고 있다(Nunan, 2003).

홍콩의 경우, 영국의 식민 지배를 받은 경험으로 인해 오늘날 영어가 중국어와 함께 공용어로 자리 잡고 있다. 홍콩에는 영어매체 학교들과 중국어 매체 학교들이 공존하고 있으나 영어매체

학교 수가 월등이 많다. 모든 학교들에서 초등학교 1학년 학생들부터 영어교육이 시작되고, 영어전용 학교들에서는 모든 과목들을 영어로 교육하고 있다. 홍콩에서는 영어가 부와 권력의 상징으로 인식되고 있는데 이는 1997년 홍콩의 주권이 중국으로 반환된 이후에도 계속되고 있다. 지난 100여년에 걸쳐 홍콩의 행정부, 입법부, 사법부의 공용어로 사용되어 온 영어는 오늘날에도 홍콩이 국제무역, 비즈니스, 금융, 통신의 중심으로서의 지위를 지속하기 위한 핵심적 수단으로 인식되고 있다. 이처럼 홍콩의 영어 중시 논리는 영어가 경제, 사회, 기술 발전의 핵심적 도구라는 것이다. 이러한 영어 중시 정책은 홍콩 영어교육과정에서도 명확하게 제시되어 있다. 홍콩의 교육과정은 영어교육을 통해 학생들의 영어사용능력을 신장시킴으로써 다음의 목적을 달성하고자 한다(Nunan, 2003).

- 홍콩의 국제 경쟁력을 높여 자국을 국제 비즈니스 및 지식기반 경제 중심으로서의 위상을 확립하고, 다양한 글로벌 경쟁에 대응함
- 학생들의 지식 및 경험을 확대하여 글로벌 의식을 함양함
- 다양한 문화적 환경에서 학업, 취직 등을 효과적으로 수행함
- 개인적 성취감을 높임으로써 성공적 삶을 영위함

태국의 경우, 인접국가인 말레이시아, 싱가포르, 브루나이 등 과거 영국의 식민 지배를 받았던 국가들과 달리, 서구 식민지배를 받지 않았던 역사적 배경으로 인해 영어가 국민들의 일상생활에서 사용되지 않았다. 즉, 영어의 위상이 제2언어가 아닌 외국어에 머물렀다. Tay-jasanant(2016)에 의하면, 1932년 공표된 태국 국가교육계획에 의해 영어과 학교 교육과정이 처음 도입되었다. 1937년부터 1960년까지의 기간 동안 영어는 초등학교 5학년부터 교육되었다. 1960년대 이전에는 전통적 암기식 학습법과 문법번역식 학습이 주류를 이루었으나, 1960년대에 영어 의사소통능력 향상이 강조되기 시작하면서 언어의 4기능을 통합적으로 가르치기 시작하였다. 1990년대 중반 이후에는 학교영어교육 시기를 더욱 앞당겨 초등학교 1학년부터 모든 학생들에게 의무적으로 영어교육을 실시하고 있다. 태국의 고등교육기관들은 전통적으로 서구의 영향을 덜 받아서 급격한 변화에 적절하게 대응하지 못한 결과 서구식 교육을 모델로 삼아 영어강의를 장려하는 주변 국가들의 고등교육기관들에 비해 경쟁력이 약화되었다(Sinlarat, 2004). 그러나 강화되는 글로벌화 영향으로 인해 태국의 고등교육기관들도 세계적 수준의 고등교육기관들과 경쟁하기 위해 국제적 프로그램들을 제공하기 시작하였고 이 과정에서 필연적

으로 영어강의 및 연구를 수반하게 되었다. 또한 2015년 ASEAN 경제공동체의 출범으로 인해 영어가 동남아시아 역내 회원국들 간의 의사소통 통용어로 자리 잡게 됨에 따라, 태국 정부는 모든 교육기관들에서 영어를 제2의 강의언어로 선포할 필요성을 느끼고 있다.

이스라엘은 1948년 건국이후 히브리어 우선 정책을 추구해온 결과 히브리어 이외의 언어들이 거의 소멸되었다. 오늘날 이스라엘의 공용어는 히브리어와 아랍어이지만 히브리어가 행정, 사회, 경제적 영역에서 지배적 언어로서의 위상을 지니고 있다. 1990년대 초반 구소비에트연방공화국의 붕괴 이후 100만 명 이상의 러시아계 유대인들이 이스라엘에 정착하게 됨에 따라 러시아어도 이스라엘의 언어의 일부가 되었다. 이러한 언어적 다양성 속에서도 일반 이스라엘인들에게 영어는 제2언어로서의 위상을 유지해왔다(Ben-Rafael, 2001; Inbar-Lourie & Donitsa-Schmidt, 2013; Spolsky & Shohamy, 1999). 강소국가인 이스라엘은 경제, 군사, 외교 등의 면에서 외부세계에 크게 의존하고 있다. 이러한 국제환경적 요인으로 인해 영어는 국제적 의사소통, 학문 연구, 무역 및 관광, 온라인/인터넷 매체 등 다양한 영역에서 광범위하게 사용되고 있다(Symon, 2012). 비록 영어가 이스라엘의 공식어는 아니지만, 이스라엘 사회의 모든 영역에서 사용되고 있고 이로 인해 이스라엘 인들은 국제무대에서 영어를 사용하여 활발하게 교류하고 있다. 영어가 이스라엘 사회에서 강력한 영향력을 지닌 매력적 언어 재화로 인식됨에 따라 이스라엘 학교 교육체제에서 제1외국어로 학습되고 있다. 이처럼 히브리어, 아랍어, 러시아어, 영어 등 다중언어를 사용하는 이스라엘 인들에게 영어는 히브리어와 아랍어 다음으로 가치 있는 자산으로 여겨진다. 영어는 이스라엘 사회에서 가장 수요가 많은 외국어이고 지위의 상징으로 인식되고 있다(Kheimets & Epstein, 2001).

2.3. 영어의 글로벌 위상에 대한 비판

전 세계적으로 영어의 독점적 위상이 강화됨에 따라 이에 대한 비판도 거세지고 있다. Phillipson(2008, 2012)은 영어의 전 세계적 확산을 언어적 제국주의 관점에서 분석하고 있다. 그에 의하면 서구 중심의 구 제국주의 시절, 영국, 프랑스 등이 자신들이 군사력으로 정복한 식민지들을 효과적으로 통치하기 위해, 지신들과 식민지들과의 관계를 중심과 변방의 위계적, 일방향적 관계로 설정하고 이를 영속화하는 도구로 자국의 언어인 영어나 프랑스어 등을 활용했는데, 20세기 들어서서 제국주의 시대가 막을 내리고 예전의 식민지들이 신생 독립국가들로 탄생한 후에도 여전히 구 제국주의 시절의 언어들이 종속적 지배관계를 유지하는 매개체로 적극 활용되고 있다는 것이다. Phillipson에 의하면 1930년대에 영국과 미국 간에 패권적 지위 구축을 위한 일련의 회의들이 개최되었는데 이 회의들의 핵심적 주제들은 양국 간의 동맹 강화, 군사적 협력, 양국 통제하의 세계 평화 유지, 영어의 글로벌화 들이었다. 즉, 이 시기부터 미국과 영국이 영어를 제 세계적 패권 언어로 확립하기 위해 체계적 노력을 해왔다는 것이다. 이처럼 영어의 전 세계적 확산은 대영제국주의 유산과 함께 오늘날 미국의 글로벌 지배와 연계되어 있는 바, 미국의 막강한 군사력이 경제, 금융, 정치, 문화적 지배의 촉발자 역할을 수행하였다는 것이다. 미국의 군사력은 현재도 막강한 파워를 유지하고 있는 바, NATO의 글로벌화, 미군의 각종 특수 활동 수행, 대테러 전쟁 수행 등 미국은 막강한 군사력을 바탕으로 전 세계의 경찰 역할을 수행하고 있다.

영어의 글로벌 확산에 대한 Phillipson의 신 제국주의적 해석에 대해 비판론이 제기된다. 오늘날 영어의 확산은 단순히 예전에 대영제국시절 식민 지배를 받았던 아시아, 아프리카 국가들에서만 나타나는 현상이 아니라, 유럽 국가들에서도 동일하게 나타나는 현상이기 때문이다. 유럽의 경우, 제1세계로 분류되는 서유럽, 북유럽, 남유럽 국가들에서도 영어의 확산이 날로 심화되고 있으며, 또한 구소련의 지배를 받고 독립한 동유럽 국가들의 경우에도 영어가 예전의 러시아어를 대체하며 사회 전반에 강력한 영향력을 행사하고 있다. 이처럼 영어의 확산은 서구에서 비서구로 진행되는 제1세계와 제3세계 간의 현상만이 아니라, 제1세계 국가들 및 구 제2세계 국가들 간에도 발생하는 현상이다. 이는 오늘날 글로벌 언어의 확산이 단순히 이념적, 헤게모니적 관점에서 진행되기 보다는 사회경제적 요인에 크게 영향을 받고 있음을 보여준다. De Swan(2007)은 영어의 글로벌 확산의 원인을 Phillipson의 하향식 분석에서 탈피하여, 개인 및 집단의 선택의 확대라는 상향식 분석을 하고 있다. 그에 의하면 영어는 위계적 글로벌 언어체제의 최정점에 있는 핵심 언어이고, 언어의 의사소통적 가치 면에서 타 언어들과 비교할 수 없을 정도의 높은 가치를 지니고 있으며, 또한 경제적 측면에서 개인과 집단을 불문하고 전 세계 사람들을 유인하는 언어이다. 영어가 지니는 이러한 요소들로 인해, 영어는 국가 차원의 이념적, 헤게모니 주도 차원에서가 아니라 영어 사용자들에 의해서 확산되는 상향식 과정을 거치고 있다는 것이다.

영어의 글로벌 확산을 유발하는 원인에 대해 상반되는 입장이 존재하는 가운데, 영어의 급속한 글로벌화가 초래하는 문제들에 대해 다양한 우려의 목소리가 나오고 있다. 이를 크게 언어적 다양성 위협, 사회경제적 불평등 초래, 문화적 다양성 위협의 세 가지로 분류할 수 있다(Ferguson, 2012: 475-98).

언어적 다양성 위협:

영어가 언어 생태계를 위협하고 있다는 비판에 대해, Mufwene(2002)은 영어의 글로벌 확산 경로의 관점에서 고찰하고 있다. 그는 예전 영국 제국주의시절 해외에 건설한 식민지들을 크게 정착형과 착취형의 두 가지로 구분하여, 미국, 캐나다, 호주 등 영국계 이민들이 대거 정착한 경우, 이들이 새로운 영토 내에서 이주를 통해 세력을 확장하는 과정에서 토착민들에게 사회경제적으로 새로운 질서를 강요하였고 그 결과 다수의 원주민들이 영어를 사용하도록 강요함에 따라 토착민들의 언어들이 소멸되었거나 소멸될 위기에 처해졌다. 착취형 식민지의 경우, 영국계 식민 통치자들은 식민지에 자신들의 소규모 자치 공동체를 형성하여 소수의 원주민 엘리트들이 식민 통치자들과 일반 토착민들과의 중간 연결고리를 형성할 수 있도록 이들에게만 영어를 전파하였고, 일반 토착민들에게는 자신들의 일상 언어 사용을 허용하였다. 따라서 영어가 언어적 다양성을 파괴했다는 주장은 정착형 목적의 구 영국식민지에는 적용될 수 있지만 착취형 식민지들의 경우에는 적용되지 않는다고 주장한다. Mufwene는 착취형 식민지들의 경우 오히려 해당 지역의 통용어(lingua franca)가 원주민 일상 언어에 위협이 되었다고 주장한다.

영어가 타 언어들에 반드시 위협이 되는 것은 아니라는 주장에 대해, 일부 비판론자들은 영어가 글로벌 양층언어(diglossia) 구조를 형성하여 타 언어들을 종속적 지위로 내몰고 있다고 주장한다(Pennycook, 1998; Phillipson & Skutnabb-Kangas, 1996). 이들에 의하면 영어가 고등교육, 과학, 초국가적 비즈니스 영역 등에서 상층언어의 위상을 확보하고 있고, 타 언어들은 비공식적 영역들에서 해당 언어 사용자들의 정체성의 표지로서 사용되고 있다는 것이다. 이러한 영어의 상층언어 기능에 대한 우려는 유럽국가들 특히, 노르웨이, 스웨덴, 아이슬란드 등 스칸디나비아를 중심으로 한 북유럽국가들에서 강하게 제기되고 있다. 프랑스도 영어의 강력한 침투에 대응하기 위해 자국어 보호법을 제정하여 시행에 옮기고 있지만, 국제적 영역에서 영어와 경쟁할 수 있는 언어적 파워는 급속히 축소되고 있는 실정이다. 이러한 영어의 글로벌 지배력 강화 현상에 대한 예외가 일부 영역에서 발생하고 있는데 인터넷 언어 사용이 대표적 사례이다. Graddol(2006)에 의하면 전 세계적으로 웹사이트에서 사용되는 영어의 비율이 감소하고 있는 것으로 나타났다.

사회경제적 불평등 초래:

영어의 글로벌 확산을 우려하는 또 다른 시각은, 영어가 국가 및 사회 구성원들 간의 사회경제적 격차를 유발하는 주요 원인이 되고 있다는 것이다(Tollefson, 1991). 이 주장에 의하면 영어는 가치중립적 언어가 아니라 사회경제적 격차를 창출하고 지속하는 기재로 작용하는 언어라는 것이다. 대표적 예로서 탄자니아, 인도, 방글라데시 등 다수의 아프리카, 아시아 지역의 신생 독립 국가들에서 자국의 언어가 아닌 영어를 교육의 매체로서 사용함으로써, 영어교육에 대한 접근성이 용이한 도시 지역의 학생들은 혜택을 받는 반면 그렇지 못한 경제적 낙후지역의 학생들은 낙오되는 현상이 발생하고 있다. 이들 국가들에서 영어가 비즈니스, 고등교육 등 중산층 생활의 기본적 조건으로 작동하고 있는 현실에서 영어를 사용할 수 있는 소수의 엘리트 계층이 이를 활용하여 자신들의 특권을 계속 확장하고 유지하고 있어서 영어가 결국 이들의 특권적 위상을 유지하는 기능을 수행한다는 것이다. 이와 유사한 사례는 우리나라에서도 부분적으로 발생하고 있다. 우리 사회에서 영어가 사회적 위상 확보 및 강화를 위한 중요한 수단으로 인식되고 있는 현실에서 영어사용능력이 우수한 사람들이 그렇지 못한 사람들에 비해 취직, 승진, 고등교육 수혜 등의 측면에서 유리한 위치를 확보할 수 있게 됨에 따라 영어사용능력 유무가 사람들의 사회경제적 지위를 결정하는 차단막 기능을 수행하고 있는 것이다. 이러한 현상은 특히 도시와 벽지 간의 사회경제적 차이로 인해 심화되고 있는 바 이를 일반적으로 영어격차(English Divide)라 부른다. 영어의 이러한 사회경제적 불평등 유발 요인을 제거하기 위해 각국 정부 차원에서 자국 내에서 영어의 시장가치를 통제하려는 목적으로 자국어 진흥 노력을 경주하고 있으나 영어가 지니는 글로벌 유용성으로 인해 그 성과가 제한적인 것에 그치고 있다. 다른 차원의 영어격차 해소

시도는 영어에 대한 접근성을 민주화함으로써 영어가 소수의 엘리트 계층의 전유물이 되지 않고 다수가 공유할 수 있게 함으로써 노동시장에서 영어가 누리가 있는 독점적 부가가치를 제거하는 것이다.

문화적 다양성 위협:

영어의 글로벌 확산에 대한 주요 비판들은 Phillipson 식 관점의 비판론자들로서(Phillipson & Skutnabb-Kangas, 1996), 이들은 영어의 확산이 미국화 내지 문화적 동질화에 의해 초래되고 있다고 주장한다. 이들은 글로벌화의 본질을 자본주의적 글로벌화로 규정하고 있고, 이러한 자본주의적 글로벌화가 시장지향, 동질화 지향 특성의 미국 소비문화를 개별 지역이나 국가에 전파함으로써 결국 지역적 정체성과 문화를 잠식하고 있다고 주장한다. 이러한 주장을 뒷받침하는 통계 자료들은 쉽게 발견할 수 있다. 일례로, 영화 산업의 경우 유럽에서 미국 영화의 시장 점유율이 80%에 이르는 반면 미국에서 유럽 영화의 시장 점유율은 3%에 미치지 않고 있다(Ferguson, 2012). 이처럼 글로벌 미디어 기업들이 대중연예 분야를 획일화하는 것이 사실이지만, 이와 함께 지역별 특수성들을 감안하여 그에 맞게 변화 및 조정하는 현상들도 발생하고 있다. 일례로 글로벌 패스트푸드 기업인 맥도널드(McDonalds)사의 경우, 자신들의 획일적 글로벌 전략을 유지하면서도 지역별 특성에 맞게 변화하는 융통성을 보여주고 있다. 이는 글로벌화 과정이 반드시 미국을 중심으로 한 서구사회 중심의 일방적 글로벌화가 아니라, 개별 지역의 특수성을 함께 아우르는 복합적 과정임을 시사하는 것이다. 즉, 동질화 특성을 지닌 글로벌적 보편화과 이질화 특성을 지닌 지역적 특수화의 함께 결합된 과정인 것이다. 최근에 아시아 지역을 넘어 세계적으로 큰 호응을 얻고 있는 한류 문화도 바로 이러한 특수성의 보편화 과정인 것이다.

위에서 영어가 글로벌 언어로서의 위상을 확보하게 된 역사적, 환경적 요인들에 대해 살펴보았고, 또한 영어의 글로벌 확산에 따른 문제점들도 검토하였다. 다음에는 영어의 글로벌 확산이 구체적으로 고등교육영역에서 어떠한 모습으로 나타나고 있는지에 대해 살펴보기로 한다.

제 3장.
한국 고등교육의 국제화와 영어교육

제3장.
한국 고등교육의 국제화와 영어교육

3.1. 한국 고등교육기관들의 국제화 노력

앞에서 고등교육 국제화의 배경에 대해 살펴보았다. 이를 바탕으로 우리나라의 고등교육기관 국제화 노력에 대해 구체적으로 살펴보기로 한다. 우리나라 고등교육의 국제화 과정은 1945년 일본 식민지배에서 해방된 후 크게 두 시기로 구분할 수 있다. 첫째 시기는 1945년부터 1980년대 말까지로서 이 기간 동안의 우리나라 고등교육의 국제화는 국가 산업화에 필요한 인재들을 확보하기 위해 정부의 재정지원 하에 우수한 젊은 인재들이 미국, 유럽 등의 선진국들에 유학하여 선진 고등지식들을 습득한 후 귀국하여 국내 경제발전에 적극적으로 기여한 시기이다. 따라서 이 시기의 국제화는 서구학문 습득 위주의 성격을 띠고 있다. 이경숙(2007; 이종규, 2016 재인용: 273-274)에 의하면, 김영삼 정부 이전인 1992년까지 추진된 한국의 고등교육 국제화 정책은 1987년의 '교육개혁 종합구상'에 기초하여 국제이해교육, 지역연구 및 국제학술교류, 해외교포교육, 유학 및 모국수학 사업으로 구성되었다.

국제이해교육:

국가관 확립을 위한 교육 강화, 국제적 관심사에 관한 교육확대, 외국 교과서 등 관련 문헌의 한국소개 내용 검토 · 시정, 외국인의 한국학 연구 지원 · 조성, 외국에 대한 이해증진 교육의 확대 및 외국어교육의 확충 사업 등

지역연구 · 국제학술교류 사업:

번역전문가 양성, 지역연구 강화, 국제학술교류 확대

해외교포 교육사업:

전일제 및 정시제 교육 확대, 통신교육체제 구축, 해외교포 교육담당 교원의 자질 향상, 해외교육원 재배치 · 확충 및 재외국민교육을 위한 지원 강화

유학 및 모국수학 사업:

해외유학 기회의 확충, 외국인 유학생 수용체제 확충 및 모국 수학 프로그램 운영의 다양화

우리나라 고등교육의 본격적인 국제화는 1980년대 말 해외여행이 자유화됨에 따라 학생들의 해외유학, 대학교들의 교수/학생 교류 프로그램 활성화, 해외 자매 대학교 결연 등이 증가하면서 시작되었다. 특히 1990년대 중반에 우리나라 고등교육의 개혁을 촉진하는 국내외 환경의 변화가 발생하였다. 이에 대해 Byun & Kim(2011: 469-71)은 세 가지 주요 환경변화 요인을 제시한다. 첫째, 1995년 세계무역기구(WTO)의 출범으로 교육서비스 분야가 국가 간 무역협상의 항목에 포함되면서, 당시 김영삼 정부는 이에 대응하기 위해 정부차원의 고등교육 국제화를 적극적으로 추진하기 시작했는데, 고등교육 국제화 추진전략으로서 규제완화, 경쟁력 제고, 시장화를 강조하였다. 당시 교육부는 1996년 '고등교육 대외개발 기본 계획'을 발표하여, 교육프로그램 공동운영 허용, 외국대학설립 부분 허용, 기초과학 · 첨단과학기술 · 국제화 · 기타 대학별 특성화 관련 분야에서 외국대학과 교육과정 공동운영 등을 할 수 있도록 하였다. 그러나 이러한 국제화 조치들이 구체화 되지는 못하였다(이종규, 2016).

둘째, 1990년대 후반 우리나라가 국가부도 위기상황에 처하게 되면서 국가재정이 극심한 어려움에 직면하게 됨에 따라 김대중 정부는 그동안 관행적으로 이루어져왔던 국내학생들의 일방적 해외유학을 지양하고, 이와 동시에 외국 유학생들을 국내 대학들에 유치하기 위한 전략으로서 고등교육 국제화를 추진하기 시작하였다. 이러한 변화는 향후 우리나라 고등교육 국제화 과정에서 중요한 방향을 설정하게 되는 바, 외국학생들을 유치하기 위해 대학환경을 국제화하고 또한 교육과 연구의 질적 수준을 향상시키기 위한 본격적 노력을 기울이기 시작하였다. 외국인 교수 임용 확대를 위해 교육공무원법을 개정해서 국립대학교에서 외국인 교원을 임용할 수 있

도록 했고, 또한 2010년까지 외국인 유학생 5만 명 유치를 목표로 한 '외국인 유학생 유치확대 종합방안'을 마련하였다(이종규, 2016).

셋째, 2000년대 들어서서 대학 진학생 수가 감소함에 따라, 각 대학들마다 심각한 재정적 어려움을 겪게 되었고 특히 지방 소재의 대학들은 존폐의 기로에 직면하게 되었다. 이러한 학생 감소 문제를 해결하기 위해 각 대학들마다 사활을 걸고 외국학생 유치를 위해 글로벌 고등교육 시장에 적극적으로 참여하기 시작하였다.

위에서 간단히 살펴본 바와 같이, 우리나라 정부 및 대학들의 국제화 추진은 다분히 국내외 경제적 요인들에 의한 것이다. 이러한 현상은 비단 우리나라에만 국한되는 것은 아니어서, 전 세계적 글로벌화, 특히 경제적 글로벌화의 확산에 따라 신자유주의적 시장경제체제가 보편화되면서 고등교육기관들도 경제적 상품으로 취급되고 있고, 교육 소비자들의 요구들을 충족시키기 위해 정부와 개별대학 차원에서 다양한 국제화 노력을 경주하고 있다(Byun & Kim, 2011; Palmer & Cho, 2011). 우리나라 고등교육기관들의 국제화전략 추진정책들은 구체적으로 어떠한 형태로 나타나고 있는가? Byun & Kim(2011: 472-80)은 이를 외국학생 유치, 학자 및 연구진의 국제화, 외국 고등교육기관의 국내 유치, 교육과정의 국제화 및 영어화의 4가지 차원에서 설명한다.

외국학생 유치

지난 수십 년 간 우리나라 학생들의 해외유학은 큰 폭으로 증가했는데, 2008년 기준으로 해외 유학 중인 한국 학생 수는 20여만 명으로서 이중 절반이 미국과 중국에 유학중인 것으로 나타났다(교육과학기술부, 2008b). 미국유학의 경우 대부분이 학위취득을 목적으로 한 유학인데 비해, 중국 유학의 경우는 대부분이 언어학습 목적이었다. 최근 해외유학의 새로운 추세로서 대학 학부과정 유학비율이 이전에 비해 상승하고 있는데 이는 국내 구직시장에서 외국대학 학위 소지자와 영어사용능력 우수자를 선호하기 때문인 것으로 해석된다. 정부는 국내 학생들의 대규모 해외유학에 대해 방관자적 자세를 유지해오다 1990년대 말 국가경제위기 상황을 맞아 이들을 국내 대학에 유치하고 또한 외국 학생들을 국내 대학들에 유치하기 위해 적극적으로 고등교육 정책전환을 시도하였다. 즉, 학생 이동면에서 그동안의 국내 학생들의 일방적 해외유학 추세를 외국 학생들의 국내 대학교 유학추세로 전환하기 위해 적극적으로 개입하기 시작하였다. 대표적 정책 사례가 노무현 정부 시절 시작된 Study Korea Project로서, 2010년까지 외국 유학생 5만 명을 국내 대학에 유치하려는 목표를 설정하였는데 이 목표는 2007년 조기 달성되는 성과를 이루었다. 정부는 이에 고무되어 외국 유학생 유치 목표를 계속 상향조정해 오고 있다. 그러나 외국 유학생들의 급격한 국내 유입은 사회적 문제들을 야기하고 있기도 하다. 예를 들어, 외국 학생들이 학업보다는 국내에서 취직하기 위한 방편으로 유학을 활용하고 있으며 또한 유학생들 대부분이 아시아 국가들, 특히 중국 학생들로 편중되어 있어서 외국 학생들의 질과 다양성 면에서 부실한 것으로 나타났다. 이런 문제점들을 해결하고자 2단계 Study Korea Project(교육과학기술부, 2012)는 우리나라 대학들의 전반적 연구역량 강화에 기여할 수 있는 우수한 해외 인재들을 유인하는데 초점을 맞추었다.

연구자/학자의 국제화

우리나라 고등교육기관에 종사하는 학자들 및 연구자들의 국제화는 정부의 고등교육 국제화 정책의 주요 사항으로서, 그동안 수십 년에 걸쳐 정부 및 대학 차원에서 학자/연구자들의 학문 및 연구역량을 증진하기 위해 장단기 정부 장학금 지원, 연구년 제도 활용, 해외 학술회의 참여 유도 등 다양한 정책들을 실행해왔지만, 본격적인 연구 및 학문의 국제화 정책은 1999년부터 실시된 Brain Korea 21 Project를 들 수 있다. 이 프로젝트의 목표는 세계 초 일류급 국내 고등교육기관을 육성하는 것으로서, 집중적인 연구역량강화 지원정책들을 실시하여 우리나라를 세계 10위 이내의 연구 분야 강국으로 부상시키는 것이다. 연구능력 강화를 중심으로 하는 고등교육기관 국제화 정책 추진은 우리나라 고등교육기관들의 글로벌 경쟁력을 향상시키는 계기가 되었다. 이러한 흐름을 이어 받아, 이명박 정부에서는 2008년 World Class University Project를 추진하여 나노공학, 바이오공학, IT, 융복합 학문 등 신 성장 분야들에서 우리나라가 주도권을 잡을 수 있도록, 해외 저명학자 및 연구자들을 초빙하여 국내 학자/연구자들과 협력 연구를 수행할 수 있도록 대규모 재정지원을 하였다.

외국 고등교육기관 유치

1990년대 중반 WTO 체제의 출범으로 정부가 국내 교육시장을 해외에 개방하는 조치들을 실행에 옮겼으나, 다양한 규제 장치들을 마련하여 해외 교육기관들의 국내 설립 및 유치에 제동을 가함으로써 실질적 외국 교육기관의 유치는 미미한 상태에 머물렀다. 이러한 상황을 반전시킨 계기는 2005년 정부 차원에서 외국교육기관의 설립 및 운영에 관한 특별법을 제정하여, 기존의 각종 규제 완화, 운영상의 자치권 부여, 행정적, 재정적, 금융적 혜택 부여 등을 도입한 것이다(교육인적자원부, 2005). 이후, 제주특별자치도를 비롯한 경제자유구역 등 특별법의 효력이 발생하는 지역에 외국 교육기관들이 설립되어 운영되고 있다. 이처럼 규제완화와 다양한 지원 제공을 통해 외국계 고등교육기관들이 국내에 설립되고 운영되는 사례들이 증가하고 있으나 이에 대한 사회적 우려도 증폭되고 있다. 비판론자들은 외국 교육기관들에게 특혜 수준의 과도한 지원을 함으로써 국내 교육기관들이 역차별을 받고 있다고 주장한다. 외국 고등교육기관들의 국내유치와 함께 최근에는 국내 고등교육기관들이 해외에 분교를 설립하는 등, 고등교육 수출 움직임도 조금씩 활성화되고 있다. 즉, 고등교육기관들도 인바운드와 아웃바운드 현상들이 동시에 진행되고 있다.

대학교육과정의 국제화 및 영어화

우리나라 고등교육기관들의 글로벌 경쟁력 향상을 위한 국제화 정책의 핵심은 교육과정의 국제화이다. 교육과정 국제화 방안의 하나는 외국 고등교육기관들과 협력체계를 구축하여 공동학위 제도 및 복수학위제도를 운영하는 것이다. 2000년대 이후 우리나라 대학들이 해외 대학들과의 공동 학위 및 복수학위 과정 운영 수가 급증하고 있는데, 이러한 변화에 수반하여 다양한 전공과목들을 영어로 강의하는 방식이 빠른 속도로 확산되고 있다. 고등교육기관들의 영어화 추세는 정부차원에서 영어강의에 대한 재정적 지원을 제공하고 또한 대학평가 지표에 영어강의 비율을 포함하면서 가속화되고 있다. 특히 상위권 대학들은 영어강의 비율을 상향조정하고 있고 일부 대학들은 모든 과목들에 의무적 영어강의를 요구하고 있다. 이러한 언어적 환경의 변화에 대응하기 위해 대학들마다 신임교수 임용조건으로서 우수한 영어사용능력을 요구하고 있고, 또한 일정 비율의 과목들을 영어로 강의하도록 의무화하고 있다. 이처럼 영어가 우리나라 고등교육기관들의 학문수행 언어로 부상함에 따라, 이에 대한 사회적 비판도 거세지고 있다. 대학영어강의와 관련된 사항들은 다른 장에서 심도 있게 논의할 예정이다.

3.2. 한국 정부의 고등교육기관 국제화 추진 전략 내용

앞에서 언급한 바와 같이, 우리나라 고등교육 국제화는 개별 고등교육기관들이 아니라 중앙정부의 강력한 의지와 정책집행을 통해 추진되고 있다. 즉, 국제화 추진방식이 국가주도의 하향식으로서 전형적인 국가형 국제화 방식을 보이고 있다. 이는 고등교육 국제화에 대한 정부차원의 기본계획에 분명하게 나타나고 있다. 여기서는 이명박 정부시절 발표한 고등교육 국제화 전략과 박근혜 정부에서 제시한 국제화 전략의 핵심을 제시한다.

3.2.1. 이명박 정부의 고등교육 국제화 추진전략

이명박 정부는 우리나라 고등교육 국제화 추진을 위해 3가지 핵심전략들을 설정하고 이를 실행에 옮기기 위한 10개의 구체적 정책들을 제시하였다. 핵심전략들은 다음과 같다(교육과학기술부, 2012).

- 고등교육 국제화를 위한 인프라 구축
- 우수 유학생 및 연구자/기관 유치
- 국내 대학 및 대학생 해외 진출/교류 확대

고등교육 국제화 전략을 달성하기 위한 10대 정책들은 다음과 같다.

1) 국가차원의 글로벌 인재 육성, 교육경쟁력 강화 및 지역발전을 위해 교육국제화특구 등에 대한 규제 완화
2) 고등교육 국제화를 위한 정부-대학 협의체, 국제교육진흥원 등 대학의 국제화를 지원할 수 있는 상설 기구 마련
3) 국제화 촉진을 위한 유학정보서비스 제공, 고등교육 질 관리 국가정보센터 등 홍보 인프라 구축
4) 중점협력국/자원외교 수요 등을 고려하여 다양한 국가 출신의 우수인재 유치
- 전략국가 대상 유학생 유치 순회설명회 개최, 과학기술공동위원회 등 각종 국제협력 행사에 유학생 교류사업을 포함하여 유치 확대
- KOTRA와 공동으로 국내외에서 유학-취업 연계 박람회를 개최하여, 한국에서 취업 하고

자 하는 우수인재를 유학생으로 유치

• GKS 사업 규모를 확대하고 우수학생을 유치하여 다방면에 걸친 친한/지한 고급인재 양성

• 고등직업교육을 거쳐 취업하려는 외국인 유학생을 지원하여 우수 외국인 유학생을 국내 전문대학으로 유치

5) 석박사급 해외 우수 연구자 유치 및 연구인력 교류 활성화

• WCU사업 추진으로 석학급 해외학자를 국내 대학의 전일제 교수 등으로 초빙하여 교육 및 연구 풍토를 혁신하고 국내 대학의 글로벌 경쟁력 제고

• WCU사업 종료에 대비하여 기존 BK21사업과 함께 세계수준의 연구중심 대학 육성을 위한 2단계 WCU사업 추진

• WCI, 브레인-리턴 500 프로젝트 등을 통해 해외 우수 과학자를 유치, 강의 및 연구지도, 공동연구실 운영 등 국내 연구인력과 교류협력 활성화

6) 유학생 및 연구자 지원을 위한 절차 및 프로그램 마련

• 한국어 능력시험(TOPIK) 확대 및 예비교육 강화, 국가별 특화 예비과정 프로그램 운영 등 한국 유학적응 지원

• 대학공동 기숙사 확충, 사증제도 절차 개선, 사회적 안전망 마련 등 정주여건 개선 및 유학생 취업률 제고를 통해 매력적인 유학환경 조성

7) 세계적 수준의 대학 및 연구기관 유치를 활성화하여 국제경쟁력 제고

• 분야별 세계적 수준의 대학을 경제자유구역별로 특화하여 유치함으로써 국내 고등교육 경쟁력 강화 및 교육서비스 수지 개선

• 해외우수연구기관 국내유치 확대를 통해 국제공동연구 활성화 및 국내 대학의 글로벌 연구역량 강화

8) 지역을 다변화하여 대학생 인턴을 확대하고, 해외취업과 연계

• 인턴 파견국가 다변화를 위해 중동지역 수요를 고려하여 중동지역 인턴을 대폭 확대

• 인턴참가자 중 일정비율을 취업과 연계하는 인턴파견 모델의 발굴, 수료자 대상 멘토링제 및 수료자의 해외취업 연계 등을 통해 취업 지원

• 2단계 '국제화 거점 전문대학' 사업을 추진하여 국내 전문대학생의 졸업 후 해외취업 연계를 지원

9) 공동 · 복수학위의 활성화 및 교류 프로그램 확대로 국내대학의 글로벌 경쟁력 제고

• 한중일 대학생 교류 및 대학 간 공동/복수학위 제도 운영 활성화를 통해 고등교육 국제 교류

및 교육과정 공동개발 촉진(Campus Asia)
• 한국-유럽 대학 간 대학생 및 교직원 교류 프로그램 확대를 통해 학생교류 불균형 해소 및 글로벌 리더로 양성
• 개도국 과학기술 정책을 이끌어갈 이공계 인력의 역량강화를 위해 기술지도, 실험 · 실습실 등 인프라 구축, 교수역량 강화 등 총체적 지원 강화

10) 국외분교 설립 규제완화와 연계하여 '업무 매뉴얼' 개발 · 보급, 국가별 맞춤형 컨설팅을 통해 우리대학의 해외진출을 적극 지원

• 한국사학진흥재단 등을 통해 국내대학의 해외 진출 컨설팅을 지원하고 해외 현지협력 네트워크를 통해 국가별 맞춤형 지원서비스 제공
• 국내 대학의 국외 교육시설 설치 규정 명확화
• 한국의 이러닝 솔루션과 콘텐츠를 ASEAN에 공급하고 아세안국가와 고등교육 교류 확산을 위해 '아세안 사이버대학' 설립 · 운영
• 대학 자원의 총체적 활용 및 현지수요를 반영한 국내-수원국 대학 간 개발협력을 통해 개도국 ODA 지원 등을 통한 국외 진출

3.2.2. 박근혜 정부의 국제화 추진전략

정부주도의 우리나라 고등교육의 국제화 추진은 박근혜 정부에서도 지속적으로 진행되었다. 박근혜 정부의 고등교육 국제화 추진전략은 이전의 정책들의 효과성을 분석한 후 정책효과가 높은 것들은 유지하고, 그렇게 못한 것들은 보완하며 또한 이전의 정책들에 포함되지 않은 국제화 관련 새로운 정책들을 실시하는 방향으로 진행되었다. 고등교육 국제화 정책의 핵심내용은 다음과 같다.

• 고등교육 경쟁력 강화를 위해 대학 구조개혁 평가 및 산업 · 지역의 인재수요에 기초한 대학체제 혁신 지속 추진
• 융 · 복합, 산학협력 확산으로 창의적인 통섭형 인재를 양성하고, K-MOOC 도입으로 대학교육의 변화를 촉진
• 대학의 기초연구 역량을 제고하고, 축적된 대학의 창의적 자산을 실용화하여 대학을 고부가

가치 창출의 원천으로 육성

이러한 핵심 정책들을 수행하기 위한 구체적 내용들은 다음과 같다.

고등교육의 경쟁력 제고를 위한 대학 구조개혁

1) 대학 역량을 키우는 구조개혁 추진

- 전체 대학을 대상으로 평가를 실시하고 근거 법률 제정과 연계한 정원감축, 재정지원 제한 등 구조개혁 시행
- 지방대학 · 수도권대학 특성화 사업을 통해 융 · 복합 학과 개편 등 "작지만 강한 대학"으로의 전환 지원 병행

2) 산업수요 중심의 대학 재구조화 추진

- 중장기 인력 수급 전망을 토대로 지역 · 산업별 인력 부족, 과잉 공급을 진단하고, 고등학교 · 전문대학 · 대학 인력공급 조정
- 산업수요 중심 정원조정 선도대학사업을 통해 대학의 학과개편, 정원조정 등 인력 공급 유연화 실현

3) 지역사회 수요에 부응하는 지방대 특성화 추진

- 지방대학의 지역인재 특별전형 및 장학금 지원 확대로 우수인재 유치 지원
- 지방대학 특성화 사업으로 지역이 필요로 하는 분야를 집중 육성하고, 대학재정지원 사업에 지자체 참여 확대

4) 경쟁력 강화를 뒷받침하기 위한 재정 확충 및 지원제도 개선

- 대학의 질적 개선 및 등록금 부담 경감을 위해 고등교육 재정투자를 OECD 평균 수준으로 확대
- 대학 재정 확충을 위해 대학에 대한 기부 활성화 여건을 조성하고, 교육신탁기금조성 방안 마련

• 대학교육협의회 등 현장과 대학 규제완화 수요를 적극 발굴하고, 범부처 협업을 통해 강도 높은 규제개선추진

• 국립대학회계제도를 도입하고, 모든 사립대가 외부회계감사를 받아 결과를 공시하도록 제도 개선

고등교육 신수요 창출

5) 지방대학을 중심으로 우수 외국인 유학생 유치 확대

• 지방대학 특성화 사업을 통해 국제화 기반을 갖춘 지방대학에 외국인 유학생 적극 유치

• 정부초청장학생 사업에 지방대학 선발 트랙 시행

• 아세안 10개국의 우수 이공계 대학생을 초청, 지방대학을 중심으로 산업체, 연구소 등 연수를 제공하여 국내 대학원 진학으로 연계

6) 유학생 유치 지원 및 기반 구축

• 권역별 외국인 유학생 서비스센터를 운영하여 초기 적응을 지원하고, 다국적 유학생이 공동 거주하는 글로벌 교류센터 건립 추진

• 재외 한국학교에 외국인입학을 허용하여 국내대학 진학을 유도하고, 세종학당을 유학생 유치 홍보기관으로 활용

• 외국인 유학생의 취업 및 가족동반을 용이하게 하고, 외국인 근로자 가족이 국내대학으로 유학을 올 수 있는 방안 검토

• 유학생 인증제를 국제화교육역량 인증제로 확대 · 개편하여 유학생이 원하는 우수 교육여건 제공

7) 직업 기능인력 양성 수요를 전문대학으로 흡수

• 전문대학을 평생교육, 직업능력 개발을 위한 (비)학위 통합 교육과정을 운영하는 평생직업교육대학으로 전환

• 전문대학의 유휴 기자재 등 인프라와 폴리텍의 현장실습 노하우를 공유하는 비학위 단기 직업과정을 공동 운영

8) (전문)대학의 기능을 재직자 대상 교육 · 훈련으로 확장

• 일-학습병행기업 근로자들이 (전문)대학에서 교육받고, 학점 · 학위까지 인정받을 수 있도록 지원

• 대기업만 설치하는 사내대학을 중소기업이 공동으로 설치할 수 있도록 하고, 대학에 사내대학 위탁 운영 허용

대학교육 혁신을 통한 창의적 인재 양성

9) 온라인 대학교육 혁신의 신 패러다임, 한국형 온라인 공개 강좌

• K-MOOC(Korean Massive Open Online Course) 플랫폼을 구축하여 인문학을 비롯한 대학의 최우수 강좌를 디지털화 및 공개

• 평생학습계좌제 연계, 기업재직자 훈련, 군 인적자원개발 등 K-MOOC를 활용한 다양한 부가서비스 창출 추진

10) 융복합 교육 확산과 기초교양교육 활성화로 통섭형 인재 양성

• 대학 특성화 사업을 통해 융복합형으로 학사 구조를 개편하고 융 · 복합 학사구조에 맞는 교육과정 신설

• 대학생들의 인문소양 함양을 위해 학부교육 선도대학 육성사업(ACE) 지원 대학의 교양교육과정 개편 추진 및 타 대학 확산

11) 산학협력을 통한 산업수요 맞춤형 대학교육 체제 확산

• 공과대학 혁신방안을 본격 추진하고 인문사회 등 비이공계 분야까지 산학협력 마인드 확산

• 교원인사제도, 산학협력단 등을 산학협력친화형으로 혁신하고, 산학연계형 교육과정, 현장실습 · 캡스톤디자인 교과목 운영 활성화

• 산학협력중개센터를 통해 2단계 LINC 성과를 확산하고 산학협력단 역량 강화로 기술사업화, 창업지원 등 가시적 성과 창출

12) 전문대학-대학 연계 교육체제 구축

• 대학과 전문대학의 강점을 살린 이론과 실무가 조화된 교육과정을 개발하고 대학 · 전문대학에 공동 적용하여 연계 교육 활성화

• 전문대학을 졸업한 재직자를 대상으로 학사학위 취득 경로를 마련하여 숙련기술인으로 성장할 수 있는 기반 구축

13) 석 · 박사 양성을 위한 대학원 교육과정 질 개선

• BK21 플러스 사업을 통해 석사과정 교육은 전공 심화 중심으로 개선하고, 박사과정 교육은 기초 연구, 원천기술 개발 및 실용화 등 맞춤형 개편

• 모든 대학원(일반 · 전문 · 특수)의 교육과정, 학사관리 등 전반에 걸친 대학원 평가 방안을 마련하여, 시범 운영

14) 대학교육 혁신 지원 인프라 구축

• 「대학도서관진흥법」및 시행령을 제정하고, 대학도서관 평가와 대학도서관 공동보존서고 건립을 통해 대학도서관 인프라 구축

• 취업에 열악한 인문 · 예체능 계열의 특수성을 감안하여, '15년부터 대학 재정지원사업 평가에서 취업률 제외

대학 연구 경쟁력 및 실용화 강화

16) 기초연구 지원을 통한 연구 기반 확대

• (인문사회) 사업신청 시 필요한 연구업적요건을 강화하고, 업적정보 상세제공(오픈평가) 등 평가체제 개선

• (이공) 우수 과제의 심화연구가 가능한 안정적 연구지원 체제 구축

• (국가정책분야) 사회문제해결형 과제 지원 등 국가의 정책수요를 반영한 분야의 인문학 연구지원 강화 및 해외 한국학 지원 국가 다변화

17) 인문학 기초연구 지원 강화 및 외연 확대

- 인문한국(HK) 사업 등 그간의 인문학 지원성과를 발전시키고, 한계를 보완한 인문학 진흥 종합방안 마련
- 인문학 연구의 새로운 패러다임을 반영한 인문 브릿지, 디지털 인문학 사업 등을 확대하여 공유 · 소통 기반의 인문학 활성화

18) 학문분야별 특성화된 연구 및 산학협력 활성화를 위해 R&D 평가 개선

- 현행 BK21 플러스 대학원 사업단의 중간평가 결과 하위 50%는 신규 진입 희망 대학원 사업단과 재선정평가 실시
- 교육부 R&D사업(BK21 플러스 사업 포함) 평가에서 연구 성과의 영향력, 사회발전 기여 등 질적 성과지표 확대

19) 대학이 보유한 우수연구 성과의 실용화 촉진

- 대학의 기초 R&D를 통해 도출된 원천기술, 특허 등을 사업화(R&BD) 하는 대학의 창의적 자산 실용화 지원
- '15년 BK21 플러스 사업 중간 평가 시 기술이전, 산업체 연구비 수주, 대학원생 창업지원 계획 등 대학 연구 실용화 관련 지표 신설 · 강화
- 대학중점연구소 사업에서 기술이전 및 사업화를 중점 추진하는 성과확산형 지원 트랙 신설
- LINC사업을 통해 캡스톤디자인 교과목에서 도출된 학생의 창의적 아이디어, 시작품 등에 대한 기업 이전 또는 창업을 지원하여 상용화 촉진

20) 창업가정신을 진작시키는 창업 친화적 고등교육 환경 조성

- 창업성공가, 변리사 등 창업교육 전문가로 구성된 창업교육 컨설팅단을 운영하여 대학의 "창업 친화적 학사제도" 안착 및 확산 지원
- 중소기업 취업자에게 지원하던 "희망사다리 장학금"을 '15년부터 창업 대학생까지 확대 지원
- 국내 창업기업에서의 대학생 현장실습을 확산하고, 해외 인턴 사업(WEST 등)을 통해 해외 창업기업 인턴십 시범 실시 추진

• 대학의 창업교육센터를 통해 창업교실 운영, 현장 방문 및 창업 동아리를 통한 창업교육 강화

21) 대학의 연구윤리 정립 및 책무성 강화

• 학술 · 연구지원사업 연구책임자의 연구윤리 사이버교육 이수를 의무화하고, BK21 플러스 사업 중간평가에서 대학의 연구윤리 강화계획 평가
• 연구비 부정사용 교수에 대해 기존 참여제한과 함께 제재부가금 부과(유용액의 최대 5배) 및 징계 강화 추진

글로벌 사회에 희망을 주는 교육 한류

22) 한국교육의 우수성과 발전경험을 세계로 전파

• 산업화, 인재 양성, IT 등 한국의 발전경험을 체계적으로 정리하여 학문으로 정립하고, 연구 결과를 세계로 파급
• 아프리카 등 개도국에 교육 혁신을 지원하여 한국 교육의 우수성을 홍보하고, 잠재적 한국유학 수요를 개발
• 유럽 대학과의 학생 교류 활성화를 위해 학점인정 관련 법령을 정비하고, 대학생 교류 프로그램을 확대 시행
• 아세안 국가 간 교환학생 프로그램(AIMS) 참여방안을 마련하고 동북아 대화채널을 활성화하여 아시아 학생 간 교류 촉진

3.3. 우리나라 영어교육 개혁 노력

3.3.1. 초 · 중등학교 영어교육 개혁

전 세계적 글로벌화의 확산은 우리나라의 모든 영역에 걸쳐 강력한 영향을 미치고 있다. 특

히 지난 1990년대 중반 세계무역기구(WTO)의 출범으로 신자유주의적 시장경제 체제가 세계경제의 지배적 패러다임으로 확립되면서 세계 각국은 자국의 글로벌 경쟁력을 강화하기 위해 온갖 노력들을 경주하고 있다. 앞에서 살펴본 바와 같이 오늘날 글로벌 언어로서의 위상을 확고하게 유지하고 있는 영어사용능력을 신장하기 위해 각국 정부들은 영어교육 차원에서 막대한 행정적, 재정적 지원을 하고 있으며 우리나라도 예외가 아니다. 여기서는 지난 10여 년 동안 진행된 정부 및 학교 차원의 영어교육 개선 노력들에 대해 기술한다.

3.3.1.1. 한국 영어교육 역사

우리나라 영어교육의 역사는 1883년 최초의 외국어교육기관인 '동문학'의 설립과 함께 시작되었다. 그 후 지난 130여 년 동안 우리나라 영어교육은 엄청난 변화를 겪어왔다. 이 시기를 일본 식민통치로부터의 해방을 기점으로 그 이전과 이후로 나누어 볼 수 있다(권오량 · 김정렬, 2010).

광복 이전시기(1883-1945)

광복이전 시기는 다시 일제에 의한 강제합병 이전 시기와 강제합병부터 광복까지의 두 시기로 구분할 수 있다.

• 강제합병 이전 시기(1883-1910) :

조선 말기에 서구 국가들과의 관계가 확장되면서 정부는 조선의 현대화를 위해 영어가 필수적인 언어임을 인식하고 전문 영어 번역가 및 통역인들을 배출하기 위해 노력하였다. 이 시기의 영어교육에 대한 또 다른 추동력은 서구 국가들, 특히 미국에서 파견한 선교사들로서 조선 전역에 기독교를 전파하기 위한 수단으로서 영어를 적극적으로 활용하였다.

대한제국이 선포된 후 서구식 교육체제가 도입됨에 따라 이 시기에 영어교육이 학교교육에 포함되기 시작하였는바, 학교 영어교육과정은 학습자의 교양을 계발하고 문화 간 이해를 증진하는데 초점이 맞춰졌다. 이 시기 학교 영어교육은 일부 영어 원어민 화자들에게서 훈련을 받은 한국인 영어교사들에 의해 실시되었으며 영어교수법은 학교 기관과 교사들에 따라 많은 차이가 있었다.

• 강제합병 시기(1910–1945) :

일제 강점기간 동안에는 일제가 한국어와 영어 사용을 억압한 결과 이 시기의 영어교육은 크게 위축되었다. 이 시기의 중등 영어교육은 구체적 목적 없이 진행되었다. 이 시기에 우리나라 학생 수가 증가하면서 한국인 영어교사들이 영어 원어민 교사들을 대체하기 시작했으나, 일제가 일본인 교사들을 선호하면서 일본인 영어교사들이 한국인 영어교사들을 대체하였다. 학교 영어교육이 비 원어민 영어교사들에 의해 주도되면서 초중등 및 고등교육기관 모두에서 문법번역교수법이 일반적 교수법으로 등장하였다.

광복 이후 시기(1945–현재)

광복 이후 시기는 크게 교수요목 시기, 국가교육과정 시기로 구분할 수 있다.

• 교수요목 시기(1946–1954)

교수요목 시기는 새로운 학교교육 체제가 공표된 시기로서, 이 시기에 보통교육의 기본이 마련됨으로써 우리나라 현대 교육이 시작되었다. 이 시기의 영어교육의 목표는 외국에 대한 지식을 증진하고 기본적 영어능력을 습득함으로써 우리나라 문화를 고양하는 것이었으며, 이러한 기본 목표는 오늘날까지 큰 변화 없이 유지되고 있다.

• 국가교육과정 시기(1954–현재)

비록 교수요목 시기에 공표된 국가교육과정이 사실상 교육과정이었지만 공식적으로 '교육과정'이 아닌 '교수요목'으로 공표되었기 때문에 국가교육과정 시기에서 배제되고 있으며, 1954년 발표된 초중등학교 국가교육과정이 최초의 국가교육과정으로 불리고 있다. 이후 현재까지 여러 차례 개정이 이루어졌다.

3.3.1.2. 영어교육 문제들

영어격차

오늘날 한국 영어교육의 중대한 문제 중의 하나가 영어 사교육에 지출되는 천문학적 금액이다. 2011년도 통계자료에 의하면 영어 사교육에 지출되는 금액이 전체 사교육비로 지출되는 약

200억 달러의 71.7%를 차지하고 있다. 개별 과목별 사교육비 지출 면에서 영어는 학생들의 월 사교육비 평균의 1/3을 차지하고 있는 바, 과도한 영어 사교육 의존이 학생들 간에 영어교육 수혜에 대한 기회의 불평등을 심화시키고 있다. 즉, 저소득 계층의 학생들은 고액의 영어 사교육비를 지출할 수 없는데 비해, 고소득 계층의 학생들은 경제적 부담에서 비교적 자유롭기 때문에 결과적으로 영어 사교육에 대한 접근성이 용이해지는 것이다. 이러한 영어교육 서비스에 대한 심화되는 격차를 일반적으로 '영어격차'라고 부르는데, 정부와 일반 국민들은 이를 교육의 균등을 저해하는 심각한 요인으로 간주하고 있다.

영어 공용어화 논쟁

Kachru(1992)의 분류에 의하면 우리나라는 영어 사용에 있어서 영어 외국어 사용 집단(Expanding Circle)에 속하는 바, 이는 영어가 공식어나 제2언어가 아니라 외국어로 학습되고 사용되는 것을 의미한다. 이처럼 우리나라에서 영어의 위상은 단순 외국어에 그치고 있으나 영어의 위상에 대한 뜨거운 논란이 일고 있다. 영어 공용어화를 주창한 복거일(1998)은 글로벌화 시대에 우리나라가 글로벌 중심국가로 부상하기 위해서는 영어를 공식 언어로 채택하는 것이 필수적이라고 주장한다. 영어 공용화 주창자들에 의하면 우리나라의 낮은 영어사용능력을 향상시키기 위해서는 국가적 차원에서 영어 공용화 전략을 추진해야한다 것이다. 또한 영어 공용화가 영어교육에 대한 계층 간의 차별적 격차를 줄일 수 있는 수단이라고 주장한다.

영어 공용화론 반대론자들은 국가주의, 사회적 평등, 국제 경쟁력, 영어교육 등의 관점에서 영어 공용화를 반대한다. 그들은 영어 공용화 정책이 한국인 정체성의 핵심인 한국어에 대한 직접적 위협이 되며, 전 세계적으로도 단일언어 사용 국가들이 자발적으로 영어를 공용어로 채택한 사례가 없다고 주장한다. 사회적 평등을 주장하는 사람들은 영어 공용화 정책이 국민들을 엉어사용 우수 집단과 그렇지 못한 집단의 두 부류로 이분화하게 될 것이라고 우려한다. 일부 영어교육 전문가들은 영어사용능력이 우수한 북유럽 국가들의 사례를 인용하며 영어 공용화 정책을 추진하지 않더라도 영어교육 체제의 개선을 통해 국민들의 영어사용능력을 향상시킬 수 있다고 주장한다. 반대론자들은 또한 인도, 필리핀, 나이지리아 등의 영어 공용어 국가들을 지적하며 영어 공용화 정책과 글로벌 경쟁력 간의 긍정적 상관관계를 부정한다.

학교 영어교육의 비효율성

우리나라 학생들의 영어사용능력은 세계적 기준으로 볼 때 일반적으로 낮은 것으로 평가되고 있다. 다수의 비판가들은 이를 우리나라 영어교육 체제의 비효율성에 기인하는 것으로 보고 있다. 노무현 정부 시절 교육부는 학교 영어교육이 전통적 문법, 독해 중심의 교육에 매달려 실용영어에 대한 급증하는 사회적 요구를 충족하지 못하고 있음을 인정하였다. 학교 영어교육에서의 과도한 문법 및 독해 중심의 교육이 영어사용능력이 우수한 영어교사의 부족 때문인 것으로 파악되었다(박준언, 2008). 한국 사회에서 실용영어사용에 대한 사회적 요구가 증가함에 따라, 학생 및 학부모들 또한 양질의 실용영어교육에 대한 수요가 증가하였다. 이러한 사회적 환경의 변화에 따라, 전통적 학교 영어교육과 급변하는 사회적 영어사용 요구 간의 괴리가 커지면서 학교 영어교육에 대한 불신이 증가하였고, 결과적으로 학생과 학부모들이 효과적 영어 학습을 위해 영어 사교육시장에 과도하게 의존하게 되는 현상이 심화되었다. 이로 인해 경제적으로 부유한 계층은 자녀들의 영어 학습을 위해 영어 사용 국가들에 조기유학을 시키는 등 인적, 금전적 측면에서 과도한 유출이 발생하는 국가적 문제로 부상하였다.

3.4. 영어교육 개혁 내용

3.4.1. 노무현 정부의 영어교육 개혁

노무현 정부는 영어 공교육 시스템 개선에 대한 일반 국민들의 요구에 직면하여 2006년 학교 영어교육 문제들을 해결하기 위한 총체적 계획을 발표하였다. 주요 개혁 방안은 다음과 같다(교육인적자원부, 2006a).

- 실용영어 교육 강화를 위한 학교 영어교육 목표 재설정
- 영어 사교육비 지출 감소 및 영어학습 기회 불균등 해소
- 영어교사 임용 절차 강화
- 영어교사의 영어사용능력 강화
- 사범대학 및 교육대학의 영어교육과정 개선

• 영어교사 운영체제 개선
• 영어교육과정 개편
• 특별지구에서의 영어 몰입식 교육 도입(박준언 · 박선호, 2006)

3.4.2 이명박 정부의 영어교육개혁

2000년대 후반 학교 영어교육 부실 문제가 주요한 사회적 이슈로 부상함에 따라 2008년 출범한 이명박 정부는 학교 영어교육체제 정상화를 정부 정책의 우선순위에 놓았다. 이명박 정부의 영어교육 개혁 정책들은 거의 대부분 노무현 정부의 개혁 정책들을 계승한 것이다. 두 정부 간의 이념적 성향이 크게 차이를 보이는 점을 감안할 때, 두 정부 모두 학교영어교육 체제 개선을 우선순위에 둔 점은 우리나라 영어교육 문제 해결의 중요성이 얼마나 큰 지를 보여준다고 하겠다. 이명박 정부의 영어교육 개혁의 주요 목표는 학교영어교육의 질을 향상하고 영어교육 수혜의 격차를 해소하는 것이었다(교육과학기술부, 2008a, 2010).

• 학교 교육의 질 향상 : 교육과정, 교사, 교육환경의 질을 개선함으로써 고등학교를 졸업하면 기초적 영어사용능력을 습득할 수 있게 함
• 영어학습 접근성이 취약한 학생들에게 집중적 지원을 통해 영어학습기회의 불균형을 시정함

이명박 정부는 이 두 가지 정책 목표를 달성하기 위해 다양한 영어교육 개혁 정책들을 추진하였다.

• 학교 영어교육과정 및 평가 방법 개선
– 국가 영어능력평가시험(National English Ability Test) 개발(한국교육과정평가원, 2012).
– 유능한 영어교사 확보
– 사범대학/교육대학 영어교육 체제 개선
– 영어사용 우호적 교육환경 확립
– 낙후지역 학생들을 위한 영어교육 지원

- 교육방송을 활용한 학교영어교육 개선
- 내용중심 영어교육 모형 및 교재 개발
- 대학 영어교육 개선

이외에도 제주특별자치도 내에 영어교육도시를 건설하고, 또한 경제자유구역을 비롯한 지자체들에서 특별입법을 통해 영어교육 환경을 조성하는 등 국가적 차원에서 다양한 영어교육 정책들을 추진하였다(박준언, 2009; 이의갑 외, 2009). 심지어 국회의원들도 우리나라 영어교육 문제 해결을 위한 법안들을 발의하였다(박준선 외, 2010; 신학용 외, 2007).

3.5. 대학 영어교육 개혁 노력

앞에서 살펴본 바와 같이, 우리나라 초중등학교 영어교육 개혁은 정부 주도로 진행되어 왔다. 그 주된 이유는 국가교육과정의 대상이 초중등학교 학생들이기 때문이다. 대학교 이상의 고등교육기관들의 영어교육은 정부의 직접적 개입 대신 자체적으로 이루어져왔다. 대학영어교육도 초중등 영어교육과 마찬가지로 지난 20여 년 동안 큰 변화를 겪어왔는데, 그 배경은 1990년대부터 본격적으로 시작된 우리나라의 세계화, 특히 고등교육기관의 국제화와 밀접한 관련이 있다. 즉, 국제화의 필수적 요소 중의 하나로 인식된 영어사용능력 향상에 대한 사회적 요구가 거세지면서 대학영어교육도 이에 부응하기 위해 다양한 개선 방안들을 실시하였다. 대학 영어교육은 일반적으로 '교양영어' 교육이라는 명칭으로 운영되어 왔다. '교양(敎養)'이 의미하는 바와 같이 1990년대 중반 이전의 대학 교양영어 교육은 대학생들의 문학, 역사, 철학 등 인문학적 소양을 함양하고자 이와 관련된 영어 텍스트 독해 위주의 교육으로 이루어졌다. 이와 함께 당시 유행했던 외국어 교수법인 청해식 교수법(the Audiolingual Method)을 구현한 어학실습실을 활용한 영어 구문학습도 병행하였다. 당시에 대학 교양영어교육이 인문학적 내용 중심의 영어 텍스트 독해 교육에 치중한데에는 대학 영어교육을 운영하는 실질적 주체가 각 대학의 영어영문학과였던 것에 기인한다. 당시만 해도 우리나라에 영어교육학이 학문적으로 제대로 정립되지 못한 상황에서 대학들의 영어영문학과들이 교육학적 기반이 없이 기존의 영어 텍스트 독해 중심의 교육을 답습해온 때문이었다. 영어교육을 전공하는 사범대학의 영어교육과들도 교육과정 및 교수진의 구성 면에서 일반 영어영문학과 별다른 차이가 없어서, 이들이 대학 영어교육 개선에 기여할 여지가 많지 않았다. 대학교 영어영문학과와 영어교육과의 교수진에서 영어교육을 전공한 교수진의 부족은 신경구(2001)의 연구에서 분명하게 나타나고 있다. 그는 1997년 전국 11개 종합대학교들을 대상으로 영어영문학과 및 영어교육과의 교수진들의 전공 분야를 분석한 결과, 영어영문학과의 경우 모든 교수진들이 문학과 어학 등 이론 전공의 교수들이었고 영어교육 및 응용언어학을 전공한 교수는 단 1명도 없었으며, 사범대학 영어교육과 교수진의 경우, 영어교육 및 응용언어학을 전공한 교수들의 비율이 1/3에 달해 상대적으로 높기는 했으나, 여전히 이론 분야를 전공한 교수진의 비율이 2/3에 이르는 과도한 불균형을 보이고 있다. 전체적으로 이들 조사 대상 대학교들에서 영어교육을 전공한 교수진의 비율은 10% 정도에 불과한 실정이었다. 이처럼 우리나라 대학 영어교육이 영어교육학에 대한 이해가 전무한 영문학, 영어학 이론 중심의 교수진으로 구성된 영어영문학과나 영어교육과에 의해 주도된 탓에(특히 영어영문학과의 주도 현상이 두드러졌음), 대학 영어교육이 전통적인 독해 위주의 틀에서 벗어나지 못했다.

그러나 1990년대 중반 전 세계적으로 거세게 불어 닥친 글로벌화 흐름에 대응하기 위해 국가적으로 특히 기업 및 비즈니스 영역에서 실용적 의사소통을 위한 영어사용능력에 대한 요구가 증가하면서 기존의 대학 영어교육의 비효율성에 대한 비판들이 제기되었다. 이에 따라 대학들마다 영어교육 개선을 위해 영어교육 및 응용언어학 전공의 교수진을 본격적으로 영입하기 시작하였고 대학 영어교육이 이들 영어교육 전공자들에 의해 주도되기 시작하였다. 이들은 대학 영어교육의 효율성 제고를 위해 다양한 연구들을 수행하고 또한 이를 영어교육에 접목하려는 시도들을 하였다. 대학 영어교육개선 관련 연구들은 개별 대학교 차원의 영어교육 프로그램 분석연구들과 보다 거시적 차원의 대학영어교육 분석연구들의 두 가지로 구분할 수 있다.

첫째, 개별 대학교 차원의 영어교육관련 연구들로서, 박준언(1997)은 1990년 대 중반 다수의 영어 원어민 교수자들을 고용하여 실시한 대학 교양영어교육 프로그램의 운영결과를 분석한 후, 국내 대학들이 다수의 영어 원어민 교수자들을 활용하여 학생들의 영어의사소통능력을 향상시킬 수 있는 가능성을 제시하였다. 조동완(1998)은 대학생들을 대상으로 실시한 몰입식 영어교육 프로그램의 결과를 보고하면서, 몰입식 프로그램이 우리나라 대학영어교육에도 성공적으로 도입될 수 있는 가능성을 제시하였다. 정동수 · 김해동(2001)은 대학 교양영어 과목 선정을 기존의 교수들의 일방적 선정에서 탈피할 것을 주장하고, 학습자, 교수, 졸업생들을 대상으로 대학영어교육에 대한 요구조사를 실시하여, 이를 토대로 효과적 대학 영어교육을 실시할 것을 제안하였다. 박준언(2004)은 영어 원어민 교수들을 활용한 대학영어교육 프로그램들이 학생들의 기본적 영어 의사소통능력을 향상시키는데 어느 정도 성공하였다고 진단하고, 대학 영어교육 프로그램을 한 차원 더 발전시켜 학생들의 전공영역과 연계한 영어교육 프로그램을 도입하여 실시한 결과를 보고하고, 영어 원어민 교수자들을 활용한 대학영어교육이 단순히 기본적 의사소통능력 향상 차원에 머물지 말고 학생들의 전공학문 영역들을 영어를 사용해서 학습할 수 있도록 학문내용과 연계된 원어민 활용 영어교육 프로그램들을 개발하여 실시할 것을 제안하였다. 송미정 · 박용예(2004)는 서울대학교 신입생 영어교육 프로그램에 참여한 학생들의 영어능력 향상정도를 측정하고 또한 학생들과 담당 교수들을 대상으로 설문조사를 실시하여, 대학영어교육의 의사소통능력 함양과 독해능력 향상을 동시에 추구하는 통합적 교육을 제안하였다.

둘째, 거시적 차원의 대학영어교육 관련 연구들로서, 조세경 · 문승철 · 이강혁(1997)은 우리나라 대학영어교육의 장, 단기적 문제점들을 지적하고 영어교육환경의 주요 개선 방향으로서 인터넷 활용을 비롯한 멀티미디어 교육환경의 구축을 주창하였다. 권오량(2002)은 대학영어교육을 단순한 영어교육 차원을 넘어 국제인력 양성의 차원에서 접근할 필요성을 주장하고 대학들의 영어교육을 기업들의 국제화 교육과 연계할 것을 제안하였다. 조정순(2002)은 국내 대학들의 영어전공 교수들과 학생들을 대상으로 대학 교양영어교육의 현황에 관한 설문조사 결과를 분석하고 우리나라 대학영어교육이 나아갈 방향에 대해 제언하였다. 이병민(2003)은 우리나라 대학들 뿐 아니라 비영어권 타 국가 대학들의 영어관련 학과들의 교육과정을 비교분석한 후, 우리나라 대학들의 영어 관련 학과들의 교육과정들의 문제점을 지적하고 이에 대한 개선안들을 제시하였다.

우리나라 대학들은 다양한 관련 연구들을 바탕으로 대학영어교육의 효율성 제고를 위해 대학 내에 어학원, 언어교육원 등 영어교육 전문 기관들을 설립하여 보다 전문화된 양질의 영어교육 서비스를 제공하기 시작하였다. 즉, 기존의 영어영문학과 중심의 고답적 영어교육 운영에서 탈피하여 독립적 영어교육 전문기관 설립을 통해 대학 영어교육 체제를 개선하여 대학생들의 실용적 영어의사소통능력 향상에 기여하게 되었다. 이러한 대학 영어교육의 변화 모습들을 다음과 같이 정리할 수 있다.

- 영어 원어강의 과목 수의 확대 및 과목 종류의 다양화
- 학문/특수 목적 영어교육 과목의 세분화 및 과목 수 확대
- 영어 원어민 교수진의 선발 및 강의 질에 대한 관리
- 전 학년에 걸친 지속적 영어교육 실시
- 신뢰성 있는 영어사용능력 평가 및 영어 사용능력 인증제 도입
- 대학별 영어교육과정 목표의 차별화와 구체화
- 영어교육목표에 부합하는 교수, 교수방법, 교재 개발
- 영어교육 운영 전문기구의 설립
- 학급규모 축소 및 수준별 수업
- 대학본부의 적극적 행정적, 재정적 지원

이와 같은 대학영어교육 효율성 제고를 위한 노력들의 결과, 우리나라 대학생들의 실용 영어 의사소통능력이 예전에 비해 향상되고 있으나 여전히 수업 시수 등의 제약으로 인해 대학 전공 학문을 영어로 소화할 수 있을 정도의 고차원적 영어사용능력 향상에는 근본적 한계가 있게 됨에 따라, 2000년대 중반부터 우리나라 일부 대학들을 중심으로 대학영어교육을 단순히 실용적 차원의 영어교육을 넘어 전공과목들을 영어로 강의하는 고차원적 영어교육을 실시하거나 아예 대학 전체를 영어전용 공간으로 선포하는 사례들이 나타나고 있다.

제 4장.
고등교육기관들의 학문목적 영어강의 사례

제 4장.
고등교육기관들의 학문목적 영어강의

앞에서 언급한 바와 같이 오늘날 우리나라를 포함한 전 세계적으로 고등교육기관들에서 영어강의가 점차 보편화되고 있다. 여기서는 고등교육기관들에서의 영어강의 사례들을 구체적으로 살펴보기로 한다.

4.1. 유럽 고등교육기관들의 학문목적 영어강의

1992년 유럽연합(European Union)이 결성되어 유럽 국가들이 경제적 통합체를 이룬 이후 영어의 글로벌 위상으로 인해 영어가 유럽 내 광역 의사소통 언어의 기능을 떠맡을 수 있는 가장 강력한 언어로 부상하였다(Crystal 2003, Wright 2004). 자국어의 위축을 두려워하는 EU 국가들은 영어에 대해 제1의 의사소통 언어로서의 공식적 지위를 부여하는 것에 대해 강력하게 반대한다(Ehlich 2004, Meyer 2004). 그러나 이러한 반발에도 불구하고 영어는 사실상의 EU 구성 국가들 간의 의사소통 언어로 자리매김하고 있다. De Swaan(2001)은 유럽 내에서 사용하는 언어가 많아질수록 영어 사용이 보다 일반화되는 역설적 현상이 발생하고 있다고 주장한다.

EU에서 영어의 핵심적 역할은 고등교육에서도 반영되고 있다. 유럽 고등교육의 국제화는 볼로냐 프로세스(Bologna Process)로부터 본격적으로 추진되었다. 볼로냐 프로세스 이전에도 유럽에서 고등교육 국제화가 진행되었으나 볼로냐 프로세스로 인해 범 유럽 차원에서 국제화가 강력하기 추진되었다(Coleman, 2006). 볼로냐 프로세스의 기본적 목표는 유럽 전역의 교육기관들 간에 학위과정의 통용성을 확보함으로써 유럽 고등교육의 국제적 매력도를 제고하고 고등교육이 유럽 국가들의 경제적 요구에 보다 민감하게 반응할 수 있도록 하며, 졸업생들의 노동시장 진출을 돕는 것이다. 이 목적을 위해 2010년까지 실행에 옮겨야할 구체적 목표들을 제시했다.

- 학부와 대학원의 두 단계 고등교육 체제 확립
- 고등교육기관들 간에 비교가 용이한 학위 시스템 마련
- 고등교육기관들 간의 학점 시스템 통일
- 학생, 연구자, 교육자들의 교류 활성화
- 교육 및 연구의 질 확보를 위한 협력 증진

1980년대 이후 유럽 전역에 걸쳐 고숙련 노동자들에 대한 수요증가로 인해 고등교육 참여율이 상당히 증가하였다(Peters, 2007). 고등교육에 참여하는 학생 수 증가와 동시에 각국 정부의 공적 재정지출에 대한 통제 강화로 인해 고등교육기관들은 시장 지향적 환경에서 정부에 대해 자신들의 효용성을 증명해야하게 되었다(Jongbloed, 2003; Molesworth, Cullion, & Nixon, 2011; Newman & Jahdi, 2009). 이는 고등교육에 시장원리들을 주입함으로써 고등교육기관들 간에 효율성 증가에 대한 의식이 고양될 것이라는 기대가 있었기 때문이다(Ferris, 1991). 이에 따라 다수의 유럽 고등교육기관들은 새로운 형태의 교육 프로그램들을 개발하여 국제 학생들을 유치함으로써, 이들 국제 학생들을 고등교육기관의 부족한 재정상황을 보충할 수 있는 수익창출 대상으로 인식하기 시작하였다.

블로냐 선언의 목표가 유럽 국가들의 문화, 언어, 교육체제, 대학자치를 최대한 존중하려는 것이었으나, 개별 언어의 보호 및 증진에 대한 구체적 언급이 없었다. Philipson(2003)은 이에 대해 유럽연합의 언어정책의 문제점을 지적하고 있으나, 언어정책에 대한 명확한 정책의 부재는 EU에서 영어를 통용어로서 인정한다는 암묵적 전제가 깔려있음을 보여주는 증거다. 유럽 고등교육에서 영어 사용이 증가하는 주된 이유들 중 하나는 학생, 교수자, 연구자들이 단기교류 프로그램이나 유학/취직 등으로 인해 EU 역내 교류가 증가하는 데에 있다. ERASMUS(the

European Action Scheme for the Mobility of University Students)는 유럽연합 소속국가의 대학생들이 역내 타 국가에서 6개월간 교환 학습할 수 있는 프로그램으로서 역내 국가들의 타 언어학습 증진을 위해 고안되었지만, 결과적으로는 유럽 내에서 영어사용의 증가를 조장하는 결과를 낳았다. 독일의 경우, 영어사용 국가들에 체류하는 학생 수가 비 영어사용권 국가들에 체류하는 학생 수의 세배를 넘고 있는 것이 이를 반영한다(Erasmus mobility statistics, 2003-4). ERASMUS에 참여하는 교류학생들이 단 시일 내에 체류국가의 언어학습 과정을 따라갈 수 없기 때문에 점점 많은 유럽대학들이 학생들의 언어사용 편의를 위해 영어강의 프로그램들을 제공하고 있는 것으로 나타났다. 더욱이 영어사용 국가들의 교환학생 프로그램들에 지원할 수 있는 인원 제한으로 인해 학생들은 대안으로서 영어강의를 적극적으로 활용하고 있는 국가들, 예를 들어 스칸디나비아, 베네룩스 국가들의 고등교육기관들을 대안으로 선택하는 추세가 확산되고 있다. 이런 이유로 인해 유럽에서 영어강의 프로그램을 운영하는 고등교육기관들의 수는 2001년 700개에서 2007년 2,400개로 3배 이상 증가한 것으로 나타났다(Ammon & McConnel, 2002; Maiworm & Wachter, 2008).

이처럼, 유럽의 고등교육 국제화는 영어강의 프로그램 도입과 동의어가 되었다(Marsh & Laitinen, 2005). 전 세계적으로 영어가 고등교육의 가장 중요한 언어로서의 위상을 지니게 됨에 따라(Brumfit, 2004; Doiz, Lasagabaster, & Sierra, 2012) 고등교육기관들의 영어강의 도입은 미국 뿐 아니라 전 세계적으로 증가하였다(Coleman, 2006; Graddol, 2006; Wilkinson & Zegers, 2006). 유럽의 고등교육기관들이 국제화를 추진하기 위한 방안으로서 전공과목, 학위 프로그램들을 영어로 제공함에 따라, 유럽 고등교육은 언어사용면에서 되돌릴 수 없는 상황에 놓여있다(Maiworm & Wachter, 2008).

유럽이 국제학생 유치능력을 신장하고 볼로냐 프로세스를 통해 역내의 다양한 교육체제들 속에서 학생들의 이동성을 향상하기 위해 고등교육 구조를 통일하려는 노력을 계속함에 따라 영어강의 프로그램들이 이러한 목표를 촉진하는 중요한 기재로 작용하고 있다. 학생유치를 위한 경쟁추세 강화 및 학생들이 다양한 정보를 바탕으로 고등교육기관들을 선택할 수 있는 고등교육 소비주체로 부상한 시점에서 영어강의 프로그램들은 유럽국가들의 국내외 교육시장에서 학생들을 유인할 수 있는 강력한 유인책이 되고 있다(Doiz, Lasagabaster, & Sierra, 2011; Truchot, 2002; Van Leeuwen, 2003). 결과적으로, 고등교육기관들은 대외 경쟁력을 확보하고 재정 수입을 확보하기 위해, 경쟁이 심화되는 국내외 고등교육시장에서 자신들의 위상을 높이기 위한 수단으로서 전공영역들에서 영어강의 프로그램들을 도입하라는 압력을 받고 있다.

4.1.1. 독일 사례

독일에서의 영어위상의 상승은 두 가지 상호 연계된 요인들에 기인한다(Earls, 2016). 첫째, 2차 세계대전 종료 후 독일 사회에서 영어에 대한 긍정적 태도가 유발되었다. 2차 세계대전 종료 후 미국의 전 세계적 영향력 확대는 영어가 국제적으로 번창할 조건들을 창출하였다. 영어는 누구나 추구하는 언어가 되었고 희망, 물질, 기술 진보, 과학발전의 이데올로기를 체화한 언어로 인식되어왔다. 둘째, 독일의 글로벌화 참여로 인한 언어계획 필요성에 의한 것으로서 이로 인해 영어가 독일에서 제1 외국어의 위상을 확보하게 되었다. 세계 4위의 경제대국인 독일이 글로벌화에 과도하게 의존하게 됨에 따라 글로벌화가 수반하는 일련의 언어적, 문화적, 사회적, 경제적, 정치적 변화들이 독일 사회에 큰 영향을 미치고 있다. 글로벌화의 확산에 따라 전 세계에 걸쳐 영어를 제2언어로서 사용하는 사람 수가 크게 증가하고 있고, 그와 반비례해서 타 언어들의 중요성이 감소하고 있는 바 이러한 현상은 독일에서도 예외가 아니다(Gardt & Huppauf, 2004). Catherine Wheel Model(Strubell, 1996)은 언어사용 증가의 촉매 요인들로서 언어의 역사적 존재, 상징적 자본성, 습득언어플랜(acquisition language planning)(Cooper, 1989), 글로벌화 과정에의 참여를 들고 있는데, 독일에서는 이러한 촉매 요인들로 인해 영어 학습자 수가 기하급수적으로 증가하여 영어 학습자 집단을 형성하게 되었다. 2014년도 독일 통계국의 자료에 의하면 독일사회에서 영어는 언어사용이 상용화되기 위해 필요한 최소한의 사용자 집단을 형성했다(Earls, 2016). 즉, 독일 사회에서 영어가 타 언어들을 완전히 지배하였고, 정치, 법률, 비즈니스, 광고, 과학, 연구, 미디어 등 다양한 사회영역의 구성원들을 흡수하였다(Hilgendorf, 2001). 독일 교육당국은 이러한 상황 속에서, 비록 비계획적, 비조정적, 상향적, 임의적 접근이기는 하지만 영어습득플랜을 마련하였다. 독일 사회에서, 영어서비스 공급의 증가는 영어소비의 증가로 이어졌고, 이는 다시 독일 현대사회에서 영어사용의 불가분성에 대한 인식확대에 기여하였으며, 이는 다시 영어 학습 동기를 강화하고 결과적으로 영어의 위상과 사용 속도를 가속화하는 현상으로 연결되었다.

독일의 고등교육기관들은 두 유형으로 분류된다. 첫째, 일반 대학교로서, 이들은 철학, 사회과학, 자연과학, 법학, 의학 등의 전통적 학문 분야를 중심으로 연구 지향적 성격을 지니고 있다. 둘째, 응용학문 대학교로서, 1970년 이전의 공학 및 전문 학부로부터 만들어졌으며, 경영학, 공학 또는 사회복지, 등 응용분야의 학문을 중심으로 전문성을 신장하고 있다. 볼로냐 프로세스의 결과로 독일 고등교육기관들은 학사, 석사, 박사의 3단계 학위 제도를 채택하였으며, 일반 대학교에서만 박사학위 과정을 제공하고 있다(Bayerisches Hochschulgesetz, 2006). 독일도 타 유럽 국가들과 마찬가지로 볼로냐 프로세스를 통해 학생 및 교수자의 교류를 확대하고, 외국어학습과 다중언어사용을 증진하도록 요구받고 있다. 그러나 현실적으로는 고등교육의 국제화의 주요 형태는 영어강의 확산으로서, 영어가 타 언어에 비해 독일 고등교육에서 가장 선호되는 언어로 자리 잡았다. 고등교육에서의 독일어의 영역 상실 및 주변 언어로의 전락에 대한 불안감에도 불구하고 독일사회 및 교육에서 영어사용의 확산은 계속되고 있다(Ammon, 2005; Earls, 2013; Ehlich, 2005). 실용적 차원에서, 독일인들은 영어의 확산을 자국의 정치적 미래를 확보하고 강력한 수출기반 경제를 유지하는데 중요한 것으로 간주하고 있으나(Ammon, 2001), 독일 학술원은 영어가 독일어 및 타 외국어를 희생으로 고등교육의 지배적 언어로 군림하지 않도록 하는데 관심을 기울이고 있다.

1996년 독일 고등교육기관들에서 영어강의가 처음 도입된 이후 외국학생 유치 비율을 높이기 위해 현재는 다수의 고등교육기관들이 채택하고 있다(Hellmann & Patzold, 2005). 볼로냐 프로세스에 의해서 추동된 독일 고등교육 국제화 과정은 독일사회에서 강력한 영향력을 행사하는 영어의 존재를 인정한 결과인 동시에 영어사용이 증가하는 영역들을 확장하는 역할도 하고 있다. 독일 고등교육기관들의 영어강의 프로그램들의 도입 목적은 외국 학생들을 유치할 목적으로 개발되었지만, 이는 또한 독일 학생들의 높은 수준의 영어능력에 대한 요구를 충족하기 위한 것이기도 하다. 이런 이유로, 2002년에 65개에 불과했던 영어강의 프로그램이(Maiworm & Wachter, 2002), 2008년에 214개(Wachter & Maiworm, 2008), 2008-2011년에 748개, 2011-2015년에 949개로 급증하였다(Earls, 2016).

독일 고등교육기관들이 적극적으로 영어강의 프로그램 도입을 추진하는 이유는 다음과 같다. 과학 분야에서의 영어의 공고한 지배력이 학생 및 학자들로 하여금 영어사용능력을 향상하도록 요구하고 있으며, 결과적으로 독일 고등교육기관에서의 영어사용을 더욱 촉진하고 있다.

이러한 언어적 환경에서 영어강의 프로그램들이 확장되고 있으며, 독일 고등교육기관들은 이를 통해 학생 및 교수자들의 영어사용능력 향상에 도움을 준다고 믿고 있다. 독일 사회의 다양한 영역에서 영어사용이 확장됨에 따라 개인들은 영어로 자신들의 활동을 수행하라는 압력을 받게 되고, 이것이 고등교육체제에서는 영어강의 및 기타 영어매체 교육 프로그램들을 제공하는 형태로 나타나고 있다.

이러한 독일 고등교육기관들의 영어중시 현상은 연방정부의 'Brain Gain instead of Brain Drain' 이라는 국제화 슬로건으로 요약된다(Earls, 2016). 독일 고등교육기관들의 영어강의 프로그램은 독일 학생들을 자국 고등교육기관에서 학업하게 하고, 영어 사용권 국가들을 선호하는 외국학생들을 독일 고등교육기관들에 유치하고 졸업 후 독일 내에 머물도록 하기위한 방편이다(Motz, 2005). 스웨덴을 비롯한 북유럽 국가들은 1980년대부터 영어강의 프로그램 도입을 선도했으나 후발주자인 독일은 오늘날 유럽의 영어강의 프로그램 운영 선도국가 중 하나로 부상했다(Coleman, 2006). 독일 고등교육기관들의 영어강의 프로그램은 초기에는 외국학생 중심의 학위 프로그램을 지향했으나 후에 이를 국제적 연계 프로그램으로 전환하여, 외국학생들 뿐 아니라 독일 학생들도 유인하기 위한 수단으로 활용하고 있다.

Earls(2016)에 의하면, 2015년 독일의 949개 고등교육기관들의 영어강의 프로그램들을 분석한 결과, 두 가지 주요 특징들로서 학위 단계(학사 및 석사)와 언어적 지향성을 들 수 있다. 학사학위 과정의 경우 141개 프로그램 중 130개가 전적으로 영어만을 사용하고 있고, 석사학위 과정의 경우 808개의 프로그램 중 772개가 전적으로 영어만을 사용하고 있다. 즉, 학사과정에 비해 석사학위 과정에서 영어강의가 훨씬 많이 실시되고 있고, 언어적 측면에서는 영어가 타 언어들을 압도하고 있다. 이 외에, 혼합형 프로그램으로서 학부 1, 2학년 과정에서는 영어로만 수업을 하지만 3학년 과정은 독일어로만 수업하는 단계적 영어/독일어 전환 모델이 있다.

The Freie Univerität Berlin(FUB)의 영어화 사례:

Erling & Higendorf(2006: 277-87)는 독일 고등교육기관들의 영어화 추세를 잘 보여주는 사례로서 The Freie Univerität Berlin(FUB)를 들고 있다. FUB의 프로그램들 대부분이 인문학 및 사회과학 영역인 점을 감안할 때 이 대학에서 영어강의의 증가는 이채롭다(Ammon,

2001; Viereck, 1996). FUB에서의 영어사용 증가 이유들은 다음과 같다.

- 다양한 전공학문과목들이 영어사용능력을 전제로 하고 있음
- 교환학생 프로그램들의 선호도 증가로 인해 외국 학생 및 교수자들이 지속적 유입되고 있음

FUB에서는 2008년까지 종전의 모든 Magister 및 Diplom 학위 프로그램들이 볼로냐 프로세스 도입에 따라 새로운 학사(Bachelor) 및 석사(Master) 프로그램들로 전환되었다. 2003년 기준, FUB Magister 프로그램들의 76개 학위 중 40개(52.6%)가 학위과정 입학 조건으로 일정 수준의 영어사용능력을 요구했는데, 이에는 예술사, 매스커뮤니케이션, 심리학과 같은 인문과학 및 사회과학이 포함되어 있다. 새로운 학사 및 석사 학위 프로그램들이 도입된 이후 영어사용은 더욱 증가했는데, 40개의 새로운 학사학위 프로그램들 중 9개가 학생들의 입학조건으로서 영어능력을 요구하고 있으며 이에는 언어학, 비교문학, 사회학 및 문화인류학 들이 포함되어 있다. 대학원 프로그램들에서는 영어사용이 더욱 보편화되어 있는 바, 프로그램들마다 중핵과목 중 최소한 한 개 이상의 내용영역에 대해 영어강의를 의무화 했다(Mackiewicz, 2005). 28개의 새로운 석사학위 프로그램들 중 10개는 영어사용능력을 구체적으로 명시하고 있고, 5개는 외국어 능력을 요구하는데 영어가 이 중의 하나로 지정되어 있다. 또한 일부 석사학위 프로그램들은 완전히 영어로만 강의가 이루어지고 있다.

FUB에서의 영어사용 확산을 가속화하는 요인으로서 ERASMUS(EuRopean Community Action Schcme for the Mobility of University Students) 같은 학생교류 프로그램의 인기 증가를 들 수 있다. 독일에서 타국으로 교류를 떠나는 FUB 학생들은 일반적으로 영어사용능력에 대한 증명을 요구하는 교환학생 프로그램들을 지원하는데, 이들 교류학생들이 선호하는 고등교육기관들은 영어 사용국가 뿐 아니라 독일보다 영어사용이 활성화된 국가들의 기관들도 포함되어 있다. 반면에, FUB의 영어강의 과정에 참여하기 위해 유럽 내 타 국가들로부터 유입되는 학생들도 꾸준히 증가하고 있다. 또한, FUB의 많은 학과들에서 FUB에 체류하는 외국 국적의 방문 교수자들로 하여금 자신의 강의를 영어로 진행하고 학생들로 하여금 논문을 영어로 작성할 것을 요구하고 있다. 이러한 FUB 국제화의 결과로서 외국 학생과 초빙교수들의 영어사용이 갈수록 일반화되고 있는 것으로 나타났다.

FUB의 사례에서 보듯이 독일 고등교육기관들에서 영어사용이 증가하고 있으며, 이로 인해 다양한 문제들도 제기되고 있다. 독일 고등교육기관들의 영어강의의 가장 큰 우려사항은 학생은 물론 교수자들조차 영어 사용능력이 부족하다는 점이다(Maiworm & Wächter, 2002). 독일 학생들이 기본적 영어사용능력을 구비하고 있을지라도 학문적 상황, 특히 전공분야에서 요구되는 고차원적 영어의사소통능력이 부족하다는 것이다. Maiworm & Wächter에 의하면, 독일 교수자들의 약 80%는 자신들이 충분한 영어사용능력을 구비하고 있는 것으로 인식하고 있다. 그러나 이러한 긍정적 평가에도 불구하고 독일 학자들은 자신들의 부족한 영어사용능력으로 인해 국제회의 및 국제 연구. 출판 프로젝트에서 제대로 평가받지 못하고 있는 것으로 나타났다(Ammon, 2003). 학생들의 경우, 모든 학생들이 영어사용능력을 확보해야한다는 선언적, 당위적 요구만 있을 뿐 극히 소수의 특수목적영어 프로그램 제공 이외에, 학문적 언어사용능력을 향상시킬 수 있는 기회는 제공되지 않아서, 학생들은 가장 중요한 학문언어인 영어를 배우기 위해 개인 부담으로 사설학원 과정을 이수하고 있는 것으로 나타났다.

FUB의 석사 및 박사학위 프로그램들은 학생들의 언어사용능력이 우수하다는 묵시적 전제하에 운영되고 있다. 즉, 독일 대학생들이 초등, 중등교육과정을 거쳐 7-9년 동안 영어를 학습하기 때문에 영어사용능력이 우수할 것이라는 전제이다. 그러나 학교 영어교육과정을 이수한 것이 반드시 학문 영어사용능력을 구비한 것은 아님이 확인되었고, 이에 따라 FUB는 학생들의 학문 영어사용능력을 신장하기 위해 영어학습센터 및 작문 센터를 설치하여 학생들의 영어사용능력 향상을 돕고있다.

Gurtler & Kronewald(2015: 93-108)는 2013년 독일 고등교육기관 교수자들을 대상으로 외국어 전용강의에 대한 교수자들의 경험 및 태도에 대한 설문조사를 실시하였다. 독일 고등교육기관들의 외국어전용강의 프로그램들 중 영어강의 프로그램들이 98.3%로 절대 다수를 차지하고 있어서 사실상 독일 고등교육의 외국어전용강의는 영어강의를 지칭하는 것과 같다. 영어강의에 대한 설문조사 결과, 응답자의 49.5%가 영어강의 실시경험이 없었고 50.5%는 실시경험이 있었다. 영어강의 비율이 높은 과목들로는 비즈니스, 경제학, 농학, 미술, 디자인, 음악, 철학, 문화연구 들이었으며, 그 다음으로 자연과학, 공학, 법학, 사회과학, 의학 등의 순이었다. 영어강의를 실시하는 교수 유형으로는, 세미나(67.2%)와 강의(65.6%)가 가장 일반적이었고, 이외에도 개인교습(37.8%), 학생 프로젝트(16.7%), 실험실 수업(14.0%) 등이었다. 영어강의가 이루어지는 학위 유형으로는 학사학위 과정(65%)과 석사학위 과정(70%)이 비슷한 비율을 보였다.

교수자들은 영어강의가 고등교육의 상위단계에서 선택과목으로 실시되는 것이 바람직하다는 견해를 보였다. 즉 학부과정은 독일어로 진행하고, 또한 선택과목으로 제공할 때 학생들의 수용도가 높을 것으로 생각하고 있다. 교수자들의 강의 중 언어사용에 대해, 응답자의 절반이 전적으로 영어를 사용하거나 영어사용 비율이 매우 높다고 응답했고, 70%는 영어비율이 절반 이상을 차지한다고 응답했다. 강의 형태와 영어사용 정도 간에는 유의미한 상관관계가 없는 것으로 나타났다. 영어강의 실시 동기에 대해, 교수자의 개인적 관심(81.6%), 학생들의 진로준비(73.3%)가 주된 동기이고, 그 뒤를 이어 고등교육기관의 요구(49.5%), 학생들의 요구(45.3%), 공식적 언어정책(38.9%)도 상당히 높은 비중을 차지하고 있다. 반면 교환학생들의 수강(9.9%), 영어강의 실시에 대한 금전적 지원(6.8%), 교수자의 모어(4.8%) 등은 낮은 비중을 차지했다(ibid: 101). 영어강의 실시에 대한 교수자의 개인적 관심의 높은 비율과 응답자의 50.5%가 영어강의 실시 경험이 있다는 결과를 볼 때, 영어강의를 실시하는 교수자들이 일차적으로 영어강의를 스스로 선택하고 있음을 보여준다. 영어강의에 대한 교수자의 자가 선택은 네덜란드 및 북유럽 국가들에서 흔히 발견되는 언어정책과 대조를 이룬다(Coleman, 2006; Wachter & Maiworm, 2008). 영어강의 실시에 대한 교수자의 개인적 관심이 높은 것은 교수자 자신의 경험을 바탕으로 학생들에게 도움을 주고자 하는 것으로 해석된다. 이는 영어강의 실시가 학생들의 진로 준비를 위한 것이라는 응답비율이 높은 것과 관련 있다. 교수자들은 영어강의에 대한 외재적 동인으로서, 고등교육기관의 강력한 요구(50%)와 학위 프로그램들의 명문화된 언어정책(40%)을 들었다. 교수자들이 개인적 관심을 바탕으로 자발적으로 영어강의를 선택한 비율이 높은 점을(81.6%)를 감안할 때, 일반적으로 영어강의에 대한 고등교육기관들의 의지가 공식적 언어정책으로 표현되지만, 교수자들은 기관들이 공식적으로 영어강의를 요구하지 않더라도 스스로 외국어전용강의를 실시하고 있음을 보여준다.

독일고등교육기관들에서 영어강의를 실시할 때 발생하는 문제점들로서, 영어강의 실시 교수자들과 미실시 교수자들은 각각 다음의 점들을 제시한다(Gurtler & Kronewald(2015: 103).

- 학생들의 부가적 학습부담 증가(64.4% / 63.4%)

• 학생들의 영어능력 부족(55.8% / 62.8%)
• 언어능력이 시험결과에 영향을 미침(48.7% / 71.4%)
• 교수자의 추가업무 부담 증가(46.8% / 66.8%)
• 낮은 수준의 전공학문 지식전수(46.6% / 61.4%)
• 학생들의 수요부족(43.6% / 75.0%)
• 학생들에게 영어를 사용하는 불편함(41.8% / 75.0%)
• 강의내용의 질 저하(41.8% / 63.0%)
• 고등교육기관의 지원 부족(29.8% / 30.2%)
• 교수자의 영어능력 부족 (20.2% / 50.5%)
• 개인적 동기부족(6.0% / 36.8%)
• 자국어 강의 시에 강의능력이 극대화됨(무자료 / 70.4%)

전반적으로, 영어강의 실시 교수자들은 비 실시자들에 비해 영어강의 실시의 문제점들이 적은 것으로 인식하고 있다. 이는 교수자 스스로 영어강의를 선택한 결과로서 영어강의 실시에 대한 긍정적 태도를 보여준다. 영어강의를 실시하지 않는 교수자들의 경우, 일부 이유들을 제외하고는 아주 높은 비율로 문제점들을 제시하고 있다. 영어강의 실시자와 비 실시자 양 집단 모두 영어강의가 학생들의 추가 학습부담 증가, 학생들의 영어능력 부족, 영어능력이 시험결과에 편견을 줄 수 있다는 점에서는 의견의 일치를 보이고 있다. 이러한 결과는 Maiworm & Wachter(2008)의 결과와 상이한 것으로서, Maiworm & Wachter가 전 유럽을 대상으로 영어강의 실시의 문제점에 대해 조사한 결과, 16%의 응답자들만이 외국학생들의 영어사용능력 결여를, 9%가 자국 학생들의 영어사용능력 부족을 들었다. 양 교수자 집단은 또한 영어강의 실시와 관련한 고등교육기관들의 타 주체들에 대해서도 인식의 차이를 보였는데, 학생들의 영어강의 수요부족(43.6% 대 75.0%), 고등교육기관의 저조한 관심(7.1% 대 24.1%)에서 영어강의 비실시 교수자들이 실시 교수자들에 비해 부정적 태도 비율이 훨씬 높았다.

영어강의 실시의 문제점에 대한 개방형 설문응답 결과, 영어강의 실시 교수자들은, 학생들의 학급활동 참여 저조, 영어교재 준비 및 수정/보완, 교수자 자신의 영어능력 부족으로 인한 강의 스타일 변화 등을 들었고, 비 실시 교수자들은 기초과정이나 학위 프로그램들이 독일어로만 제공되는 상황에서 영어강의 실시의 효과성에 의문을 제기한다. 또한 다수의 응답자들이 독일 학생들의 독일어 능력부족의 심각성을 우려하고 영어 원어민 화자에 대한 맹목적 의존에 대해 경계심을 표명했다. 영어 원어민에 의한 교수는 언어장벽으로 인해 잘못된 내용이해만 초래한다는 것이다. 영어사용이 사회과학 분야보다는 자연과학이나 공학 분야에 적합하다는 의견도 많았다. 반면에 기술전문분야 영역의 교수자들은 강의를 영어가 아닌 독일어로 실시해도 어려움이 있다고 응답하고, 영어강의는 인문 및 사회과학 등에 보다 적합하다고 생각하였다.

영어강의에 대한 다양한 어려움들에도 불구하고 영어강의 비실시 교수자의 28%는 영어강의 의사가 있음을 보였고, 36%는 중간정도의 의사를 보였다. 비실시자의 1/3은 영어강의 실시 의사가 없음을 보였는데 그 이유로 외국어에 관심이 있는 학생들은 외국에 나가 공부하면 된다거나, 영어강의가 독일문화 상실로 이어진다는 것이다. 다수의 영어강의 실시자들은 영어강의의 필요성을 인식하지만 국제화교육에 대해서는 유감을 표명하였는 바, 수강생 모두가 독일학생이면 영어강의를 실시하지 않겠다거나 영어자체만으로는 가치가 없다고 응답했다.

영어강의 실시자, 비 실시자 모두 1/3 정도가 영어강의 실시에 대한 고등교육기관의 지원이 부족함을 피력했다. 고등교육기관의 영어강의 실시 지원 사항으로는, 외국어 교육교재 지원(29.8%), 영어강좌 재정지원(26.4%), 영어강의 교수법 강좌 재정지원(15.7%), 조교 지원(8.4%), 금전적 인센티브 지급(3.3%), 의무 수업 경감(3.3%), 연구조교 지원(2.5%) 등의 순이었다(Gurtler & Kronewald, 2015: 107). 영어강의 실시에 대한 고등교육기관의 지원은 도구적 지원과 보상적 지원의 두 가지로 구분할 수 있는데, 독일 고등교육기관들의 지원은 지나치게 도구적 지원에 치중하고 있고, 교수자에 대한 보상적 지원은 거의 전무한 것으로 나타났다. 영어강의 실시에 중점을 둔 도구적 지원이 영어강의 교수자에게 도움이 되고 강의의 질을 향상시키는 것은 분명하지만, 영어강의를 실시하지 않는 교수자들에게는 인센티브가 되지 않는다고 지적한다. 고등교육기관의 지원 부족에 대해 일부 응답자는, 고등교육기관이 영어강의를 홍보하고 신임 교수임용 절차에서 영어강의를 요구하지만 교수로 임용된 후에는 실제적으로는 영어강의를 요구하거나 지원하지 않는다고 좌절감을 토로한다. 고등교육기관의 영어강의 실시에 대한 지원 부족은 독일 고등교육 국제화가 해결해야할 과제인 것으로 보인다(Dafouz & Nunez, 2009; Tatzl, 2011)

독일 고등교육기관들의 국제부서들은 국제학생 및 교수자 교류, 영어강의 증진 등의 업무를 담당하고 있는데, Gurtler & Kronewald(2015: 108-11)는 독일 고등교육기관 전체의 15%에 해당하는 64개의 고등교육기관들의 국제부서에 종사하는 직원들을 대상으로 영어강의 실시에 대한 견해를 조사하였다. 응답자의 90.4%가 자신이 속한 고등교육기관에서 영어강의를 제공하고 있다고 응답하였다. 영어강의 프로그램 제공의 동기에 대해, 고등교육기관의 국제적 위상 상승(90.9%), 외국학생 유치(85.5%), 학생들의 졸업 후 진로준비(76.4%), 학생들의 요구(45.5%), 볼로냐 프로세스 수용(43.6%), 외부 기금 유치(25.6%), 교수자들의 요구(21.8%) 순이었다. 이러한 결과는 Watcher & Maiworm(2008)의 결과와 부합한다. 학생들의 진로준비 목적 비율(76.4%)은 영어강의 실시 교수자의 73.3%가 학생들의 진로준비를 위해 영어가의를 실시하고 있다 것과 비슷한 수준을 보인다. 영어강의에 대한 학생들의 요구 비율(45.4%)도 영어강의 실시 교수자의 비율(45.3%)과 비슷하다. 영어강의에 대한 교수자의 요구 비율(21.8%)이 학생들의 요구 비율(45.5%)에 비해 낮게 나온 이유는, 고등교육기관의 국제부서가 특성상 교수자들보다 학생들과의 접촉이 많기 때문일 것으로 추측된다. 영어강의의 증진이 고등교육기관 국제부서의 중요 업무인가에 대해, 응답자의 절반정도(53.5%)가 긍정적 응답을 했고, 28.5%는 부정적 응답을 했으며, 17.9%는 영어강의 증진이 국제부서의 업무가 아니라고 응답했다.

결론적으로, 독일 고등교육기관들에서 영어강의가 빠르게 도입되었지만 영어강의의 질을 향상하기 위한 행정적 지원체제가 아직도 개발단계에 머물고 있는 것으로 보인다. 부족한 수준의 재정지원, 조정 및 정보 제공이, 특히 영어강의 참여 동기가 부족한 교수자들에게 고등교육기관들의 영어강의 실시의 지속적 확산에 걸림돌이 되고 있는 것으로 나타났다. 영어강의 참여 교수자들에 대한 외재적 인센티브 부족과 학생들의 영어능력 부족이 독일 고등교육기관들에서의 영어강의 도입을 저해하게 되어, 이러한 문제들이 해결되지 않으면 고등교육기관에서 영어강의는 교수자와 학생 모두의 저항에 직면하게 되고 결과적으로 독일 고등교육의 질적 저하로 이어질 것이라는 우려가 존재한다.

4.1.2. 네덜란드 사례

네덜란드의 고등교육기관들은 유럽의 다른 비 영어사용 국가들에 앞서 영어강의를 도입했다. 대부분의 석사과정 강의들이 영어로 진행되고 있으며(Oosterhof, 2007), Maastricht University를 비롯한 일부 대학들은 영어를 주요 강의언어로, 또는 유일한 강의언어로 전환하였다. 이는 네덜란드 고등교육기관들이 영어사용을 전략적 선택으로 활용하기 때문이다. Wilkinson(2013: 9)은 네덜란드 고등교육기관들이 영어강의 프로그램들을 도입하는 5가지 동인을 제시한다.

- 실용적 동기: 지리적 위치의 장점을 활용함
- 이상적 동기: 다중언어사용 증진
- 교육적 동기: 새로운 교육 프로그램 설립
- 생존 동기: 자국 시장규모의 협소 및 포화상태 타개
- 재정적 동기: 자국어와 영어의 병행사용보다 영어강의가 예산절약적임

Maastricht University는 1980년대 중반에 설립되었으며 위와 같은 영어강의 도입에 대한 동인을 바탕으로 지난 30년 동안 5단계의 영어강의 확산 과정을 거쳤다.

- 1987년: 월경(cross-border)
- 1991년: 유럽화
- 1995년: 공고화
- 2002년: 글로벌화
- 2007년: 재정수익화

Zonneveld(1991)는 Wageningen University of Agriculture Science의 영어강의 실시에 대한 교수자와 학생들의 반응을 연구한 결과, 교수자와 학생 간에 영어강의 효과성에 대해 인식의 차이가 있음을 발견하였다. 교수자들은 자신들의 영어능력이 충분하다고 여기고 있으나 학생들은 교수자들의 영어능력을 덜 긍정적으로 보고 있어서, 영어강의가 교수자와 학생간의 상호작용의 질 저하 뿐 아니라 학습의 양적인 면에서도 부정적 효과를 전망하고 있다. 학생들

은 영어강의 교수자의 발화속도 감소로 인해 학습양의 감소를 초래하고 결과적으로 학문내용 전달에 간극이 발생할 것으로 생각하였다. 학생들은 또한 교수의 영어강의 전달이 피상적 수준에 머물 것으로 예상하였다.

Vinke, Snippe, & Jochems(1998: 386-8)은 네덜란드 대학들에서 영어강의를 실시하고 있는 약 250명의 교수자들을 대상으로 면담, 설문조사, 수업관찰 등의 방법들을 활용하여 영어강의 실시의 다양한 측면들을 분석하였다. 이들의 연구주제는 다음과 같다.

- 영어강의가 교수자들의 강의수행 방식에 미치는 영향
- 교수자들의 성공적 영어강의를 위한 환경
- 교수자들의 영어강의가 교수행동에 미치는 정도
- 유럽의 고등교육기관들에서 영어강의의 부정적 영향을 줄일 수 있는 방안

연구결과 다음의 사항들이 확인되었다. 첫째, 교수자들은 강의경험이 풍부하고 영어 사용 기회가 많으며 또한 구두 영어사용능력이 매우 우수하였다(응답자의 80%는 5년 이상 강의 경험 보유, 75%는 매해 1강좌이상 영어강의 실시, 80%는 자신의 전문분야에서 일상적으로 영어 사용, 83%는 자신의 영어사용능력을 상급이나 원어민 수준으로 평가함). 둘째, 대다수의 교수자들은 네덜란드어 강의와 영어 강의 간에 차이를 거의 느끼지 않았다. 그러나 교수자들은 영어강의를 처음 실시할 때에 보다 많은 준비시간을 필요로 했는데 그 이유는 영어강의에 필요한 어휘 및 전문 용어들을 별도로 습득해야했기 때문이다. 이들은 영어강의와 모국어 강의 간에 강의준비의 차이가 영어어휘 부족, 영어사용의 유연성 부족, 학생집단의 구성 등에 영향을 받고 있다고 인식했다. 자신들의 영어사용기술 측면에서, 응답자의 59%는 명확하고 정확한 표현능력이 다소 부족하다고 느꼈고, 54%는 다른 방식으로 설명하는 것이 부족하다고 느꼈으며, 73%는 강의를 보다 세련되게 전달하는 능력이 부족하다고 인식했다. 또한 대부분의 영어강의 교수자들은 모국어 강의 시보다 영어 강의 시에 즉흥적으로 대응할 수 있는 능력이 떨어진다고 느꼈다. 상당 수 교수자들은 네덜란드어 강의와 영어 강의 간에 차이를 경험했는 바, 65%는 적절한 어휘 사용이 어렵고, 61%는 영어 강의가 보다 힘들다고 느꼈으며, 절반 정도는 자신들의 영어강의 질이 모국어 강의에 비해 낮다고 인식했고, 영어강의 시에 적절한 교수능력이 중요하다고 생각했다. 또한 상당 수 교수자들은 영어 강의노트를 작성하지 않았고, 강의노트를 작성하

는 교수자들은 모국어 강의시보다 보다 많은 시간을 할애하였다.

영어강의를 성공적으로 실시하는 교수자들은 언어사용 능력에서 문제가 없었으며 다음의 특징들을 보이고 있었다.

- 강의경험, 특히 영어 강의경험이 풍부함
- 자신들의 구어 영어사용능력을 매우 우수하다고 평가함
- 영어 말하기 기회들이 많고 영어를 일상적으로 사용함(영어강의, 전공영역에서 영어 사용, 학회에서 영어 논문 발표 등)
- 자신의 학문분야 저서 및 자료들을 영어로 읽으며 수용적 영어사용능력을 향상시킴
- 상당기간 영어사용국가에 체류경험이 있음

Vinke, Snippe, & Jochems는 또한 16명의 네덜란드 교수들의 영어강의 강의를 관찰하고 녹화하여 분석하였는데, 이 관찰 분석은 강의의 체계성, 잉여성, 회피/보상전략, 상호작용의 4가지 측면에서 살펴보았다. 분석결과 영어강의는 교수자들의 강의 수행 방식과 교수 행동에 제한적 영향을 미치고 있는 것으로 나타났다. 교수자들의 영어강의와 네덜란드어 강의 간에 다음의 측면들에서 두드러진 차이점들이 발견되었다(ibid: 388-90).

- 어휘사용 능력
- 설명의 잉여성
- 강의 범위를 벗어나는 측면에 대처하는 능력
- 강의 준비 시간과 지적 노력 관점에서의 업무량
- 영어강의의 질에 대한 교수자의 평가
- 적절한 교수능력의 중요성에 대한 인식

Vinke, Snippe, & Jochems는 영어강의를 진행하는 교수자들을 대상으로 한 연구를 통해 비영어사용 국가들의 고등교육기관들에서 교수자들이 영어강의를 효과적으로 실시하기 위해 다음의 사항들이 고려되어야 한다고 주장한다. 첫째, 영어강의 교수자들의 영어사용능력을 검증해야 한다. 이 검증은 다양한 강의 상황에 맞게 영어를 사용할 수 있는 능력, 강의내용을 정확하게 전

달할 수 있는 능력, 동일한 내용을 다양한 상이한 방식으로 설명할 수 있는 능력을 포함한다. 이러한 능력이 부족한 교수자들은 영어강의 상황에서 영어를 가르치는 능력을 연마할 수 있는 연수 과정을 제공받아야 한다. 둘째, 다년간 영어강의 경력을 통해 충분한 경험을 쌓은 교수자가 가르치는 것이 바람직하다. 셋째, 영어강의 교수자에게는 과외 업무 부담을 줄이기 위해 일시적으로 특정 업무 면제가 필요하며 필요시 영어강의 유경험 교수자의 코칭제도 도입도 필요하다. 넷째, 영어강의 교수자들이 규칙적으로 영어를 사용할 수 있는 환경을 제공해야 한다(예를 들어, 의무적 영어강의 실시, 전공분야 국제학술대회 참여, 해외 관련기관 학자들과 교류, 영어권 사용 국가에 일정기간 체류 등). 다섯째, 교수자의 발화속도 감소 문제 해결을 위해, 영어강의에서 다룰 주제에 대한 숙고, 학생들과의 면담 시간 확대, 교수자 중심의 강의에서 탈피한 교수 방식 활용 등의 방안들을 선택적으로 활용하는 것이 바람직하다(ibid: 92-3).

네덜란드 고등교육기관들에서의 영어강의 실시는 다양한 이슈들을 제기한다. 첫째, 자국어 사용영역 상실 문제로서, 고등교육기관들의 영어강의 프로그램 도입이 고등교육에서의 자국어 사용영역의 상실을 야기한다는 비판이 제기된다(Ammon, 2008; Brock-Utne, 2007; Melis, 2010; Phillipson, 2003). 이는 고등교육기관들을 지원하고 있는 정부에 대한 윤리적 문제를 제기하는 바, 납세자들은 정부가 자국어를 홀대하는 교육프로그램들을 지원하고, 부유한 국가 출신의 외국 학생들을 유치하기 위한 프로그램을 지원하는 것에 대해 불만을 토로한다. 네덜란드의 경우, 고등교육에 있어서의 자국어 사용영역의 상실은 심각한 국가적 문제이지만 학생들의 입장에서는 영어사용능력 확보로 인해 국제 노동시장에 진출하는 가능성이 커지기 때문에 자국어 사용영역 상실이 중요한 관심거리로 부상되지는 않고 있다. 둘째, 고등교육기관들의 영어강의 실시에 있어서 교수자의 내용전달 방식이 영어강의 프로그램의 성공에 결정적 영향을 미치게 되는데, 다수의 영어강의 교수자 및 학생의 언어사용의 질에 관한 연구들에 의하면, 교수자들의 부정확한 발음, 불명확성, 상세한 설명 부족, 즉흥적 발화사용 능력부족 등이 영어강의들의 주요 문제로 지적되고 있다(Airey, 2004; Ball & Lindsay, 2013; Hellekjaer, 2005; Klaassen, 2001; Secru, 2004; Vinke, 1995; Wilkinson, 2005). 학생들은 영어강의 수강이 자신들의 영어산출능력 향상에 도움이 되지 않는다고 생각한다. 이 때문에 학생들의 영어강의 내용이해를 돕기 위한 학생중심 접근법이 제시된다(Wilkinson, 2005a, 2008b). Maastricht University의 경우 학생중심 학습의 유형으로서 다음의 장점들을 활용하는 문제기반학습을 적극 권장하고 있다(van Til & van der Heijden, 1998; Wood & Head, 2004).

• 학생들의 적극적 언어사용 촉진
• 학습에 대한 학생들의 책임의식 고양
• 사전에 내용지식 도출 및 언어능력 활성화 방안 개발
• 협력활동을 통해 학생들 상호간에 도움을 줌
• 산출활동을 통해 학습내용과 언어 습득여부를 평가할 수 있음
• 교수자의 언어능력에 대한 의존도를 줄일 수 있음

네덜란드 고등교육기관의 영어강의에 대한 또 다른 이슈는, 교수자와 학생 간의 기대치에 괴리가 있다는 점이다. 영어강의에서 학생들은 전공내용 학습과 자신들의 영어사용능력 향상을 기대하고, 또한 교수자가 충분한 영어 말하기, 쓰기 능력을 구비할 것을 기대한다. 반면에 영어강의 교수자들은 자신들의 주된 역할을 학생들이 전공주제 영역을 학습하도록 자극을 주는 것으로 생각하고, 학생들의 영어능력 향상은 언어 전문가의 역할이라고 생각하는 것으로 나타났다.

4.1.3. 스웨덴 사례

스웨덴은 고등교육에서 영어사용을 선도하는 비영어사용 국가들 중 하나이다(Airey, 2012; Wachter & Maiworm, 2008). Cabau(2011)에 의하면 스웨덴 고등교육의 국제화는 지난 1950년대 이후 지속되어 왔는데, 교육의 국제화는 1960년대 후반에 중요한 국가적 관심사가 되었고, 이를 국가적 차원에서 효율적으로 지원하고자 1972년에 국제화 위원회가 설립되었다. 스웨덴 고등교육의 영어사용증가는 이러한 고등교육의 국제화의 결과이다. 스웨덴 정부는 볼로냐 프로세스에 기반을 둔 고등교육 국제화 전략을 마련하였는데 이중 하나가 'New World - New University' 정책으로서 이는 스웨덴 대학들이 외국학생 유치를 위해 모든 교육단계에서 보다 많은 강의들을 영어 및 타 언어들로 제공하는 것을 명시하고 있다. 이러한 고등교육 국제화 전략의 실행 결과, 1999년에서 2009년의 10년 동안 스웨덴 고등교육기관들에 유학하는 외국 학생들의 수가 3배 이상 증가해서 36,000명에 달한 것으로 나타났다. 특히 석사학위 과정에서 영어강의 비중을 늘린 결과, 자비부담 외국 유학생 수가 증가하였고 이들 중 1/3이 아시아 국가들에서 유학 온 학생들이었다. 오늘날 스웨덴 대학들의 석사학위 과정에 수학중인 학생들의 절반

이상이 외국 학생이고, 박사학위 과정의 1/3이 외국 유학생들인 것으로 알려졌다. 외국 유학생들은 스웨덴 교수진의 우수한 영어사용능력과 전공과목에 대한 전문성을 높이 평가하고 있고, 이들 중 85%가 타 학생들에게 스웨덴 대학 유학을 권유할 의향이 있는 것으로 나타났다. 이처럼 스웨덴 고등교육기관들의 국제화의 분명한 효과 중의 하나가 보다 많은 과목들과 프로그램들이 영어로 제공되고 있다는 점이다. 다수의 스웨덴 고등교육기관들이 해외 학생들을 유치하려는 명확한 목적을 가지고 영어강의 석사학위 과정들을 개설하고 있고 이들 중 일부는 교수진 초빙의 조건으로 우수한 영어사용능력을 요구하고 있다. 2007년 기준으로, 123개 석사학위 프로그램들의 65%가 영어로 제공되고 있고, 학부과정의 경우에는 영어강의 프로그램 개설이 10%에 머물고 있다. 2008년 조사결과, 스웨덴 박사학위 과정 학생들의 53%가 영어사용능력이 높은 것으로 나타났다. 전체 박사학위 논문의 87%가 영어로 작성되고 있으나 학문 영역들 간에 편차가 존재하여 자연과학 94%, 사회과학 65%, 인문학 37% 순으로 박사학위 논문이 영어로 작성되었다(ibid: 38-41).

이처럼 스웨덴의 고등교육기관들의 프로그램들, 특히 석사, 박사 과정의 프로그램들에서 영어사용의 비중이 급증하면서 이를 우려하는 사회적 분위기가 확산되기 시작하였고 이러한 우려를 반영하여 고등교육분야에서 스웨덴어 사용을 장려하는 언어정책이 추진되었다. 1990년대 후반 스웨덴어 자문위원회는 학부과정의 수업에서 영어 교재 및 영어강의의 증가에 따라 학생들의 학습과정에 영향을 미칠 수 있다고 우려했다. 1998년에 스웨덴어 자문위원회는 '스웨덴어 진흥 실천 프로그램(Draft Action Programme for the Promotion of the Swedish Language)'을 제시하였고, 2005년에 제정된 'Regeringens Proposition'은 스웨덴어를 자국의 주요 언어로 확립했다. 스웨덴어 자문위원회의 권고사항들은 다음과 같다(ibid: 42).

- 학부 강의 및 시험에서 스웨덴어를 사용할 것
- 학위 논문 요약문 및 시범 강의에서 스웨덴어를 사용할 것
- 전공영역에서 학생들의 스웨덴어와 영어 병행 사용능력을 향상시킬 것
- 대학입학의 조건으로서 중등학교에서 고급 스웨덴어 과정을 이수하게 할 것

스웨덴은 영어의 고등학문 분야 침투에 대항하기 위해 자국어를 보호 언어로 지정하여 고등학문 영역에서 적극적으로 사용하도록 유도하고 있고 이러한 노력이 일부 성과를 보이고 있는

것으로 나타났다. 현재, 스웨덴 고등교육기관들에서 영어로 작성된 박사학위 논문의 1/3이 스웨덴어 요약문을 포함하고 있는데, 이 비율은 2000년대 초의 10%에 비해 많이 상승한 것이다. 이처럼 스웨덴은 자국의 언어를 보호하고 진흥하려는 노력을 기울이고 있으나 자국 언어 보호 정책이 영어 사용을 억제하려는 것은 아니고 고등교육에서 양 언어 간의 균형적 사용을 이루고자 하는 것이다. 그 예로서, 2005년에 입안된 'Best Language - A Concerted Language Policy for Sweden' 법안에서 스웨덴어를 스웨덴의 주요언어로 확립하고 있으나, 이 법안은 또한 스웨덴 고등교육의 국제화 목표와 스웨덴이 과학 분야 연구의 선도국가라는 인식에 부응하기 위해 보다 강화된 영어사용을 옹호하고 있다. 또한 'Language for All: Proposal for a Language Law'에서 스웨덴 정부는 고등교육의 국제화와 스웨덴어의 보호가 상호간 상충하지 않음을 강조하고 있다(ibid: 43). 이처럼 스웨덴 고등교육분야에서 영어사용이 적극적으로 이루어지고 있지만, 영어강의의 효과성에 대한 비판이 끊이지 않고 있다.

스웨덴 고등교육기관의 언어사용에 관한 대부분의 연구들은 설문조사 결과들을 분석한 것들로서(Bolton & Kuteeva, 2012; Falk, 2001; Melander, 2005; Pecorari, Shaw, Irvine, Malstorm, 2011; Salo 2010), 강의에서 영어와 스웨덴어가 사용되는 정도, 영어와 스웨덴어 사용에 대한 교수자 및 학생의 태도에 관한 것이 주류를 이룬다. 이들 연구들은 학문영역들 간의 차이를 보여주는데, 자연과학, 공학, 의학 분야에서 교과목 소개 및 일부 학부강의에서 영어를 사용하는 비율이 가장 높은 반면 인문과학 분야 전공과정에서는 영어사용 비율이 현저하게 낮았다. Bolton & Kuteeva(2012)의 연구에 의하면 자연과학 전공분야 응답자들이 영어사용에 대해 가장 긍정적 태도를 보였고, 인문과학 종사자들이 가장 부정적 태도를 보였다.

전공과목 내부의 언어사용에 대한 연구에서, Bjorkman(2010)은 영어강의 환경에서 70시간 분량의 강의, 집단학습활동 등 중핵적 발화상황의 언어자료를 수집한 결과, 영어사용이 의사소통 장애를 거의 초래하지 않는 것을 발견하였다. Soderlundh(2010)의 연구에 의하면, 대학 강의들이 통상적으로 영어로 진행되어도 이들 강의들에서 스웨덴어를 사용하여 상호작용이 많이 일어나고 있음을 발견했다. Karlgren & Hansen(2003)은 학생들의 읽기능력을 연구한 결과, 텍스트를 영어로 읽는 경우가 스웨덴어로 읽는 경우에 비해 내용이해 면에서 낮은 수준에 머무르는 것을 발견했다. 그러나 Shaw & MaMillion(2008) 연구에서는 학생들에게 충분한 시간이 주어지면 텍스트 읽기에 있어서 영어화자와 별 차이가 없음을 발견했다. Hincks(2010)와

Airey(2009, 2010)는 영어와 스웨덴어 사용에 있어서 학생들의 말하기 속도와 내용을 비교하였다. 분석 결과 학생들은 영어 발화 속도가 상대적으로 느리고 휴지를 보다 많이 가지는 것을 발견했다. 이로 인해 교수자들도 학생들과 마찬가지로 스웨덴어 강의에서 영어강의로 전환할 때 이와 비슷 현상이 발생할 것으로 추측하였다. Airey & Linder(2007, 2008) 연구에 의하면, 스웨덴 학생들은 일반적으로 영어, 스웨덴어 강의에서 학습 내용의 질과 양적인 면에서 차이가 없다고 생각하고 있으나, 학습을 녹취한 비디오 분석결과, 학생들은 영어로 수강할 때 강의청취와 노트테이킹을 동시에 처리하는 어려움, 질문 및 응답 수의 부족 등의 문제점을 보이고 있는 것으로 나타났다. 영어강의 수강 시, 질문 수가 감소하는 현상은 Bjorkman(2010)의 연구에서도 확인된다. Kuteeva & Airey(2014)는 전공학문 지식구조와 영어사용에 대한 태도 간에 직접적 연관이 있음을 발견했는데, 자연과학과 같은 위계적 지식구조를 가진 전공학문이 인문학 같은 수평적 지식구조를 지닌 학문보다 영어를 많이 사용하고 있는 것으로 나타났다.

영어강의 실시에 대한 이러한 우려는 Airey & Linder(2006: 554-9)가 물리학을 전공하는 스웨덴 대학생들을 대상으로 실시한 연구에서도 나타나고 있다. 이들의 연구에 의하면 학생들은 스웨덴어 대신 영어로 전공내용을 학습할 때도 학습의 질적인 면에서 차이를 거의 느끼지 않는 것으로 나타났다. 학생들은 자신들이 고등학교 시절 영어에 많이 노출되어 생활했기 때문에 자신들의 영어능력이 문제가 되지 않는다고 생각하고 있으며, 전공학습이 제한적인 이유로서 교수자가 영어를 사용하여 전공 지식을 효과적으로 전달하지 못하기 때문인 것으로 인식하고 있었다. 그러나 학생들의 인식과는 달리, Airey & Linder 연구 분석 결과 영어강의 학습과 관련한 다수의 문제점이 발견되었다. 첫째, 영어 강의 시에 학생들의 질문과 응답 의지가 크게 감소하였다. 둘째, 교수자와 학생 간의 상호작용이 감소하였고 이에 상응해서 양자 간의 학습/교수 공유양이 축소되었다. 셋째, 영어 강의 시에 학생들은 강의내용 이해보다 교수의 강의 내용을 받아쓰는 과정에 보다 많은 시간을 할애하고 있었다. 학생들이 영어로 강의 노트를 작성할 때 스웨덴어로 전공 수업할 때 보다 수업 외 학습을 더 많이 해야 했다.

이와 비슷한 맥락에서 Airey(2015: 159-72)는 물리학 전공학생들을 대상으로 영어강의와 스웨덴어 전용강의 간의 경험을 비교 연구하였다. 학생들이 영어와 자국어로 물리학 내용을 설명할 수 있는 능력을 연구하기 위한 자료수집 방법으로 자극회상기법(stimulated recall) (Calderhead, 1981; Haglund, 2003)을 사용했다. Airey는 58개의 물리학 전공내용 설명에 관한 자료들을 유창성, 비자발적 코드전환, 전공학문의 세 가지 측면에서 분석하였다. 자료 분석결과 학생들은 영어강의 시에 질문 및 대답 횟수가 적었고, 강의 노트를 작성한 학생들은 강의 따라가기에 어려움이 있었다. 자국어 수업과 달리, 영어 수업에서는 강의 전에 교재를 읽는 것으로 나타났다. 다수 학생들은 영어강의 시 강의노트를 작성하지 않고 교수자의 강의 내용을 듣고 이해하는 것을 선호하고 있으며, 강의청취와 노트 작성을 동시에 하는 것에 대한 어려움 토로하였다. 학생들에게 있어서 강의는 단순히 기계적 노트테이킹에 불과해서, 강의 후 노트내용을 이해하기 위해 추가 학습해야 하는 부담이 있었다. 이 결과를 바탕으로 Airey(2015: 163-4)는 교수자들이 영어강의를 성공적 실시하기 위해 다음의 사항들을 제안한다.

- 영어 강의 시에 어려움을 극복할 수 있도록 교수자들에게 효과적 학습전략들을 소개함.
- 학생들의 보다 활발한 상호작용 유도, 질문 및 소집단 토의의 적극적 활용 등, 토론을 활성화함.
- 강의 후 학생들에게 질문할 기회 제공함.
- 학생들의 노트테이킹 부담을 최소화할 수 있도록 교수자가 교재의 내용대로 강의하고 강의노트를 제공함.
- 학생들로 하여금 강의 전에 교재를 읽어보도록 함.
- 강의식으로만 수업하지 않고, 세미나 및 그룹 활동, 플립드 러닝(flipped learning), 블랜디드 러닝(blended learning)등 수업을 다양화함.

스웨덴 고등교육기관의 영어강의의 또 다른 문제는 외국 유학생들의 영어사용능력이 크게 부족하다는 점이다. 일부 외국 학생들은 영어사용 능력 부족으로 인해 스터디 모임이나 발표 시에 문제를 야기하고 있으며, 이로 인해 스웨덴 학생들과 이들 외국 유학생 간에 불만과 긴장을 불러일으키는 원인이 되고 있는 것으로 나타났다. 외국 학생들은 작문, 구두 영어능력의 편차, 교육능력, 문화 간 의사소통 등의 면에서 영어강의 교수자 들에게 새로운 어려움을 안겨주고 있다. 따라서 대학 국제화에 대한 계량적 접근보다 정성적 접근이 필요하고, 또한 외국인 학생들의 입학 요건들을 재고해야 한다고 주장한다(Cabau, 2011: 45). 일부 스웨덴 고등교육기관들은 영어강의 프로그램 부족과 영어강의 가능 교수자들의 부족 문제를 해결하기 위해 영어강의 개설 확대와 영어강의 실시 가능 교수자들의 채용을 확대하고 있다. 이러한 현상은 특히 소규모 학교들에서 두드러지고 있는바, 이런 이유로 인해 이들 대학들의 교수진은 국적이 다양해지고 연령이 낮아지고 있어서 이는 결국 영어강의를 원하지 않거나 영어강의능력이 부족하지만 학문적 지식과 경험이 풍부한 스웨덴 원로 교수자들을 배제하는 결과를 초래하고 있는 것으로 나타났다.

일부 스웨덴 학자들은 또 다른 차원에서 고등교육에서의 영어사용에 대해 우려를 표시하고 있다. 첫째, 언어 양층화 현상이다. 학생들이 스웨덴어로 제시된 학문적 용어들을 모르기 때문에 스웨덴어를 사용하여 자신들의 연구에 대해 토론하고 일반대중에게 알릴 수 있는 능력이 상실되고 있다는 것이다(ibid). 또한 자신들의 모어가 아닌 영어로 복잡한 지적 문제들을 파악하는데 어려움을 겪고 있다. 그 결과 고등학문영역의 상실과 학문 수행능력 상실이 초래되고 있다. 즉, 학생 및 교수자가 자신들의 모어를 사용하지 않음으로써 교수 및 학습의 질에 부정적 영향을 미치는 것이다. 또한, 고등교육 분야의 영미화 영향의 결과 사고행동이 영미식 일변도로 편중되고 있다는 점도 문제로 지적되고 있다. 아울러, 출판에서의 영어사용과 학문의 국제적 위상 공고화의 목표가 어우러져 출판 분야에서 스웨덴어 사용의 위축이 가속화되고 있고 학자들은 자신들의 학문적 성과를 국제사회에 알리기 위해 점점 더 영어로 출판하도록 압력을 받고 있다.

Goteborg University는 스웨덴 최초로 고등교육기관의 언어정책 문서를 초안한 대학으로 알려져 있다. 이 대학의 언어정책 문서에 의하면 의학, 자연과학, 기술과 같은 연구 영역에서 스웨덴어를 보다 많이 사용할 필요성을 제시한다. 그러나 이와 같은 스웨덴어 진흥 노력에도 불구하고, 현실은 오히려 영어의 위상의 더욱 강화되는 것으로 나타나고 있다. 특히 고급 학문영역과 스웨덴어가 지배적인 연구영역에서도 영어의 위상이 강화되고 있다. The Royal Institute of Technology의 경우, 영어와 스웨덴어의 병행사용을 명시적으로 지원하고 있다. 이 대학의 초기 3년 과정은 스웨덴어로 진행하고 후속 2년 과정은 주로 영어로 진행된다. 이러한 정책으로 인해 이 대학교 학생들은 스웨덴어로 전문 언어에 대한 일정 수준의 능력과 영어로 수동적 전문 언어능력을 계발하게 된다. 그렇지만 학문의 출판언어는 통상적으로 영어이며 영어는 또한 실무 언어로 작동하고 있다(Cabau, 2013: 47-9).

결론적으로 오늘날 스웨덴 고등교육이 처한 딜레마는 양질의 영어강의 학문과정들을 제공하고 외국 학생 수를 늘림으로써 국제적 위상을 유지하는 동시에 고등교육기관들에서 스웨덴어를 증진하는 일이다. 영어가 대학의 국제화, 교육의 질, 학문 위상 강화, 연구 성과와 연관되어 있는 한, 스웨덴 고등교육에서 이에 대한 변화를 희망하기는 어려운 것으로 보인다.

4.1.4. 핀란드 사례

Saarinen & Nikula(2013: 133-4)에 의하면 핀란드의 경우 2차 세계대전 이전에는 중부 유럽을 모델로 국제화가 이루어졌고 당시에는 독일어가 국제화의 주요 언어였으나, 2차 세계대전 이후 핀란드 고등교육 국제화가 앵글로 색슨 국가들을 모델로 삼기 시작하였다. 1980년대 들어서 핀란드의 국제화는 고등교육정책의 주요 이슈가 되었으며 고등교육의 국제화는 연구 및 교수자, 학생 교류 위주로 추진되었다. 핀란드 고등교육기관들은 중앙정부로부터 보다 많은 자치권을 부여받게 됨에 따라 분권화가 가속화 되었으며, 고등교육기관들에 대한 핀란드 정부의 성과보상 정책으로 인해 고등교육기관 국제화가 학문의 수월성, 효과성, 개혁성과 함께 기관의 효율성 평가 지표의 일부가 되었다. 1990년대 초기에 핀란드의 국제화 담론에서 언어의 중요성이 상당히 부각되었지만 언어는 여전히 기계적, 도구적 차원에서 당연한 것으로 인식되었고, 1990년대 말에서 2000년대 초반에는 체계적 외국학습을 위한 외국어 학습 프로그램 개발에 중점을 두었다.

핀란드 고등교육기관들에서는 언어적 환경에 따라 핀란드어, 스웨덴어, 또는 양 언어를 모두 사용한다. 1990년대 이후 핀란드 고등교육기관들에서 영어사용이 증가되어오다가 2004년 University Law에 의해 처음으로 핀란드어, 스웨덴어 이외의 타 언어로도 학위를 수여할 수 있는 권리가 부여되었다. 핀란드에서 영어는 초중등교육의 가장 중요한 외국어로서, 제3의 내국어라 불린다(Leppanen, Kaanta, & Nikula, 2008). 핀란드인의 90%가 국제적 소통을 위해 영어가 필요하다고 생각하고, 89%가 영어매체 학교들에 대해 긍정적 태도를 보인다. 또한 54%가 영어를 원어민처럼 구사하는 자국민에게 존경심을 보인다(McCambridge & Saarinen, 2015: 294).

1987년 1차 핀란드 국제화 정책 도입의 결과, 고등교육기관들에 영어강의 프로그램들이 설립되었다. 영어강의 프로그램들은 처음에는 전문대학에 도입되었고, 후에 일반대학으로 확대되었다. 이 시기의 외국어의 개념은 프랑스어, 독일어 등을 포함하는 개념이었다. 2차 핀란드 국제화 전략은 영어의 경쟁력을 구체적으로 언급하였다. 최근의 국제화 전략 또한 외국어교육을 언급하고 있으나, 이 경우 외국어는 영어를 의미한다(Lehikoinen, 2004). 핀란드 고등교육기관들이 영어강의 학위 프로그램들을 적극적으로 수용하는 이유는 핀란드에서의 영어의 강력한 역할 때문이다(Leppanen et al., 2009). 1990년대에는 핀란드 고등교육기관들에서 독일어와 프랑스어 강의 프로그램들이 일부 존재했으나 점진적으로 영어가 핀란드의 유일한 국제적 학위 프로그램들의 언어가 되었다(Saarinen, 2012a). 그 결과, 2013년 기준으로, 핀란드 고등교육기관들의 291개의 석사학위과정에서 영어강의 프로그램이 제공되고 있다(McCambridge & Saarinen, 2015: 295).

핀란드 고등교육기관들에 유학하는 외국 학생 수가 급속히 증가함에 따라 이를 수용하기 위해, 1996년에 전문대학과 일반대학교들에 75개 국제 프로그램 개설되었고 1999년에는 국제 프로그램 수가 두 배로 증가했으며, 2001년에는 핀란드 전역의 고등교육기관들에서 335개의 국제 프로그램들이 운영되었다. 이들 프로그램들의 거의 대부분이 영어를 강의언어로 사용하고 있어서, 핀란드 고등교육기관들은 영어강의 비율 면에서 유럽 최고 수준을 보이고 있다(Wachter & Maiworm, 2008).

핀란드 정부차원의 고등교육기관 국제화 정책 문서들은 명시적으로 영어라는 표현을 쓰지 않고 대신 외국어라는 표현을 사용하고 있다. 이처럼 영어라고 명시하지 않고 포괄적인 명칭을 사용하는 이유는 두 가지이다. 첫째, 외국어들에 대해 개방적 태도를 보인다는 정치적 의지 표명이고, 둘째, 핀란드 사회에서 영어 사용증가로 인해 자국어 사용영역이 상실될 것이라는 우려를 희석시키기 위한 것이다. 국제학위 프로그램에 있어서 영어의 핵심적 역할은 이들 프로그램들이 강의언어에 대해 명확한 언급을 하지 않고 있는 점에서 드러난다. 즉, 영어가 은연중에 프로그램의 실무언어의 지표로 기능하고 있는 것이다(Saarinen & Nikula, 2013: 135–7).

비록 학위 프로그램 기술에 있어서 영어에 대한 언급이 거의 없지만, 핀란드 고등교육기관들의 국제화 및 글로벌화를 통해 영어의 중요성이 함축적으로 부각되고 있다. 고등교육기관들은 자신들의 프로그램들을 국제적, 다문화적, 글로벌적인 것으로 기술하고 있는데 이는 두 가지 기능을 수행한다. 첫째, 이들이 핀란드 대학들의 일반 교육과정들과 달리 국제적, 글로벌 분위기를 함축하고 있음을 알리는 홍보적 기능이 있고, 둘째, 학생들에게 글로벌 노동시장에 진출하기 위해 필요한 기술을 준비시킨다는 점을 부각하는 것이다(137-9).

1970년대 이전까지는 핀란드 고등교육의 국제화가 주로 국제평화 및 결속이라는 인류애 가치에 의해 추동되었으나 1980년대 이후 경제, 노동시장 혜택 등의 실용적 동기가 우선시되고 있다(Ollikainen & Honkanen, 1996). 이런 관점에서 영어 사용, 고등교육과 국제화/글로벌화 간에 연계가 구축되었고, 이는 또한 영어사용이 함축하는 현대성, 혁신성 등의 이미지와도 연결되어 있다. 그 결과 영어가 국제 프로그램의 사실상의 통용어로서의 위상을 확보하였다.

외국 학생들이 핀란드 고등교육기관들의 국제 학위 프로그램에 지원하기 위해서는 우수한 영어사용능력이 필수 조건이다. 그러나 핀란드 고등교육기관들이 선호하는 영어변이형에 대해서는 차이를 보이는데, 가장 선호하는 영어는 영국영어와 미국영어이고, 선호도가 가장 낮은 영어는 인도영어 및 핀란드영어이다. 이러한 점은 2011년 이후 핀란드의 대학들이 국가적으로 통일된 언어 조건을 요구하고 있는 점에서도 명백하게 나타나고 있다(Saarinen & Nikula, 2013: 143).

- 영국/아일랜드/미국/캐나다/호주/뉴질랜드에서 중등학교나 대학교 졸업자는 영어시험 면제함
- EU 국가들에서 학/석사 학위 소지자도 면제받음
- 핀란드 이외에서 자격조건을 취득하거나, EU 국가 시민이 아닐 경우 영어능력에 대한 증거를 제출해야 함

이로써 핀란드 고등교육기관들은 영어 중에서도 영미식 영어를 강조하고 있음을 알 수 있다. 인도, 파키스탄, 나이지리라, 남아프리카공화국 영어는 제외되고 있어서, 영어변이형 들 간에 위계성을 조장하고 있고, 이러한 영어 변이형들 간의 차별적 기준 설정으로 인해, 핀란드 대학에 유학하는 외국 학생들도 국적에 따라 차별을 받을 수 있는 장치가 묵시적으로 형성되고 있다.

최근의 핀란드 고등교육개혁 이후 영어강의 프로그램 수가 50% 이상 증가하였음에도(Brenn-White & Faethe, 2013) 불구하고, 핀란드 고등교육 국제화 정책에서 최근까지 영어의 위상에 대

한 문제 제기가 없었고(Saarinen, 2012b), 최근에서야 영어사용 증가에 대한 비판적 시각이 증가하고 있다.

4.1.5 덴마크 사례

오늘날 덴마크 고등교육기관 강좌들의 25% 정도가 영어로 진행되고 있다(Dimova & Kling, 2015). 학부 강의들은 덴마크어로 진행되는 것이 일반적 관행이지만 4학년 과정에서는 영어강의 실시가 상당히 활발하게 이루어지고 있다. 또한 덴마크어 강의에서도 영어 교재를 사용하는 일이 일반적인 현상이고, 석사과정들에는 법학 및 의학 등 일부 전공학문을 제외하고는 대부분의 학문 프로그램에서 영어강의가 이루어지고 있다.

영어강의를 실시하는 교수자들은 자신들의 영어강의 능력이 충분하다고 주장하는 반면, 대학 경영진은 이들의 영어강의 질에 우려를 나타낸다(Jensen, Staer, & Thogersen, 2009; Jensen & Thogersen, 2011; Klaassen, 2008). 그 결과 대학을 비롯한 고등교육기관들은 강의의 질을 유지하기 위한 방안들을 개발하고 시행하기 시작하였다. 이러한 맥락에서 영어강의 프로그램들의 질적 수월성 확보를 위한 언어자격증 도입 및 평가도구 개발이 유럽 전역에 걸쳐 고등교육기관들의 해결과제로 대두되었다(Ball & Lindsay, 2013; Haines, Meima & Faber, 2012; Klaassen & Bos, 2010; Kling & Hjulmand, 2008; Kling & Staehr, 2011).

코펜하겐대학교 경영대학(Copenhagen Business School)의 경우, 영어강의 질 향상을 위해 이 대학의 대표적 프로그램들에서 강의하는 교수자들을 위한 언어능력 평가 프로그램을 실시하였다(Kling & Hjulmand, 2008). 2003-2008년 동안 이 대학교 경영대학 소속의 언어교육원은 자체적으로 개발한 언어능력시험인 the Project in Language Assessment for Teaching in English(PLATE)을 사용해서 영어강의 교수자들의 영어능력을 측정하였다. 특히, 코펜하겐대학교 경영대학은 2006년 영어강의 강의 질을 확보하기 위해 PLATE를 의무적으로 실시하는 언어정책을 시행하였다.

이와 비슷한 시기에 Delft University of Technology (DUT)는 약 1,300명의 과학 분야 전공 교수자들의 언어능력 및 필요 연수요건들을 파악하기 위한 평가계획을 결정하였다. 대규모 교수진을 대상으로 한 평가 결과, 목표언어 수준, 평가결과 처리, 타당성과 신뢰성을 구비한 평가 결과를 제공하는 평가계획 개발을 포함한 언어정책 결정들이 도출되었다(Klaassen & Bos, 2010). 이러한 정책을 실행에 옮기기 위해, Oxford Quick Placement Test 및 Common European Frame of Reference(CEFR)의 기준을 활용한 구두 언어능력 평가도구를 개발하였다. DUT는 영어능력 평가도구를 활용해서 교수자들의 영어능력을 평가한 결과를 바탕으로 교수자를 위한 구체적인 필수적 언어능력 기준을 설정하였다. University of Groningen도 영어강의 교수자들을 대상으로 언어능력 평가를 실시하였는데, 언어 사용 맥락 속에서의 실제적 구두 언어능력을 평가하고, 형성적 피드백을 제공하는 것이 목적이다.

코펜하겐대학교는 덴마크의 대표적 대학교로서 2012년 기준 37,869명의 학생, 4,887명의 교수진, 200개의 학위 프로그램을 구비한 스칸디나비아 지역 최대 규모의 대학 중의 하나이며, 전체 학생 집단의 10%가 외국 학생이다. 이 대학교는 영어강의의 질을 확보하기 위해 Test of Oral English Proficiency of Academic Staff(TOEPAS)를 실시하고 있다. 이는 이 대학 국제화 노력의 결과로서, 특히 Copenhagen Master's of Excellence 프로그램에 외국 학생들을 유치하기 위한 노력의 일환이다. 코펜하겐대학교가 이처럼 대학 교수자들의 영어사용능력을 강조하는 이유는 영어가 학문적 통용어 위상을 확보하여, 대학의 글로벌화 및 국제화 과정의 핵심적 역할을 수행하고 있음을 인식하고 있기 때문이다.

Kling(2015: 207-19)은 코펜하겐대학교 생명과학부 교수진을 대상으로 영어강의 관련 연구를 실시하였다. 이 대학교의 생명과학부는 대학원 과정의 영어강의 정책에 대한 잠재적 부정적 결과들을 우려해서 이를 방지하기 위한 선제적 입장을 취하고 있다. 즉, 우수한 영어강의 질 보장을 위한 계획 수립의 중요성을 인식하고 교수자/학생들의 언어능력 향상 및 평가체제 확립에 노력하고 있다. 생명과학부의 언어정책은 다음의 것들을 포함하고 있다.

- 학생 및 교수자에게 영어 및 덴마크어 연수 실시
- 교수자의 영어교수 자격증 제도 실시
- 영어강의 교수자를 대상으로 영어능력 평가 실시

이를 위해 2010-2012년 약 250명의 생명과학부 교수진이 the Centre for Internationalization and Parallel language Use(CIP)에서 주관하는 TOEPAS 시험을 치렀다. CIP의 일차적 목표는 코펜하겐대학교를 구성하는 다양한 주체들의 덴마크어와 영어능력 향상을 위한 연구기반 전략을 개발하는 것으로서, 이 전략의 목표는 직원 및 학생들의 언어관련 문제들을 해결함으로써 코펜하겐대학교의 국제적 위상을 제고하는 것이다. 이를 위해 CIP는 목표 집단의 요구분석을 실시하고 언어진단 검사를 실시한다. 이를 바탕으로 개개인의 전문적 요건, 현재의 언어능력, 진로개발, 교수 및 학문적 출판에 대한 맞춤형 덴마크어 및 영어의 연구기반 언어강좌를 제공한다. TOEPAS의 목적은 영어강의 교수자의 영어능력을 인증하는 것으로서, 교수자가 영어강의 프로그램의 의사소통적 요구를 충족할 수 있는 외국어 능력을 구비하고 있는지 여부를 평가한다.

Kling(2015)의 연구에는 10명의 코펜하겐대학교의 생명과학부 교수자들이 참여했는데, 이들은 TOEPAS 5등급 중 3등급 이상을 획득한 자들로서 영어능력이 우수한 자들이었다. 참여자들을 대상으로 다양한 방법들을 활용하여 자료를 수집하고 분석한 결과, 교수자들은 영어강의 환경에서 영어강의를 부담 없이 받아들이고 있는 것으로 나타났다. 교수자들은 언어부족과 관련한 문제들, 즉, 뉘앙스 부족, 어휘력 부족, 문법적 부정확성, 문화적, 교육적 다양성, 등의 문제들을 인식하고 있었으나 이 문제들이 영어강의 수행에 지장을 준다고 생각하지 않는 것으로 나타났다. 이들은 자신들의 구어 영어능력 부족에 대해 좌절하지않고 영어강의를 잘 진행하고 있는 것으로 나타났다. 10명의 참여자 모두 영어강의가 어려움이 있기는 하지만 이러한 어려움이 영어강의 수행을 저해하지 않는다고 인식하고 있었다. 즉, 교수자들은 영어강의와 관련된 문제들이 강의언어와 상관없이 일반적으로 강의 시에 고려하는 요소라고 생각하고 있다. 새로운 전문용어 설명에 관해, 교수자들은 전공관련 영어어휘들을 명확하게 설명하는데 어려움이 있으나, 모국어 강의노트나 시각자료들을 사용하는 등, 보상적 전략을 구사한다고 응답하였다. 일부 응답자들은 과학 분야에서 영어사용이 자국어보다 특수어휘를 학습하는데 어렵지 않다고 응답하였다. 교수자들의 주요 고려사항은 자신들의 구두 영어능력 부족이 아니라, 강의내용을 학생들에게 제대로 전달하는 것으로서 이들은 전공내용지식, 전공관련 어휘를 제대로 학생들에게 전달하면 영어사용의 구조적 오류들은 우려할 사항이 아닌 것으로 인식하고 있었다.

참여 응답자 모두 영어 강의 시에 자신의 발화속도를 모니터하고 속도를 줄이려 한다고 응답했는데, 이는 이들이 자신이 강의 시에 중점을 두는 내용을 의식하고 자신의 영어 설명이 보다 잘 이해될 수 있도록 노력하고 있음을 보여주는 것이다. 대부분의 응답자들은 학생들의 청취능력 부족 및 학문적 영어의 특성으로 인해, 자신들이 정상 속도로 발화하면 학생들이 강의내용을 제대로 이해하지 못할 것이라는 우려를 표시하였다. 따라서 교수자와 학생 모두의 언어능력이 영어강의 상황에서 발화속도의 감소를 초래하는 요인인 것으로 나타났다.

King의 연구에서 7명의 응답자들은 자신의 역할을 전공학문 내용 교수자로서의 역할에 중점을 두고 있고 언어 교수자로서의 역할은 크게 인식하지 않고 있는 것으로 나타났다. 이점은 Airey(2012)의 연구와 일치하는 것으로서, 이들은 학생들이 영어강의를 수강하기 전에 필요한 영어능력을 구비해야 할 책임이 있다고 인식한다. 응답자들은 자신들이 학생들의 부족한 언어능력에 맞춰 언어사용을 조절하고 있지만 학생들에 대한 언어교육이 자신들의 직업적 전문성의 일부는 아니라고 생각한다. 대부분의 응답자들은 학생들의 질문을 적극적으로 유도하는 것이 언어와 상관없이 교수자의 기본적 요소라고 인식하고 있고, 영어강의의 경우, 학생들의 영어능력 부족으로 인해 이것이 좀 더 어려운 일로 인식하고 있을 뿐인 것으로 나타났다. 연구 결과, 참여자들이 영어강의 상황에서 자신의 영어사용능력의 부족에 대해 그다지 걱정하지 않았다. 그들은 자신들의 영어능력 부족이 영어강의 실시에 있어서 교수자로서의 위상에 영향을 미친다고 생각하지 않았다.

참여자들이 인식하는 어려움들로는 영어 어휘 및 문법상의 뉘앙스 부족, 정확성 부족, 문화적 예시 사용능력 부족 등을 들었다. 비록 이러한 문제들이 교수자들의 구두 언어표현에 영향을 미치지만, 자신들을 교수자로 인식하는데 있어서 걸림돌이 되지는 않는다고 인식한다. 또한 이들은 유머, 이야기 사용능력 부족, 발화속도 감소가 단순히 언어적 차원만의 문제가 아닌 개인적 특성이라고 생각하고 있다. 즉, 영어강의 상황에서는, 발화속도가 너무 빠를 경우 학생들의 학습에 해로울 수 있다고 생각한다. 영어강의 경험이 많은 참여자들은 시간이 지남에 따라 영어강의의 문제점들이 감소된다고 생각한다. 영어강의 교수자의 나이에 관해, 젊은 교수자일수록 영어강의를 많이 실시하는 것으로 나타났다(Jensen & Thogersen, 2011). Van Splunder(2010)에 의하면 연령이 높은 교수자는 자신의 학문적 영어능력이 낮다고 인식하고, 젊은 교수자는 비교적 영어사용에 거부감이 덜하고, 연령이 높은 교수자는 영어 사용에 있어서 자발성, 유머, 역동성 부족 등이 부족한 것으로 나타났다.

Kling의 연구 결과, 교수자들은 영어능력에 대한 긍정적 피드백을 받으면 영어강의 시에 자신의 언어관련 약점을 간과하려고 한다. 이들 모두 TOEPAS 최소 등급을 통과한 자들로서 영어강의를 실시할 수 있는 기본적 영어사용능력을 구비한 점이 자신들의 언어적 약점에 대해 그다지 크게 신경 쓰지 않게 하는 것으로 보인다. Kling의 연구 결과는 또한 학문 영역 구조와 언어 간의 관계가 교수자의 언어에 대한 인식에 미치는 역할에 대해서도 논의해야 함을 시사한다. 자연과학과 인문학 간에는 학문의 지식구조가 상이하다(Bernstein, 1999). 즉, 자연과학은 학문체계가 고도로 구조화된 반면, 인문과학은 일반적 지식, 창조성, 언어적 논증 등을 요구하는 소프트 학문으로서 수평적 구조를 지닌다(Neumann, 2001). 위계적 지식구조를 지닌 학문들이 영어강의에 대해 보다 긍정적 태도를 보이는 경향이 있는 것으로 인식된다(Bolton & Kuteeva, 2012; Jensen, Staehr, & Thogersen, 2009; Kuteeva & Airey, 2014).

일반 영어사용능력과 관련하여, 응답자들은 전문/특수 용어 등, 자신의 전공학문 특수 언어능력에 대해 언급하는 경향이 있고 자신들의 일반 영어능력 부족에 대해 그다지 개의치 않고 일반 영어능력 향상의 필요성을 느끼지 않고 있다. 이는 자신의 학문 영역에서 언어를 사용하는 방식이 이러한 영향을 미치고 있음을 보여주는 것으로서, 이들은 전공학문 내용 교수가 일차적이고 강의 매체언어인 영어사용은 부차적인 것으로 인식하는 태도를 보인다.

마지막으로, 영어강의 상황에서 교수자들은 자신의 언어능력 요구를 국제적 통용어 시각에서 해석하는 것으로 보인다. 즉, 교수자, 학생 모두 비원어민으로서 원어민 기준에 대해 중점을 두지 않는다. 이러한 인식이 교수자들로 하여금 언어관련 약점들을 무시하고 자신의 언어적 약점을 장점으로 사용하는 것으로 보인다. 교수자들은 언어능력 부족을 오히려 학생들과의 교감을 위한 장치로 활용하는데 이는 English as a Lingua Franca 공동체의 철학과 부합한다. 교수자들은 영어의 규범적 규칙에 지나치게 얽매이지 않고 강의내용에 보다 많은 신경을 쓰게 되고 그 결과 언어적 완전성에 대해 신경을 덜 쓰게 된다.

Kling(2015: 219)은 영어강의 실시 교수자들이 자신들의 언어적 약점을 시인하면서도 이에 대한 반응은 세 단계를 거치는 것으로 파악한다. 첫째, 자신의 언어적 문제를 인정하고 받아들인다. 둘째, 자신의 구두 언어사용에 있어서 특정 측면의 정확성 문제에 대해 그다지 신경 쓰지 않는다. 전공내용 특수 어휘들이 제대로 사용되는 한 자신의 언어능력의 부정확성에 대해 기꺼이 수용한다. 셋째, 경험이 쌓여가면서 학생과의 소통장애를 유발할 수 있는 문제들을 해결하기 위해 보상적 전략에 의존한다. 이러한 세 단계 접근을 바탕으로, 또한 자신의 전공학문 전문성을 바탕으로 교수자들은 자신의 영어능력 부족을 문제로 인식하지 않게 된다.

4.1.6. 아이슬란드 사례

2004년 북유럽 국가들이 제정한 노르딕 언어정책 선언(Declaration on a Nordic Language Policy)은 북유럽 국가 국민들이 우수한 영어능력을 구비하고 있음을 인정하고, 비즈니스 및 노동시장 종사자들이 자국어와 영어의 평행적 사용전략을 개발하여 양 언어 사용이 가능하도록 하며 영어를 과학 영역의 언어로 사용할 것을 촉구하였다. 그 후, 영어는 북유럽 고등교육기관들에서 강의 및 의사소통의 언어가 되고 있다 (Brock-Utne, 2001; Destination, 2012; Hellekjaer, 2009; Ljosland, 2008). 고등교육기관들에서의 영어사용의 증가가 우수학생 및 연구자 유치를 유발해서 고등교육기관의 학문적, 과학적 위상을 제고할 것이라는 믿음에 따라 북유럽 국가 학자들은 학문적 승진 및 재정적 지원 등의 인센티브 제공을 조건으로 국제 학술지에 논문을 게재하라는 압력을 받고 있다. 이처럼 북유럽 국가들에서의 생활영역에서, 특히 학문 영역에서 영어는 확고한 위상을 구축했다(Brock-Utne, 2001; Ljosland, 2008; Pecorari, Shaw, Irvine, Malstorm, 2012; Pilkinton-Pihko, 2010; Swerts & Westbrook, 2013). 이는 아이슬란드에도 그대로 적용되고 있으며, 아이슬란드 사회에서 영어 사용이 급속도로 증가하고 있다.

Ingvarsdottir & Arnbjornsdottir(2015: 143-6)는 아이슬란드대학교(University of Iceland) 구성원들을 대상으로 영어강의 실시에 관한 설문조사를 실시했는데, 그 결과 1,000명 이상의 대학생 및 240명 여명의 교수진은 학문목적 영어사용에 대해 다수의 문제들을 지적한 것으로 나타났다. 아이슬란드 대학들의 전공학문 교재의 90% 이상(자연과학은 100%)이 영어 원어민 대상으로 개발된 것들이고, 영어가 박사학위 논문을 포함한 대학원 학위 과정의 매체언어가 되어가고 있으며, 교수자들은 국제적 연구 네트워크 참여 뿐 아니라 논문이나 저서를 영어로 출판하도록 기대되고 있다(Arnbjornsdottir, 2009, 2011). 이러한 상황은 북유럽 타 연구들과 유사하다(Hellekjaer, 2009; Ljosland, 2008; Pecorari, Shaw, Irvine, Malstorm, 2012; Pilkinton-Pihko, 2010; Swerts & Westbrook, 2013).

아이슬란드 대학생들의 65%가 대학수준의 영어사용능력이 구비되어 있다고 믿고 있으나(Arnbjornsdottir & Ingvarsdottir, 2010), 상당수 대학생들은 대학에서의 영어 사용에 어려움을 느끼고 있다. 응답 학생들의 1/3 이상이 영어로 작성된 학문 교재 이해에 어려움을 느끼고 있으며 특히 교육, 사회과학 및 인문학 전공학생들이 자연과학 전공 학생들 보다 많은 어려움을 느끼고 있는 것으로 나타났다. 응답 학생의 44%는 영어사용으로 인해 학습 부담이 늘었고, 이중 70%는 온라인 사전 사용, 60%는 전문용어에 대한 번역 리스트 작성, 40% 이상은 구글 번역기 사용, 30%는 텍스트를 자국어인 아이슬란드어로 요약하는 것으로 나타났다. 이 결과는 아이슬란드 대학생의 1/3 이상이 전공학문 학습을 위해 필요한 영어능력을 구비하지 않고 있다는 연구결과와 일치하는 것을 보여주는 것으로서 많은 학생들이 영어로 작성된 교육과정 학습에 시간을 많이 소비하고 있음을 보여준다(ibid).

Ingvarsdottir & Arnbjornsdottir(2015)의 연구에서, 응답 학생의 83%는 자국어를 사용하는 전공강의에서 영어를 사용하는 것이 문제라고 생각하는 것으로 나타났다. 또한 자신들의 영어능력이 주로 비격식적, 수용적임을 인식하지 못하고 자신들의 영어능력을 과대평가하는 것으로 나타났다. 이러한 점이 대학 전공과목 학업에 적절한 도움을 주지 못하고 있는 것으로 보인다. 학생들은 아이슬란드어로 고등교육기관들에서의 학문 준비를 해왔으며 그 결과 대학교의 학문적 언어입력의 대부분은 영어인 반면, 학문적 산출은 여전히 자국어인 아이슬란드어로 행해진다. 이점이 학생들로 하여금 전공학문 내용을 아이슬란드어와 영어의 두 언어로 동시에 처리하게 하는 상황을 초래하는 것으로 나타났다. 이를 이중언어사용 상황도 평행적 언어사용상황 상황도 아닌 상황으로서 동시적 평행 코드 사용(simultaneous parallel code use)이라고 부른다(Ingvarsdottir & Arnbjornsdottir, 2015: 146). 전문적, 교육적 상황에서 두 언어를 사용하는 것을 평행적 언어사용이라고 부르는데, 이러한 상황에서는 언어사용자의 언어 선택이 자신이 처한 특정 상황에서 가장 적절하고 효율적인 것으로 간주되는 언어에 의해 결정된다. 이러한 언어사용환경은 아이슬란드 학문 환경과 차이가 있는데, 아이슬란드 고등교육의 경우 언어입력은 영어로 이루어지고 학습 처리 및 평가는 자국어인 아이슬란드어로 이루어진다(Pecorari, Shaw, Irvine, & Malstorm, 2012). 아이슬란드대학교의 강의요람에는 강의 및 평가의 언어가 자국어임을 명시한 반면, 대부분의 전공과목 텍스트는 영어 텍스트라고 기술하고 있는데, 이는 평행적 언어사용과 상이한 것이다. 이러한 새로운 환경에서는 학생들의 수용적 언어는 자신의 지식을 소통하는 언어와 동일하지 않게 된다. 즉, 학생들은 가장 적절한 언어를 선택할 수 없게 되어 교육과정 교재들을 영어로 읽어야 하고 동시에 강의 및 평가는 자국어로 해야 하는 것이다. 동시적 평행코드 사용 환경에서는 학생들이 수용적 언어인 영어를 사용하여 언어, 문화, 전공 특수 내용 등의 의미를 추출해야하며, 학생들은 동일내용에 대한 습득 여부를 자신의 특정 언어, 문화, 학문적/수사적 규약 및 지식 기반을 지닌 자국어를 사용해서 보여주어야 한다(Ingvarsdottir & Arnbjornsdottir, 2015: 146-8).

동시적 평행코드 사용의 핵심은 양 언어 간의 지식의 전이이다. 학생들의 전공학문의 습득 여부를 평가받는 중요한 방법은 학습교재의 언어로부터 평가언어로의 지식의 성공적 전이 여부이다. 따라서 학생들에게는 동시적 평행코드 사용을 처리하는 것이 학문적 성취 및 전문가로서의 장래를 위해 필수적이다. 그러나 아이슬란드 대학들의 경우, 동시적 평행코드 사용에 있어서 학생들이 직면한 어려움에 대한 인식이 거의 없으며 또한 교육과정을 학생들의 언어능력에 맞추려는 체계적 노력이 없다(Arnbjornsdottir & Ingvarsdottir, 2010). 학생들에게 있어서 동시적 평행코드 사용은 학습과정에 제약이 되고, 또한 학생들의 인지/기억 능력이 언어적 처리에 지나치게 사용될 때 새로운 지식의 심화 습득에 관한 문제가 발생한다. Arnbjornsdottir & Ingvarsdottir는 동시적 평행코드 사용이 교수/학습에 대해 지니는 효과에 대한 고려를 하는 것이 중요하다고 주장한다.

Arnbjornsdottir & Ingvarsdottir(2015)는 아이슬란드대학교에 재직하는 238명의 교수자들을 대상으로 설문조사한 결과, 교수자들은 영어로 작성된 교재를 사용하는 것이 강의업무 부담을 증가시킨다고 응답하였다. 대다수의 응답자들이 대학영어교육과정에는 문제가 없으나(87%) 학생들의 학습을 지원할 도움장치들을 제공해야 한다고 응답했다. 응답 교수자들의 80%는 학생들의 학습을 돕기 위해 강의 시에 영어와 자국어 개념을 동시에 사용하고, 자국어 번역을 제공하는 등 다양한 도움 장치들을 사용하고 있는 것으로 나타났다. 다수의 교수자들은 학생들이 영어 교재 사용에 어려움을 느끼고 있음을 인식하고 있으나 단과대학별로 어려움에 대한 인식 정도에 차이가 있는 것으로 나타났다. 교수자들의 학생들에 대한 지원은 주로 어휘에 한정되어 있고 독해전략 안내와 같은 독해에 대한 도움은 지원되지 않고 있다.

Ingvarsdottir & Arnbjornsdottir는 아이슬란드 고등교육에서의 언어문제는 다양한 상호 연관된 이슈들에 의해 발생하는 것으로 보고 있다(150-2).

- 학생들의 학문영어 준비 결여: 일반적 영어사용능력은 우수하지만 대부분 수용적 능력으로서 학문적 사용에는 충분하지 않은 비격식적 언어 사용에 국한됨
- 중고등학교 영어교육은 학교 외에서 습득한 언어 기능들에 초점을 맞추고 있고, 고급 수준의 읽기 장르는 문학 장르에만 한정되어 있음
- 대학생들이 영어로 출판된 학문 교재를 학습할 때 겪는 어려움들에 대한 인식이 부족함
- 학생들에 대한 체계적 지원 제공이 미비함

앞에서 언급한 바와 같이 오늘날 아이슬란드 대학생들의 1/3 이상이 자신들의 중고등학교 시절 영어사용이 우수하다고 평가하고 있음에도 불구하고 대학에서의 영어사용에 어려움을 지니고 있는 것으로 나타났다. Ingvarsdottir & Arnbjornsdottir는 아이슬란드 대학생들에게 대학생활에 필요한 영어능력을 준비시키기 위해서는 중등영어 교육과정이 개정되어야 한다고 주장한다. 이를 위해 학생들에게 보다 다양한 스타일 및 장르의 영어 읽기 텍스트를 제공해야 하고, 학문적 텍스트의 장르 구조를 학습시키며 읽기전략도 훈련해야 한다고 제안한다. 이를 위해서는, 중등영어교사 교육에 있어서 리터러시 및 장르기반 접근에 좀 더 가중치를 부여하도록 변화할 필요가 있으며, 이와 아울러 대학 차원의 언어정책은 현실을 반영하도록 개정해야 하며 자국어와 영어의 두 언어가 일상에서 동시에 사용되는 것을 수용해야 한다고 주장한다. 영어강의 강좌수가 증가하고 외국인 교수자 및 학생들이 증가함에 따라 높은 수준의 말하기/듣기 능력이 점점 중요해지고 있는 현실에서 아이슬란드대학교는 이러한 제반 이슈들 인식하고 이를 해결하기 위해 학문영어 프로그램(Academic English Program)을 도입하고 영작문 센터 설립하였다. 보다 실효성 있는 지원을 위해서는 코펜하겐대학교의 Center for Internalization and Parallel Language Use와 같은 지원기관을 설립하여, 교수자 및 학생의 영어능력 향상을 위한 영어능력을 평가하고 또한 관련학과들에게 학문 및 출판목적 영어학습 및 교수와 관련한 이슈들에 대한 조언들을 제공해주는 것이 필요한 것으로 보인다.

4.1.7. 오스트리아 사례

1992년 볼로냐 프로세스 정립 이후 유럽 대학들이 학위 과정을 학사, 석사, 박사의 3 단계 학위과정으로 통일한 이후 고등교육기관들에서 영어강의 프로그램들이 지속적으로 증가하고 있다(Wachter & Maiworm, 2008). 오스트리아를 대표하는 비엔나대학교(University of Vienna)의 경우, 경영학 전공과정 지원자들 대부분이 입학허가의 요건으로서 TOEFL이나 IELTS 점수를 제출해야 한다. 그러나 프로그램의 약 11% 정도는 이러한 영어능력 시험들을 EU 소속국가 출신이 아닌 학생들에게만 부과하는 것으로 나타났다. 이는 EU 국가 출신의 학생들이 영어강의를 소화할 언어적 능력을 구비하고 있다는 전제에 바탕을 두고 있는 것으로 해석된다(Raisanen & Fortanet-Gomez, 2008; Wilkinson, 2008b). 그러나 Hellekjaer(2010)의 연구에 의하면 비엔나대학교에 재학 중인 내국인 학생과 외국인 학생 모두 영어강의에 어려움을 느끼고 있는 것으로 나타났다. 따라서 국적을 불문하고 모든 학생들에게 IELTS나 TOEFL 등의 영어능력시험을 의무화할 필요가 있다는 지적이 있다. 문제는 TOEFL, IELTS, GMAT, GRE 등의 영어능력시험들이 원래 미국, 캐나다 등 영어 사용국가 대학들에 지원하는 비 영어 원어민 학생들의 영어능력을 측정하기 위해 개발된 것으로서, 이러한 시험들이 비원어민 영어사용 환경의 영어강의 프로그램 지원자들에게도 적절한 것인지는 심도 있는 검토가 필요하다는 것이다.

Unterberger(2012: 89-91)는 비엔나대학교의 영어강의 프로그램 운영자들을 대상으로 면담 조사를 실시한 결과, 영어강의 프로그램 도입의 주된 동기는 프로그램의 특수성을 강조하고 또한 이들이 추구하는 높은 수준의 학문적 수월성을 성취하기 위한 것으로 나타났다. 피면담자들은 또한 이들 특성화 프로그램들의 과목들에 사용되는 문헌 및 교재들의 대부분이 영어로 출판되고 있고, 또한 이들의 전문성은 주로 영어를 통해 습득되기 때문에 영어강의 실시가 자연스러운 것이라고 진술했다. 이러한 진술 결과들은 비엔나대학교 상황에서 이들 프로그램들이 우수한 학생들을 유치하기 위해서 영어로 강의하는 것이 필요함을 보여준다.

Maiworm & Wachter(2002, 2008)는 자국 학생들에게 국제적 교육을 제공하고 자국 학생들을 글로벌 노동시장에 진출할 수 있도록 준비시키는 것이 유럽 고등교육기관들이 영어강의를 도입하는 부차적 목적이라고 주장한다. 그러나 비엔나대학교는 자국 학생들의 국제화를 프로그램 도입의 주된 이유로 구체적 명시를 하지 않고 국제화를 영어강의 프로그램 도입의 부수적 효과로 인식한다. 비엔나대학교 재학생의 70% 정도가 외국 학생들이어서 자국 학생들은 자연스럽게 다중언어/문화 환경을 경험하고 있기 때문이다. 비엔나대학교가 내세우는 두 가지 강점으로서, 다학제성과 고도로 전문화된 과목 운영을 든다. 첫째, 다학제성의 관점에서, 비엔나대학교의 학위 과정들은 관련 학문영역 뿐 아니라 하위 학문영역들을 독특하게 혼합하고 있다. 이러한 다학제성은 이 대학교의 영어강의 프로그램들이 공유하는 특성이다(Lehtonen, Pitkanen, Sidall, & Virkumen-Fullenwider, 2009). 둘째, 이들 프로그램들은 새로운 틈새 시장에 초점을 맞추고 경쟁시장에서 선도자가 되고자 고도로 전문화된 과목들을 취급한다(Wilkinson, 2008a). 국내외 경계를 넘어 전문적 틈새를 확보하는 것이 비엔나대학교 영어강의 프로그램의 결정적 성공요소로 여겨진다.

영어강의 프로그램이 성공적으로 운영될 수 있기 위해서는 대학의 통일성 있는 전략이 개발되어 실행되어야 하고 또한 대학들이 보다 유연성을 보이고 변화하려는 의지가 있어야 한다(Maiworm & Wachter, 2003). 비엔나대학교의는 영어강의 프로그램을 처음 개설할 당시 이 프로그램의 운영을 지원할 입학부서를 설치하였는바, ERASMUS나 교환학생들의 문제들은 잘 처리하면서도 영어강의 프로그램 입학 외국 학생들을 위한 서비스 시설이 없었던 점을 보완하여 유학생들의 비자 문제, 주거 문제를 처리할 학교 본부차원의 조직을 설치하였다. 외국 학생들은 이 프로그램을 수강하기 위해 입학하는 특수성에 대한 오리엔테이션을 받아야 하고, 또한 중요한 관련서류, 웹사이트, 정보자료 들이 영어로 작성되고, 모든 행정직원들이 우수한 영어 사용능력을 구비하도록 하였다(Maiworm & Wachter, 2003; Wilkinson, 2008a).

영어강의 프로그램은 내용전문가와 언어전문가 간의 성공적 협력 모델을 제공할 수 있다. 비엔나대학교의 경우, Institute of English Business Communication과 Finance, Accounting & Statistics Department에서 내용전문가와 언어전문가 간에 효과적 협력이 이루어지고 있다. 이 대학의 영어강의 프로그램이 성공한 결정적 요인은 내용전문가가 학문적 목표를 설정한 다음 이를 바탕으로 언어교수 전문가가 교육과정 개발의 기초를 제공한데 있다. 즉, 전공학문 리터러시에 필요한 의사소통 실행을 위해 내용과 언어의 특수한 결합을 최종적으로 결정하는 주체는 언어 교수자가 아닌 내용 교수자이다(Airey, 2011).

비엔나대학교의 모든 전공 과정의 32%가 명확한 언어학습 목표를 포함하고 있는 것으로 나타났다. 가장 많이 언급된 목표는 발표, 토론, 협상기술을 촉진하고, 또한 학생들의 읽기, 쓰기 능력을 신장하는 것이다. 이는 영어가 단순히 내용을 전달하기 위한 언어적 도구에 지나지 않으므로 영어강의 프로그램에서 언어학습 목표가 적극적으로 추구되지 않는다는 고등교육 영어강의에 대한 일반적 전제와 상치되는 것이다. 비엔나대학교 영어강의 프로그램들의 중요한 목표 중 하나가 학생들의 전공학문 용어지식 향상으로서 이는 학습평가 기준의 일부이기도 하다.

Unterberger(2012: 94-5)는 비엔나대학교 영어강의 교수자들을 대상으로 면담을 실시한 결과 면담 대상자들 모두 영어강의가 자연스러운 선택이라고 진술하였다. 이들 교수자들은 일상적으로 논문발표 및 학술강연 등을 영어로 수행하고 있고, 또한 전공학문의 주요 문헌자료들이 영어로 출판되기 때문에 학생들에게 이들 내용들을 독일어로 가르치면 교수 부담이 증가하게 된다고 진술한다. 상당 수 학자들이 영어강의 시 교수자의 부담이 증가한다고 주장하지만(Klaassen, 2001; Maiworm & Wachter, 2003) 비엔나대학교 응답자들은 이를 부정한다. 영어강의 프로그램 실시를 위한 새로운 교재 및 자료를 개발 및 편찬하는 것은 상당한 노력을 요구하지만 이는 강의언어에 상관없이 발생하는 것이라는 주장이다. 이들은 오히려 독일어로 강의할 경우 적절한 용어 및 표현을 찾는데 어려움을 느낀다고 응답하였다. 그러나 일부는 영어로 강의할 때 뉘앙스, 조크, 일화 등의 면에서 원어민 화자에 비해 부자연스러움을 토로한다(Dafouz & Nunez, 2009).

비엔나대학교 영어강의 프로그램 운영자들은 교수자들의 우수한 영어능력에 대해 자신을 보이고 있다. 이런 이유로 인해 영어강의 교수자들의 영어능력을 측정하는 것이 합리적인가에 대해서는 회의적이다. 즉, 전공분야에서 발군의 실력을 구비한 전문가들에게 영어능력 시험을 요구하는 것은 지나친 요구라고 생각한다. 그러나 코펜하겐대학교를 비롯한 타 유럽 국가들의 대학들에서는 영어강의 교수자들의 영어능력을 검증하는 것이 일반적인 현상이다(Cancino, 2011; Klaassen & Bos, 2010).

4.1.8. 이탈리아 사례

전통적으로 다중언어사회 환경인 지중해 지역 유럽 국가들은 고등교육기관들의 영어강의 프로그램 도입에 대해 부정적 인식을 보이면서도 영어강의를 통한 자국 고등교육기관들의 국제화 증진에 적극적으로 나서고 있다(Doiz, Lagasabaster, & Sierra 2011, 2013; Pulcini & Campagna, 2015). 유럽 내의 영어사용 확산에 대한 상반된 견해들은 유럽 교육의 동질화를 추구함과 동시에 유럽 사회의 다중언어사용 전통에 부합하는 언어적 다양성을 유지하려는 상충된 목표 설정에 기인한다. 영어사용에 대한 이러한 양면성은 특히 이탈리아에서 두드러지게 나타나고 있다. 이탈리아는 오랜 기간 동안 정치적, 언어적으로 분열된 역사적 배경으로 인해 오랜 세월 다중언어사용이 보편화되었고(Tosi, 2008), 타 유럽 국가들에 비해 늦은 독립으로 인해 언어적 다양성의 전통을 유지했다. 이러한 이탈리아의 역사상의 정치적 분열은 결과적으로 다수의 지역적 방언들의 생존에 기여했다. 이탈이아의 복잡한 사회 문화적 환경 속에서 학문 영역에서의 이탈리아어 사용은 언어적 분열의 유산에도 불구하고 국가적, 지성적 정체성을 형성하고 유지하려는 통합적 노력을 상징한다.

1088년 세계 최초의 고등교육기관인 볼로냐대학교(University of Bologna)가 설립된 이후, 이탈리아 고등교육기관들은 중세시대부터 현재에 이르기까지 오랜 전통을 이어오고 있다. 그러나 1970년대 이후 고등교육에 있어서 전통과 개혁 간의 갈등이 시작되었고 1990년대 이후 본격적으로 이탈리아 고등교육은 자국의 전통을 탈피해서 유럽화하려는 노력을 경주해오고 있다. 구체적으로 1999년 볼로냐 프로세스를 수용하고, 고등교육의 학위제도를 학사, 석사, 박사의 세 가지 유형으로 통일하는 3 단계 학위제도를 도입하였다. 이탈리아 교육부는 초중등 교육 및 대학 체제를 현대화하기 위한 개혁 방안들을 발표했는데, 고등교육기관들의 개혁방안으로는 사회적, 지역적 수요에 부응하는 학위 프로그램들의 제공, 입학요건의 자율적 결정, 교육과정에 유럽 학점 인정시스템 활용, 혁신적 교수법 활용, 학생들에게 직업경험 기회 제공 등이다. 그러나 이러한 고등교육 개혁 노력에도 불구하고 이탈리아 고등교육기관들은 재정적 측면에서 심각한 어려움을 겪고 있으며, 사적 영역에서의 고등교육 투자는 타 유럽 국가들에 비해 현저히 낮은 수준으로서 자국에서의 구직난으로 인해 대학 졸업생들의 해외취직이 급증하면서 고급두뇌들이 해외로 유출되고 있다(Pulcini & Campagna, 2015: 71-5).

이탈리아 고등교육기관들에서는 1990년대에 영어강의 프로그램들이 도입되기 시작한 이후 그 수가 꾸준히 증가하고 있다. 대다수의 영어강의 프로그램들은 밀라노, 토리노, 볼로냐, 로마 등 이탈리아 중북부 지역 유명 대학들에서 제공되고 있다(Campagna & Pulcini, 2014). 이탈리아의 90여개 대학교들 중 영어강의 프로그램 운영 조사에 참여한 80개의 대학들 중 약 절반이 학사, 석사, 박사 학위과정에서 영어강의 프로그램을 운영하고 있는 것으로 나타났다(ibid). 전공영역별로는 경제학, 공학 분야의 학위과정에서 영어강의가 타 영역에 비해 훨씬 많이 실시되고 있다.

이탈리아 정부는 고등교육기관들에 대한 공적자금 지원의 그 조건으로서 개별 기관들이 자금수혜 요건에 부응하고 자신들의 수행지표를 개선하도록 요구하고 있다. 이러한 수행지표에서 기관의 국제화 정도는 우선순위에 있으며 이는 고등교육기관의 연구 및 교류, 특히 외국 학생유치 능력 평가에 영향을 미친다. 이런 상황변화로 인해 이탈리아 고등교육기관들에서 외국학생 유치는 우선순위 과제가 되었다. 외국학생 유치정책을 실현하기 위한 명확한 해결책은 영어를 강의 매체언어로 도입하는 것으로서 그 결과 고등교육기관들에서 영어강의 프로그램 수가 급격하게 증가하게 되었다(Gazzola, 2012). Gazzola는 이탈리아 대학총장협의회(Conference of Rectors of Italian Universities)의 조사를 근거로, 2007년 이탈리아 13개 대학교에서 적어도 한 개 이상의 영어강의 석사학위과정 프로그램을 개설했던 것이, 2011-2012년에는 42개 대학교로 급증하고 있음을 보여준다. Bernini(2012)는 이탈리아 고등교육기관에서의 영어도입이 세 유형을 보인다고 분석한다. 첫째, 영어가 일부 전공과목에만 사용되는 것으로서 이 경우 학생들은 선택의 자유를 지닌다. 둘째, 영어와 이탈리아어가 평행적으로 사용되는 것으로서 동일 과목들을 이탈리아어와 영어의 두 강좌로 개설한다. 이 경우 학생들은 어느 언어 강좌를 수강할 것인지 선택할 수 있다. 셋째, 강의가 전적으로 영어만으로 이루어지는 것으로서 이 경우, 학생들은 언어에 대한 선택권이 없다.

이탈리아 일부 대학들이 영어강의 도입에 있어서 점진적 접근을 도입하는데 비해 Politecnico di Milano는 위의 세 유형 들 중 첫째, 둘째 유형을 생략한 채 셋째 유형을 도입하였다. 2011년 Politecnico di Milano 교수협의회는 2012-14년 전략계획을 승인하였는데, 우수한 외국인 교수자 충원 및 교류 확산이 Politecnico di Milano의 수월성에 달려있다고 판단하고 2014년도부터 모든 석사 및 박사과정 강좌들을 영어로만 강의하도록 하였다. 이를 위해 교수자와 학생을 위한 언어훈련 프로그램들도 제공하기로 하였다. Politecnico di Milano의 결정은 고등교육기관의 국제화를 영어화로 해석한 결과이다. 학생교류의 활성화는 외국학생 유치에 기여할 뿐 아니라 동시에 이탈리아 학생들이 대학학위 과정을 마친 후 외국으로 이주할 때 도움을 줄 것으로 예상했다. 영어를 석사학위 과정 매체언어로 채택함으로써 이에 따른 교수법의 혁신 및 강의계획의 쇄신 등 교수법의 변화를 초래할 것을 기대하였다. 영어강의를 도입하기로 한 언어적 동기로서는 영어가 학문적 사실들을 기술하는 목적에 부합하는 언어라는 인식이 깔려있다(Del Canton, 2012). Politecnico di Milano 결정에 반대하는 주장들은 지난 400년 이상 이탈리아어의 표준화에 기여해온 이탈리아 학계와 언어단체들로부터 제기되었다. 이들은 언어가 국가적 정체성 구축의 필수 요소이고 국가의 문화적, 역사적 유산의 근본적 요소인데, 이탈리아 고등교육기관들의 석사, 박사과정에서 영어가 전적으로 사용되면 자국어인 이탈리아어가 배제되고 이는 고등학문 영역에서 이탈리아어의 영역상실로 이어지게되어 결국에는 이탈리아어가 폐기될 수밖에 없다는 논리를 전개한다. 이러한 반대 주장은 언어학자들 뿐 아니라 일반 과학자들도 제기했는데, 이들은 영어의 독점화로 인해 이탈리아어가 일부 중요한 과학적 소통 영역에서 사라질 것을 우려한다. 이들은 이탈리아어 영역상실이 과학자들과 일반인 간에 언어적 소통 창구를 소멸시켜 결과적으로 양 집단 간의 소통의 괴리를 심화시킬 것이고 궁극적으로 과학의 대중적 전파 및 확산에 심각한 부정적 결과를 초래할 것이라고 주장한다.

Politecnico di Milano결정에 반대하는 교수자 및 연구자들은 2012년 영어강의 도입에 반대하는 소청서를 법원에 제출하였다. 이들이 내세운 영어강의정책 철회를 요구하는 근거들로는 다음과 같다. 첫째, 영어전용은 헌법에 보장된 교수의 자유를 침해한다. 둘째, Politecnico di Milano의 정책 가이드라인은 사실상 언어기반의 차별형태를 도입하는 것이다. 셋째, 이탈리아어가 강의 및 시험의 공식적 언어라는 규범에 위배되고, 또한 Politecnico di Milano 경영진이 국제화의 개념을 잘못해석하고 있는바 국제화는 상이한 문화들의 공존 및 통합을 의미한다. 넷째, 교육적 관점에서, 영어의 의무적 도입이 반드시 부가가치를 창출하는 것은 아니다. 이러한 소청에 대해, 이탈리아 법원은 헌법적 원리를 근거로 이탈리아어의 공식적, 최고 지위를 인정하였다. Politecnico di Milano는 2010년 대학의 재구조화를 위한 기본 원리를 제공한 이탈리아 법률이 묵시적으로 공공기관들에서 이탈리아어의 공식적 위상에 관한 이전의 규범들을 폐기하는 것으로 인식하였으나, 법원은 이와 달리 국제화 개념을 교류, 협력, 외국어 매체 강의를 허용할지라도 이탈리아어를 배제하지 않는 등 다양한 형태의 국제화 활동들을 함의하는 것으로 판단하였다. 즉, 고등교육기관의 국제화가 이탈리아어의 최고 위상을 보장하는 것과 상충되지 않는다고 본 것이다. 사법부 판단의 요점은 Politecnico di Milano가 석사, 박사과정에서 전공 학문 과목의 본질, 내용, 특수성을 무시한 채 영어만 사용하려는 것은 고등교육의 국제화 목표를 위한 적법한 수단의 범위를 넘는다고 본 것이다. 즉, 국제화가 영어화를 의미하는 것은 아니라고 판단한 것이다. 국제화가 영어 이외의 언어들을 배제한다면 이는 실질적으로 진정한 다중언어사용의 확장을 가로막는 것이고 그 결과 영어사용권 문화의 전형적 지식 및 가치를 확산하고 전파하는 것만 선호하게 된다는 것이다. 영어강의 전격적 도입에 대해 이탈리아 법원의 판결은 신중한 태도를 보이지만, Pulcini & Campagna(2015)는 이를 고등교육 개혁에 대한 기득권 세력의 저항의 결과로 해석한다. 즉, 자신들이 누려온 특권 및 장점의 상실에 대한 두려움과 연계되어 있다는 것이다.

이탈리아 고등교육기관의 영어강의 프로그램 운영의 또 다른 사례로서 Politecnico di Torino를 들 수 있다. Politecnico di Torino는 150년의 전통을 자랑하는 이탈리아 유수의 공과대학으로서 2012-13년도 학생 수가 32,000명이고, 이중 외국 학생 비율은 16.5%이다. 이 대학의 공학분야 학위 프로그램들의 59%가 영어로 제공되고 있고 영어전용강의는 17%, 영어와 이태리어 함께 사용하는 강의는 22%이다. 영어강의 프로그램의 대부분이 석사과정이고, 다음으로 학사과정과 석사 후 직업과정이며 박사과정에서는 영어강의가 제공되지 않는다.

Pulcini & Campagna(2015: 75-83)는 2012-13년도 영어강의를 실시하는 79명의 교수자들을 대상으로 설문 조사 실시하였다. 교수자 모두 이탈리아 국적으로서 영어사용능력 면에서 응답자의 70%는 상급수준, 27%는 중급수준, 3%는 초급수준이었다. 영어사용 고등교육기관들에서의 교수경험에 대해 57%는 경험이 전무하고, 43%는 교수경험이 있었다. Politecnico di Torino에서의 영어강의 경험에 대해, 31%는 영어강의가 처음이었고 69%는 다년간 영어강의를 실시했다. 영어강의 준비를 위한 대학의 연수과정 제공여부에 대해 73%는 부정적으로 응답했고, 27%는 언어과정이나 방법론 과정을 이수했다고 응답했다.

영어강의가 가장 활발하게 이루어지는 과목은 컴퓨터, 전자 및 자동차 공학, 물리학, 통신, 수학, 전자공학이었다. 영어강의 프로그램의 학위 유형별로는, 63%가 석사 과정, 30%가 학사 과정, 7%가 직업과정이다. Politecnico di Torino의 박사과정은 학사 및 석사학위 과정과 달리 이태리어로만 제공되고 있다. 영어강의 프로그램의 33%는 이탈리아어 과정의 영어강의 프로그램이고 학생들은 영어와 이탈리아어 강의 중에서 선택할 수 있다. 영어강의 유형으로는 강의와 집단학습활동의 병행과(54%) 교수자의 강의전용(42%)이 주류를 이룬다. 집단학습활동이 일상적이라는 점은 학급 내 상호작용이 영어강의의 중요한 자질임을 의미한다. Politecnico di Torino에서 교수자가 학생들을 대상으로 상호작용이 아닌 일방적 강의를 실시할 때 영어를 사용하는 비율(42%)은 이탈리아 전체 고등교육기관들을 대상으로 한 조사(71%)에 비해 낮은 편이다(Costa & Coleman, 2013). 영어강의 강좌들은 파워포인트 활용(27%), 강의노트(24%), 영어교재(13%), 영어논문(6%), 이탈리아어 교재(2%) 등 다양한 유형의 자료들을 활용하고 있는 것으로 나타났다. 학생들의 영어사용능력에 대해, 교수자들의 68%는 학생들의 영어능력이 일반적으로 우수하다고 응답한 반면 32%는 만족스럽지 못하다고 응답했다. 또한 81%의 교수자들은 영어강의 시에 이탈리아어를 전혀 사용하지 않고, 19%만이 수업 시간 이외에 학생들과의 상호작용, 학생들의 요청, 용어 및 개념 명확화, 학급 내에서 학생들과의 상호작용 등의 이유들로 인해 이탈리아어를 사용하고 있는 것으로 나타났다. 영어강의 프로그램 학습 평가방법 대해 40%의 교수자가 쓰기 평가만 사용하고, 31%는 쓰기 및 구두 평가 둘 다 사용하며, 20%는 개별 보고서와 프로젝트를 사용하고, 9%는 구두 평가만 사용하였다. 평가언어 면에서 교수자의 92%가 영어만 사용하고, 8%는 영어와 이탈리아어 둘 다 사용한 반면, 이탈리아어만 사용한 교수자는 없었다.

교수자들은 영어강의 실시 이유들로서 외국학생 유치(27%), 대학의 국제적 위상 향상(23%), 외국학생들의 요구(18%), 학생들의 글로벌 시장 진출 준비(14%), 타문화 이해 증진(10%), 학생들의 영어능력 향상(8%) 등을 들었다. 교수자들은 또한 영어강의 프로그램의 혜택으로서, 학생교류 증진(26%), 국제적 네트워크 참여(23%), 학생들의 구직기회 확대(22%), 학생들의 영어능력 향상(19%), 학생들의 학습동기 향상(6%), 수업 출석률 제고(4%) 등을 들었다. 교수자들은 성공적 영어강의 실시를 저해하는 요인들로서 외국학생들의 영어능력 부족을 가장 많이 언급했으며(48%), 다음으로 자국학생들의 영어능력 부족(20%), 학생들의 관심 결여(15%), 영어강의 프로그램 구성 문제(10%), 교수자료 제공의 어려움(6%) 등을 들었다. 이로써 교수자들은 국적을 불문하고 학생들의 영어능력 부족이 영어강의의 가장 심각한 문제로 인식하고 있는 것을 알 수 있다. 이점은 이탈리아 학생들이 전반적으로 영어 의사소통능력이 부족함을 보여주는 것이라고 할 수 있다(Campagna & Pulcini, 2014). 교수자들은 영어강의가 자국어 강의만큼 효과적이지 않을 수 있다는 점을 인식하고 있는 것으로 나타났다. 영어가 모국어가 아닌 상황에서 강의의 효과성이 감소될 수밖에 없기 때문에 교수자는 영어강의 시에 전공학문 지식 전달보다 학생들의 강의내용 이해 촉진에 신경을 더 많이 쓰고 있는 것으로 나타났다(Bjorkman, 2011).

영어강의가 이탈리아 문화에 대한 잠재적 위협이 되는지에 대해, 거의 대부분의 교수자들은 (92%) 동의하지 않는 것으로 나타났다(Campagna & Pulcini, 2015). 영어강의가 이탈리아 문화의 위협이 될 것이라는 소수 응답(8%)의 이유들로는 전문분야의 이탈리아 용어상실의 위험성, 자국어가 아닌 타 언어로 강의할 때 강의 수행능력 저하, 문화적 정체성 상실(20%)이 주요한 것들이었고, 이외에 외국어 학습 관심 저하, 영어가 권력적 언어라는 인식, 학생들이 모어가 아닌 타언어로 학습할 경우 학업수행능력 저하 등을 들었다. 학생들의 영어강의 수업효과에 대해 교수자의 86%가 부정적 응답을 보여 학습효과 면에서 강한 부정적 인식을 하고 있는 것으로 나타났다. 그러나 영어강의에 대한 전반적 만족도에 대해서는 91%의 응답자가 만족을 표시해서, 학생들의 학습효과와 상관없이 영어강의 실시를 긍정적으로 평가하고 있는 것으로 나타났다. 교수자의 영어사용능력이 우수하더라도 영어강의를 거부할 권리가 있는지에 대해, 교수자의 54%가 영어강의 강요를 거부할 권리를 지닌다고 응답했고, 일부는 영어강의가 과학/기술 영역에 자연스러운 반면 인문학 분야에서는 그렇지 않다고 응답했다.

4.1.9. 스페인 사례

스페인의 고등교육기관들에서 논의되는 정책들 중 하나는 스페인어와 함께 영어를 포함하여 일부 언어들의 강의언어 사용에 관한 것이다. 카탈루냐, 바스크, 발렌시아 등 스페인의 일부 지역들은 역사적 환경으로 인해 이중언어 사용이 활성화된 지역이다. 21세기 들어서서 학생들의 국제적 이동성 증가와 이러한 변화를 수용하기 위한 재정적, 행정적 지원 제공의 필요성으로 인해 고등교육기관들의 영어강의 개발이 불가피해졌으며 이는 스페인 고등교육기관들에서도 예외가 아니다.

The University of Basque Country는 2009-2010년도에 114개 강좌를 영어나 프랑스어로 제공하였다(Ball & Lindsay, 2013). 초기 프로그램운영의 초점은 Test of Performance for Teaching at University Level through the Medium of English: TOPTULTE) 등의 어학능력 인증시험을 실시하는 것에 맞춰졌다(Ball & Lindsay, 2005). 강의언어로 영어나 프랑스어를 사용하는 프로그램들은 교수자의 언어적 요구에 초점을 맞춘 강좌들이 제공되었고 이미 영어강의를 실시중인 교수자들에게는 내용기반 강의 상황에서 발생하는 교육적 이슈들에 초점을 맞춘 강좌들이 제공되었다. The University of Basque Country는 영어강의 교수자들의 영어강의 능력을 측정하는 시험인 TOPTULTE에서 Common European Framework of Reference(CEFR)(Council of Europe, 2001)의 C1 수준을 구비할 것을 명기하고 있다. CEFR C1 수준을 확보한 영어강의 교수자들에게는 단기 집중지원 과정이 제공되는데 그 내용들은 몸동작/눈맞춤 훈련, 파워포인트 등의 시각자료 활용, 억양/강세/정확한 발음 등의 음운론적 요소 연습, 고빈도 학문어휘 발음 연습 등으로서, 영어 구두발표 및 발음 향상에 중점을 둔다(Ball & Lindsay 2013). 영어사용능력 향상이 요구되는 영어강의 교수자들에게는 10주간에 걸쳐 30시간의 어학연수과정이 제공된다. 이 강좌는 단기 집중과정에서 다루는 이슈들과 함께, 영어 이메일 소통, 행정서신 작성 및 규약, 학술논문의 초록 및 요약 작성, 영어강좌개요 작성에 포함되는 규약 등도 다루고 있다. 또 다른 유형의 강좌는 총 8주의 24시간에 걸쳐, 교육론적, 방법론적 이슈에 초점을 맞추는 것으로서, 이 강좌는 이미 영어강의를 실시하고 있는 교수자들에게 제공되며 강좌의 주목적은 교수자로 하여금 자신의 영어강의 실행에 초점을 맞추고 프로그램 운영 기간 동안 소규모 프로젝트를 수행하도록 하는 것이다. 참여 교수자들은 프로젝트의 목적에 부합하는 샘플 자료를 제작해야 하고, 결과물, 관찰, 경험에 대한 반추들을 강좌 종료 시에 동료 참여 교수자들에게 제시해야 한다(Ball & Lindsay 2013:46-8).

Ball & Lindsay(2011)은 The University of Basque Country 영어강의 교수자들의 인식을 조사하기 위해 18개 학과의 44명의 교수자들을 대상으로 설문조사를 실시했다. 조사 결과 응답자들은 정확하고 자연스러운 발음구사를 영어강의 실시의 어려운 점으로 응답했다(55%는 어려움, 15%는 매우 어려움). 이러한 반응은 타 연구결과들에서도 나타난다(Lasagabaster & Sierra, 2002). 그러나 학생들은 영어강의 교수자의 어휘/발음 부족의 문제보다는 교수방법론적 능력이 자신들의 학습 촉진에 보다 중요한 요인으로 보고 있다. 고등교육기관들의 교수자들은 영어강의 환경에서의 주요 이슈들로 다음의 것들을 들고 있다(Ball & Lindsay, 2013: 52).

- 대규모 강의
- 전문용어의 명확화
- 질문 및 질문처리 기술
- 학습 이해도 점검
- 인지/학문 언어능력 배양
- 소규모 집단학습 활동
- 학급 관리
- 활동/과제 디자인 및 활동의 다양성
- 학생들의 텍스트 이해 지원
- 학생들의 흥미/집중 유지
- 강의 시작 및 종료
- 멀티미디어 활용
- 계속적 평가 및 피드백
- 시험

스페인 발렌시아 지역의 고등교육기관인 Universitat Jaume 1도 영어강의 프로그램을 실시하는 사례이다(Fortanet-Gomez, 2012: 52-62). 이 대학교는 14,000명의 학생집단과 1,300명의 교수진을 갖춘 4년제 종합대학교이다. 발렌시아 지역은 스페인어와 발렌시아어를 사용하는 이중언어 사용 지역이다. Universitat Jaume 1은 이 자치지역에 위치한 5개 공립대학 들 중 하나로서 1991년부터 이중언어사용 대학으로 운영되고 있다. 또한 2011년 내용 · 언어통합 학습 프로그램을 통해 영어를 제3의 강의언어로 도입하는 다중언어정책을 수용하였다. 스페인에서는 최근 들어 내용 · 언어통합 학습이 주목받고 있다(Cenoz, 2009; Dafouz & Guerrini, 2009; Lasagabaster & Huguet, 2007; Lasagabaster & Ruiz de Zarobe, 2010; Lorenzo, Moore, & Casal, 2011). 그러나 이들 대부분이 초, 중등 교육에 초점을 맞춰져 있어서, 대학에서의 내용 · 언어통합 학습은 아직 초기 단계에 머물러 있다.

발렌시아 자치주의 고등교육기관들에서 스페인어는 가장 우월적 강의언어인 반면 발렌시아어를 사용하는 강좌 수는 아주 적은 것으로 나타나 많은 문제들을 야기하고 있다. 이는 최근 들어, 스페인 학계에서 영어를 학문언어로 수용하는 분위기와 맞물려 더욱 확대되고 있다(Cenoz, 2009; Coleman, 2006). 그러나 영어강의 실시 전망은 그다지 밝지 않은 것으로 보인다. 그 이유는 대학입학 전 단계까지 영어가 학생들의 교과목 학업에서 거의 사용되지 않고 있으며 이러한 이유로 대학생들의 영어사용능력이 높지 않다. 일부 교수자들 또한 영어능력 부족으로 영어강의 강의를 꺼리는 것으로 나타났다.

Universitat Jaume 1에서는 스페인어와 발렌시아어가 공용어로 사용되고 있으나 발렌시아어 강의시간은 영어강의 시간에 비해 상대적으로 적다. 대학당국은 영어사용 활성화를 위해 특별 지원을 하고 있으며 대부분의 학위과정 프로그램들이 특수목적영어 프로그램을 포함하고 있다. 2011년에는 영어 및 발렌시아어 강의의 질을 향상하기 위해 새로운 다중언어사용 정책을 승인하였다. Fortanet-Gomez(2012: 61)는 대학 교수진을 대상으로 내용 · 언어통합 학습 도입에 대한 설문조사를 실시한 결과, 대부분의 교수자들은 대학의 다중언어정책을 지지하는 것으로 나타났다. 다중언어 내용 · 언어통합 학습을 실시하는데 있어서 발생하는 주요 문제점 중의 하나는 교수자들의 발렌시아어와 영어 사용능력 부족인 것으로 인식되었다. 특히 글쓰기 및 말하기의 산출적 언어능력 부족이 부족한 것으로 나타났다. 설문조사 분석 결과 언어 교수자와 내용 교수자들의 교수전략 간에 다소의 차이가 보였는데 이러한 전략사용의 차이는 상이한 전공학문 영역들의 교수자들 사이에서도 발견되었다. 일반적으로 내용 교수자들은 전공학문 주제에 관한 학급토론을 선호한 반면 언어 교수자들은 학생발표 및 집단학습을 선호하였다. 교수자들은 또한 자신들의 발렌시아어와 영어 사용능력 부족으로 인해 새로운 학문적 상황에서 이들 언어로 강의하는 것에 대해 두려움을 느끼고 기피하려는 경향을 보였다. 교수자들은 다중언어

내용 · 언어통합 학습 실시의 또 다른 장애요소로서 학생들의 발렌시아어 및 영어 사용능력 부족을 들었다. 이들은 초중등학교에서 영어를 사용하는 내용 · 언어통합 학습이 실시된다면 대학 내용 · 언어통합 학습 실시에 큰 도움이 될 것으로 보고 있다.

Fortanet-Gomez는 Universitat Jaume 1의 내용 · 언어통합 학습 실시에 대한 교수자들의 인식 조사 결과 주요 시사점을 도출하였다(61-2). 첫째, 다중언어 교수자들의 내용 · 언어통합 학습 프로그램 강의의 동기유발을 위한 인센티브 제공 및 필수 언어자격제도 도입 뿐 아니라 내용 · 언어통합 학습 프로그램 실시 교수자들과의 효과적 의사소통 통로를 마련하고 이들을 위한 구체적, 체계적 연수 프로그램들을 개발하는 것이 중요하다. 내용 · 언어통합 학습 실시를 위한 소통노력은 단지 교수자들 뿐 아니라 대학의 모든 구성원들에게 미쳐야 한다. 아울러 장래의 잠재적 학생, 가족, 사회 전반 등 대학외부의 주체들과도 적극적으로 소통을 해야 한다. 대학내부 소통은 학생, 교수자, 행정 직원에게 다중언어 사용의 유용성 및 부가가치에 대해 설득하는데 주력해야한다. 둘째, 내용 · 언어통합 학습 실시를 지원하기 위한 연수 프로그램은 교수자들의 교수능력 향상을 위해 예비 교수자들을 위한 사전 연수 프로그램과 재직 교수들을 위한 연수 프로그램을 함께 제공해야 한다. 이러한 연수프로그램은 또한 내용 교수자와 언어 교수자가 함께 참여하는 내용 · 언어통합 학습 교육 프로그램이 바람직하다.

4.1.10. 크로아티아 사례

크로아티아의 고등교육 국제화는 2001년 볼로냐 프로세스에 참여하면서 시작된 이후 광범위한 변화를 겪어왔다(Margic & Vodopija-Krstanovic, 2015). 고등교육개혁의 목표는 볼로냐 프로세스를 실행하고 크로아티아 고등교육을 유럽고등교육영역에 통합하여 외국 학생 및 교수자들이 크로아티아 고등교육기관들에 보다 많이 유입될 수 있도록 하기 위한 것이다. 이점은 중부 유럽 및 동유럽 국가들의 고등교육기관들의 일반적 추세와 일치하는 것으로서 크로아티아 고등교육기관들의 표준화 시스템을 구축하여 서유럽 국가들의 수준으로 상향하기 위한 조치이다(Field, 2003). 크로아티아 고등교육이 변화하는 노동시장 요구에 대응하지 못한다는 지적에 따라 볼로냐 프로세스 참여를 통해 보다 국제적으로 경쟁력을 갖춘 시장 지향적 고등교육을 향한 패러다임 변환을 시도하였다(Teichler, 2004a). 그러나 볼로냐 프로세스가 크로아티아 고등교육의 질을 향상시킬 것이라는 주장에도 불구하고 아직은 가시적 효과가 나타나지 않고 있어서, 초기의 고등교육 개혁 열정이 감소하고 볼로냐 프로세스에 대한 반대가 제기되고 있다. 대다수의 크로아티아 학생들은 볼로냐 프로세스가 고등교육의 질 향상에 기여하지 못하고 있으며 그 이유로 변화에 대한 적절한 선행 준비가 안 된 상태에서 너무 성급하고 무리하게 도입되었기 때문이라고 믿는 것으로 나타났다. 이처럼 볼로냐 프로세스에 대한 문제 제기가 있기는 하지만 크로아티아 고등교육기관들은 학생/교직원 교류 활성화 및 영어강의 도입의 두 가지 측면에서 서유럽 및 북유럽 국가들의 고등교육기관들의 국제화 추세를 따르고 있다.

크로아티아 고등교육개혁의 구체적 예시로서 University of Rijeka를 들 수 있다. 크로아티아 고등교육기관들의 국제화 노력 결과 타 유럽 고등교육기관들과의 교류가 향상되었지만 외국어로 제공되는 프로그램 및 강좌 수의 부족이 보다 활발한 교류 활성화의 장애가 되고 있다. University of Rijeka의 경우 외국어 전공학과를 제외하고 강좌들이 거의 대부분 자국어로 진행되며 전체 학생 중 외국 학생 비율은 1% 미만에 머물고 있다. 이 대학 경영진은 영어강의의 문제 상황을 개선하기 위한 조치로서 Strategy of the University of Rijeka 2007-2013를 제시했는데, 이 전략 목표 중 하나는 외국어 강의 프로그램 수를 10개로 늘리는 것이었다. 이를 위해 영문과 내에 어학원을 설치해서 영어강의 교수자를 지원하는 것이다(Margic & Vodopija-Krstanovic, 2015).

Margic & Vodopija-Krstanovic은 크로아티아 고등교육기관들의 영어강의 도입을 통한 국제화 추진에 관해 University of Rijeka 교수진 73명을 대상으로 영어강의에 대한 인식을 조사하였다. 조사결과 응답 교수자들의 절반이 영어강의 능력이 있다고 인식한 반면, 12.3%는 그렇지 않다고 느끼고 있다. 대다수 교수자들은(82%) 영어강의 도입을 찬성하고 있으나, 이중 52%는 다음의 전제 조건을 제시한다(49-59).

- 영어강의가 대학원이나 대학원 이후 과정에 도입되어야 함
- 선택과목, 특히 국제 지향적 과목 중심으로 진행되어야 함
- 외국 학생들의 수강 및 교수진의 우수한 영어사용능력이 구비되어야 함

영어강의 도입을 반대하는 교수자들은(6.6%) 특정 학문영역을 자국어로 논의할 수 있는 것

의 중요성을 강조한다. 즉, 크로아티아어 강의가 자국의 문화적 정체성 유지, 특수 영역의 어휘 습득에 기여한다고 주장한다. 이들은 또한 자국 학생들의 영어강의 참여 가능성과 영어강의를 수강할 충분한 수의 외국인 학생들의 확보 가능성에도 의문시하고 있다. 영어강의에 관심을 가질 학생 수가 너무 적어 영어강의 프로그램에 대한 투자가 가치가 있는지 우려하는 것이다. 일부 교수자들은 이외에도 영어강의가 자국의 고급두뇌들의 해외유출을 초래할 것을 걱정하고 있다. 다수 응답자들은(67.6%) 학생들에게 언어 선택권이 주어질 경우 일부 과목들은 영어와 크로아티아어로 제공되어야 한다고 생각한다. 대다수의 응답자(82.3%)는 영어로 강의할 적극적 의지가 있는 것으로 나타났다. 소수(17.1%)는 외국 학생들의 수강 등, 전제 조건이 충족될 때만 참여의사가 있음을 피력하였다. 영어강의 참여를 꺼리는 응답자는 영어강의가 자국어 발전을 소홀히 하는 결과를 초래하고 또한 영어강의 실시가 과중한 과외 부담을 요구하는 것을 우려하고 있다.

전반적으로 다수의 응답자들은(72.4%) 영어강의 실시가 가능한 것으로 생각한다. 일부는 대학의 교수자들이 두개의 외국어나 적어도 영어로 강의할 수 있어야 한다고 생각하고, 자신들이 이미 영어로 학술활동을 하고 있기 때문에 영어강의가 문제가 되지 않는다고 생각하고 있다. 응답자의 30%는 영어강의가 선택과목, 강의기반 과목, 대학원 과정, 외국 학생들의 수강, 영어 사용능력이 우수한 교수자들이 있는 상황에서 가능성이 높은 것으로 보고 있으며, 20.3%는 초중등교육에서의 보다 나은 영어교육, 대학에서의 영어 연수과정, 우수한 영어사용능력을 구비한 교수진 채용, 상이한 언어배경을 지닌 학생들의 증가 등 영어강의 실시를 위한 전제조건들이 충족되면 실시 가능한 것으로 생각하고 있다. 응답자들은 영어강의가 국제 협력, 교류, 국제적 지명도 향상, 학생들의 경쟁력 제고, 영어 의사소통능력 향상, 문헌사용 범위 확대, 학습 및 해외취직 기회지원 등, 다양한 장점을 지니고 있다고 생각하고 있다.

영어강의 도입의 문제점에 대해, 교수자와 학생 모두의 영어능력 부족을 핵심적 이슈로 제기하였다. 영어능력 부족은 학문지식의 습득 및 전이에 부정적 영향을 미치게 되는데 학생들의 부족한 영어능력으로 인한 강의 이해력 부족이 학문적 성취도 하락으로 이어지는 바 이는 영어강의 수강 학생들의 저조한 성적으로 나타나고 있다는 것이다. 영어능력이 부족한 교수자들도 강의내용을 세밀하게 설명하거나 돌발 상황에 대처하는 즉흥성이 부족한 것으로 나타났다. 학생과 교수자 모두 부족한 영어능력으로 인해 교재를 제대로 다루지 못하고 있고, 또한 영어강의가 지나치게 언어 지향적이며 교수자와 학생 모두 내용과 표현의 자발성 대신 영어 표현 및 발음의 명확성에 지나친 주의를 기울이고 있는 것으로 나타났다. 교수자와 학생의 영어능력 부족 문제 외에도, 응답자들은 강의 준비에 과도한 시간을 할애하는 것을 우려한다. 또 다른 문제로, 앞에서 언급한 바와 같이 University of Rijeka 영어강의 프로그램에 관심을 보이는 외국 학생과 자국 학생이 거의 없다는 점이다. 응답자들은 재정적 문제도 언급하고 있는데 대학 당국의 재정적 지원의 부족으로 인한 수업진행에 필요한 기초적 장비의 부족, 교육교재의 부족, 신규직원 채용의 어려움, 영어연수 개설의 어려움 등을 들고 있다. 일부는 크로아티아 고등교육기관들에 만연한 혁신에 대한 두려움, 국가주의, 무력감, 새로운 아이디어를 받아들이려 하지 않는 태도 등을 영어강의 프로그램 실시를 저해하는 문제점들로 들었다. 응답자의 63%는 영어강의 실시의 문제점들을 해결하기 위한 전제조건들이 충족되어야 함을 주장한다(ibid: 54).

- 대학 당국의 체계적 언어학습 지원
- 내용 및 언어 전문가 고용, 영어연수 과정, 신 교재 구입 등 재정적 지원
- 영어강의 준비시간 제공 등 교수진의 업무 증가에 대한 보상
- 이해 당사자들을 대상으로 영어강의 홍보
- 영어강의 프로그램들을 유럽 고등교육기관들의 프로그램들과 연계함

응답자들은 이외에도 영어강의 프로그램 도입에 앞서서 크로아티아 고등교육기관들에 존재하는 다수의 문제점들을 해결해야 함을 강조한다. 이중 상당수는 볼로냐 프로세스에 기인한 문제들로서 크로아티아 고등교육을 유럽의 고등교육시장에 통합하기 위해 볼로냐 프로세스를 도입했으나, 학생 수 과다, 교육시설 부족 등에 대한 적절한 대비 없이 도입되었다고 주장한다. 영어강의 실시에 대한 찬반 양 집단 모두, 크로아티아 학생들이 자국어를 유지할 수 있도록 자국어 사용의 필수 강좌를 도입해서 자국어를 체계적으로 발전시키는 것이 중요하다는데 인식을 같이한다.

학자들은 영어강의 실시에 대한 교수자들의 인식조사 연구를 바탕으로 크로아티아 고등교육기관들에서 영어강의가 효과적으로 운영될 수 있기 위한 조건들을 제시한다. 첫째, 교수자들과 학생들 모두 적절한 영어능력을 구비해야 한다. 영어능력이 부족한 학생들은 집중언어연수를 받아야 하고, 또한 교수진 채용의 요건으로 높은 수준의 영어능력을 요구해야 한다. 이와 함께

교수자를 위한 언어연수 프로그램이 제공되어야 하며 영어강의 교수법 활용을 지원하기 위한 언어전문가의 채용이 필요하다(Byun, Chu, Kim, Park, Kim, & Jung, 2011; Selvi, 2011; Vinke, Snippe, & Jochems, 1998). 영어강의 교수자에 대한 지원은 다양한 형태로 이루어질 수 있다.

- 교수자의 언어능력 평가
- 언어 포트폴리오 형태의 자아 반추
- 내용 전문과와 언어 전문가 간의 협력 강의
- 수업 관찰 및 동료 피드백
- 의사소통 및 발표기술에 초점을 맞춘 집중언어훈련과정 운영

Margic & Vodopija-Krstanovic(2015: 57)는 영어강의 실시로 인해 발생할 수 있는 자국어 사용의 위축을 방지하기 위해 크로아티아어 보호를 위한 조치도 수반되어야 함을 강조하며, 영어, 자국어, 기타 외국어간의 균형을 도모하는 명시적 언어정책 개발의 필요성을 역설한다. 그들이 제시한 강의매체언어로서의 자국어 유지 및 학생들의 모국어능력 개발 방안들로는 다음과 같다.

- 전체 프로그램들에서 영어와 자국어 사용
- 프로그램들의 중핵적 요소에서 영어와 자국어 사용
- 학부 과정에서 자국어 사용, 대학원에서 영어 사용
- 고등 단계에서 영어를 보다 많이 사용함
- 학생들의 산출적 학업과제 수행에 자국어 사용

그러나 이러한 방안들이 비용적 측면에서 문제점을 내포하고 있음도 인정하고 있다. 네덜란드 Maastricht University의 경우 네덜란드어/영어의 이중언어 교육이 비용 문제로 폐기되고 영어를 선호하게 되었다(Wilkinson, 2013). 고등교육의 국제화에 따른 영어화 시대에 영어와 자국어 간의 양층언어 구조 현상이 심화되고 있는 상황에서(Coleman, 2006) 크로아티아어가 어느 정도까지 모든 학문 영역에서 위상을 유지하고 고등교육기관의 매체언어로 기능할 수 있는지 의문이다.

결론적으로 크로티아 고등교육기관들의 국제화는 난관에 봉착하고 있는데, 국제적 교류의 증가가 영어강의 도입의 중요한 전제로 인식되고 있으나 현실적으로 외국 학생들의 절대적 부족으로 인해 영어강의 프로그램 운영이 어려움을 겪고 있다(Preisler, 2005). 영어강의 프로그램 운영은 유럽 고등교육의 일상이 되었기 때문에(Mauranen, 2010) 조만간 크로아티아 고등교육기관들에서도 영어강의 프로그램 운영이 일반화 될 전망으로서 크로아티아 대학들에서 영어강의가 정착되기 위해서는 교수자의 업무 과중, 강좌 당 학생 수 과다, 재정지원 부족 등의 문제들을 해결해야 할 것으로 보인다(Ball & Lindsay, 2013).

4.1.11. 터키 사례

터키 대학생들의 영어강의 학습 효과에 관해 알려진 바는 거의 없다(Kirkici, 2004; Sert, 2008). 그러나 고등교육기관들의 영어강의에 대한 정부의 지원 및 권장에도 불구하고, 영어강의 프로그램 수강 학생들의 낮은 수준의 학문 성취도가 주요 이슈가 되고 있다(Kilimci, 1998; Yediyiliz, 2003). Arkin & Osam(2015: 181-93)은 터키 교수자들 및 대학생들을 대상으로 영어강의 실시에 대해 연구하였다. 연구는 Eastern Mediterranean University 경영학과 4개 강의에 대한 관찰과, 강의에 참여한 학생들을 대상으로 한 후속 면담의 두 단계로 이루어졌다. 참여 학생 모두 터키어 모어 사용 학생들로서, 관찰 대상 과목명은 3학년 과목인 인적자원관리(Human Resources Management)였으며, 한번은 영어로 또 한번은 터키어로 강의되었다. 연구에 참여한 10명의 학생들은 모두 중등교육과정에서 일반 영어교육을 받았으며 내용 · 통합언어학습을 경험하지 않았다. 교수자들은 터키 국적으로서 학사 및 석사 학위를 미국에서 취득하였고 박사학위는 자국의 영어강의 프로그램을 통해 취득하였다.

강의의 주제는 수행관리 및 평가(Performance Management and Appraisal)와 금전 및 동기(Money and Motivation)의 두 가지였고, 연구를 위해 질적, 양적 연구방법 모두 활용하였다. 질적 분석 결과를 요약하면, 첫째, 일부 자국어 강의에서 교수자의 발화시간이 증가하였는데 이는 추가예시 제공, 학생과의 질의응답, 강의 내용요약 등에 기인한 것이었다. 둘째, 영어강의의 경우, 일반적으로 학생들의 참여 감소, 질의응답 시간 부족, 추가예시 제공 부족 등에도 불구하고 교수자가 강의내용을 다루는데 시간이 많이 소요되었다. 셋째, 영어강의 시에 교수자는 학생들의 이해도를 높이기 위해 동일한 내용을 반복하거나 달리 표현하는 방법을 보다 많이 사용하였는바, 내용 반복은 외국어 능력이 부족한 학생들을 도울 수 있는 효과적 전략으로 보인다(Dafouz-Milne & Llinarez-Garcia, 2008). 또한 확인 점검과 전시용 질문도 많이 사용하였다(Dafouz-Milne & Sanchez-Garcia, 2013).

영어강의 교수자의 발화시간, 반복적 내용 설명 등의 자질들이 영어강의 수강 학생들의 학습에 미치는 영향에 대해, 부정적 측면으로는 발화시간 감소 및 반복의 필요성으로 인해 교수자가 추가예시를 제공하거나 학생들과의 토의 시간이 감소하고 심지어 계획된 강의분량을 채우지 못해 감소하는 것이고, 긍정적 측면은 발화속도 감소, 짧은 발화, 반복 및 달리 표현하기가 학생들의 강의 이해를 돕는 것이다. 교수자의 다양한 노력들에도 불구하고 학생들은 영어강의 내용을 이해하는데 어려움을 겪는 것으로 나타났다. 학생면담 분석 결과 학생들이 영어강의 수업 시에 집중력 저하, 언어능력 부족으로 인한 강의내용 이해 부족, 학습량의 증가, 자신의 사고를 영어 글쓰기로 표현할 능력 부족으로 인한 시험성적 저조 등의 문제점들이 발생하는 것으로 나타났다. 가장 두드러진 점은 학생들이 전공내용을 제한적으로 이해하거나 심지어 잘못 이해하는 것이다. 이를 통해, 영어강의를 통한 전공학문 학습 과정이 순조롭지 않음을 알 수 있다.

Arkin & Osam(2015: 193-6)은 연구결과의 시사점들로 다음의 것들을 제시한다. 첫째, 터키 대학영어 프로그램들이 1,2학년 학생들의 전공학문 과정의 언어요구를 충족할 수 있도록 개선되어야 한다. 이를 위해 전공과목들의 요구사항 및 요건에 대한 분석이 필요하고, 언어 교수자와 내용 교수자 간의 긴밀한 소통 및 협력이 필요하다. 둘째, 내용 교수자의 역할 및 책임에 대한 재고가 필요하다. 언어 교수자는 물론 내용 교수자도 학생들의 언어요구를 수용해야 한다. 셋째, 전공내용 학습을 증진하기 위한 효과적 교수도구 활용이 중요하며 학생들의 언어능력을 고려해서 교수 및 코스 설계를 해야 한다(Hellekjaer & Wilkinson, 2003). 이는 학생들의 언어능력 부족 문제를 해결하기 위해서 영어강의에서 내용 · 통합언어학습으로 전환해야 함을 시사한다(Coyle, Hood, & Marsh, 2010). 전공학문 교수자들은 교육과정 및 교수 방법론에 대한 개선이 필요하고 전공학문 내용 학습에 있어서의 언어의 핵심적 역할을 인식해야 한다. 특히 언어적 요구가 보다 절실한 저학년 학생들의 경우에 더욱 그러하다.

4.2. 아시아 고등교육기관들의 학문목적 영어강의

4.2.1. 중국 사례

2001년 중국 교육부는 영어를 매체로 활용하는 이중언어 교수를 광범위하게 장려하기 시작하였다. 이를 중국어-영어 이중언어교육(Chinese-English Bilingual Education)이라 부른다. 이러한 정책의 배경에는 영어가 중국의 글로벌화에 필수적이고 전공영어강의는 중국 대학생들의 영어 습득을 촉진할 것이라는 기대가 깔려있다(Beckett & Li, 2012: 47). 중국 교육부는 2004년 대학영어교육과정 필수요건을 개정하여 영어교수법, 영어학습법, 영어평가법을 개정하고 중국 전체 대학 학부생들의 10%가 영어로 학점을 이수할 것을 권고하였다. 2010년에 중국 교육부는 외국 유학생 유치를 위해 대학들의 영어강의 확대를 장려하였고 그 결과 Fudan University의 경우 2009-2910년에 영어강의 개설 강좌수가 101개에 달했다(Cai, 2010). 이는 영어강의가 중국 고등교육기관들의 국제 경쟁력 향상과 자국 학생들의 국제 교류 준비를 위한 최상의 방법이라고 믿기 때문이다(Gill & Kirkpatrick, 2013; Sun & Xu 2012).

지난 30년 동안 중국 고등교육기관들의 영어교육은 두 가지 중요한 개혁을 하였다. 1980-1990년대에는 대학영어를 인문계와 이공계로 이분화하여 학생들에게 제공하였으며, 이 시기에는 읽기와 쓰기의 언어사용기술에 중점을 두었다. 중국 교육부는 대학 영어교육과정 요건(College English Curriculum Requirements)을 제시하였는데, 이 시기에는 기존의 읽기 및 쓰기에서 듣기 및 말하기로 영어교육과정의 중점이 전환되었다. 대학입학 학생 수의 폭발적 증가와 함께 컴퓨터 시설 및 새로운 교수 모델이 도입되었고 온라인 자기주도 학습이 대학 영어 프로그램들의 통합적 일부가 되었다.

2001년 이후 중국의 도시지역 학생들은 초등학교 3학년부터 영어를 학습하고 있다. 이러한 여파로 최근의 중국 대학생들의 영어능력이 향상되었고, 이러한 환경으로 변화로 인해 영어교육자들 및 연구자들 간에 학문목적영어에 대한 관심이 증가하였다. 학문목적영어 프로그램이 현재의 중국 고등교육기관들의 대학영어 프로그램들을 대체하거나 보완할 보다 적절한 것인가에 대해서는 논란이 있다(Cai, 2012a; 2012b, Qin, 2003; Yang, 2010). 다수의 중국 대학들이 현재의 대학영어 프로그램들에 대해 불만을 표시하고 있으며 학문목적영어 도입에 대한 강한 요구를 하고 있다. 이러한 요구들을 수용하기 위해 중국의 몇몇 대학들에서 학문목적영어 프로그램을 도입하였다. 이들 학문목적영어 프로그램들은 두 가지 상이한 패턴을 보이고 있다. 첫째, 전형적 서구 스타일의 학문목적영어 프로그램을 영국, 미국의 고등교육기관들과 공동으로 운영하는 프로그램들로서 The University of Nottingham Ningbo, China, Xi'an Jiatong Liverpool University 등이다. 둘째, 서구식 학문목적영어 모델과 중국의 지역적 영어교육 관행 요소들을 결합한 혼종 모델로서, Fudan University, Tsinghua University 등 주로 국립대학교들에서 실시하고 있다(Beckett & Li, 2012: 14-6).

중국의 고등교육기관들에서 대학영어 프로그램들과 영어강의 프로그램들 간의 교량으로서의 학문목적영어 프로그램들의 개발이 연구의 대상이 되고 있다. 이에 대해, Gao & Bartlett(2014: 16-27)는 북경대학교 학생들을 대상으로 설문조사와 집단면담을 실시하였다. 연구주제는 현재의 대학영어 프로그램들을 영어강의 프로그램으로 확장할 필요성 여부와 학문목적영어 프로그램 실시를 위한 해결과제들이었다. Gao & Bartlett는 이 연구를 위해 총 216개의 설문 응답지를 분석하였고, 13명의 학생들과 10명의 대학영어 교수자들을 대상으로 면담조사를 실시하였다. 설문조사 분석결과, 응답 학생들의 52.8%에게 영어강의 수강기회가 있었으며, 이중 87%가 영어를 포함하는 학문적 읽기과제를 부여받았다. 또한 영어강의 수강 경험자의 66.7%가 해외유학 계획을 가지고 있었다. 학생들은 영어강의 학습과제들 중에서 가장 어려운 것으로서 학문적 글쓰기, 구두발표, 전문 어휘, 텍스트 이해, 세미나 발표, 강의 이해, 노트테이킹 순으로 들었다. 학생들과 교수자들 모두 북경대학교의 현재의 학문적 환경에서 학문목적영어 프로그램 실행의 중요성을 인식하였다. 학생들은 자신들의 전공과목 학습과 미래의 추구사항들에 대해 보다 잘 대비하기 위해 학문적 영어능력 향상에 대한 강한 요구를 느끼고 있었다. 학생들은 단순히 고급수준의 대학영어 프로그램에 학문목적영어 요소를 추가하는 것보다, 처음부터 학문목적영어 프로그램을 실시하는 것을 지지하고 있는데 이는 학생들의 학문목적영어 프로그램 및 영어강의 프로그램에 대한 낙관적 평가에 기인한 것으로 보인다. 따라서 대다수 학생들의 요구를 충족하는 학문목적영어 강좌들이 실시되기 위해서는 보다 실용적이고 저렴한 비용의 학문목적영어 모델 개발에 대한 지원이 이루어질 필요가 있는 것으로 나타났다.

Beckett & Li(2012: 50-8)는 중국 고등교육기관들에서의 영어사용에 대한 찬반 양론에 대해 영어강의 교수자와 학생들을 대상으로 설문조사를 실시하였다. 설문 응답 분석 결과 대부분의 대학생들이 영어강의 프로그램을 통해 영어와 전공과목 내용을 모두 학습할 수 있고, 또한 영어가 중국과 중국 문화에 긍정적인 영향을 주고 있다고 믿으며 영어강의 실시에 대해 전폭적 지지를 보였다. 즉, 학생들은 중국 정부의 영어–중국어 이중언어교육에 대해 지지하는 것으로 나타났고, 80% 이상의 학생들이 자신들의 전공 영역의 교재로서 영어 원어민 학자들이 저술한 교재들을 선호하는 것으로 나타났다. 이들은 또한 효과적 영어강의 학습을 위해서는 전통적 방식의 일방적 교수 위주의 강의에서 탈피하여 학생중심의 강의가 바람직하다고 응답하여 영어강의 같은 새로운 유형의 강의에는 이에 부합하는 새로운 교수 관행을 기대하고 있는 것으로 나타났다. 반면, 일부 학생들은 영어강의들이 영어 교재의 독해 면에서 깊이가 없는 내용강좌로 운영되고 있는 점에 불만을 제기하고 있다.

중국 정부의 고등교육기관 영어화 정책에 대한 비판적 시각도 적지 않은 것으로 나타났다. 영어강의 프로그램 실시에 대해 부정적인 입장을 보이는 학자들은, 중국 대학생과 교수자 모두 영어강의 프로그램 수행에 필요한 영어능력이 부족하기 때문에 학생들의 시간을 낭비하고 있고 결국 서구문화의 확산을 부추기고 있다고 주장한다. 이들은 영어의 글로벌 확산이 제국주의의 산물일 뿐 아니라 문화통제의 강력한 도구라는 주장(Ashcroft, Griffiths, & Tiffin, 1995; Pennycook, 1998)에 동조하며, 중국에서의 영어 위상의 강화가 중국어, 중국 문화, 소수 민족 언어들을 위협한다고 주장한다(Feng, 2007, 2009; Guo & Beckett, 2007; Hu, 2008). 또 다른 비판가들은 국가의 발전과 영어사용능력간의 상관관계가 없다고 주장한다. 이들은 다수의 연구 결과들이 프랑스어 몰입교육을 이수한 학생들이 일반 학생들에 비해 학습향상 정도가 큰지에 대해 명확한 증거가 없다는 연구 결과들을 증거로 제시한다(Carey, 1991). 이들은 또한 중국 대학들의 영어강의 프로그램들 대부분이 중국인 교수자들에 의해 실시되고 있는바 이들 교수자들은 자신들의 영어능력과 전공강의 능력이 부족한 자들로서 먼저 자신들의 영어능력을 향상시켜야 한다고 주장한다.

4.2.2. 일본 사례

일본의 고등교육기관들은 2차 세계대전 종전 이후 영어 이외에 프랑스어, 독일어 등의 외국어들을 교육했으나 1980년대에 대학 교육과정들이 개편되면서 영어를 제외한 주요 외국어 과목들이 대폭 축소되었다(Gottlieb, 2012). 특히 2000년대 들어서서 과학/기술 및 국제적 의사소통에 있어서의 영어의 도구적 역할에 대한 인식이 커짐에 따라 일본의 고등교육기관들은 프랑스어, 독일어 등 기존의 타 주요 언어들을 제치고 영어에 초점을 맞추게 되었다(Gottlieb, 2012; Horii, 2015; Yamada, 2015).

일본 고등교육기관들의 영어중시 추세는 영어강의 실시에 긍정적, 부정적 측면을 동시에 지니고 있다. 긍정적 측면은 일본 사회에서 영어가 더 이상 이질적 언어로 인식되지 않게 되었다는 점이고 부정적 측면은 영미식 영어에 대한 집착으로 인해 지리적/시간적 경계를 초월한 의미창출, 의미변환 자원으로서 다중언어사용 환경에서의 영어사용에 대한 관심이 감소되었다는 점이다(Iino & Murata, 2016; Jenkins, 2007, 2014; Kubota, 2012; Seidlhofer, 2011; Yamada, 2015).

일본 사회에서 영어교육의 성장은 세계적으로 확산되는 글로벌 상호연계성 추세에 대응하기 위한 정책결정자들의 의식증진의 결과이다. 최근에 전 세계적으로 고등교육 국제화가 대응적 차원에서 선제적 차원으로 변화하고 있지만(Dafouz, 2014) 일본은 여전히 국제화를 대응적 차원에서 다루고 있다(Yamagami & Tollefson, 2011). 일본이 영어사용과 영어교육에 국가적 관심을 기울이는 이유는 서구화를 통해 국제사회에서 자국의 위상을 확보하는데 도움이 된다고 판단하기 때문이다(Kubota, 2002). 하지만 일본의 영어 및 국제화 지원 단계 및 전략은 일본의 국가적 정체성을 손상시키기 않기 위해 방어적 차원에서 도입되고 있다. 즉 일본의 국제화는 서구화와 국가주의 간의 긴장적 균형을 도모하고 있다. 이러한 관점에서 오늘날 일본 고등교육기관들의 영어강의들은 일본 사회의 역사적, 이념적 틀에 큰 영향을 받고 있다.

일본의 고등교육기관들에서 영어강의 강좌수가 증가함에도 불구하고 여전히 외국 학생들은 일본어 지식을 구비하지 않고는 정규 학위과정을 이수하는 것이 거의 불가능하다(Newby, Weko, Beneneman, Johanneson, & Maassen, 2009). 일본 정부도 영어강의에 대해 모호한 입장을 취하고 있다. 일례로, 일본 정부는 고등학교 영어수업을 영어로 진행하는 것을 장려하고 Global 30 Programs을 지원하고 있지만 영어강의의 공식화에 대해서는 명확한 입장을 유보하고 있다(Hashimoto, 2013). 일본 고등교육기관들의 영어강의는 수요가 증가하고 있음에도 불구하고 정부 정책적 측면에서는 정체상태에 있다. 일부 대학들도 명확한 국제화 전략수립 의지 및 정책결정력이 부족하여 국제화 움직임은 정책적 결정에 의존하기 보다는 개별 교육기관의 상향식 과정에 의존하고 있다(Gottlieb, 2012).

Toh(2016: 114-22)는 일본 고등교육기관들의 영어강의 실태를 파악하기 위해 각 고등교육기관들의 공식 웹사이트를 조사하였다. 이들 웹사이트에 게재된 자료들은 학생 및 학부모들이 이들 기관의 영어강의 구성에 대한 초기 정보를 얻을 수 있는 창구이다. 학자들 또한 고등교육기관들의 웹사이트를 대학들의 다영한 국제화 담론에 대한 정보수집 창구로서뿐 아니라 (Yamagami & Tollefson, 2011), 영어 및 영어 변이형들의 역할 및 활용에 대한 정보를 파악하기 위한 창구로서 활용한다(Jenkins, 2014). Toh는 일본 대학들의 웹사이트에 제시된 영어강의 관련 내용들을 언어기능연마, 학문내용, 국제적 이동/교환학생/해외연수의 세 측면에서 분석한다. 첫째, 언어기능연마 측면에서, International Christian University는 일본어 강의 강좌들 이외에 상당수의 영어강의 프로그램들을 운영하고 있다. 이 대학교의 인문학 영어강의 프로그램들은 학생들이 사고를 생성하고 창의적, 비판적 사고능력을 계발할 수 있도록 영어능력을 함양하는데 목표를 두고 있다. 이 외에도 학생들은 문화 간 소통, 바이오 윤리 등의 영문 텍스트들을 읽고 이들 주제들에 대한 에세이를 작성해야 한다. 인문학 영어 프로그램들은 영어로 진행되는데 이를 통해 학생들은 대학강의 수강에 필요한 영어능력을 연마할 수 있다. Miyazaki International College는 영어강의 프로그램이 전공 교수자와 영어 교수자 간의 팀티칭으로 진행된다. 하지만 이 대학의 영어강의는 학생들의 졸업 후 취업을 위해 TOEIC 성적 향상에 초점이 맞춰져 있다. 즉, 영어강의가 학생들의 영어능력과 TOEIC를 향상시키기 위한 수단으로 사용되고 있다. 와세다대학교 국제교양학부(Waseda University's School of International Liberal Studies)는 위의 두 대학과 달리 영어기능 연마에 초점을 두는 것에 거리를 두고 있다.

둘째, 내용 영역 강조 측면에서, 추쿄대학교(Chukyo University) 세계영어학부의 영미문화학과는 영국, 미국, 기타 영어사용국가들의 언어, 문화, 사회 관련 강좌들을 제공한다. 이중 영국학, 미국학이 대표적 영어강의 내용 강좌들이다. 이 학과의 영어강의 프로그램들은 학문적 내용 교수와 영어 교수 간에 균형을 유지하려하고 있다. 와세다대학교 국제교양학부는 자연과학, 사회과학, 인문과학, 예술 등 다양한 학문 분야의 영어강의 강좌들을 성공적으로 제공하고 있다. 셋째, 국제적 이동/교환학생/해외연수 강조 측면에서, 타마대학교(Tama University) 글로벌학부는 영어강의의 동기로 국제적 이동성을 강하게 내세우고 있다. 이 대학의 웹사이트는 사무실, 각종 안내, 일상행정에서의 영어사용 이외에 외국인 교수진 고용을 목표로 제시하고 있다. 추쿄대학교 영미문화학과는 영어강의를 학생들의 해외연수와 연계하고 있다. 와세다대학교 국제교양학부는 전 세계 자매결연 대학교들을 통해 일본 학생들을 의무적으로 해외연수에 참여하도록 권장하고 있다.

위에서 살펴본 일본 고등교육기관들의 영어강의 사례들은 실제적 프로그램 운영들의 실시 결과를 대상으로 한 것이 아니고 학교 웹사이트를 통해 파악한 데 대한 한계점이 있다. 또한 영어강의 실시 학과 및 학부들이 대부분 글로벌 관련성이 높은 기관들로서, 일반 전공학문 영역들에서의 영어강의 실시 사례들에 대한 분석이 없는 점도 한계점으로 남는다(Toh, 2016).

4.2.3. 대만 사례

대만의 고등교육기관들은 2000년대에 들어서서 급격한 변화와 성장을 경험하고 있으며 대만정부는 고등교육을 개혁하기 위한 다양한 정책을 추진하고 있다(Chang, 2010). 이중 하나가 대만의 고등교육기관들의 연구능력 강화와 교육역량 강화로서, 이를 통해 지역 대학들 간에 경쟁을 유발하였다. 대만 고등교육기관들은 학문의 국제화를 달성해야하는 압력에 직면해 있는데, 학문의 국제화는 대학의 영어강의와 직접적으로 연계되어 있다(Coleman, 2006).

대만에서는 출산율의 지속적 감소로 인해 지방대학들이 학생 모집에 어려움을 겪고 있고 이를 타개하기 위해 방안으로 외국 유학생 유치를 위해 대학 간에 치열한 경쟁이 벌어지고 있다. 이러한 악화되는 대학 환경 속에서 국내외 학생들을 유치하기 위해 대만 대학들은 영어강의 강좌 개설을 증가하고 있다(Chen, 2010; Huang, 2005). 영어강의 정책 실시의 또 다른 추동력은, 영어강의가 학생들의 영어학습 동기를 유발해서 영어능력을 향상시키고 동시에 학업수행을 촉진하며 노동시장에서의 경쟁력을 강화할 수 있다는 북미에서의 내용기반 언어학습과 유럽에서의 성공적 내용 · 언어통합학습 실시 경험이다. Dupuy(2000)는 북미 대학들에서 실시된 내용기반 언어학습에 대한 30개의 연구를 검토한 결과 대학을 포함한 다양한 교육 상황에서 모든 학교 단계에서 내용기반 언어학습 프로그램의 가치가 입증되었음을 확인하였다. 그러나 Chang(2010)은 전 세계적으로 대학수준에서 영어강의 실시에 대한 종합적으로 신뢰할 만한 조사가 없었고 또한 영어강의의 효과성에 대한 대규모 연구도 거의 없었으며, 또한 이마저도 EFL 환경에서의 영어강의의 효과성을 분석한 연구는 소수에 불과함을 지적하고 있다. 대만의 경우, Huang & Chung(2000)은 대만 대학에서 글로벌 비즈니스 과목을 수강하는 48명의 4학년 학생들을 대상으로 학생들의 영어강의 강의수행에 영향을 미치는 요인들을 분석하였다.

Chang(2010)은 대만 고등교육기관들의 영어강의 실시의 효과성 여부를 파악하기 위해 대만의 한 사립대학교의 공과대학, 경영대학, 정보대학에 개설된 영어강의 강좌들을 수강하는 370명의 학생들을 대상으로 설문조사를 실시하였다. 설문조사 분석결과 대부분의 학생들이 영어강의에 대해 부정적 태도를 보이지 않았고 오히려 영어강의가 언어능력, 특히 듣기 능력 향상에 도움이 되었다고 응답함으로써 영어강의가 학생들의 영어능력을 향상시킬 수 있는 부가적 기회로 인식되고 있음을 발견하였다. 이렇게 영어강의에 대해 대부분의 학생들이 긍정적 평가를 하고 있지만, 개선해야 할 사항들도 많은 것으로 나타났다. 첫째, 학생들의 영어강의 이해력은 영어능력, 특히 듣기능력에 영향을 받고 있는데 대다수의 학생들은 영어강의의 어려움을 자신들의 영어능력 부족 탓으로 인식하고 있는 점을 고려해서 영어강의 프로그램 실시 대학교들은 학생들의 영어학습을 지원하는 조치들을 강화해야 한다. 현재 대학에서 제공되는 대부분의 영어강의들은 일반 영어과정이어서 학생들은 이러한 일반 영어과정이 영어강의 학습요구를 충족시키지 못하고 있다고 지적했다. 따라서 대학교의 영어 지원은 일반영어가 아닌 학문영어를 지향해야 한다(Evans & Green, 2007). 학생들은 또한 영어강의 수강의 어려움으로서 담당 교수자의 영어사용능력 부족을 지적하고 있는바, 학교는 영어강의 능력이 있는 교수자를 선별하는 동시에 영어강의 교수자들에게 필요한 지원을 제공해야 한다고 주장한다.

4.2.4. 홍콩 사례

홍콩은 1980년대의 제조업기반 산업에서 현재는 은행업, 투자, 금융, 수출입, 통신, 운송 물류, 관광, 호텔업, 요식업, 보험, 소매무역, 부동산 서비스 등을 아우르는 지식기반 경제로 변모하였다. 2009년 4월 홍콩의 Task Force on Economic Challenges는 평가 및 자격증, 의료 서비스, 혁신 및 기술, 문화창조 산업, 환경 산업, 교육 서비스의 6개 주축 산업을 선정했다(Li, 2013). 아시아의 월드시티를 표방하는 홍콩은 영어를 언어적 자산으로 인식하고 있으며, 이와 함께 표준 중국어 사용의 중요성도 인식하고 있다.

홍콩의 대학입시 경쟁은 매우 치열한데 지원자들의 주요한 어려움 중의 하나가 영어능력 으로서, 지원자들은 대학 입학을 위해 IELT 5.5 - 6.0(CEFR B2 수준)을 획득해야한다(Lin, 2008; Poon, 2009). 1963년 설립된 홍콩중문대학교(Chinese University of Hong Kong)는 홍콩자치정부가 지원하는 8개 고등교육기관들 중의 하나로서, 원래 중국계 중산층 학생들을 위해 설립되었으며 현재 9개 단과대학에 62개의 학과를 거느린 종합대학교로 발전하였다(Li, 2013). 이 대학은 2011-2012년도 영국 the Time Higher Education World University Rankings에서 151위를 차지할 정도로 세계적 위상을 확보했다. 이 학교 교칙에는 중국어를 제일의 강의매체 언어로 규정하고 있다. 그러나 이 대학교는 2004년 이후 강의매체 언어 건으로 논쟁에 휘말리고 있다. 홍콩중문대학교는 2004-2005년 이전까지는 교수자, 학생들 간에 강의언어를 임의로 사용하도록 하였다. 이러한 자유방임적 관행은 2004년 Lawrence Lau가 총장으로 취임하여 2004-2014년 10개년 발전계획을 수립해서 홍콩중문대학교를 세계 초일류 고등교육기관으로 부상시키려는 구상을 실천하면서부터 엄청난 논란을 야기하였다(Li, 2013: 68-75). Lau는 중문대학교 국제화의 걸림돌로서 언어문제를 들었다. 즉, 강의매체 언어를 중국어로만 한정하면 외국학생들의 중국어사용 능력이 부족하여 우수한 학생들을 유인하지 못할 뿐 아니라 중문대학교 학생들의 영어능력 부족으로 인해 해외진출이 어려워지게 되어 결과적으로 국제 학생교류에 장애가 되고 있다고 인식하였다. 즉, 중국어 전용정책이 중문대학교의 글로벌 경쟁력에 장애요인이 된다고 판단하였다. 2004-2005년에 Lau는 다음 사항들을 지시하였다. 첫째, 학위 프로그램들의 중핵과정들에서 강의, 튜터리얼, 연습, 실험실 등 적어도 한 영역은 영어를 사용해야한다. 둘째, 홍콩주민이 아닌 외국학생들을 위해 충분한 수의 영어강의 선택과 목들이 제공되어야 한다. 셋째, 영어강의를 위해서는 시험과 기타 평가 활동이 영어로 이루어져야 한다(ibid: 71).

홍콩중문대학교 총장의 이러한 결정은 학생회, 교수진, 동문들로부터 큰 반발을 초래했는데, 이들의 비판은 다음과 같다.

• 중문대학교 교칙에 중국어가 강의의 매체언어임을 명시하고 있는 바 이를 무시하는 것은 건학정신을 훼손하는 것임
• 학교는 홍콩 학생들의 요구를 우선적으로 충족해야 함에도 불구하고 영어사용능력이 부족한 홍콩 학생들에게 불리한 결과를 초래할 것임
• 영어강의가 확대됨에 따라 중국적 고유가치가 훼손될 것이고 궁극적으로 중국어 상실로 이어질 것임

학교 당국은 이러한 비판을 수용하여 2007년에 보다 완화된 언어사용정책을 발표 했지만, 이것도 역시 사이비 국제화라는 비판을 잠재우지 못했다. Lau 총장은 중문대학교의 영어강의 도입에 대한 강력한 반대에 부딪쳐 결국 2011년 총장직을 사퇴하였다. 중문대학교의 이중언어 정책을 둘러싼 논쟁은 홍콩에서의 중국어와 영어간의 긴장관계를 극명하게 보여주고 있는 사례이다. Lau는 중문대학교가 글로벌 경쟁에서 뒤쳐지지 않기 위해 영어강의 도입의 당위성을 강조했지만 중국인 교수자와 학생들이 처한 딜레마를 과소평가했다. 고등교육에서 영어의 실용적 가치를 부인하지는 않지만 홍콩 학생들이 학문영역의 최첨단 지식을 영어로 습득할 수 있는가는 별개의 문제라는 것이다. 영어 원어민 교수자들은 홍콩 학생들의 영어사용능력 부족을 인식하지 못하고 원어민 발화속도로 강의함으로써 학생들이 강의내용을 이해하는데 어려움을 겪고, 홍콩 교수자들도 영어사용능력 부족으로 학생들의 영어 강의내용 이해에 어려움을 주고 있다. 또한 학생들이 수년간 영어강의 과목들을 수업해도 자신들의 영어사용능력이 실질적으로 향상되고 있다고 느끼지 못하는 것으로 나타났다(Li, 2013).

Li는 이러한 딜레마의 근원은 중문대학교가 중국어를 유일한 강의언어로 규정하고 있기 때문인 것으로 보고 있다. Lau의 대학국제화 시도에 반대하는 자들은 영어강의가 궁극적으로 지식 창출 및 전파 언어로서의 중국어 사용을 저해할 것을 우려한다. 그러나 중문대학교의 영어강의에 대한 완강한 거부감은 홍콩의 타 고등교육기관들에서는 발견되지 않는다. 홍콩 고등교육기관들의 언어논쟁은 영어가 제도적 헤게모니의 증거 산물인가 아니면 영어가 언어적 자본인가로 귀결된다. 홍콩에서의 영어자본론은 다양한 증거들에 의해 뒷받침되고 있다. 홍콩의 자치권이 반환된 1997년 이후 모어인 광동어 교육정책에 대한 사회적 비판 제기되었고, 학부모들의 자녀 영어교육 열풍으로 인해 학생들이 영어강의 기숙학교나 영어권 국가로의 조기 유학 등이 붐을 이루고, 홍콩정부도 시민들의 영어능력 신장을 위해 대규모 지원을 하고 있다(ibid).

4.2.5. 파키스탄 사례

파키스탄은 전통적으로 복수의 언어들을 사용하는 국가로서 새로운 형태의 글로벌화가 파키스탄에서 영어를 복수언어자원의 일부로 수용하였다(Ashraf, Hakim, & Zulfiqar, 2014; Canagarajah, 2009; Canagarajah & Ashraf, 2013). 우르두어(Urdu)는 파키스탄의 국어 및 통용어로서 공식적, 교육적 환경에서 지배적 언어로 사용되고 있다. 최근까지 파키스탄의 학습매체언어는 우르두어였으나 지난 20여 년 동안 초등학교부터 상급 학교에 이르기까지 학습매체언어가 영어로 대체되었다. 파키스탄 교육부의 신교육정책은 모든 연구들의 영어 문서화를 강화하고 있으며 이러한 언어적 요구와 글로벌 추세로 인해 고등교육기관들의 교육과정에 학문목적영어 프로그램들이 추가되고 있다. 파키스탄 신교육정책에 의하면 영어가 초등학교 교육과정부터 우르두어 및 지역어와 함께 매체언어로 도입되어 초등학교 4학년부터 영어교육이 권장되고 있고 6학년부터는 의무적으로 실시되고 있다. 신교육정책은 학생들이 고등학교 교육과정을 이수하면 영어의 4가지 기능을 효과적으로 사용하는 유창한 언어사용자 될 수 있도록 기대하고 있다.

파키스탄 고등교육위원회는 모든 고등교육기관들에서 일부 인문학들을 제외하고 영어로 강의할 것을 권장한다. 이러한 영어강의 프로그램 실시 권고에 따라 고등교육기관들은 학생들이 영어를 사용해서 전공학문내용들을 학습하기 위해 의사소통적 언어학습을 지원해야 한다. 그러나 파키스탄 고등교육기관들의 영어사용 교수자 부족, 제한된 자원, 학생들의 익숙한 자국어 학습 배경 및 교육 등의 환경에서, 영어강의 실시에 대한 지원이 결여되어서 매체언어를 우르두어에서 영어로 전환하는 것은 제대로 실현되지 않고 있다. 영어를 매체로 사용하는 고등교육기관들에서 학생들은 지역 언어로 전공과목들을 학습하고 있으나 이에 대한 평가는 영어로 하고 있다(Canagarajah & Ashraf, 2013). 학생들은 영어로만 학습 성취도 평가받고 있으나 학습교재에는 영어와 함께 우르두어 용어, 번역, 해설이 산재해있다. 파키스탄 고등교육에 있어서 우르두어 의존성은 전통적 고전영문학 등 학위 프로그램의 교육관행에서도 반영되고 있다. 학생들은 우르두어 번역본 텍스트로 학업하면서 영어로 평가를 받는다(Rahman, 2001). 이는 초월적 언어사용(translanguaging)으로서, 이중언어 강의에서 언어입력과 과제수행이 다른 언어로 이루어지는 것을 의미한다(Cenoz & Gorter, 2011). 초월적 언어사용은 다중언어 사용자들의 의사소통 관행에서 자연적으로 발생하는 현상으로서(Canagarajah, 2009), 다중적 담론

관행을 수용하는 다중언어사용 사회들에서의 언어사용 규범이다. 초월적 언어사용 상황에서는 특정의 이유들로 인해 한 언어에서 타 언어로의 체계적 전환이 이루어지며, 이중/다중언어 사용자가 사용하는 언어들 간에 명확한 경계가 없다. 그러나 파키스탄 신교육정책은 영어를 학문목적 언어로 지정하기 위해 고등교육에서 영어를 타 언어들과 분리하려고 한다. 파키스탄 고등교육위원회는 영어 사용의 학습영역을 확장하기 위해 적극적 조치를 취하고 있으며, 그 결과 영어의 위상이 강화되는 반면 우르두어와 기타 지역 언어가 약화되는 위험을 초래하고 있다.

파키스탄에서의 우르두어와 영어의 복수언어 사용에 대한 연구들은 복수언어 사용 의사소통 패턴들이 언어사용자들에게 새로운 정체성을 부여하고 있음을 보여준다(Canagarajah & Ashraf, 2013; Rahman 2009). 파키스탄인들은 언어태도 및 언어사용전략들을 사용하여 이중/다중언어 상호 간에 의사소통에 단절이 없는 흐름을 만들어낸다. 즉, 이들은 다중언어 사용을 한 언어에서 타 언어로 전환하는 것이 아니라 복수 언어를 하나의 언어적 자원으로 만들어낸다(Canagarajah 2009, 2013). 이러한 파키스탄 학생들의 복수언어 사용능력은 특권적 학문영어를 가르치도록 강제하는 학문목적영어 프로그램 정책목표와 충돌한다. 파키스탄에서 표준영어 사용은 다중언어적 배경과 언어의 다양성을 부정하는 것(Blommaert, 2010; Blommaert & Verschueren, 1998)으로 인식되고있다.

파키스탄 고등교육기관들은 국가고등교육위원회의 영어교육과정 지침에 따라 영어 의사소통 능력 향상 및 영어를 사용한 학문적 출판을 권장한다. 고등교육기관들의 학문목적영어 프로그램은 영문법 학습에 치중하고 맥락속에서의 영어사용에 대한 학습을 소홀히 하였던 이전의 중등학교 및 고등교육기관들의 영어교육과정과는 다른 것으로서, 학생들에게 영미식 글쓰기 유형 및 학문담론을 가르치고 있어서, 학생들의 학업성공 여부는 학생들이 영미식 규칙들을 얼마나 잘 활용하는가에 달려있다. Khubchandani(2008)에 의하면 복수언어사용 사회에서는 특히 교육영역에 있어서 언어를 표준화할 필요성이 크다. 파키스탄 교육체제에서 영어 단일언어사용 이념 및 하향식 교육정책이 유지되는 것은 우르두어 및 타 지역 언어들의 영향력이 약하기 때문이다, 즉, 파키스탄 고유의 언어들이 오랜 기간에 걸쳐 교육을 포함한 사회 경제적으로 중요한 영역들에서 배제되어왔기 때문인 것으로 해석된다.

파키스탄 다중언어 사회 및 학문 문화, 학문 환경에서의 복수언어 관행들로 인해 학생들은 자신들의 부족한 영어능력으로 인해 어려움을 겪고 있다. 학생들은 10년 이상 영어를 학습했음에도 불구하고 자신들의 복수언어사용 관행으로 인해 고등교육기관에서 영어강의의 요구사항들을 충족하지 못하고 있다(Zulfigar, 2012). Canagarajah(2009)는 파키스탄 고등교육 상황이 현실적으로 다중언어 사용상황이라면 언어적 보정 및 다양한 언어문법들의 형태적 수렴을 통해 언어사용의 창의성 및 의사소통상의 이해가능성을 높이는 수단으로 활용되어야 할 것이라고 주장한다. 그러나 현재의 영어위주의의 고등교육 언어정책 환경에서는, 이러한 복수언어 사용관행들이 언어적 오류나 언어적 간섭의 문제로 인식되고 있다. 파키스탄 고등교육기관들의 교수자들이 직면한 큰 도전은 강의 시에 빈번하게 언어들을 교체하여 사용하고 이에 따라 복수언어를 사용하는 학생들이 혼란스러운 반응을 보이는 것이다. 그 결과 학생들의 영어사용능력은 피진(pidgin) 영어와 같은 성격을 보이게 된다. 복수언어 사용, 다민족 배경의 학생들 및 교수진과 이들의 상이한 언어적 능력들이 파키스탄 고등교육기관들의 영어강의의 문제들이다(Ashraf, Hakim, & Zulfiqar, 2014).

4.2.6. 이스라엘 사례

이스라엘은 1948년 건국이후 히브리어 우선 정책을 펴왔다. 이스라엘의 공용어는 히브리어와 아랍어이지만 히브리어가 행정, 사회, 경제적 영역에서 지배적 언어로서의 위상을 지니고 있다. 1990년대 초반 구소련의 붕괴로 100만 명 이상의 러시아계 유대인들이 이스라엘에 정착하게 됨에 따라 러시아어도 이스라엘 언어의 일부가 되었다. 이러한 언어적 다양성 속에서 일반인들에게 영어는 제2언어로서의 위상을 유지해왔다(Ben-Rafael, 2001; Inbar-Lourie & Donitsa-Schmidt, 2013; Spolsky & Shohamy, 1999). 이스라엘은 경제, 군사, 외교 등의 면에서 외부 세계에 크게 의존하고 있다. 이러한 국제환경적 요인으로 인해 영어는 국제적 의사소통, 학문 연구, 무역 및 관광, 전자 매체 등 다양한 영역에서 광범위하게 사용되고 있다(Symon, 2012). 비록 영어가 이스라엘의 공식어는 아니지만, 이스라엘 사회의 모든 영역에서 강력한 영향력을 지닌 언어로 사용되고 있고 이로 인해 이스라엘 인들은 국제무대에서 영어를 사용하여 활발하게 교류하고 있다. 영어는 이스라엘 학교 교육체제에서 제1외국어로 학습되고 있고 이스라엘 사회에서 가장 수요가 많은 외국어로서 지위의 상징으로 인식되고 있다(Kheimets & Epstein, 2001).

이스라엘 고등교육기관들은 자국에 유학하는 외국 학생들을 위해 영어강의 프로그램을 운영해오고 있다. 최근에 들어서는 외국학생들 뿐 아니라 자국학생들을 위한 영어강의 운영도 일반화되고 있다. 이러한 현상은 글로벌화 과정에서 영어사용능력이 문화사회적 자본 및 경제적 자본 축적에 도움이 된다는 믿음이 확산되고 있기 때문이다. 이스라엘인들을 대상으로 자국 내 주요 언어들에 대한 인식 조사들의 결과, 히브리어 화자들은 영어가 히브리어보다 중요하다고 인식하고 있는 것으로 나타났다(Shohamy & Donitsa-Schimidt, 1998). 그 결과 영어가 히브리어 유지 및 보존에 위협이 되는 것으로 인식되고 있다. 영어의 지배적 위상은 영어교육시기 조기화에 대한 논란을 야기하고 있는바, 현재 이스라엘 초등학교 4학년부터 학교 영어교육이 실시되고 있는데 학부모들은 보다 이른 나이에 자녀들의 조기 영어교육을 실시하고 있는 것으로 나타났다. 영어교육 프로그램에 내용중심학습을 포함하는 것에 대한 논란도 발생하고 있다.

오늘날 이스라엘 고등교육기관들에서의 강의언어가 일반적으로 히브리어이지만 학문적 영어능력도 의무적으로 요구하고 있다. 이스라엘 대학들은 입학 요건으로서 고등학교 졸업 영어시험과 대학입학 학문영어시험을 요구한다. 또한 대학 졸업학위 취득의 요건으로 높은 수준의 학문영어 독해능력을 요구한다. 최근에 이스라엘 고등교육기관들 중 일부에서 특정 프로그램과 강좌들을 영어로 개설하라는 하향식 요구들이 있는데 이에는 외국 학생 유치와 자국 학생들의 글로벌 경쟁력 향상이라는 두 가지 목적이 있다(Gonen, 2008; Ilani, 2008).

이처럼 이스라엘 사회에서 영어사용의 중요성에 대한 사회적 인식이 증가하고 있지만 이스라엘 고등교육에서 영어강의 프로그램 실시에 대한 전반적인 합의가 없는 상태 이다(Nesher, 2012). 2012년 Israeli Academy of the Hebrew Language는 교육부에 영어강의 확산을 중지하고 히브리어를 고등학문의 언어로 복원할 것을 요구하였다. 이에 대해 대학들은 학생들의 과학적 연구 결과들이 전 세계적으로 전파될 수 있도록 결과물들을 영어로 작성할 필요가 있으며, 또한 이스라엘 대학교에 입학하려는 해외 지원자들에게 히브리어 능력을 요구할 수 없기 때문에 영어를 사용해야 할 필요가 있음을 주장한다. 영어강의 프로그램 도입이 이스라엘 고등교육 국제화 과정의 요소이지만 영어강의 실시를 위한 인프라가 부족하고, 고등교육기관 내부 및 고등교육기관들 간에 영어강의 실시결과를 점검하거나 평가하는 틀은 없는 것으로 나타났다(ibid).

2010년 이스라엘이 EU 국가들과 협력하여 시작한 Tempus-English for All 프로젝트의 주요 초점은 이스라엘 대학들이 유럽 대학들의 볼로냐 프로세스에 맞춰 영어강의를 도입함으로써 이스라엘 학생들의 영어능력을 향상시키고 영어를 사용할 기회를 증가시키기 위한 것이다(Symon & Weinberg, 2015). 이스라엘 고등교육기관들에서 영어강의를 수용할 수 있는 실행 가이드라인을 만들기 위해 Tempus-English for All 프로젝트 이스라엘 담당자들은 유럽의 고등교육기관들과 협의체를 구성하였다. Tempus-English for All 프로젝트 기관 협의체 회의에서, 파트너 기관들은 영어강의 강의실 내에서 영어를 의무적으로 사용하는 정도, 과제, 시험 등에 관한 가이드라인을 도출하고자 노력했다. 학생들이 영어강의 수강으로 인한 학점취득상 불이익이 없도록 영어강의에서 학생들에게 과제 및 기말 시험을 영어로 처리할 것을 요구하지 않으면서 영어강의를 실시를 할 수 있는지에 대해서도 논의하였다.

Symon & Weinberg는 Tempus-English for All 프로젝트 참여 교수자들과 학생들을 대상으로 영어강의 프로그램 관련 설문조사를 실시하였다(312-9). 조사 결과 응답 학생들의 절반 정도가 영어능력시험 면제 수준(CEFR B2 수준)에 다다를 때까지 영어 강좌 3개를 수강해야 했던 것으로 나타났다. 나머지 응답자들 중 절반이 영어능력 우수자였고 절반이 영어능력 부족자였다. 대다수의 학생들은 영어강의 수강 동기로, 필수 이수과목(31%), 유일한 개설 과목(35%)을 들었고, 19.6%만이 영어능력 향상을 위해 수강하였다. 이는 Weinberg(2010)의 연구에서 60%의 학부 학생들이 영어강의가 필수과목이 아닐 경우 수강하지 않겠다는 반응을 보인 것과 일치한다. 자발적 의지로 영어강의를 수강하는 학생들은 영어강의 수강을 지속하려는 동기가 크고 이는 결과적으로 내재적 동기를 증가시켜 학습의 결과를 향상시키는 것으로 나타났다(Deci & Ryan, 1985). 그러나 대부분의 영어강의 수강 학생들이 다른 대안이 없어서 영어강의를 수강하고 있으며 이들의 내적 동기 부족 및 수강 취소 등에 대한 심각한 검토가 필요한 것으로 나타났다.

영어강의 교수자들은 강의 중 거의 영어만 사용하는 것으로 나타났다. 대부분의 영어강의 교재들은 영어를 사용하지만, 글쓰기 과제, 선다형 시험, 개방형 시험 질문 등에 사용되는 영어에는 차이가 있는 것으로 나타났다. 영어강의 교수자의 영어사용 정도에 대해서는 이견이 있었는데, 응답 학생들의 70%는 교수자의 전적인 영어사용에 동의했고 68%는 모든 과제수행이 영어로만 이루어져야 한다는데 동의했다. 응답자의 37%는 새로운 개념을 영어로 학습하는 것이 어렵다고 응답했고, 23%는 영어강의 수강으로 인해 전반적 취득학점 저하에 대해 우려했다. 그러나 대다수(79.2%) 응답 학생들은 영어강의에 대해 긍정적 태도를 보였고 영어강의에 대해 부정적 태도를 보인 응답자는10.5%에 불과했다. 영어로 전공내용을 학습하는 것의 어려움, 일부 응답학생들의 낮은 영어능력에도 불구하고 영어강의 수강에 대한 학생들의 긍정적 태도를 고려할 때, 학생들에 대한 언어적 지원이 보다 많아지면 이러한 장애들을 극복하는데 도움을 줄 수 있을 것으로 여겨진다. 영어강의 수강을 위한 언어적 지원 면에 있어서, 대부분의 학생들은 혼자서 학습하도록 요구하는 것보다 교수자/튜터의 도움을 받기를 원하는 것으로 나타났다(Weinberg, 2010). Tempus-English for All 프로젝트는 교수자들에게는 언어적 지원을 제공했으나 학생들에게는 제공하지 않았는데, 교수자들은 학생들을 위한 언어 지원이 절실히 필요함을 지적하고 있다.

영어강의 도입에 대한 Tempus-English for All 프로젝트의 핵심적 목표는 학생들의 영어사용능력을 향상시키는 것이었는데 불과 18%의 응답 학생들만이 영어강의가 자신들의 영어사용에 대한 자신감을 향상시켰다고 응답했고 44%는 유보적 입장을 보였다. 32%는 영어강의 수강을 통해 말하기 능력이 향상되었다고 응답했지만 34.8%는 이에 대해 유보적 입장이었고, 32.6%는 동의하지 않았다. 응답자들의 70%는 영어강의를 타 학생들에게 추천할 의사가 있다고 응답했으나 의무적 수강과목 지정은 반대했다. 영어능력이 부족한 학생들은 영어강의에 대한 불안감이 높았고 이것이 영어수행에 대해 부정적 효과를 유발하는 것으로 나타났다(Shohamy, 2013; Young, 1999). 영어강의에서 영어능력이 향상되었다고 응답한 비율이 절반 미만에 머문 점은 Tempus-English for All 프로젝트의 목표인 언어능력 향상이 달성되지 않고 있음을 시사한다. 이는 영어강의 교수자들이 학생들의 언어적 어려움을 수용하기 위해 자신의 영어사용을 조정하거나 교육방법을 변화하지 않기 때문임인 것으로 해석된다. 언어능력 향상에 대한 부정적 결과에도 불구하고 응답자의 79.2%가 영어강의에 대해 긍정적 평가를 했고 64%는 영어강의의 유용함을 인정했다는 점은 이스라엘 고등교육기관들에서 영어강의가 긍정적으로 수용되고 있음을 시사한다.

Symon & Weinberg(2015)는 또한 일부 영어 원어민, 영어 비원어민 교수자들을 대상으로 영어강의 프로그램 운영에 대한 면담을 실시했다. 면담 결과 대부분의 교수자들은 모든 자료들이 영어로 제공되어야 한다는데 동의했다. 영어강의의 가장 큰 언어적 어려움이 쓰기인 것에도 동의하였으며 학생들이 쓰기 결과물을 영어로 작성해야하는지에 대해서는 의견이 엇갈

렸다. 모든 교수자들이 영어강의 수강 학생들을 위한 보충영어 프로그램 제공이 필요함에 동의했으며, 학생들의 부족한 영어능력 때문에 영어를 사용한 토론의 어려움을 토로했다. 영어 말하기 수행과제들은 학생들의 불안감을 증가시키는 바 이러한 문제를 해결하기 위해 학문목적영어 프로그램을 통해서, 또는 내용 교수자와 언어 교수자 간의 협력을 통해 학생들이 구두영어 학습책략을 신장할 수 있도록 도와줄 필요가 있는 것으로 보인다. 대부분의 영어강의 교수자들은 자신들의 영어사용을 학생들의 수준에 맞게 조정하지 않았는데, 학생들의 강의이해를 돕기 위해 교수자들이 부가적 설명, 발화속도 감소, 반복적 발화 등의 조정도 할 필요가 있는 것으로 보인다.

4.2.7. 호주 사례

영어사용권 국가들의 교육표준과 교육기관들이 우월하다는 인식을 바탕으로 서구교육은 경제성장과 번영에 대한 열망을 성취할 기회로 동일시되고 있다(Gray 2010). 그 결과 20세기 말에 전 세계적으로 서구의 고등교육기관들에서 학업을 수행하는 유학생 수가 1백만 명을 넘었다(Huxur, Mansfield, Nnazor, Schuetze, & Segawa, 1996). 호주 대학원들의 경우 2010년 전체 대학원생의 47%가 외국인이었고, 이들 대부분이 아시아 출신이다. 호주의 고등교육기관에 유학하는 유학생들은 학문문화의 이질성으로 인해 학업에 어려움을 겪고 있는 것으로 나타났다(Hawthorne, Minas, & Singh, 2004; Spooner-Lane, Tangen, & Campbell, 2009). 또한 상당수의 외국 학생들이 호주 고등교육기관들에서 요구하는 영어능력 기준을 충족했음에도 불구하고 다양한 언어적 문제들을 겪고 있다(Dunworth & Kirkpatrick, 2003; Walker 2010).

호주 고등교육기관들의 외국학생들에 대한 언어지원은 두 가지 방식으로 이루어지고 있다. 첫째, 결핍 관점의 접근으로서 이는 호주 고등교육기관들이 유학생들의 언어적, 문화적 다양성을 수용하지 않고 영어사용의 서구학문 중심의 학문 시스템을 우선시하는 것이다(Altbach, 2004; Koehne, 2004). 이러한 접근방식에서는 교수자의 기대치와 학생들의 학문수행과의 괴리를 학생들의 부족 탓으로 돌리고 이를 해결하기 위한 방안으로 교정, 조정, 적응 방법을 옹호한다. 이러한 입장은 외국학생들의 학문적 글쓰기, 학문적 과제 훈련 및 지원 등, 전공학문 학업관련 기술 교수에 초점을 맞춘다(Clerehan, 2004). 둘째, 외국학생들의 어려움을 문화적 관행의 차이에서 초래된 것이라는 인식으로서(Prescott & Hellsten, 2005), 교수진으로 하여금 문화적 관행과 학습유형의 차이를 인식하고 이러한 차이에 맞게 조정하도록 한다(Carr, 2003; Hudson & Morris, 2003; Prescott & Hellesten, 2005).

Liyanage & Walker(2014: 4-9)는 호주의 전통적 대학원 과정의 교사교육 프로그램들에 대한 교수자들의 인식을 조사하였다. 이들 교사교육 프로그램들에는 외국학생들이 많이 등록하고 있다. 연구결과 교수자들의 인식은 두 가지로 정리된다.

- 영어에 대한 인식, 학문에서의 영어의 역할 및 이에 대한 교수자의 관련성
- 학생들의 학문적 언어실행에 대한 인식

영어에 대한 인식은 언어표준에 관한 것으로서, 교수자들은 학생들의 언어실행에 대한 표준들을 적용하는 것은 고등교육기관의 위상을 확립하고 유지하는데 중요한 요소로 여기고 있다. 이는 또한 미래의 학생들을 유치하는 능력 및 졸업생들의 구직에도 중요한 것으로 여기고 있다. 교수자들은 자신들을 영어의 순수성 및 특권적 지위를 보호하고 방어하는 자들로 인식하고 있다. 그 결과 이들은 바람직한 영어사용에 대해 확고한 신념을 가지고 있으며, 이를 위해 적절한 영어능력 및 문화적 자질을 구비한 학생들을 받아들이고자한다. 표준영어를 사용하지 않은 학생들을 교정하려는 이러한 시도는 원어민화자 중심주의를 반영하는 것으로서 교수자들은 학문적 상황에서 외국학생들이 호주 고등교육기관의 관행 및 규범과 상이한 방식으로 영어를 사용하는 것을 오류 및 부적절한 것으로 해석하고, 그 결과 이들을 교정의 대상으로 여긴다.

호주 고등교육기관들에서 호주영어의 사용여부가 졸업생들의 학위 및 업무의 질을 결정한다는 사고방식은 외국학생들이 학습에 대해 지니고 있는 중요한 요소들의 가치를 폄하한다. 즉 호주 고등교육기관들이 외국학생들이 사용하는 영어 변이형들을 인정은 하지만 수용하지는 않으려하고, 이에 따라 외국 학생들은 자신들이 사용해오던 영어를 포기하고 호주영어에 적응하도록 강요받는다. 호주 고등교육기관들의 이러한 태도는 다양한 영어 변이형들을 거부하는 것으로서, 이는 단순히 언어만의 문제가 아니고 서구식 학문방식으로 정의되는 학문적 글쓰기에도 적용된다. 글쓰기에 있어서 타당성, 명확성, 주장, 견해, 스타일, 구성, 분석, 비판적 사고, 표절 등의 개념들은 단순히 영어능력 부족이 아닌 문화적 의사소통 스타일과 관련이 있는데,

호주 고등교육기관들이 호주영어사용 만을 주장하는 것은 타 영어변이형 사용자들의 문화적 의사소통 스타일을 부정하는 결과를 초래한다.

호주의 고등교육기관들이 특정 표준영어 및 서구식 학문관행을 고수하는 것은 언어의 역동적 본질을 파악하지 못할 뿐 아니라 고등교육의 국제화 정신과도 부합하지 않는다는 비판을 받는다. 특정 영어 변이형의 특권화는 이상적 서구 학생들의 이미지를 창출하고 이러한 이미지에 부합하지 않는 외국학생들을 문제시하는 태도를 가지게 한다(Kubota, 2002). 영미계 영어 중심의 영어 변이형을 사용하는 학문관행의 유지는 자신들의 언어변이형 및 학문관행이 내재적으로 학문적 담론 지식영역에서 타 언어에 비해 우월한 것이라는 것을 전제하고 있다. 이러한 영미계 중심의 우월적 사고는 다른 영어 변이형들을 하류언어들로 취급하고 이들 타 변이형 사용자들을 차별하는 기재로 작용하고 있다. 실제로 호주 고등교육기관들에 입학하기 위해서는 영미계 영어 이외의 영어 변이형을 사용하는 지원자들은 자신들의 영어능력 유무를 떠나 영미영어 사용능력을 입증할 수 있어야 한다. 이러한 관행으로 인해 호주 고등교육기관들에서는 서구식 학문 스타일 중심의 지배적 담론의 재생산과, 외국 학생들이 다양한 영어 변이형들을 사용하여 활발하게 의사소통하고 있는 현실과의 괴리를 낳고 있다. 호주의 고등교육기관들은 국제화를 수용하고 있으나, 강의언어에 대한 교수자들의 의식을 일깨우지는 못하고 있어서, 교수자들이 타 상황들에서 학문적 활동을 표현하는 다양한 영어 변이형들의 존재를 인식할 필요가 있다(Liyanage & Walker, 2014: 7-9).

4.3. 우리나라 고등교육기관들의 학문목적 영어강의

우리나라 대학들의 영어강의 관련 정책들은 2004년 정부가 'Study Korea Project'를 발표하고 후속적으로 영어강의 도입 대학들에게 재정지원을 시작하면서 본격적으로 실시되기 시작하였다. 이후 정부는 'Brain Korea 21 Project' 등을 영어강의 도입과 연계하기 시작했으며, 정부지원을 받으려는 대학들에게는 영어강의 운영이 전제적 조건이 되었다. 이에 따라 대학 차원에서 영어강의 실시를 위해, 신임교수 초빙 시 영어사용능력 우선 고려, 학생들의 졸업요건으로서 특정 수의 영어강의 수강 의무화, 일정수준 이상의 영어사용능력 요구 등, 다양한 정책들을 실시하게 되었다. 대학들은 영어강의 프로그램 실시를 통해 다양한 목적들을 달성함으로써 자신들의 글로벌 경쟁력을 높이려고 한다.

- 학생들의 졸업 후 취직, 상위 학문과정 준비 및, 노동시장에 우수한 국제화 능력을 지닌 졸업생 공급
- 유능한 해외 교수자들 영입 및 유학생 유치
- 교수자들의 학문적 영어사용능력과 자신감을 증진시킴으로써 글로벌 학문영역에서의 이동성과 학문적 교류 증진

우리나라 고등교육기관들의 영어강의 실시에 관한 연구들은 학생, 교수자 및, 양 집단의 다양한 요인들을 중심으로 진행되어왔다(강소연 · 박혜선, 2004a, 2004b; 김달효, 2010; 김민정, 2007; 김현옥, 2012; 맹은경 · 한호 · 김현옥 · 김성완, 2011; 박분주, 2012; 심영숙, 2010; 강순희 · 서혁 · 신상근 · 이종원 · 이현주 · 최진영, 2007; 오희정 · 이희원, 2010; 윤민희, 2009; 이부형, 2010; 이정연 · 최원준 · 손나비 · 강병덕, 2013; 장은영, 2013; 조성은 · 황성수, 2013; 진성희 · 김학일, 2013; 황선유, 2013; 황종배 · 안희돈, 2011; Byun, Chu, Kim, Park, Kim, & Jung, 2011; Cho, 2012; Jung, 2010; Kang & Park, 2005; Kim, Y.-M., 2009: Park, 2007).

강소연 · 박혜선(2004)은 연세대학교 공과대학 6개 전공분야(전기전자공학, 토목환경공학, 기계공학, 금속시스템공학, 세라믹 공학, 컴퓨터산업공학)의 교수자 19명을 대상으로 영어강의 실시에 대한 설문조사를 실시하였다. 설문조사는 교수자들의 영어능력에 대한 자각정도, 교수자의 영어강의 부담, 영어강의 수강을 위한 학생의 준비도에 대한 교수자의 자각성향, 영어강의 교수학습과정, 교수자의 영어강의 효과 인식정도, 영어강의 개선 방향의 6가지를 중심으로 이루어졌다. 설문조사 결과 첫째, 교수자 자신의 영어능력에 대한 자각정도에 있어서, 교수자들은 자신의 전공영어 사용능력을 일반생활영어 사용능력보다 높게 평가했다. 둘째, 교수자의 영어강의 부담에 대해, 영어강의를 자발적으로 실시하는 교수자가 31.6%, 타의에 의해 실시하는 교수자가 10.5%, 자의반 타의반의 교수자가 52.6%로서 전반적으로 교수자 자신의 자율적 결정에 의해 영어강의를 실시하는 것으로 나타났다. 영어강의 교수자의 84.2%는 영어강의에 대해 심적 부담을 느낀다고 응답해서, 자의에 의한 것이든 타의에 의한 것이든 영어강의가

교수자들에게 상당한 심리적 부담을 주는 것으로 나타났다. 셋째, 영어강의 수강을 위한 학생의 준비도에 대한 교수자의 지각성향에 대해 89.4%의 교수자가 학생의 영어능력이 부족하다고 인식하였다. 영어강의 교재에 관해 85.9%의 교수자가 영어교재를 사용한다고 응답했으며, 학생들의 영어교재 이해 능력이 부족하다고 평가했다. 교수자들이 인식하는 영어강의의 가장 큰 어려움으로서 학생들의 영어듣기능력 부족(47.4%), 교수자의 영어 설명능력 부족(38.6%), 학생들의 영어말하기 능력 부족(31.6%)을 들었다. 넷째, 영어강의의 교수학습과정에 대해, 학생들이 교수자의 강의를 이해하지 못할 경우 질문하는 경향이 높았고(63.2%), 학생들이 질문, 토론, 발표 시에는 영어와 함께 한국어도 사용하는 것으로 나타났다. 또한 절반 정도의 교수자들은 학생들의 언어적 오류에 대해 피드백을 준다고 응답했으나, 이 결과는 학생들의 부정적 평가와는 대조적이다. 다섯째, 영어강의 효과로서 교수자들은 유학준비에 도움을 줌, 전공영어 지식 증가, 수업시간 집중 향상을 가장 높게 평가했고, 반대로 교수자와의 상호작용 증진, 교과목에 대한 흥미도 면에서는 부정적으로 평가했다. 여섯째, 영어강의 개선 방향에 대해, 교수자들은 학부과정에서 영어 글쓰기 수업 실시, 영어강의 수강을 위한 예비과정 제공, 영어강의를 지원해줄 원어민 교수자 확보, 영어강의 교수자들에 대한 인센티브 제공 등을 제시했다(강소연 · 박혜선 2004: 90-4).

Kang & Park(2005)은 연세대학교 공과대학 학부과정에 재학 중인 366명의 학생들을 대상으로 영어강의 실시와 관련한 사항들을 분석하였다. 그들은 4 가지 차원에서 영어강의에 대한 학생들과 교수자들의 인식을 분석하였다.

- 영어강의에서 영어사용 정도
- 영어강의에서 언어형태에 대한 관심의 정도
- 영어강의 실시 성공을 위한 학생들의 영어사용능력의 중요성 정도
- 영어강의에 대한 학생들의 인식

연구 결과 다음의 사항들이 확인되었다. 첫째, 영어강의에서의 영어사용 정도에 대해, 대부분의 교수자들은 강의, 질문, 질문에 대한 응답 시에 영어를 사용하고 있는데 비해, 학생들은 상호간에 영어보다 한국어를 많이 사용하고 있었다. 학생들은 소규모 집단활동 시 한국어와 영어를 동시에 사용하고, 보고서 작성, 강의 노트테이킹, 시험 등 영어 글쓰기를 해야 할 경우 영

어를 많이 사용하고 있는 것으로 나타났다. 둘째, 영어강의에서 언어형태에 대한 관심에 대해, 학생들은 자신들의 영어사용 오류에 대한 피드백이 부족하다고 인식하고 있었다. 특히 문법적 오류에 대한 피드백이 매우 부족하다고 느끼고 있었다. 셋째, 영어강의의 성공적 실시를 위한 학생들의 영어사용능력의 중요성 정도에 대해, 학생들은 영어강의를 이해하는 수용적 능력(읽기 및 쓰기)이 말하기 및 쓰기의 산출적 능력보다 우수하다고 인식하고 있었다. 영어사용능력이 우수한 학생들은 원서, 강의이해, 불안감 면에서 중급이나 기초 영어능력 학생들에 비해 어려움을 덜 겪었으며, 또한 번역서 의존도가 낮았고 동일 과목에 대해 영어강의를 선호하였다. 학생들은 영어강의 수강의 어려움을 유발하는 영어기능으로서 듣기와 말하기 기능을 들었고 다음으로 쓰기능력과 내용지식 부족을 들었다. 영어강의 교수자의 영어 발음과 영어 교수 능력은 강의 이해에 큰 문제가 되지 않는 것으로 보았으며, 영어강의 수강의 어려움 정도는 자신들의 영어사용능력에 의해 크게 영향을 받고 있다고 생각했다. 중급 및 초급 수준의 영어사용능력을 지닌 학생들은 자신들의 낮은 영어사용능력을 영어강의 수강의 가장 큰 문제로 생각한 반면, 영어사용능력이 우수한 학생들은 자신들의 영어사용능력이 강의 수강에 문제가 되지 않는다고 인식하였다. 넷째, 영어강의에 대한 학생들의 인식에 있어서, 전반적으로 영어사용능력 향상에 대한 영어강의의 효과성은 부정적 인식이 긍정적 인식보다 높았다. 학생들은 독해능력 향상, 듣기능력 향상, 유학준비 순으로 영어강의의 효과성을 인식하였다. 상급 영어사용능력 학생들의 경우, 중급 및 하급 학생들에 비해 보다 영어강의에 대해 긍정적인 평가를 했는데, 특히 해외유학 준비, 학습내용 이해 증진, 읽기능력 향상, 쓰기능력 향상 면에서 긍정적 평가를 하였다. 응답 학생들은 모두 교수자가 영어강의 수업을 시작할 때와 마칠 때 한국어로 강의내용을 보충설명 해주는 것이 강의내용 이해에 도움이 된다고 응답하였다. 학생들은 영어강의를 성공적으로 이수하기 위해서는 이에 대한 준비과정이 필요하다고 인식했으며 또한 영어강의 확대에 대해서도 매우 긍정적으로 인식하고 있었다. 학생들은 또한 영어강의를 위해 원어민 교수자를 고용하는 것은 중요하지 않다고 느끼고 있었다(ibid: 158-66).

Kang & Park은 연구결과를 바탕으로 우리나라 대학들에서 영어강의 제도가 효과적으로 운영될 수 있기 위한 사항들을 제안하였다. 첫째, 학생들이 영어강의를 원활하게 수강하기 위해서 고등학교의 언어형태위주의 영어학습에서 대학교의 내용중심의 영어강의로 전환될 수 있는 준비과정의 제공이 필요하다고 주장한다. 이러한 연결프로그램으로서 University of Ottawa의 내용보호언어학습(sheltered program)(Burge, Wesche, & Migneron, 1997)을 활용할 필요할 필요가 있음을 제안한다. 또한 대학 영어강의에서 학생들이 언어적 지원을 받지 못하고 자신들 스스로 영어사용능력을 보완하도록 요구받고 있고, 영어강의 교수자들도 마찬가지로 언어학습 이론이나 언어 교수법에 대한 이해나 지식 없이 영어강의를 실시하여 학생들의 언어능력에 맞는 영어강의를 조절할 능력이 부족한데, 이러한 문제를 해결하기 위해 내용보호언어교수 프로그램이나 전공 교수자와 언어 교수자간의 협력수업이 필요함을 제언한다. 이를 위해서는 대학당국의 행정적 지원체계가 필수적인 것(Stryker & Leaver, 1997)도 지적한다. 이외에도, 영어강의 교수자들이 내용기반 언어학습 철학을 구현할 것, 영어강의 교수자가 영어강의 전략활용에 능숙할 것, 학생들이 인지적, 언어적, 정의적 차원에서 영어강의에 대해 준비되어 있을 것 등을 제안하고 있다.

Byun, Chu, Kim, Park, Kim, & Jung(2011)에 의하면 고려대학교는 국제화의 일환으로서 2000년부터 적극적으로 영어강의 제도를 도입하기 시작하여 모든 학과들이 한 과목 이상 영어강의 강좌를 의무적으로 개설하도록 하였다. 2003년 이후 임용된 신임교수들은 모든 강의를 영어로 진행하도록 하였고, 2004년 이후 입학한 학생들은 총 45개의 졸업이수 과목 중 5개 이상의 영어강의 강좌를 이수하도록 하였다. 이와 같은 대학 차원의 강력한 영어강의 정책의 결과 괄목할만한 성과가 있는 것으로 나타났다(ibid: 437).

- 영어강의 강좌수의 증가: 2002년 10%, 2004년 22%, 2008년 38%
- 외국 유학생 수의 증가: 2002년 284명, 2008년 874명
- 외국인 교수자 수의 증가: 2003년 85명, 2008년 212명
- 교수들의 국제학술지 게재 수 증가: 2004년 1,614편, 2008년 2,509편
- 학생들의 영어강의 만족도에 대한 긍정적 평가

이와 같은 외형적 성과에서 불구하고 다수의 영어강의 교수자들과 학생들은 고려대학교의 영어강의 정책의 효과성에 대해 우려를 제기하고 있다. 대학당국은 다음의 이유들을 들어 교수자들과 학생들 모두 영어강의 실시에 별 문제가 없을 것으로 판단하고 있다.

- 영어강의 수강을 통해 학생들이 영어에 보다 많이 노출되고 전공지식도 습득할 수 있음
- 10년간의 학교영어교육을 통해 교수와 학생의 영어사용능력이 상당히 구비되었음

• 대부분 영어권 국가들에서 박사학위를 취득한 교수들은 영어 강의에 어려움이 없을 것임

이에 대해, 학생들은 자신들의 영어사용능력 부족이 영어강의의 전공지식 이해습득에 큰 문제가 되지는 않는다고 응답하면서도 자신들의 영어사용능력 향상의 필요성을 느끼고 있다. 2005년에 실시한 설문결과 4,842명의 영어강의 수강학생들 중 9.2%는 영어부족으로 인해 수업이해의 어려움을 경험했고 25.6%는 필요시 교수자가 한국어를 사용하기를 요구하였다. 또한 상당 수 교수자들은 영어강의 시 학습할 내용을 다 소화하지 못한다고 응답하였다. 이처럼 고려대학교에서는 영어강의가 비록 학생들의 영어사용능력 신장에 도움을 주지만 전공내용 습득에 지장을 줄 수 있다는 우려가 증가하고 있다.

영어강의 운영 방식에도 문제가 있는 것으로 나타났다. 즉, 모든 전공학문에 대한 무차별적 의무 영어강의 요구로 인해 단과대학별로 영어강의 만족도에 차이를 보였다. 2006년 1학기 기준으로, 경영학 전공 학생들은 높은 만족도를 보였으나, 자연과학, 공학, 간호학은 비교적 낮은 만족도를 보였다. 학생들의 졸업 후 영어사용능력에 대한 중요도는 단과대학 및 학부별로 차이가 있는데, 경영학 전공 학생들은 영어사용능력이 매우 중요하다고 인식한 반면, 자연과학, 공학, 간호학 전공 학생들은 상대적으로 덜 중요하다고 인식하고 있었다. 이 결과는 영어강의의 효과성이 학문 영역 및 졸업 후 진출 분야에 따라 상이함을 보여주는 것이다. 영어강의 운영 준비 부족도 문제점으로 지적되고 있다. 고려대학교 영어강의들은 통상 200명 이상의 대형 강의실에서 실시되고 있는데, 이러한 대형 강의들에서는 교수자들이 학생들의 학문적 요구를 파악하기 힘들고, 또한 개별 학생들에 대한 피드백을 주는 것이 거의 불가능할 뿐 아니라, 학생들의 수업 참여도를 제한하게 되어 결과적으로 영어사용능력 신장이라는 목표를 달성하기 어렵다.

이외에도 외국학생의 증가가 고려대학교 영어강의 운영의 새로운 도전적 과제가 되고있는 것으로 나타났다. 영어강의는 기본적으로 한국학생들을 대상으로 운영되는 개념인데 외국학생들의 영어강의 수강 합류로 인해 영어사용능력과 함께 국적, 교육, 기대치, 문화적 배경 등의 관점에서 다양한 이질적 요소들이 새롭게 등장하여, 영어강의 교수자들은 단순히 영어사용능력 뿐 아니라 다양한 학생집단에서 발생하는 문화 간 소통에도 신경을 써야하게 되었다. 이러한 변화는 대학 차원에서 영어강의 운영을 단순히 한국어에서 영어로 전환하는 것을 넘어서 다양한 이질적 집단을 포용할 수 있는 영어강의 체제의 근본적 변화를 요구한다. 문제를 더욱 심화

시키는 점은 영어사용능력이 부족한 학생들을 위한 개별화된 지원이 없다는 것이다. 대부분의 영어강의 수강 학생들은 자비로 영어능력 향상을 위해 사설기관들에서 배우고 있는데 고려대학교의 경우 이에 대한 논의가 거의 없는 상태이다.

고려대학교의 영어강의 운영에 있어서 가장 어려운 문제는 한국적 상황에서 영어강의를 효과적으로 운영하기 위해 영어강의를 제대로 할 수 있는 교수자의 충원인 것으로 나타났다. 영어강의를 강조하는 상황에서, 신임교수 초빙 시에 교수 자격요건으로 효과적 수업 능력 보다는 영어사용능력을 중시하는데 이 또한 문제로 지적되고 있다. 또한 영어강의 가능 교수자 확보 여부에 따라, 동일 학과의 동일 과목이 영어강의가 되기도 하고 한국어 강의가 되기도 하는 등 일관성 없이 진행되어 학생들에 혼란을 초래하고 있는 것도 문제이다. 영어강의 과목으로 전공내용 습득을 충분히 할 수 있는 과목이 있고, 그렇지 않은 과목도 있는 점을 고려해서 영어강의 운영 여부는 보다 체계적인 접근이 요구되는 것으로 나타났다.

Byun, Chu, Kim, Park, Kim, & Jung은 한국 대학들이 영어강의 도입에만 급급할 것이 아니라 영어강의의 효과성을 극대화하고 부작용을 최소화하는 방법을 모색해야하며, 이를 위해 단과대학과 학문영역의 특수성을 깊이 고려한 유연적인 접근이 필수적이며 영어강의 운영의 성공을 위해서는 확고한 전략적 접근이 필요하다고 주장한다. 즉, 영어강의 실시에 앞서서 필요한 인적, 재정적 자원(영어강의 교수자, 영어사용능력이 부족한 학생들을 위한 충분한 언어적 지원 등)을 고려하여 사전에 철저한 준비를 해야 할 것을 주문한다(447-8).

한국과학기술대학교(KAIST)는 2006년 모든 교과목들을(국문학, 역사학 포함) 의무적으로 영어로 강의하도록 강제하여 우리나라 대학 최초로 영어강의를 전면적으로 실시하였다. 포항공과대학교(POSTEC)도 KAIST의 뒤를 이어, 2010년 학부 수업의 88%, 대학원 수업의 95%를 영어로 수업하여 사실상 전면적 영어강의를 실시하였다(Cho, 2012). 그러나 우리나라 최고 수준의 이공계 학문기관인 KAIST와 POSTEC에서도 영어강의에 대한 부정적 견해가 교수와 학생 모두에게도 상당히 넓게 퍼져있는 것이 사실이다. 이는 Cho(2012)가 2010년 POSTEC 교수 41명, 학부생 439명, 대학원생 403명을 대상으로 실시한 영어강의 관련 설문조사 및 면접 결과에서 분명하게 드러나고 있다.

교수자들의 경우, 영어강의 실시의 주된 동기가 학교의 정책(52.9%), 학교의 글로벌 경쟁력 강화정책(22.1%)을 수행하기 위한 것으로서, 학생들의 글로벌 마인드 제고(13.2%), 학생들의 영어사용능력 향상(10.3%)을 앞지르고 있다. 과반수 이상의 교수자들은(53.6%) 학교의 의무적 영어강의에 반대하고 있으며, 이는 영어강의를 찬성하는 비율(24.3%)보다 두 배 이상 높다. 학생들의 경우, 다소 차이는 있지만 학부생, 대학원생 모두 영어강의의 필요성에 대해 부정적 인식을 하고 있다. 학부생의 경우 부정적 인식 비율(47.4%)이 긍정적 인식(24.7%)보다 훨씬 높고, 대학생의 경우에도 부정적 인식 비율(41.8%)이 긍정적 인식 비율(35.9%)를 상회하고 있다.

교수자들과 마찬가지로 학생들 역시, 영어강의 수강의 주요 동기로서 자신들의 영어사용능력 제고(학부생: 17%, 대학원생: 16.4%), 수업내용 이해증진(학부생: 2%, 대학원생: 2,4%)보다는 학교순위 유지(37.3%, 31.8%), 학교위상 강화(28.%, 30.8%), 외국 유학생과 외국 교수자 영입(15.5%, 18.8%)을 들고 있다. 즉, 자신들의 목적을 위하기보다는 단순히 학교 방침을 따르기 위해서 영어강의를 수강할 뿐이라는 점이다. 영어강의에 대한 교수자와 학생들의 이러한 부정적 인식의 결과, 학생들은 영어강의의 확대에 대해 부정적 의견이 강했으며(학부생: 59.9%, 대학원생 66.9%), 교수자들 또한 영어강의 강의 만족도가 14.6%의 저조한 비율에 머물고 있다.

교수자들은 성공적인 영어강의 실시의 요인으로서 교수자의 우수한 영어사용능력(90.2%), 학생들의 우수한 영어사용능력(87.8%), 학생들의 영어사용능력에 알맞은 영어 발화속도(70.7%), 학생들의 영어강의 인식(58.6%) 들을 들었다. 학생들의 경우, 영어강의의 효과성에 대한 설문 결과, 수업 참여율과 수업집중도 면에서 매우 부정적으로 인식하고 있는 것으로 나타났다. 수업 참여도의 경우 학부생의 60.7%, 대학원생의 68.7%가 부정적 입장을 보였고, 수업집중도 면에서 학부생의 70.3%, 대학원생의 75.6%가 부정적 입장을 보였다. 영어강의가 영어사용능력 향상 및 영어 사용에 대한 자신감에 미치는 효과에 대해, 학생들은 역시 부정적 평가를 하였다. 영어사용능력 향상 효과에 대해서는 학부생의 67%, 대학원생의 53.7%가 부정적 평가를 하였고, 영어사용 자신감에 대한 효과 면에서 학부생의72.6%, 대학원생의 56.7%가 부정적 인식을 하였다. 영어강의 수강이 어려운 이유들로, 학생들은 교수자의 영어사용능력 부족(학부생 31.6%, 대학원생 28.2%), 학생의 영어사용능력 부족(학부생 26%, 대학원생 25%), 어려운 강의내용(학부생 25.3%, 대학원생 26.1%) 교수자의 영어강의 준비 미비(학부생 12.3%, 대학원생 16.2%)를 주요 이유로 들었다(ibid: 143-56).

영어강의 실시에 대한 교수자들과 학생들의 부정적 결과들은 2004년과 2008년에 포항공과대학교에서 실시한 동일한 설문에 대한 조사결과와 현저하게 상이한 것이다. 2004년 조사에서는 교수자가 자발적으로 영어강의를 실시했는데 교수자의 64.1%와 학생들의 51.9%가 영어강의에 대해 만족을 보였다. 2008년 조사에서도 자발적으로 영어강의를 실시한 교수자의 75%, 학생들의 36.8%가 영어강의에 대해 만족감을 표시했다. 그러나 2010년 의무적 영어강의가 도입되고 모든 교수자들로 하여금 영어강의를 의무화하게 됨에 따라 교수자들의 영어강의 동기를 감소시킨 결과를 초래하였다. 이는 대학교육이 언론 매체들이 실시하는 대학순위 평가에 초점을 맞출 것인가, 아니면 교과목 내용학습 향상에 초점을 맞출 것인가의 문제를 야기한다. Cho(2012)는 포항공대의 영어강의 정책이 교수진과 학생들의 지지없이 실시되었고 부정적 효과에 대한 충분한 고려가 없었다고 주장한다. 그는 영어강의의 부정적 효과를 상쇄하기 위해서는 영어강의 프로그램들이 특수목적영어, 특히 과학목적영어 특성과 장점을 반영해야 한다고 제안한다. 또한 영어강의 정책이 성공적으로 운영되기 위해서는 내용 교수자들과 내용 교수자들의 협력이 중요함을 강조한다.

맹은경 · 한호 · 김현옥 · 김성완(2011)은 아주대학교 인문사회계열 및 이공계열 50명의 교수자들을 대상으로 영어강의 프로그램 운영을 위한 교수자 요구분석 및 지원방안을 연구하였다. 이들 중 47명이 영어강의 유경험자들이었다. 이들을 대상으로 한 설문조사는 영어강의의 목적 및 효율성, 영어강의 교수방법 및 내용, 영어강의의 정의적 요소, 영어강의의 정책적 요소, 영어강의의 문제점과 개선방안의 5가지 영역으로 구성되었다. 연구 결과 다음의 점들이 확인되었다. 첫째, 영어강의의 목적과 효율성 측면에서, 교수자들은 영어강의 운영의 주요 목적으로서 고등교육기관의 국제화(48%), 학교 정책(34%)을 들어서, 영어강의 실시가 교수자의 내적 동기보다는 외부 환경적 요인에 의해 실시하는 것으로 나타났다. 영어강의의 효과에 대해서는 절반이(51.1%) 부정적 의견을 보였다. 영어강의 성과에 대해 교수자들은 영어능력 향상(55.4%)을 가장 큰 성과로 인식했고 다음으로 다양한 교수방법 활용(16.1%) 학생 수업참여도 제고(7.1%) 등을 들었다. 학생들의 영어강의 이해도 면에 있어서, 교수자들의 36%는 학생들이 영어강의 내용의 40%-60% 정도를 이해한다고 보았고, 40% 미만 이해한다는 응답도 22%에 달해 60% 이상의 학생들이 영어강의 이해에 어려움을 겪고 있는 것으로 인식되었다.

둘째, 영어강의의 교수방법 및 내용의 측면에서 교수자들은 영어강의 시 고려해야할 요소들로서, 내용이해에 초점을 맞춘 평가방식, 영어수준에 따른 강의 속도 조절, 교수자의 영어능력, 학생들의 영어사용 기회 제공을 가장 중요한 요소로 들었으며, 그 다음으로 학생의 영어강의 수강능력, 다양한 교수법 활용, 풍부한 보충자료 제공, 한국어 병행사용의 순으로 들었다. 셋째, 영어강의의 정의적 측면에서 50명의 응답 교수자들 중 영어강의 경험이 없는 3명의 교수자들은 모두 영어강의에 대해 부담감과 불안감이 큰 것으로 나타났다. 반면에 영어강의 경험이 있는 교수자들의 경우 영어강의에 대해 어느 정도 부담을 지니고 있지만 56%의 교수자들은 불안감을 느끼지 않는 것으로 나타났다. 넷째, 영어강의의 정책적 요소 측면에서, 교수자들은 효과적 영어강의 운영을 위한 지원으로서 인센티브 제도 마련, 전공과목 특성에 따른 영어강의 과목 선정, 동일과목 연속강의 배정, 국내외의 효과적 영어강의 동영상 자료 제공, 영어강의 운영을 위한 교수학습 모형 제공, 영어능력 우수 조교 배정, 영어교육 프로그램 지원, 교실영어 자료 제공, 영어강의 운영 매뉴얼 제공, 교수법 관련 소그룹 영어강의 동영상 제공, 영어강의 워크숍 제공, 동영상 촬영을 통한 영어강의 분석, 영어교수법이론 강의 제공의 순으로 들었다. 다섯째, 영어강의의 문제점 및 개선 방안에 대해, 교수자들은 영어강의의 저해 요인들로서 학생들의 부족한 영어능력(35%), 교수자의 영어능력 부족(27.2%), 학생들의 영어강의에 대한 태도(14.6%), 학생들의 학업수행능력 부족(10.7%), 시설환경 요인, 획일화된 수업평가, 수업 자료 등의 순으로 들었다(276-94).

맹은경 · 한호 · 김현옥 · 김성완은 설문조사 결과를 바탕으로 전공과목 영어강의 활성화를 위한 방안들을 제시하였다. 첫째, 교수자와 학생들 모두를 위한 특화된 영어교육 프로그램 운영의 필요하다. 둘째, 교수자들의 전공별 영어강의 실시를 돕기 위해 영어강의 시연 동영상을 제공하여 교수자들이 참고할 수 있는 시스템을 구축하는 것이 필요하다. 셋째, 전공 영어강의 콘텐츠를 다양한 방식으로 개발해서 사용하는 것이 바람직하다. 넷째, 교수자들의 영어강의 부담을 보상하는 인센티브 제공이 필요하다. 다섯째, 학생들의 글쓰기 과제에 대한 효과적 피드백 제공 시스템 구축이 필요하다.

김민정(2007)은 인적수행공학(Human Performance Technology)의 관점에서 대학 영어전용 과목의 수업개선 방안을 모색하였다. 그는 영어강의 문제점들을 유발하는 원인을 분석하기 위해 Gilbert(1996)의 행동공학모형(behavior engineering model) 기본 틀을 활용하여 영어강의 학생들의 학업수행을 환경적 차원과 개인 수행적 차원의 두 차원에서 분석하였다. 이 분석틀을 바탕으로 42명의 대학생들을 대상으로 영어전용 강의의 문제점에 대한 원인을 분석하였다. 환경적 측면과 개인 수행적 측면은 각각 정보, 도구, 동기의 하위 요소들로 분석하였다. 분석 결과는 다음과 같다(ibid: 45).

환경적 측면:

정보

- 영어강의에 대한 명확한 기대치가 제공되지 않음
- 학습내용의 강조인지, 영어진행 수업에 대한 강조인지 불명확함
- 영어로 진행되는 학습 전반에 대한 개별 피드백 제공 부족
- 영어로 진행되는 학습을 위한 학습전략 등에 대한 안내 부족
- 학습자의 학습관리는 전적으로 교수자에게 일임되어 있고 별도의 수행 관리체제가 없음

도구

- 영어강의 수업을 위한 자원을 제공받지만 실질적 도움이 되지 못함
- 일반 교과보다 더 많은 학습시간이 요구되는데, 시간적 부족으로 영어강의 수업에 충실하지 못함

동기

- 영어강의 교과목 수강에 따른 외적 보상이 없음

개인 수행적 측면:

정보

- 개인의 기본적 영어 관련 지식수준이 낮음
- 읽기를 제외한 모든 영어기능 사용에 어려움을 겪고 있음

• 전공수업 내용에 대한 기본적 이해 수준이 낮음

<u>도구</u>

• 학생들의 영어에 대한 막연한 거부감
• 자신들의 영어능력에 대한 회의적 태도

<u>동기</u>

• 능력 및 동기에 따른 영어전용교과 운영이 아님
• 수업내용에 대한 동기 저조
• 영어강의 교과목를 성공적으로 수강하겠다는 의지 부족
• 영어강의 교과목에 대한 기대치 저조

이러한 문제점 파악을 기초로 김민정(2007)은 영어강의 수업의 효과성 제고를 위해 다음의 해결방안들을 제시한다. 첫째 환경적 측면에서, 영어강의 교과목에 대한 이해부족 문제를 해결하기 위해 영어강의수업에 대한 명확한 기대치 제공과 영어강의 교과목의 학습목표에 대한 정확한 진술이 있어야 한다. 또한 영어강의 교과목 지원체제 부족 문제를 해결하기 위해, 영어강의수업 운영보조를 위한 웹 커뮤니티 운영이 필요하다. 웹 커뮤니티에서는 수업자료 제공, 영어로 진행되는 학습을 위한 학습전략 제공, 수업내용에 대한 교수자와의 질의응답 기회제공, 부족한 교수자 피드백을 보충할 동료 피드백 제공 등이 이루어진다. 외적동기 지원체제 결여의 문제를 해결하기 위해 학습자의 우수성과를 매주 수업 내에 인식시킨다.

둘째, 개인 수행적 측면에서, 학습자의 기본적 영어능력 부족 문제를 해결하기 위해, 영어능력 향상을 위한 수업운영 전략을 마련한다. 구체적으로 읽기의 경우 예습으로 미리 본문내용을 요약하여 웹에 탑재한다. 쓰기의 경우 격주로 영어로 된 개방형 퀴즈를 실시한다. 말하기의 경우, 수업 후 복습으로 수업내용 정리를 2분 스피치 동영상으로 제작하여 웹에 탑재한다. 듣기의 경우 기타 수업 내용과 관련된 영어자료를 웹 커뮤니티를 통해 제공한다. 학습자의 학습동기 부족 문제를 해결하기 위해 매주 과제에 대한 교수자의 피드백으로 학생들의 영어강의 교과목의 성공적 진행을 지속적으로 격려하고, 또한 학생들의 영어로 수업하는 것에 대한 막연한 거부감을 없애기 위해 학습 진행 초반에 영어로 된 동기 자료를 제공한다.

심영숙(2010)은 가톨릭대학교에서 제공하는 6개 영어강의를 수강하는 학생들을 대상으로 영어강의에 대한 인식을 조사하였다. 설문조사에 참여한 학생들은 총 207명으로 비교정치학, 국제관계학, 경영정보학, 인류사회학, 인사관리학, 문화사회학 과목들을 영어로 수강하였다. 조사결과 첫째, 영어강의 과목 수강동기로는 전공과목별로 편차가 있기는 하지만 '선택의 여지가 없음,' 영어능력 향상 목적'이 가장 많았고 그 뒤를 이어 '전공과목에 대한 관심,' '미래의 도움' 순이었다. 둘째, 영어강의에 대한 긍정적, 부정적 인식을 분석하기 위해 영어향상, 수업, 정의적 측면의 하위 요소들을 살펴보았다. 그 결과, 영어향상 면에서 대부분의 학생들(82.4%)은 영어강의 과목수강이 자신들의 영어능력 향상에 긍정적 기여를 한다고 인식했다. 수업 요소들의 경우, 영어강의 학습만족도(68.8%) 및 교수방법/전달력(84.6%)도 매우 높은 긍정적 비율을 보였으나, 이와 반대로 이해도 및 상호작용/참여 면에서는 부정적 평가가 훨씬 높은 비율을 보였다(각각 87% 및 77.8%). 정의적 측면의 경우, 동기(71.4%), 자신감(68%), 흥미(100%)의 높은 긍정적 비율을 보였으나, 부담감 및 공평성 면에서는 부정적 비율이 압도적으로 높았다(각각 93.5% 및 100%). 셋째, 학업 성취도와 영어강의에 대한 인식 면에서, 학생들은 전반적으로 강의내용 이해 및 지식의 습득 면에서 어느 정도 긍정적 평가를 하는 것으로 나타났다. 또한 영어강의 수강이 학습에 대한 자극 부여, 영어학습에 대한 필요성 인식 증가 등, 영어강의 수강의 동기유발 효과가 크다는 점을 인식하였다. 반면에 영어강의로 인한 강의범위의 제한, 영어강의의 개념 및 원리 이해 부족 등 영어강의에 대한 부정적 인식도 발견되었다(ibid: 55-63). 심영숙은 설문조사 결과를 바탕으로 영어강의의 효율적 운영을 위해 대학 차원에서 영어강의 정책 및 각 교과목별 교수방법을 계획하고 실행할 때 학생들의 수강동기 및 인식의 차이를 고려할 것을 제안한다. 이와 아울러 영어강의 과목에서 학업 성취도가 낮은 학생들에 대한 별도의 정책 및 배려를 해 줄 것을 제안한다. 그 예로서 학습클리닉 제공이나 온라인상의 보충학습 통로 제공을 들고 있다.

강순희 · 서혁 · 신상근 · 이종원 · 이현주 · 최진영(2007)은 교원양성을 목적으로 하는 사범대학의 전공과목 영어강의에 대한 학생들의 인식 및 만족도를 조사하였다. 이 연구를 위해 이화여자대학교 사범대학에 재학 중인 146명의 학생들에게 설문조사를 실시하였으며 학생들의 전공분야는 과학교육, 사회교육, 지리교육, 초등교육이었다. 설문조사 자료 분석결과 다음의 점들이 발견되었다. 첫째, 사범대학 학생들의 영어강의 개설 및 수강에 대한 인식 측면에서 학생들은 영어강의 수강동기로서 대학에서 요구하는 영어강의 이수 필수학점 충족, 영어강의로 개설된 과목이 본인이 속한 학과 내에서 필수과목으로 지정되었기 때문임 등 외부의 규정에 의한 것임을 들었다. 그러나 이외에도 영어강의가 장기적 능력 계발, 영어능력 향상, 전공영역에 대한 심층적 이해, 졸업 후 취업/진로 계획 및 준비에 도움을 줄 것이라는 기대감으로 영어강의를 수강하고 있다고 응답하였다. 영어강의 개설현황에 대한 인식 면에서, 학생들은 영어강의 개설이 대학 경쟁력 제고를 위한 필요한 요소로 인식하고 있고, 또한 개인적 능력을 향상시키는데도 필요하다고 인식하였다. 영어강의 수강에 대한 기대감 및 태도의 측면에서, 학생들은 영어강의 수강을 통해 자신들의 영어실력을 향상하고 영어권 문화에 대한 이해의 폭을 넓힐 수 있을 기대감을 보이고 있고, 이러한 긍정적 태도가 영어강의 수강의 동기부여에 기여하고 있다고 느끼고 있으나, 아울러 한국어가 아닌 영어로 수업하는데 대해 전반적으로 심리적 부담감도 지니고 있는 것으로 나타났다.

둘째, 영어강의에 대한 인식이 영어능력에 따라 차이가 있는지 알아본 결과, 사범대학 학생들의 영어강의 효과에 대한 인식은 전반적으로 높지 않은 것으로 나타났다. 영어강의를 수강했던 학생들이 영어능력 향상에 대해 보다 긍정적으로 평가한 것과 달리 전공지식 향상에 대한 영어강의의 효과는 긍정적이지 않았다. 이러한 결과는 강소연 · 박혜선(2004a)의 연구결과와 상치하는 것으로서, 이는 영어강의의 효과가 전공영역에 따라 상이할 수 있음을 시사한다. 영어능력에 따른 영어강의 효과의 차이 면에서, 자신의 영어능력이 우수하다는 반응을 보인 학생일수록 영어강의의 효과에 대해 보다 긍정적으로 평가하였다. 영어강의 수강의 어려움의 측면에서 학생들은 과제발표를 가장 어려운 것으로 느끼고 있었고, 다음으로 질문하기, 보고서 작성하기 순이었다. 셋째, 영어강의 개선안에 대한 방안으로서 학생들은 영어강의 수강을 위한 보조 프로그램의 필요성을 가장 중요한 것으로 언급하였고, 다음으로 영어강의의 질과 다양성 향상의 필요성을 피력하였다. 구체적으로 교수자들이 학생들의 수준 및 내용 이해도를 바탕으로 교과내용을 재구성하고, 교수자-학생 간의 상호작용을 강화하고, 또한 영어강의에 적합한 평가방법을 도입할 필요성도 언급하였다(강순희 외, 2007: 639-51).

조성은 · 황성수(2013)는 대구지역 소재 대학교에 재학 중인 224명을 대상으로 학생들의 영어능력에 따른 전공과목 영어강의에 대한 인식 및 만족도에 대해 설문조사하였다. 분석결과, 한국어 강의에 비해 영어강의는 전체적으로 약간 만족한다는 비율이 가장 높았다(37.5%). 학생들의 영어능력에 따른 만족도 조사 결과, 영어능력이 우수한 학생들일수록 영어강의에 대한 만족도가 높은 것으로 나타났다. 영어강의 수강 후 영어실력 향상 여부에 대한 설문 결과, 절반 정도의 학생들이 긍정적으로 응답했으며, 영어능력이 우수한 학생일수록 영어능력이 향상되었다고 응답했다. 반면, 영어능력이 저조한 학생들은 영어능력이 향상되지 않았다고 응답한 비율이 높았다(61.6%). 영어강의 수강의 어려움들로는 학생 자신의 영어강의 학습능력 부족, 자발적 동기 부족 등을 들었다. 전공과목 영어강의 확대 여부에 대해, 응답 학생들의 61.5%가 영어강의 확대에 긍정적 반응을 보였다. 특히 영어능력이 우수한 학생들은 압도적 비율로(79.5%)로 영어강의의 확대를 지지하였다. 영어강의를 위해 필요한 지원 사항들에 대해, 학생들은 영어강의에 적합한 교육환경 제공(수강인원, 강의실 등), 영어강의 수강에 대한 인센티브 확대, 워크숍 및 세미나(영어강의 학습법), 자료발간(영어강의 학습 가이드북) 들을 들었다(179-87).

박분주(2012)는 대구 · 경북지역에 위치한 3개 종합대학교 학생들을 대상으로 영어 모어화자 교수자의 영어강의와 한국인 교수자의 영어강의에 대한 인식을 비교하였다. 4명의 영어 모어화자 교수자들의 수업을 수강한 설문 응답학생들은 118명이었고, 3명의 한국인 교수자의 영어강의를 수강한 설문 응답학생들은 127명이었다. 영어강의 수업에 임하는 태도와 참여도 면에서 영어 모어화자 교수자의 수업을 수강하는 학생들이 한국인 교수자의 수업을 수강하는 학생들에 비해 수업에 보다 적극적으로 참여하는 것으로 나타났다. 교수자의 강의에 대한 적극성 정도 면에서는, 영어 모어화자 교수자들과 한국인 교수자들 간에 차이가 없는 것으로 나타났다. 그러나 교수법 활용에 있어서, 학생들은 영어 모어화자 교수자들이 한국인 교수자들에 비해 학생들의 참여를 이끌어 내는 교수법을 활용했다고 응답했다. 영어강의 내용 이해도 및 교수자의 영어능력과 이해도에 대한 인식에 있어서 학생들은 한국인 교수자들의 영어실력이 영어강의를 실시하기에 부족한 것 같다는 인식 이외에는 한국인 교수자들과 영어 모어화자 교수자들 간에 유의미한 차이가 없는 것으로 나타났다. 수업 시간 중 언어사용 측면에서, 학생들은 영어 모어화자 교수자들의 수업에 영어로 토의하거나 말할 기회가 많았고, 교수의 질문에 영어로 대답을 잘 하는 것으로 나타났다. 영어강의가 학생들의 영어실력 향상에 영향을 미치는지에 대한 설문들에서, 학생들은 영어 모어화자 교수자들에 의한 영어강의가 자신들의 전반적 영어실력 향상에 도움이 되었다고 응답했으며, 특히 듣기, 말하기, 쓰기 및 유창성 향상에 도움이 되었다고 응답했다. 정의적 요소와 관련된 설문 항목들에서, 학생들은 영어 모어화자 교수자들이 한국인 교수자들에 비해, 학생들의 영어강의 수업에 대한 긴장감과 두려움 해소를 위해 노력하고, 학생들의 수업내용 이해도를 자주 확인하고, 집단학습활동이 영어강의에 대한 긴장감과 두려움을 해소하는데 도움을 주었다고 응답했다. 영어강의의 장점에 대해, 학생들은 영어 모어화자 교수자의 수업은 듣기실력 향상, 발음 교정 및 말하기 기회 증가, 교수자의 효과적인 수업준비 및 흥미로운 수업진행, 영어에 대한 두려움 극복 및 자신감 상승 의 순으로 장점을 들었으며, 한국인 교수자의 영어강의 수업의 경우 듣기능력 향상, 전문용어 및 전문지식을 영어로 직접 습득함, 발음교정과 말하기 기회 증가의 순으로 장점을 들었다. 영어강의의 단점에 대해, 학생들은 영어 모어화자 교수자 수업과 한국인 교수자 수업에서 학생 자신의 영어실력 부족으로 인해 수업내용에 대한 이해도가 부족한 점을 공통으로 들었다(박분주, 2012: 233-56).

김현옥(2012)은 전공과목 영어강의를 수강하는 107명의 아주대학교 학생들을 대상으로 학생들의 영어학습 불안 정도와 내용을 설문조사하였다. 설문조사 분석 결과 학생들은 영어강의 준비, 수업내용 이해, 과제 수행 및 시험성적 등에서 큰 불안감을 경험하는 것으로 나타났다. 영어강의 학습의 불안감에 영향을 미치는 변수들로는 해외어학연수 유무, 자신이 평가한 영어수준, 영어학습 시간 등으로 나타났다. 김현옥은 연구결과를 바탕으로 영어강의를 수강하는 학생들의 학습 불안감을 낮추기 위해 다음의 방안들을 제안한다(120-1).

- 교수자는 학생의 불안을 야기할 수 있는 요소를 최소화함
- 주변의 이목이 현저하게 집중되는 것을 낮추기 위한 소그룹 단위 수업활동
- 학습자 스스로 긍정적 자기인식 기재를 활성화시킬 수 있도록 건설적 피드백 제공
- 다양한 성공사례를 경험할 수 있도록 체계적 교수설계 고려

황선유(2013)는 서울 소재의 중상위권 대학교 공과대학에 재직 중인 32명의 교수자들을 대상으로 영어강의에 대한 설문조사와 면담을 실시하였다. 설문조사 결과, 교수자들의 평균 영어강의 시수는 학기당 한 과목 정도였다. 영어강의에 적합한 학년으로는 2학년보다, 3, 4학년에 실시하는 것이 좋다는 의견이 다수였다. 영어사용 비율에 대해 70%가 가장 효과적이라고 응답한 교수자들이 많았다(34.4%). 영어강의의 교육효과에 대해, 교수자들은 전공학문 용어 학습에 가장 효과적인 것으로 생각하고 있었고, 반면에 전공 개념을 설명하거나 이해하는데 있어서는 부정적으로 응답하였다. 교수 전략에 있어서, 교수자들은 영어강의 시에 발화 속도를 느리게 하고, 학생들이 이해하기 쉬운 어휘를 사용하는 교수전략을 많이 사용하는 것으로 나타났다. 영어강의의 어려움과 그 원인에 대해, 교수자들은 원활한 수업진행의 어려

움, 스트레스 가중, 자신의 영어실력이 과목 평가에 영향을 줌, 시수 당 다루는 학습내용의 축소 등을 영어강의의 어려움으로 들었으며, 이에 대한 원인들로 학생들의 영어능력 부족, 교수자 자신의 영어능력 부족, 학생들의 전공지식 부족, 전공관련 어휘력 부족을 들었다. 효과적인 영어강의를 위한 지원 방안에 대해 교수자들은 영어강의를 위한 교수법 특강을 실시하는 것을 가장 원하는 것으로 나타났다. 효과적 영어강의를 위한 고려사항으로, 교수자들은 영어강의에 대한 동기 부여, 학년별 차별 배정, 강좌 당 학생 수 감소를 중요한 사항으로 들었다(485-96).

이정연 · 최원준 · 손나비 · 강병덕(2013)은 한동대학교 인문 · 사회과학 및 이공 · 자연과학 분야를 전공하는 434명의 학생들을 대상으로 영어강의의 전공학습 효과 및 효과적 학습 전략과 교수법에 대해 설문조사하였다. 설문조사 분석 결과, 대부분의 영어강의 수강학생들이 전공학습 효과를 보지 못하는 것으로 나타났다. 학생들은 자신들의 영어능력에 관계없이 영어강의 수업 시에 한글번역본 교재를 사용하지 않을수록, 또한 전공 스터디그룹을 활용할수록 전공학습 효과를 더 많이 보는 것으로 나타났다. 교수자의 교수법 측면에 있어서, 학생들은 교수자의 명확한 설명, 영어 교재 사용, 수업보충 자료 제공, 영어로 제출하는 과제 등을 선호할수록 전공학습의 효과를 많이 보는 것으로 나타났다(736-42).

진성희 · 김학일(2013)은 인하대학교 공학계열(토목공학, 건축공학, 정보통신)에 재학하는 228명의 학생들을 대상으로 영어강의에 대한 설문조사를 실시하였다. 설문 영역은 영어활용능력, 영어학습에 대한 동기, 영어활용에 대한 자신감, 영어강의에 대한 인지적 참여도, 영어강의 학습만족도, 영어강의의 학습효과 인식으로 구성되었다. 설문조사 분석 결과 다음의 사항들을 발견하였다. 첫째, 학생들의 영어학습 동기가 영어활용능력 함양에 도움을 주고 이것이 학생들의 영어사용에 대한 자신감을 증가시키는 것으로 나타났다. 둘째, 학생들의 영어활용능력과 영어활용에 대한 자신감이 영어강의에 대한 인지적 참여도를 높이는 것으로 나타났다. 셋째, 영어강의에 대한 학생들의 인지적 참여가 학습 만족도 향상에 영향을 미치지만 학습효과에 대해서는 유의미한 영향을 미치지 않는 것으로 나타났다. 넷째, 영어활용에 대한 자신감이 높은 학생들은 학습 만족도가 높고 또한 학습효과에도 긍정적 인식을 가지고 있는 것으로 나타났다. 진성희 · 김학일은 연구결과를 바탕으로 보다 효과적인 전공과목 영어강의 실시를 위해 다음의 점들을 제안한다.(17-9)

• 학생들의 영어활용능력 수준에 맞춰 수업 집단을 달리 구성함
• 영어강의에서 학생들의 영어활용에 대한 자신감을 신장시킬 수 있는 학습 환경을 조성함

이부형(2010)은 공학분야를 전공하는 대학생들을 대상으로 교수자의 영어강의에 대한 강의평가 결과를 분석하였다. 분석 결과, 영어사용능력이 부족한 학생들은 영어강의 및 영어교재 사용에 대해 부정적 견해를 보였으며, 한국어와 영어를 병행한 수업에서는 수업에 대한 만족도가 상승하고 전공과목 내용에 대한 이해도가 상승함을 발견하였다. 이를 바탕으로 무조건적으로 영어강의를 도입하는 것에 대해 비판적 입장을 견지하며, 학생들의 영어사용능력에 따라 영어강의를 탄력적으로 운영할 것을 제안하였다(193-4).

윤민희(2009)는 미술을 전공하는 대학생들을 대상으로 영어강의를 실시하고 그에 대한 학생들의 반응을 설문조사를 통해 분석하였다. '현대미술사'와 '조형예술의 이해'의 두 과목을 영어로 수강한 학생들의 절반 이상이 영어강의에 대해 긍정적 반응을 보인 것으로 나타났다. 영어강의의 부정적 측면으로는 수업에 적극적으로 참여할 수 없는 것과 교수자의 발음 및 학습내용을 이해하는데 어려움이 있는 것을 들었다. 학생들은 영어강의의 효과성 제고를 위해 학생들의 수준에 맞춘 과목 개설, 영어강의 수강을 위한 예비과정 제공, 영어 원어민 교수자의 강의, 영어강의에 알맞은 강의 콘텐츠 제작 등이 필요함을 지적하였다. 영어강의에 대한 학생들의 설문 결과를 바탕으로 윤민희는 미술이론과목 영어강의의 효과 제고를 위해 다음의 사항들을 제안한다.

• 내용중심 언어학습에 바탕을 둔 영어강의
• 학생들의 영어능력에 맞춘 다양한 교과목 개설
• 체계적 교과목 설계

장은영(2013)은 '컴퓨터구조'(Computer Architecture) 과목을 영어로 수강하는 경희대학교 학생 70명과 비어문계열 전공의 영어 모어화자 교수자 7명을 대상으로 영어강의에 대한 인식을 서술형 응답 설문조사와 초점집단 면담을 병행하여 실시하였다. 설문조사 결과, 학생들의 경우 성공적인 영어 모어화자 교수자의 영어강의 수업의 요인으로서 교수자와 학생 간의 원만한 관계를 가장 중요한 것으로 인식하였다. 둘째, 영어 모어화자 교수자의 필요성에 대해

학생들은 긍정적 반응을 보였다. 셋째, 영어강의 수강 후 만족도에 대해서, 학생들은 전반적으로 만족감을 표시하였다. 학생들을 대상으로 한 초점집단 면담 결과, 첫째, 영어 모어화자 교수자 수업의 장점으로, 학생들은 참신하고 재미있는 수업 방식을 가장 큰 장점으로 들었고, 자유로운 수업 분위기도 장점으로 들었다. 그러나 영어에 대한 노출 증가나 듣기능력 향상은 기대치와 달리 부정적으로 인식하는 것으로 나타났다. 영어 모어화자 교수자에 의한 영어강의의 단점에 대해, 학생들은 전공수업 내용 이해의 어려움을 가장 큰 단점으로 들었고, 그 다음으로 수업관련 의사소통/질문의 어려움을 들었다. 7명의 영어 모어화자 교수자들을 대상으로 한 설문조사 결과, 대부분의 교수자들은(5명)은 자신들의 영어사용으로 인해 전공 수업에 어려움을 느끼는 것으로 나타났다. 둘째, 전공지식의 전달 면에서는 영어를 사용한 강의 전달이 효과적으로 이루어지는 것으로 믿고 있었다. 셋째, 영어 모어화자 교수자들을 활용한 수업이 한국 대학교육과정에 필수적으로 포함될 필요가 있다고 생각하였다(219-37).

Oh(2011)는 서울 소재 5개 대학에 재학하는 경제학 전공의 학부생 410명과 한국인 경제학과 교수자 11명을 대상으로 전공과목의 영어강의에 대한 인식을 설문조사와 면담을 통해 조사하였다. 연구결과 다음의 사항들이 발견되었다. 첫째, 대부분의 교수자들은 자신들이 영어강의를 수행할 수 있는 충분한 영어실력을 구비하였다고 인식하였고, 학생들 또한 영어강의를 성공적으로 수강하기 위한 영어실력을 구비하고 있다고 인식하였다. 둘째, 교수자들과 학생들 모두 영어강의 실시 및 수강에 대한 동기부여가 비교적 높은 것으로 나타났다. 셋째, 학생들은 영어강의 수강이 자신들의 전공지식 향상과 영어실력의 향상에 긍정적 영향을 미치고 있어서 영어강의에 만족하는 것으로 나타났다. 넷째, 영어강의에 대한 만족도는 영어실력, 동기부여 정도, 학년에 따라 상이한 것으로 나타났다. 다섯째, 학생들은 한국인 교수자들의 한국어사용이 강의 내용에 대한 이해도를 신장시킨다고 인식했으며 한국인 교수자들의 한국어사용을 부족한 영어실력 때문이라고 인식하지 않는 것으로 나타났다. 다섯째, 영어강의의 효과성을 증진하기 위한 방안으로 교수와 학생들의 영어실력 향상, 부교재의 사용, 원어민 교수자 수의 증가를 들었다.

제 5장.
내용 · 언어 통합 프로그램

제 5장.
내용 · 언어 통합 프로그램

앞에서 살펴본 바와 같이 오늘날 전 세계적으로 영어를 모어로 사용하지 않는 국가들의 고등교육기관들에서 전공과목들을 영어로 강의하는 내용 · 언어의 통합 프로그램이 새로운 강의형태로 자리잡아가고 있다. 영어강의에 대해 구체적으로 설명하기에 앞서 내용과 언어를 통합하는 교육 프로그램들에 대해 살펴보기로 한다.

5.1. 내용기반 언어학습

영어강의는 특성 상 학문내용을 학생들의 모어가 아닌 외국어로 학습하는 것으로서 언어만 학습하는 것과는 근본적 차이가 있다. 영어강의는 내용과 언어를 통합하는 내용기반 언어학습에 기초한 것으로서 Brinton, Snow, & Wesche(2011: 3-4)는 내용기반 언어학습(content-based instruction)의 이론적 근거들로는 다음의 것들을 제시한다. 첫째, 언어학습이 성공적으로 이루어지기 위해서는 언어 교육과정이 학생들의 목표언어 사용 측면을 적극적으로 고려해야 한다. 단순히 언어 형태 뿐 아니라 언어형태를 활용해서 수행하고자 하는 언어기능이 균형을 이루도록 해야 한다. 둘째, 학습자들이 학습하는 정보의 내용이 언어학습과 관련성이 있을 때 언어학습에 대한 동기부여가 커지고, 결과적으로 학습 효과를 신장시킨다. 셋째, 학습의 효과는 학습자의 선행경험 및 지식을 적극적으로 활용할 때 향상되는데, 선행지식 및 경험을 언어학습에 접목하면 언어학습의 효과가 커진다. 넷째, 언어는 맥락 상황이 배제된 단편적 언어형태들이 아닌, 구체적 언어 사용 맥락 속에서 효과적으로 학습된다. 다섯째, 성공적 외국어 학습을 위해서는 언어입력을 이해해야 하는데, 이 경우, 상황적, 언어적 맥락을 통해 언어입력에 대한 단서를 얻을 수 있으면 언어학습의 효과성이 증진된다. 위와 같은 근거를 바탕으로 외국어 학습/교수 방법으로 실시되어온 내용기반 언어교수는 역사적으로 몇 가지 유형이 있다.

5.2. 교육과정연계 언어학습

교육과정연계 언어학습(Language Across the Curriculum)은 1970년대 중반 영국과 미국에서 자국학생들에게 학습내용과 언어가 밀접하게 연계되어 있는 모든 교육활동들에 참여할 수 있는 기회를 제공해주기 위해, 교과목 내용이해에 필요한 읽기와 쓰기 등의 언어 기술을 연마하도록 도와주는 프로그램들을 제공하는 것으로서, 이 후 외국어교육 이론 및 실행에 많은 영향을 미쳤다. 교육과정연계 언어학습에서는 언어학습과 내용학습이 일방 통행식 관계가 아닌 쌍방향적 관계를 형성하게 되어, 예를 들어 학습자들은 읽기와 쓰기의 경우 '학습을 위한 읽기 및 쓰기' 와 '읽기 및 쓰기를 위한 학습' 두 가지 차원의 학습을 하게 된다. 이를 위해, 언어 교수자와 교과목 내용 교수자 간의 협력이 필수적이며 언어 교수자는 읽기 및 쓰기에서 발생하는 언어적 문제에 초점을 맞춰 가르치고, 내용 교수자는 교과목 내용을 학습하는데 필요한 읽기 및 쓰기 활동들을 가르친다. 교육과정 연계 언어학습은 이를 효과적으로 실시하기 위해 교수자 연수 및 교재개발에도 영향을 미치게 되었다(Brinton, Snow, & Wesche, 2011: 5-6).

5.3. 특수목적 언어학습

특수목적 언어학습(Language for Specific Purposes)은 언어 학습자들이 실제적 요구사항들에 적절하게 대비할 수 있도록 도움을 주기위한 실용적, 경험적 차원의 언어 교수이다. 특수목적 언어학습은 영국에서 처음 시도된 것으로서 일반적으로 대학이나 전문 직업영역에서 많이 활용되고 있으며, 학문적 언어교육 및 상업적 언어교육에 대한 수요를 충족시키기 위하여 이들의 요구 사항들을 바탕으로 개발되었다. 이러한 특수목적 언어학습의 수요자 중심의 접근으로 인해 언어 학습자들이 자신들의 다양한 현실적 목적을 달성할 수 있도록 목적과 직접적으로 연계된 언어내용에 중점을 두어 프로그램을 개발한다. 대학에서 학문적 목적을 위한 영어학습 교육과정인 학문목적 영어학습(English for Academic Purposes)은 특수목적 언어학습의 하위 범주에 속한다. 특수목적 영어학습의 실용적 지향성으로 인해 특정의 이론적 기초를 구비하고 있지는 않지만 Dudley-Evans & St John(1998: 2-5)은 특수목적 영어학습이 불변적 특성들과 가변적 특성들을 지니고 있다고 주장한다. 그들은 특수목적 영어학습의 불변적 특성들로서 다음의 것들을 들고 있다.

- 학습자의 구체적 요구사항을 충족시키기 위해 고안됨
- 특정 영역에 적합한 방법론과 교수/학습 활동을 사용함
- 이러한 활동에 적합한 언어, 기술, 담화, 장르들에 초점을 맞춤

그들은 특수목적 영어학습의 가변적 특성들로서 다음의 것들을 제시한다.

- 특정 영역에 맞게 고안할 수 있음
- 특정 교수상황에서 일반영어 교수와 상이한 교수법을 사용할 수 있음
- 고등교육기관이나 전문직업 환경의 성인들을 위해 고안될 수 있음
- 일반적으로 중급 수준 이상의 학습자들을 위해 고안되지만 초급자들에게도 적용할 수 있음

Dudley-Evans & St John은 특수목적 영어학습을 직업목적 영어학습(English for Occupational Purposes)과 학문목적 영어학습(English for Academic Purposes)으로 구분한다. 이들은 학문목적 영어학습을 다시 일반학문목적 영어학습(English for General Academic Purposes)과 특수학문목적 영어학습(English for Specific Academic Purposes)으로 구분한다. 전자는 강의청취, 교재 독해, 작문 등 일반적 학습기술 등에 초점을 맞추는 반면 후자는 학습자들이 일반학문목적 영어학습에서 습득한 기술들을 실제 전공과목들을 수강하는데 활용하는데 초점을 맞춘다. Dudley-Evans & St John은 학문목적영어 학습 환경을 네 유형으로 구분한다.

- 영어 사용국가 환경
- 제2언어로서의 영어사용 환경

- 일부 과목들을 영어로 가르치는 환경
- 영어가 외국어로 학습되지만 모든 과목들이 자국어로 학습하는 환경

Dudley-Evans & St John은 학문목적 영어학습이 영어를 외국어로 학습하는 국가들에서 의학, 공학, 과학 과목들을 가르치는데 많이 활용되고 있다고 주장한다.

5.4. 몰입식 언어학습

몰입식 언어학습(Immersion Education)은 기존의 전통적 언어학습과 근본적으로 상이한 혁신적 언어학습으로서 이는 단순히 외국어 교육이 아니라 학습자들의 모어와 외국어를 둘 다 균형적으로 발달시키고자하는 언어교육 방식이다. 몰입식 언어교육 프로그램은 1960년대 중반 캐나다 퀘백 주 St. Lambert 시에서 실험적으로 실시되어 학생과 학부모, 학교 당국 모두로부터 긍정적인 반응을 얻으면서 캐나다 전역과 미국 등으로 전파되기 시작하였다. 몰입식 언어교육은 도입 시기에 따라 조기몰입교육, 후기몰입교육으로 구분되고, 또한 모국어 와 외국어의 사용 비율에 따라 전체몰입교육, 부분몰입교육으로 구분된다. Johnson & Swain (1997: 7-8)은 전형적 몰입식 언어교육의 핵심적 자질들로서 다음의 것들을 들고 있다.

- 외국어를 학습의 매체언어로 사용함
- 교육과정은 학생들의 모어 교육과정을 따름
- 학생들의 모어를 적극적으로 지원함
- 모어와 외국어 사용을 균형적으로 신장하는 가산적 이중언어사용을 지향함
- 외국어 사용은 기본적으로 학교 교실 학습으로 제한됨
- 교사는 학생들의 모어와 외국어를 사용하는 이중언어 사용자임
- 학생들은 자신들의 문화 속에서 학습함

5.5. 내용 · 언어통합 학습

내용 · 언어통합 학습(Content Language Integrated Learning)은 유럽, 특히 영국을 중심으로 개발된 언어교수 및 학습 접근으로서 언어학습을 내용학습과 통합한다는 점에서 북미의 몰입식 언어교육과 공통점을 지니고 있다. 영국을 중심으로 내용 · 언어통합 학습을 개발하게 된 배경으로는 유럽이 통합조직인 유럽연합을 형성함에 따라 역내 국가들의 언어사용이 중요한 문제로 부상하게 되었고, 유럽인들의 이중언어 및 다중언어 사용을 진흥하기 위해 '모어 + 2' 언어 정책을 채택함에 따라 이들 언어들을 보다 효과적으로 교육하기 위한 해결방안으로 개발되었다(Wiesemes, 2009). 내용 · 언어통합 학습은 영국 Nuffield Language Inquiry가 언어와 내용을 통합하는 교육을 시도한 내용 · 언어통합 프로젝트(Content and Language Integration Project: CLIP)에서 출발하였다. CLIP의 핵심 전제는 CLIP 프로그램들이 학생들의 외국어 능력을 향상시킬 뿐 아니라 언어학습과 내용학습에 대한 긍정적 태도 형성에 영향을 미친다는 것이다. CLIP에서는 교사들의 내용 · 언어통합 교육과정 개발 및 실행을 지원하고 11-15세 학생들이 자신들의 인지수준에 알맞은 언어학습을 할 수 있도록 유의미한 내용과 결합한 언어의 역할이 강조되었고, 학생들의 인지적 도전을 요구하였다. CLIP 연구결과 학습자와 교사 모두에게 긍정적 효과가 있는 것으로 나타났다(42-6).

내용 · 언어통합 학습은 고등교육기관들에서도 활발하게 도입되고 있는데 고등교육기관들에서의 내용 · 언어통합 교수를 고등교육 내용 · 언어통합 학습(integrating content and language in higher education)이라 부른다. 고등교육기관들에서의 내용과 언어의 통합에 대한 관점은 크게 세 가지로 나뉜다. 내용과 언어의 통합을 기술적 차원에서 보는 입장에서는 교수자의 교수활동은 전공학문의 리터러시 실행보다 의미론, 어휘에 초점을 맞춘다. 이를 위해 전공분야 학문 텍스트의 전공특수 언어를 단순화하고 전문용어들을 일반적 용어로 대체한다. 규범론적 차원에서 내용과 언어의 통합을 보는 입장은 학생들에게 텍스트의 구성을 이해하도록 하는데 초점을 맞추고, 또한 학생들이 전공학문 분야의 리터러시 실행의 기저 규칙들을 명확히 이해할 수 있도록 한다(Lillis & Scott, 2007). 변환적 차원의 내용과 언어의 통합은 학생들이 전공학문 담화 내의 파워 관계와 리터러시 실행을 명확하게 파악할 수 있도록 한다(ibid). 고등교육 내용 · 언어통합 학습을 이해하기 위해서는 언어, 내용, 통합의 세 가지 핵심적 요소 들을 파악해야 한다(Jacobs, 2015: 27-8).

언어적 요소

- 모어, 제2언어, 외국어
- 다중언어사용, 이중언어사용, 복수언어사용
- 학문적 리터러시
- 전공학문 담화
- 학문적 텍스트의 장르 등

내용적 요소

- 전공과목
- 전공학문: 전공학문 내용학습
- 지식형태 및 구조

통합적 요소

- 공동 교수, 팀 티칭, 학습자료 공유, 공동 평가과제의 디자인 및 마케팅
- 언어 교수자와 내용 교수자간의 협력
- 전공학문들 간의 협력

고등교육 내용 · 언어통합 학습 실행을 가능하게 하는 조건들로는 다음의 것들이 있다(ibid: 28-9).

- 언어 교수자와 내용 교수자 간의 공통의 목적의식 공유
- 고등교육기관 차원에서 다학제적 활동 가치 인정
- 언어 전문가들의 전공 학문영역 교수참여: 언어 전문가들의 교수 및 학문적 기능은 내용 전문가들의 활동의 기저를 이루는 동일한 시스템 및 과정의 일부임
- 언어 교수자와 내용 교수자 양자가 고등교육 차원에서, 전공 학문적, 맥락적, 개념적, 지리적 경계들을 초월하려는 의지

고등교육 내용 · 언어통합 학습 활동을 제약하는 요인들은 다음과 같다(ibid: 27-8). 첫째, 언어 교수자와 내용 교수자간의 불평등한 지위로서, 언어 교수자들이 내용 교수자들에 비해 열

등한 지위를 지니는 것이 일반적 현상이다. 둘째, 고등교육기관의 효율성 문제로서, 협동적 교육 및 이와 관련한 팀티칭 및 공동평가를 비용 상승 요인으로 인식한다. 전공학문의 폐쇄성 여부도 고등교육 내용 · 언어통합 학습 실행의 중요한 변수로서, 폐쇄성이 강하고 오랜 기간에 걸쳐 확립된 학문들일수록 고등교육 내용 · 언어통합 학습 활동을 수행하기 매우 어려운 환경이다. 이 외에도 학문들 간의 연구방법론의 상이성, 업무량 증가, 영역별 텃세 등이 고등교육기관들에서 고등교육 내용 · 언어통합 학습의 원활한 실시를 제약하는 요인들이다.

고등교육 내용 · 언어통합 학습의 개념화에는 다소 혼란스러운 면들이 존재하는데, 그 이유로는 고등교육 내용 · 언어통합 학습의 틀을 형성할 수 있는 공유된 존재론적 실체가 부족하고 또한 이 분야 구성원들이 공통적으로 이해할 수 있는 언어적 기술이 부족하다는 점이다. 고등교육 내용 · 언어통합 학습이 이론적 체계를 구비한 독립적 학문영역으로 부상하기 위해서는 교육현장에서의 구체적 실행보다는 지식 구축에 중점을 두는 것이 바람직하다. 이렇게 함으로써 고등교육 내용 · 언어통합 학습 연구의 설명력을 증가시킬 수 있다. 궁극적으로 상이한 맥락들을 넘어 고등교육 내용 · 언어통합 학습에 대한 이론화가 필요하다(ibid: 30)

위에서 내용기반 언어학습과 관련된 언어와 내용을 통합하는 몇 가지 유형들을 살펴보았다. 내용기반 언어학습은 교육상황에 따라 모든 연령대의 학습자들을 대상으로 적용할 수 있지만, 여기서는 고등교육 수준에서의 내용기반 언어학습 적용에 대해 살펴보기로 한다. 대학을 비롯한 고등교육기관들, 특히 비 영어사용권 학생들을 대상으로 이들의 부족한 영어사용능력을 신장하고 아울러 학문영역의 지식도 학습할 수 있도록 도와주기 위해 사용할 수 있는 내용기반 언어학습 모형들로는 주제기반 언어학습(Theme-based Language Instruction), 내용보호 언어학습(Sheltered Content Instruction), 언어 · 내용 병존학습(Adjunct Language Instruction)이 있다.

5.5.1. 주제기반 언어학습

주제기반 언어학습(theme-bassed instruction)에서는 특정의 주제들이 언어교육과정의 기본을 형성한다. 예를 들어, 언어교육과정을 에너지, 질병, 환경오염, 인터넷 등 서로 관련이 없는 다양한 주제들로 구성하여, 각각의 주제들을 읽기, 쓰기, 듣기, 말하기 등의 언어활동과 연계하여 통합적으로 가르친다. 이점에서 주제기반 언어교수이 전통적 영어교수법과 차별화된다. 즉, 전통적 언어교수법에서는 특정의 주제가 한 가지 언어학습활동에서만 사용되는데 비해 주제기반 언어학습에서는 다양한 언어학습 활동들이 주어진 주제와 통합적으로 연계되어 있다. 주제기반 언어학습의 또 다른 유형으로는 한 가지 공통 주제를 중심으로 이와 관련된 하부 주제들을 선별하여 각각의 하부 주제들에 대해 보다 깊이 있게 학습하는 것이다. 예를 들어, 인터넷을 주요 주제로 삼을 경우, 인터넷의 발전과정, 인터넷 중독, 인터넷 예절, 인터넷 금융, 등 인터넷과 관련된 구체적 주제들을 보다 폭넓고 깊이 있게 학습할 수 있다. 이렇게 특정 주제를 심도 있게 학습할 경우, 학습자들은 다양한 언어활동들을 통해 관련 주제의 어휘, 언어 표현 등을 심화 학습할 수 있게 되어 결과적으로 특정 주제의 언어사용능력을 신장시킬 수 있게 된다(Brinton, Snow, & Wesche, 2011: 14-5).

5.5.2. 내용보호 언어학습

내용보호 언어학습(content sheltered instruction)에서는 언어사용능력이 부족한 학습자들을 일반 학생들로부터 분리하여 교과내용 전문가들이 이들의 언어수준에 맞게 교과목 내용을 가르친다. 이처럼 언어사용능력이 비슷한 학습자들을 대상으로 이들의 언어수준에 알맞게 교과목 내용을 단순화하고 조정하기 때문에 언어학습능력이 부족한 학생들이 내용을 이해하는 데 도움을 줄 수 있다. 내용보호 언어학습이 주제기반 언어학습과 다른 점은 내용보호 언어학습은 주제기반 언어학습과 달리 교과목 내용을 목표언어로 가르칠 수 있는 전문가가 있어야만 한다. 내용보호 언어학습에서는 학생들의 언어사용능력에 맞춰서 수시로 언어적 조정을 해야 하며, 교수자들은 자신들의 수업을 학생들이 수월하게 이해할 수 있도록 교재내용을 조정해야 한다. 또한 학생들의 수업 이해력을 증진시키기 위해 말하기 및 쓰기 등 산출적 언어기능보다는 읽기 및 듣기의 이해기능에 보다 초점을 맞춰야 한다. 내용학습과 언어학습을 통합하는 내용보호 언어학습을 보다 효과적으로 수행하기 위한 방안으로서, 내용보호 언어학습 관찰프로토콜(Sheltered Instruction Observation Protocol)이 개발되었다(Short, Fidelman, & Lougult, 2012). 내용보호 언어학습 관찰프로토콜은 교수자에게 효과적 학문영어 교수를 위한 학습계획과 전달체계를 통합하고, 학습자들의 성취도를 향상시킬 수 있는 일관성 있는 교수법을 제공함으로써, 학습자들이 학문내용과 함께 영어의 4가지 기능도 계발할 수 있도록 하고 있다. 우리나라를 비롯한 전 세계적으로 비영어사용 국가들의 고등교육기관에서 실시하는 영어강의는 내용보호 언어학습의 한 유형이라고 볼 수 있다. 영어강의가 내용보호 영어학습과 차이점이 있다면 내용보호 영어학습의 경우, 내용 교수자들이 해당 영어 모어화자인데 비해, 비영어사용 국가들의 영어강의의 경우에는 교수자들이 자신들의 모어가 아닌 외국어, 즉, 영어로 강의한다는 것이다.

5.5.3. 내용 · 언어 병존학습

내용 · 언어 병존학습(adjunct instruction)에서는 학생들이 언어학습 강좌와 내용과목 강좌를 동시에 수강하게 되는데, 이 경우, 언어학습 강좌에서는 내용학습 강좌에서 사용되는 언어들에 대해 집중적으로 학습하게 된다. 내용 · 언어 병존학습이 내용보호 언어학습과 다른 점은, 내용보호 언어학습에서는 학습자들이 비슷한 언어수준을 가진 동질적 집단으로 구성되는데 비해, 내용 · 언어 병존학습에서는 언어능력이 부족한 학생들이 원어민화자 학생들과 함께 동일한 내용과목을 수강한다는 것이다. 이러한 상황에서 언어사용능력이 부족한 학생들에게 내용과목 학습 이해도를 높이기 위해 별도의 언어학습 강좌를 제공함으로써 내용학습과 직접적 관련이 있는 언어적 내용들을 가르치는 것이다. 이처럼 내용 · 언어 병존학습에서는 서로 직접적 관련이 있는 언어과목과 내용과목을 분리해서 가르쳐야하기 때문에 학습의 효과성을 극대화하기 위해서 내용 전문가와 언어 전문가 간의 긴밀한 협조체계가 필수적이다. 또한 이를 뒷받침하기 위한 학교의 정책적 의지도 요구된다(Brinton, Snow, & Wesche, 2011: 16-7).

Kasper(1997: 317-8)는 대학생들을 대상으로 실시한 다양한 내용기반 언어학습 프로그램들을 검토한 후, 내용기반 언어학습이 외국어 사용능력이 부족한 학생들의 학문적 요구를 충족하는데 효과가 크다고 주장하였다. 그가 제시한 내용기반 언어교육 프로그램들의 장점들은 다음과 같다.

- 내용기반 언어학습 프로그램들의 자료와 활동들이 복수의 정규학문에 기초하고 있어서, 학생들이 유의미한 맥락 속에서 언어적, 수사적 구조를 집중적으로 학습하고 연마하는데 도움을 줌.
- 내용기반 언어학습을 통해 학생들로 하여금 자신의 관심 전공분야 지식에 대한 충분한 배경지식을 누적적으로 습득하게 하고, 다양한 대학수준의 주제들을 다룰 수 있게 함.
- 학생들이 학문관련 언어적, 수사적 과제들을 지속적으로 접하게 됨에 따라, 영어를 명제적 의미로 사용할 뿐 아니라, 해석적, 비판적으로도 사용할 수 있게 됨.
- 내용기반 언어학습 과제들은 학생들의 고차원적, 복합적 영어사용을 촉진할 뿐 아니라 대학생활을 성공적으로 수행하기 위해 필요한 기술들을 가르침.
- 학생들은 학문기반 언어자료를 이해하기위한 노력의 과정에서 고급수준의 언어처리를 해야하며, 이를 통해 기억 속에 저장된 정보의 의미를 구축하고, 광의의 텍스트 맥락 속에서 관련성 있는 정보를 추출하고, 불필요한 잉여정보들을 걸러내는 방법을 터득하게 됨.
- 언어사용능력 향상을 도모하는 의미의 구축은 학생들이 복수의 전공 텍스트 정보들을 처리하고, 상호작용 및 통합 활동들을 포함하고 강조함으로써 촉진됨.
- 학생들은 학문기반 텍스트의 글쓰기를 함으로써 텍스트의 이해도와 연계성을 강화할 수 있음.
- 학생들은 제시된 정보를 다양한 관점에서 파악할 수 있을 뿐 아니라, 텍스트를 자신의 경험, 지식, 아이디어, 사고와 연계할 수 있음.
- 학문기반 텍스트들은 학생들의 배경지식 구축을 촉진하고, 읽기/쓰기 과정에 대한 메타인지능력을 향상시키며, 효율적 이해전략들을 사용하도록 이끌어 줌
- 내용기반 언어학습 과정에 사용되는 학습 자료들은 학생들을 인지적, 지식적 면에서 상호작용하도록 함. 그 결과 학생들의 성공적 학문습득을 위해 필요한 영어능력과 비판적 사고/읽기 기술을 함께 향상시킴

제 6장.
학문목적 영어강의의 이론적 기초

제 6장.
학문목적 영어강의의 이론적 기초

고등교육기관들의 영어강의는 기본적으로 학문목적영어(English for Academic Purposes) 강의이다. 학문목적영어는 특수목적영어(English for Specific Purposes)의 하위분류로서, 특수목적영어가 일반목적영어와 다른 가장 중요한 특징은 특정 전문 집단이나 직업 집단의 영어사용 요구에 맞춘다는 것이다(Richards & Schmidt, 2002). Widdowson(1983)은 특수목적영어 프로그램 목표의 구체성 정도에 따라 협의 특수목적영어와 광의 특수목적영어의 두 종류를 제시한다. 협의 특수목적영어는 학습자가 명확하게 정의된 과제를 수행할 수 있는 제한적 능력을 습득할 수 있도록 고안된 훈련과정으로서, 프로그램 목표의 초점이 특정 과제들을 수행하기 위해 요구되는 구체적 언어유형들에 맞춰져 있다. 광의 특수목적영어는 일반목적 영어와 유사한 것으로서, 학습자들로 하여금 미래의 불특정 상황에 대응할 수 있는 일반적 능력을 제고하는데 목표를 둔다.

Widdowson은 특수목적영어 프로그램의 초점이 되는 지식 및 기술 유형을 기술함에 있어서 협의 능력(competence)과 광의 능력(capacity)을 구분한다. 협의 능력은 언어체계에 대한 화자의 지식과, 또한 언어형태의 적절한 사용을 결정하는 사회적 규칙에 대한 지식을 지칭하는 개념이고, 광의 능력은 언어에 내재된 잠재력을 활용하여 상황변화에 대응하기 위해 언어적 의미들을 창출할 수 있는 능력을 지칭한다. 협의 특수목적영어 프로그램은 본질적으로 특수목적 과제를 수행하기 위한 정형화된 언어사용능력을 계발하는 훈련과정인데 비해, 광의 특수목적영어 프로그램은 코스의 목표에서 구체적으로 확인될 수 없는 언어능력의 사회적, 언어적 측면을 활용할 수 있는 능력을 계발하는데 중점을 둔다. Widdowson은 학문목적영어 프로그램이 학생들의 협의 언어능력 뿐 아니라 광의 언어능력도 함께 함양하는데 주안점을 두어야 한다고 주장한다. 이에 대해 학문목적영어가 특정 학문의 구체적 특징들에 초점을 맞춰야 한다는 학자들도 있다(Blue, 1988; Coffey 1984; Hyland, 2002b, 2009b; Jordan, 1989). Hyland는 학문목적영어 프로그램이 학문적 특수성에 초점을 맞출 필요가 있음을 주장한다. 그는 학문목적영어의 특수성을 주장하는 근거로, 코퍼스 언어학의 연구 결과 상이한 학문영역들에서 상이한 언어적 자질들을 사용하고 있음을 보여준다는 것을 들고 있다. 학문 분야별로 가치, 전제, 의사소통적 목적 등의 관점에서 큰 차이가 있고, 이러한 상이성 결과의 일부가 텍스트 상의 언어적 차이에서 명백히 나타난다는 것이다. Jordan(1997)은 절충식으로, 학생들의 요구에 따라 학문목적영어 프로그램이 보다 일반적일 수 있고, 또는 보다 구체적일 수 있다고 본다.

학문목적영어 프로그램은 고등교육에 참여하기 위해 영어를 학습하는 것으로서 이 학습은 학문적 맥락들에서 발생하는 구어/문어 텍스트를 중심으로, 이들 텍스트를 창출하는 담화 및 실행들을 학습하는 것을 포함한다. 학문목적영어 프로그램의 초점은 사회적, 인지적, 언어적 지식을 포함하는 다양한 유형의 지식으로서, 학문목적영어 코스 설계자 및 교수자가 직면한 과제는 학생들로 하여금 특정 학문영역의 텍스트를 분석하고 이해하는 도구를 제공하는 것이다.

6.1. 학문목적영어의 특성

학문목적영어의 특성은 학습자의 요구 반영, 학문단계에서의 교량 역할, 교육적 성격의 관점에서 설명할 수 있다. 첫째, 학문목적영어 프로그램은 학습자의 학문적 요구에 기반을 둔다(Bruce, 2015: 7-9). 그러므로 학문목적영어에서 학습자의 요구는 핵심적 고려사항으로서 학문목적영어 실행자들은 학생들의 요구를 파악하기 위해 학생들의 현재상황과 목표상황의 두 가지 유형의 상황을 고려해야 한다(Hutchinson & Waters, 1987). 또한 학문목적영어 프로그램이 진행될 교육의 단계 및 수준을 예비단계 수준으로 할 것인지, 전공학문 코스 운영단계 수준으로 할 것인지도 고려해야 한다. 예비단계 학문목적영어 프로그램은 대학예비 기초과정과 대학원 예비과정으로 구분할 수 있다. 대학예비 학문목적영어 과정 수강학생들은 학문주제 관련, 학문특수 기술 보다는 전이 가능한 절차적 지식을 습득할 필요가 있다. 전공학문 과제들은 상이한 학문영역 별로 상이한 지식학으로 인해 기대치가 상이하다(Lea & Street, 1998). 따라서 학생들은 상이한 학문이 요구하는 과제들의 방향성, 정체성, 담화적 요소들을 이해해야한다.

둘째, 학문목적영어의 교량적 역할은 학생들의 현재지식, 기술, 교육 발전 단계에서 대학의 특정 전공학문 학업 과정에 완전하게 참여하는데 필요한 단계로 넘어가기 위한 교량 역할을 수행하는 것을 의미한다(Bruce, 2015: 9-10). 학문목적영어 교수자들은 학생들의 요구분석을 바탕으로 학생들의 선행학습, 기대치, 가치들을 확인할 수 있다. 또한 목표상황 분석을 통해 학생들이 목표 학습문화에 진입하기 위해 습득해야 할 언어지식, 교육적 가치, 정체성 및 역할들을 파악할 수 있고, 이를 바탕으로 학문목적영어 교육과정을 설계할 수 있다. 학문목적영어 프로그램의 역할을 교량에 비유하는 것은 학문목적영어 교수자가 학생과 전공학문 교수자 간에 문화적 의사소통을 매개하는 역할을 수행하는 것과 아울러, 다양한 배경을 지닌 학생들 상호간에도 효과적 의사소통을 증진하는 역할도 수행하는 것을 의미한다. 이를 위해 학생들이 학습과제, 학습과정, 가치들에 대해 이해하고 목표 학습문화를 학습할 수 있도록 학문목적영어 과정의 내용 및 과정을 구성하고 적절한 교수법 및 학습과제를 활용해야 한다.

셋째, 학문목적영어 프로그램의 교육적 성격에 대해서는 수용적 교육과 비판적 교육의 두 가지 상반된 입장이 존재한다(10-4). 수용적 교육을 입장은 학생들로 하여금 학문언어의 규약 및 가치를 무비판적으로 학습하게 하는 반면, 비판적 교육은 학생들로 하여금 학문적 언어의 규준 및 가치에 대해 의심하고 도전하게 한다. Benesch(1993, 2001)는 비판적 교육 입장을 견지하고 있다. 그는 외국어 글쓰기를 기본적으로 이념적인 행위로 인식한다. 따라서 학문목적영어 프로그램은 비판적 학문교육을 통해 학생들에게 기존 전통 및 권위에 도전할 수 있도록 저항의 정신을 수용해야한다고 주장한다. 이를 위해 학문목적영어 수업은 주제 선정에 있어서 융통성을 부여하고, 교수자 선정, 학생 선발, 학급 선정에 있어서 유연성이 있어야 한다고 주장한다. 또한 학문목적영어 수업은 권리분석을 실시하여, 학생들이 학문 과정에서 마주치는 다양한 권력관계들을 이해하고 대응하는 틀을 제시해주어야 한다고 주장한다. 아울러 교수자는 학생들로 하여금 학문목적영어 교육과정에서 작동하는 권력관계를 파악하고, 학생들이 교수자의 강의전달내용 및 방법에 의문을 제기하고 비판하는 능력을 습득하도록 도와야 한다고 주장한다. 이는 기본적으로 학문목적영어 강의실을 학생들의 적극적 참여로 형성되는 공간으로 규정하는 것으로서 이러한 입장은 포스트모더니즘 및 포스트구조주의 입장을 반영한 것이다.

Benesch의 비판적 교육 입장에 대해, Santos(2001)는 교육이 대체적으로 비이념적 기초에서 행해진다고 주장하며, 모든 교육적, 인간적 관계들이 이념적이고 정치적이라는 비판적 교육학의 전제에 의문을 제기한다. Bruce는 학문목적영어에 대한 수용주의, 비판주의의 이분법적 시각에 대해 문제가 있음을 지적한다. 그는 대립적, 이분법적 접근으로는 학문목적영어 강의상황에서 교수자가 직면하는 다양한 이슈들에 대한 실질적 해결책을 제시할 수 없고, 학생들과 기타 관련 당사자들의 요구들에 부응할 수 없기 때문에 효과적 학문목적영어를 위해서는 수용주의와 비판주의 양자를 절충해야한다고 주장한다. 학문목적영어에 대한 수용주의적 입장은 학생들로 하여금 담화산출에 필요한 학문 시스템상의 다양한 지식유형들을 이해하고 활용함으로써 담화 생산능력을 연마하는데 중점을 두고 있고, 비판주의적 입장은 학문목적영어 학습자들이 특정 학문, 담화 공동체의 구성원으로서 사용할 수 있는 다양한 유형의 담화적 지식을 파악하고 이를 개혁적으로 활용함으로써 자신의 목소리를 낼 수 있도록 훈련하는 것에 중점을 둔다. 양자를 통합한 통합적 입장은 학생들의 권리분석보다 학생들의 요구분석을 중시하여, 학문목적영어 교수자들로 하여금 학생들의 요구를 확인하고 교육과정 운영을 통해 이러한 요구를 충족할 것을 요구한다. 학문목적영어 프로그램들은 특정학문 담화공동체 내에서 학습자들이 자신들의 목소리를 드러낼 수 있는 수단을 제공해야 한다. 학생들은 자신이 속한 담화 공동체의 정체성, 가치, 태도, 텍스트 및 담화관련 지식을 수용하는 학문영역의 담화능력을 향상해야 함과 동시에, 자신들이 속한 학문 공동체의 담화를 해체, 습득, 참여할 수 있는 수단을 가질 수 있도록 이들을 담화 분석가로 훈련시킬 필요가 있다(Alexander, Argent & Spencer, 2008; Benson, 2001; Johns, 2001).

6.2. 학문공동체와 학문목적영어

학문목적영어 공동체는 학문공동체의 일부로서 이를 제대로 이해하기 위해서는 학문공동체의 성격을 이해할 필요가 있다. 일반적으로 공동체를 분석하는 틀은 언어공동체, 담화공동체, 실행공동체의 세 가지로 분류할 수 있다(Bruce, 2015: 16-23). 첫째, 언어공동체 개념에 대해 Saville-Troike(1989)는 구성원들 간에 상당한 공통점을 공유하는 집단, 모든 범위의 역할기회들을 구비한 물리적으로 결속된 집단, 공통점을 공유하는 유사한 실체들의 집합의 세 가지를 포함하는 것으로 본다. 이러한 언어공동체를 구성하는 다른 요소들로서 종교적, 인종적, 역사적, 정치적 요소들도 포함된다. 또한 개인은 복수의 언어공동체에 속할 수 있고 사적, 전문적 생활에서 상이한 언어공동체에서 활동할 수 있고, 이러한 영역 내에서 다수의 상이한 집단과 교류할 수 있다. 이처럼 언어공동체는 복잡한 개념으로서 이는 단순히 언어사용만으로 정의할 수 없고 사회적 환경 속에서의 언어사용을 바탕으로 정의해야 한다(Paltridge, 2000).

둘째, 담화공동체 개념에 대해 Swales(1990: 24-7)는 담화공동체의 자질들로서 다음의 것들을 제시한다.

- 구성원들 간에 공통의 공적 목표 공유
- 구성원들 간의 의사소통기재 보유
- 구성원들 간에 정보 및 피드백을 제공하기 위한 참여기재 활용
- 구성원들이 설정한 목표의 의사소통적 확장을 위한 장르 소유 및 사용
- 공동체 관련 특수어휘 습득
- 적정 수준의 내용 및 담화 전문지식을 구비한 최소한의 구성원 확보

Swales는 담화공동체가 구성원들의 목표를 달성하기 위해 존재하는 사회수사적 네트워크 라고 주장한다. 일반적으로 담화공동체 연구들은 공동체 구성원들 간의 면대면 사회적 상호작용보다는 연구논문 서론, 학위논문, 대중적 전문 텍스트, 법률 사례연구, 연구비 신청서 형식, 학술대회 초록 등, 특정의 글쓰기 장르 같은 공식적 의사소통도구 분석에 중점을 둔다.

셋째, 실행공동체는 Lave Wenger(1991), Wenger(1998)가 제안한 개념으로서, 공통의 목표를 가지고 이를 달성하기 위해 상호작용하는 직업적, 전문적 집단을 지칭한다. Wenge는 역사적, 사회적 맥락 속에서의 실행이 사람들의 행위구조를 형성하고 그에 대한 의미를 부여한다고 주장한다. Lave Wenger는 실행공동체에서 발생하는 학습유형들을 상황기반 학습으로 기술한다. 이들은 공동체의 실행이 광의의 잠재적 교육과정을 창조하며, 공동체에 새로 참여하는 신입자들은 합법적으로 주어진 주변적 참여기회를 통해 학습에 참여할 수 있게 된다. 상이한 실행공동체마다 신입 구성원을 받아들이는 방식이 상이하다. 예를 들어, 학문적 상황의 경우 대학 신입생들은 입학을 위해 대학 등 해당 공동체가 요구하는 필요요건을 충족해야한다. 상황기반 학습개념의 핵심은 적법한 주변적 참여로서 이는 전통적 도제제도에 기초하고 있지만, 실행

공동체적 접근은 학습해야할 목표지식 및 실행이 한 개인에 머물지 않고 실행공동체 전체로부터 습득됨을 전제로 한다. 이 경우 학습은 공동체 내에 참여를 통해 이루어지며 공동체의 실행을 활용하는 것을 포함한다. 광역 공동체 내에서 공동체 지식 및 실행의 전체성이 내재화되고, 또한 신입 구성원들의 공동체 참여를 통해 이러한 지식 및 실행이 습득되는 수단이 제공된다.

Bruce(2015: 22)는 Lave & Wenger의 실행공동체 개념이 학문공동체에 쉽게 적용될 수 있는 것이 아니라고 주장한다. 일례로, 학문공동체의 구성 및 운영의 관점에서 Wenger가 주장하는 실행공동체의 속성인 공통의 목표를 달성하기 위한 상호 참여 및 공동의 활동은 학문 교수자들과 학생들의 목표들이 서로간에 차이가 있음을 감안할 때 이에 부합하지 않는다는 것이다. 고등교육상황에서 학문 교수자들의 목표는 자신들의 전공학문 영역에서 특수한 연구를 수행하는 것인데 비해 학생들의 학문적 목표는 특정 학문 영역의 지식 및 개념을 습득하는 것으로서 양자 간에 동일한 목표를 공유하고 있지 않다는 것이다. 그는 학문공동체 맥락에서는 특정 공동체 내의 참여를 통해 습득할 수 있는 지식의 유형의 한계를 설정하는 것과 공동체에 대한 신입 구성원의 관계의 본질에 대해 한계를 설정하는 것이 필요하다고 주장한다.

학문목적영어 연구에서 어떠한 이론적 접근을 선호하든 중요한 점은 한 접근방식이 다음의 세 가지 사항을 고려하고 있는지 여부이다(Bruce, 2015: 24).

- 동일 공간에 존재하는 학문공동체 구성원들을 설명하는가? 아니면 구성원들이 상이한 도시 및 국가들에 산재한 장소들의 학문공동체를 설명하는가?
- 학문공동체 내에서 작동하는 관계 및 과정을 정확하게 반영하는 수단을 제공하는가?
- 학문공동체 내에서 의사소통하는데 사용되는 장르의 역할을 인식하고 장르지식을 해체할 수단을 제공하는가?

6.3. 학문지식의 본질과 학문목적영어

학문들마다 자신들의 지식영역에 대해 타 학문과 상이한 방향성을 지니고 있다. 이러한 상이성들을 학문의 존재론과 지식학의 두 관점에서 분석할 수 있다. 존재론은 학문의 존재론적 본질을 규명하고 지식학은 지식의 본질 및 지식이 증명되는 방식을 규명한다. 학문의 존재론적 이슈로는 명목론과 현실론 간의 논쟁이 있다(Bruce, 2015: 24-7). 현실론적 입장은 사고의 대상이 이를 인식하는 인간의 심리와 독립된 실존성을 지니고 있는 것으로 본다. 예를 들어, 자연과학 연구의 대상은 실제 세계에 존재하고 독립적, 객관적, 경험적으로 증명 가능한 존재이다. 반면, 명목론적 입장은 사고의 대상이 그것을 인식하는 인간의 심리에 의해 창조된다고 본다. 예를 들어, 인지과학에서 연구의 대상은 인간에 의해서 어떻게 인식되는가의 관점에서 존재한다. 학문의 존재론적 입장은 학문 연구수행 및 새로운 지식창출에 영향을 미친다. 명목론적 입장에서는 사물 및 추상에 대한 지식은 인간의 정신세계 속에만 존재한다. 이러한 입장에서는 인간이 모두 다르기 때문에 사물을 구성하고 대표하는 방식이 상이하다. 현실론적 입장은 양적, 경험적, 관찰 데이터로 뒷받침할 수 있는 양상 및 추세를 바탕으로 일반화할 수 있는 현상을 확립하는데 관심을 둔다.

지식학적 이슈들은 상이한 주제 영역에서 활동하는 사람들이 지식을 어떻게 인식하는가에 초점을 맞춘다. 현실론적 입장은 새로운 지식을 탐구하고 증명하는 데 있어서 실증적/과학적 접근을 활용하고, 정량화할 수 있는 경험적 데이터를 자주 사용한다. 반면 명목론적 입장은 자연적, 해석적 접근을 활용한다. 현실론적 입장을 반영하는 지식의 기술은 객관성, 경험, 일반화에 가치를 부여하는 견해를 유지하는 반면, 명목론적 입장을 반영하는 지식의 기술은 맥락적 특수성, 구체성, 다중적 견해의 수용 등을 포함한다. 이러한 학문지식의 기저 특성을 반영하기 위해 저자들은 글쓰기에 있어서 자신들의 목표주제 지식과 관련한 이러한 근본적 입장을 반영하는 정체성 및 입장을 채택해야 한다.

주제지식의 존재론적, 지식학적 양상은 특정 지식을 전파하는데 사용되는 언어적 장르의 특성과 밀접하게 관련되어 있다. 이들은 또한 학문 담화공동체의 신입 구성원인 학생들이 이해하고 습득해야 할 언어적 과제 장르의 요건과 관련되어 있다. 이러한 점에서 학문목적영어 교육과정은 특정 학문 내에서 소통하기 위해서 사용되는 구어/문어의 언어적 모드 및 장르 뿐 아니라 학문지식 및 지식의 특수한 성격과 관련한 근본적 기저전제들을 검토해야 한다.

6.4. 학문목적영어 연구방법론

특정 학문의 지식 및 실행을 연구하기 위한 세 가지 주요 방법으로서 민족지학적 연구, 장르 연구, 코퍼스 연구를 들 수 있다(Bruce, 2015: 28-35). 첫째, 학문탐구에 대한 민족지학적 연구방법은 기본적으로 질적 접근으로서 계량적 정보보다는 사람들이 특정 맥락에서 실제적으로 언어 활동하는 것을 구체적으로 기술하는데 초점을 맞춘다. 민족지학적 연구방법의 특징들로는 다음과 같다.

- 개인들의 문화적 실행들에 대해 참여자 또는 내부자의 기술을 확보함
- 목표상황 맥락을 세밀하게 기술함
- 특정 맥락에 대한 구체적 실상을 확인하기 위해 관찰, 비구조적 인터뷰, 개인적 설명 등 다양한 데이터 수집방법을 활용함

민족지학적 연구방법의 문제점으로는, 상황에 대한 기술방식 및 해석방식에 있어서 연구자의 편견이 존재할 가능성과 아울러 다양한 데이터 수집방법을 활용하여 대규모 데이터를 수집, 관리, 구성하는 것이 시간 소모적이라는 것이다.

둘째, 장르기반 연구방법이다. 장르는 반복적 상황 및 맥락에서 저자가 동일한 유형의 의사소통 목적을 달성하는 텍스트를 산출하는 전형적 방식을 지칭한다. 특정 담화공동체의 구성원들은 특정 목적을 달성하는 텍스트 유형이 동일학문 공동체의 구성원들이 인식할 수 있는 규약화된 형태를 사용할 것으로 기대한다. 문어 텍스트는 학문공동체에 참여하기 위한 필수적인 언어적 자원이므로 학생들은 자신들이 참여하는 공동체의 특수한 텍스트 장르를 이해, 해석, 습득해야 한다. 장르기반 연구방법은 시스템 기능언어학적 접근과 특수목적영어 접근의 두 종류로 나눌 수 있다. 시스템 기능언어학적 접근은 텍스트를 스키마 구조의 관점에서 기술하는 것으로서, 장르의 단계적 구성에 초점을 맞춘다. 예를 들어, 텍스트의 스키마 구조를 경험의 진술, 지시, 해설/주장, 묘사/서술, 보고, 설명 등으로 분류한다(Knapp & Watkins, 1994). 시스템 기능언어학적 접근은 또한 장르를 통사구조, 어휘, 응집 및 지칭 등, 언어적 자질의 관점에서 기술한다. 특수목적영어 접근은 글쓰기의 특수한 유형들의 요소들을 파악하여 영어를 외국어로 사용하는 사람들에게 학문 텍스트의 구성 패턴 및 특징들을 알려주고자 한다. 이러한 전

통의 장르분석은 텍스트의 규약화된 단계들의 구성을 검토하고 이에 관련된 언어적 자질들을 분석한다(Swales, 1990). 예를 들어, 논문 초록의 수사적, 언어적 자질 분석이 이에 해당한다. 시스템 기능언어학적 접근과 특수목적영어 접근 이외에 뉴레토릭 장르 연구가 있는데, 이 장르 연구는 장르가 발생하는 상황맥락에 초점을 맞춘다. 이 전통의 연구자들은 사용자가 장르를 창조적으로 활용하는 방식과 함께 장르가 변화하고 진화하는 방식을 탐구한다. 이 접근은 장르의 변화하는 본성을 강조하고 장르를 규칙적으로 재생산되는 고정된 틀로 보는 견해를 지양한다. 이 입장은 기본적으로 장르를 사회적, 이데올로기적 행동이 현재 시점에서 안정화된 사이트로 인식한다.

셋째, 코퍼스 기반 연구방법으로서, 코퍼스 언어학 연구는 어휘 연구(Coxhead, 2000; Hirsh & Nation, 1992), 특정 영역에 사용되는 문법적 자질 연구(Biber, Conrad & Reppen, 1998; Flowerdew, 2002), 필자의 입장을 보여주는 언어자질 연구(Biber & Finegan, 1989; Charles, 2003), 의사소통 대상과 관련한 언어 연구(Hyland 2001) 등 다양하게 활용된다. 코퍼스 연구의 한계점으로는 코퍼스 분석 결과물이 언어사용의 맥락들과 배제되어있다는 것이다. 따라서 이들 결과들이 언어학습에 도움을 주기 위해서는 실제 맥락 및 상황으로 재 맥락화되어야 한다(Widdowson, 2004).

6.5. 학문목적영어 요구분석

영어강의는 학문목적영어의 구체적 발현으로서 당연히 학문상황에서의 구체적 요구들의 분석에 기반하고 있다. 요구분석의 개념은 특정 집단의 학생들의 요구를 충족시키기 위한 교육과정을 개발하는데 필요한 기초적 정보들을 수집하는 활동을 지칭한다. 요구분석은 특수목적영어 프로그램을 디자인하고 운영하는 과정에서 중추적 역할을 담당하는 요소로서 요구분석의 중요성에 대해서는 여러 학자들이 언급하였다(Allwright, 1982; Dudley-Evans & St. John, 1998; Hutchinson & Waters, 1987; Johns, 1991; Jordan, 1997; McDonough, 1984; Munby, 1978; Richterich & Chancerel, 1977; Robinson, 1991; West, 1994; Zohoorian, 2015). 학문목적영어의 특성 중 가장 중요한 점은 학문목적영어가 전문적 학문영역을 학습하는 수요자의 특수한 요구사항을 충족한다는 것이다. 따라서 학문목적영어 교육과정을 운영하기에 앞서 교육과정 실시에 영향을 미치는 다양한 요구사항들에 대한 분석이 이루어져야 한다. 즉 요구분석은 학문목적영어 관련 실러버스 디자인, 프로그램 개발, 교재개발 및 교수/학습방법 활용 등의 출발점이다. 학문목적영어 요구분석을 실시하기 위해서는 다양한 사항들을 검토해야 한다(Jordan, 1997: 22-3).

- 요구분석 이유: 실러버스, 내용, 자료, 교수/학습유형 결정, 학생들을 적절한 과정에 배치하기, 교수자에게 정보 제공하기 등
- 요구분석의 대상: 학생, 후원자, 기관/국가, 전공 학과 등
- 요구분석 수행 주체: 후원자, 교수자, 학생, 연구자/상담인 등
- 요구분석 내용: 목표상황, 현재상황, 결핍사항, 전략, 수단, 필요사항, 등
- 요구분석 수행방식: 시험, 설문, 면담, 문서 등
- 요구분석 수행시기: 프로그램 운영 전, 운영 초기, 운영 중, 운영 종료 후
- 프로그램 운영 장소: 목표 국가, 학생들의 소속국가, 제3국 등

학문목적영어 요구분석은 일반적으로 다음의 단계들을 거치게 된다.

- 분석의 목적
- 분석 대상자 선정
- 분석방법 결정
- 제한요인 파악
- 자료수집 방법 선정
- 자료수집
- 자료 분석 및 해석
- 목표 결정
- 실행 결정(실러버스, 내용, 자료, 방법 등)
- 절차 및 결과 평가

Chambers(1980)가 요구분석을 목표상황분석(target situation analysis)의 관점에서 분석한 이후 다양한 형태의 요구분석이 제시되었다(Bruce, 2015; Jordan, 1997).

- 목표상황 분석
- 현재상황 분석
- 교육적 요구분석: 결핍 분석 / 학습요구 분석, 전략 분석 / 수단 분석
- 언어요구 분석: 사용역 분석 / 담화분석 / 장르분석

학문목적영어 프로그램 운영자는 요구분석을 실시할 때 특히 현재상황과 목표상황 두 가지 유형의 상황을 심도있게 고려해야 한다. 이 두 영역의 상황에 대한 지식 및 경험과 관련된 요소를 고려하는 것은 학문목적영어 교육과정의 개발과 프로그램의 내용 및 과정에 관한 구체적 안내지침을 제공한다.

6.5.1. 현재상황분석

현재상황분석(present situation analysis)은 Richterich & Chancerel(1977)이 제안한 것으로서 목표상황분석과 보정관계에 있다(Jordan, 1997, Robinson, 1991). 목표상황분석이 교육과정 종료 시에 학습자에게 기대되는 바들에 대해 분석하고자 하는 반면, 현재상황분석은 교육과정 운영 전에 학습자의 현재 상황을 확인하고자 한다. 현재상황분석에서는 학습자의 현재 상황에 관한 정보들을 얻기위해, 학습자, 교육기관, 사용자 기관 들을 검토한다. 학습자 현재상황분석은 평가시험, 설문, 면담, 배경정보(영어학습 기간, 교육 수준)등을 활용하여 실시할 수 있다. Hyland(2006)는 현재상황분석을 위한 정보수집 방법으로서 설문조사, 사용 중인 구어/문어 텍스트 분석, 구조적 관찰, 전체적 관찰, 교수자, 학습자, 타 학문목적영어 교수자와의 비공식적 면담 및 평가 결과 들을 제시한다. Hutchinson & Waters(1987: 59)는 학습자의 현재상황분석을 위해 필요한 사항들을 다음과 같이 제시한다.

- 학습자 특성: 연령, 성별, 국적 / 영어지식 수준 / 주제지식 / 관심사항 / 사회문화적 배경
- 학문목적영어 프로그램 수강이유: 필수과목, 선택과목 여부 / 요구사항의 명확성 여부 / 학습자가 성취하고자 하는 바
- 학문목적영어 프로그램에 대한 태도
- 학습방법: 학습배경 / 교수 및 학습에 대한 학습자의 개념 / 효과적인 학습방법론 / 비효과

적인 교수방법

현재상황분석은 학문목적영어 프로그램 수강학생들에 대한 다차원적 프로파일을 개발해야 한다. 요구분석 과정을 통해 교수자는 학생들의 선행 인지훈련, 선행 교육사회화 과정 등을 포함해 학생들의 교육적, 문화적 배경을 이해할 수 있게 된다. 학습자의 지식 및 능력과 관련한 모든 요인들은 학생들에 대한 중요한 정보를 제공하는 프로파일을 구성하여 이를 바탕으로 학문목적영어 프로그램의 목표 설정, 내용 및 교수방법론을 선정할 수 있게 된다. 학습자 프로파일의 많은 요소들이 학문목적영어 프로그램 실행 전 또는 실행과 함께 수집되지만 학습자의 다른 요구들은 교육과정이 진행되면서 학생들과의 상호작용 및 활동을 통해 드러난다. 이런 후속 정보들도 학생들의 프로파일에 추가되어 고려되어야 하며 교수자는 프로그램을 진행하는 동안 학생들에 대한 지속적 관찰 및 반추 일지작성 등을 통해 현재상황분석에 대해 숙고하고 필요시 조정을 해야 한다.

6.5.2. 목표상황분석

학문목적영어 요구분석은 1970년대에 확립되기 시작하였는데, 그 이전에는 요구분석이 주로 언어적 분석에 그쳤고, 언어적 요구사항들은 문법, 어휘 등 개별적 언어 요소들로 구성되었다. 그러나 Munby(1978)가 요구분석의 개념을 기존의 개별적 언어형태 중심에서 탈피하여 언어 학습자의 학습목적을 가장 중요시하는 개념으로 설정함에 따라, 목표요구의 개념이 전면에 등장하게 되었다. Munby는 의사소통 요구 프로세서(communicative needs processor)의 개념을 도입하였는데 이를 바탕으로 목표상황을 분석함으로써 목표요구와 목표수준 수행을 결정하게 된다. Munby의 목표상황분석 모델은 다음의 요소들로 구성된다(Munby, 1978).

- 참여자: 학습자의 연령, 성별, 국적, 현재의 목표언어 구사능력, 기타 언어사용능력 등에 대한 정보
- 의사소통요구 프로세서: 목표상황 요구에 대한 프로파일을 결정하는데 작용하는 다양한 사회문화 및 스타일 변수에 따라 특정의 의사소통요구를 분석함
- 요구 프로파일: 의사소통요구 프로세서 자료 처리, 분석을 통해 확립됨

- 의미 프로세서: 사회문화적으로 결정된 의사소통요구 요소들을 화용론적 의미의 하위범주들로 변환함
- 언어기능 선별자: 의사소통요구 프로세서에서 확인된 활동/사건들을 구현하는데 필요한 구체적 언어기능들을 확인함
- 언어 인코더(encorder): 맥락적 적합성을 결정함
- 의사소통능력 분류: 참여자의 목표 의사소통능력을 보여줌

Munby의 목표상황분석 모형의 핵심은 의사소통요구 프로세서로서, 이는 Munby의 요구분석 방법의 기초를 이루고 있다. 의사소통요구 프로세서는 8개의 요소로 구성되어 있다(ibid). 이들을 통해 학습자들의 특수한 의사소통요구를 상세하게 기술할 수 있다.

- 목표 영역: 특수목적영어 유형을 결정하고, 교육과정 이수 후에 목표언어가 사용될 목적을 설정함
- 배경: 영어가 사용될 공간적, 시간적 측면들을 결정하는 물리적 배경 및 영어가 사용되는 환경을 결정하는 심리적 배경
- 상호작용: 학습자와 상호작용할 대상을 확인하고 그들 간의 관계를 예측함
- 도구: 의사소통 수단을 결정함: 매체(글, 말, 또는 양자 모두), 양식(대화, 개인담화 등), 채널(면대면, 라디오/TV 등) 등이 포함됨
- 언어: 학습자가 공간적, 시간적, 사회적 측면에서 이해하거나 산출해야 할 언어
- 의사소통 사태: 학습자가 산출적으로 또는 수용적으로 수행해야 할 상황
- 의사소통 키(key): 학습자가 의사소통 사태의 활동들을 수행하는 방식(예: 정중함 또는 무례함)
- 목표 수준: 교육과정 종료 시에 달성할 언어능력 수준

Munby의 의사소통요구 프로세서의 목적은 특수목적영어 학습자로 하여금 다양한 목표 환경에서 사용하게 될 언어형태들을 가능한 한 많이 추출해내는 것이다. 이 모델을 사용하여 데이터들을 처리하면 그 결과물은 학습자가 목표상황에서 제대로 기능하기 위해 학습해야할 사항들이 된다. Hutchinson & Waters(1987)는 목표상황분석이 본질적으로 다양한 학습자들을 대상으로 목표상황 및 그 상황에 대한 태도들에 대해 질문하는 것이라고 보았는데 이들 질문들의 대부분이 Munby의 모델에 기초하고 있다.

• 언어사용이 필요한 이유: 학습, 업무, 훈련, 기타 목적
• 언어사용 방식: 매체(말하기, 글쓰기, 읽기 등), 채널(전화, 면대면 등), 텍스트/담화 유형(학문 텍스트, 강의, 목록 등)
• 내용영역: 과목, 수준
• 언어사용 대상: 원어민/비원어민 화자, 지식수준(전문가, 일반인, 학생), 관계(동료, 교수자, 고객, 상관, 부하)
• 언어사용 상황: 물리적 상황, 인간적 맥락(단독, 회의, 발표, 전화 통화 등), 언어적 맥락(자국 내, 외국)
• 언어사용 시기: 프로그램과 동시 또는 추후
• 언어사용 빈도 및 양

Munby의 모델은 목표상황분석을 위해 상세한 사항들을 기술하고 있어서 학습자의 목표상황 분석에 많은 도움을 줄 수 있으나 문제점들도 노출하고 있다. 첫째, 모델이 체계성과 광범위성을 지나치게 강조하여 이를 사용하는데 있어서 융통성이 결여되고 복잡할 뿐 아니라 시간이 많이 소요된다. 둘째, 의사소통요구 프로세서가 학습자 중심이기는 하지만 학습자로부터 직접 필요한 자료를 수집하는 것이 아니라 학습자에 관한 간접적 자료를 수집한다. 셋째, Munby는 요구분석절차가 종료된 후 자신의 모델의 사용에 대한 제한점들을 고려해야한다고 주장하지만 연구자들은 이러한 제한점들이 요구분석절차를 시작할 때 동시에 고려되어야 한다고 생각한다. 넷째, 학습자 프로파일을 언어 실러버스로 전환시키는 과정을 제공하지 않는다(West, 1994).

학문목적영어 학습자의 목표상황분석을 위해 활용할 수 있는 자료는 목표상황에 대한 기존의 학문목적영어 연구결과와 함께 학문목적영어 교육과정과 관련된 특정 지역적 환경에 대한 조사자료가 포함된다. 목표상황분석에서는 학문목적영어가 실행되는 학문적 교육단계나 수준이 대학입학 전 단계인지, 학부 및 대학원 단계인지에 대해서 우선적으로 고려해야 한다(Bruce, 2015: 42-45).

<u>대학입학 전 단계:</u>

• 고려사항: 학습자의 언어사용 필요성, 학습내용 영역, 사용될 장르(장르의 전형적 구조)

- 목표지식 및 기술: 대학입학 전 단계의 학생들은 주제관련, 전공학문 특수지식보다는 일반적, 절차적 지식을 습득할 필요가 있다. 즉 협의 능력(competence)이 아니라 광의 능력(capacity)을 함양하는 것이 바람직하다(Widdowson, 1983). 학생들의 요구를 단일 전공학문 관점에서 충족할 수 없기 때문에 보다 일반적 텍스트 유형들에 초점을 맞추는 것이 바람직하다.

대학학부 단계:

- 고려 사항: 학생들 언어사용 필요성 이유, 사용될 장르의 전형적 구조, 학습내용 영역, 학습자의 언어사용 대상, 학습자 언어사용의 장소적 환경
- 목표 지식 및 기술: 이 단계의 학생들은 대학학부 과제 장르들의 요구사항들을 검토하고 대응할 수단을 개발해야 한다. 이는 특정 전공학문이 요구하는 정체성, 방향성, 담화자원을 이해하고 활용하는 것을 포함한다. 이 점은 범용적 학위과정을 이수하고 다양한 주제영역들의 강의들을 수강하고 과제들을 수행하는 학생들에게는 더욱 강조된다.

대학원 단계:

- 고려 사항: 학습자의 언어사용 필요성 이유, 사용될 장르의 전형적 구조, 학습내용 영역, 언어를 사용할 대상, 언어를 사용할 장소적 환경
- 목표지식 및 기술: 이 단계의 학생들은 자신들의 전공학문 영역에서 전문가적 의사소통을 할 수 있고, 또한 자신들의 특정 영역에서 전문가로서 새로운 연구지식을 소통할 수 있어야 한다. 이를 위해 자신들이 참여하는 학문적 주제담화 공동체의 문헌과 의사소통형식을 습득해야 한다. 아울러 학생들은 연구보고에 사용되는 문어장르 뿐 아니라 구두 세미나 발표, 연구관련 그룹 회의, 학술대회 발표 등의 구두 장르를 통해서도 의사소통해야 한다.

6.5.3. 교육적 요구분석

교육적 요구분석은 West(1994)가 제안한 것으로서, 이는 결핍분석, 책략분석(학습요구분석), 수단분석의 세 가지를 포괄하는 상위의 개념이다.

결핍분석

학습자의 목표언어에 대한 결핍은 결여, 요망과 동일한 개념으로서(Allwright, 1982; Hutchinson & Waters, 1987), 학습자의 결핍에 대한 분석은 현재상황과 목표 상황간의 괴리를 의미한다. 따라서 결핍분석은 학습자를 위한 언어학습 실러버스의 기초를 제공한다. 즉 언어학습 실러버스는 학습자의 현재와 목표언어 지식, 일반영어 습득, 언어기술, 학습책략 간의 간극을 메워줄 수 있는 것이어야 한다.

학습요구분석

책략분석/학습요구분석은 1980년대에 언어교수 방법론에 대한 관심이 증가하면서, 언어교수법 뿐 아니라 학습자가 선호하는 학습유형 및 학습책략에 기초한 언어학습방법론을 모색하게 됨에 따라 등장하였다. 이는 학습자가 학습해야 할 사항들이 아닌 학습과정의 방법적 측면을 고려한다(West, 1994). 목표상황분석, 현재상황분석 들이 학습에 관해 학습자의 견해에 별다른 관심을 가지고 있지 않은데 비해, 책략분석 및 학습요구분석은 학습자의 관점에서 자신들의 결핍사항을 파악하여 이를 기초로 학습요구를 반영할 수 있도록 한다. 언어학습자의 문화적 차이, 학문적 규범, 학습책략의 차이, 교수방법의 차이에 대한 인식을 바탕으로 언어학습자 훈련 및 학습자 자기주도 학습을 강조한다. 이런 점에서 학습요구분석은 결과물 위주의 접근이 아닌 학습과정을 중시하는 과정중심의 접근을 옹호한다. 학습자의 학습요구분석에서는 다음의 사항들을 적극적으로 분석한다.

- 학습자가 과정을 이수하는 이유: 필수/선택 과정, 요구의 명확성 여부, 학습자가 성취하고자 하는 바, 강좌에 대한 태도
- 학습자의 학습방식: 학습자의 학습배경, 교수/학습에 대한 학습자의 개념, 학습자가 선호하는 학습방법, 학습자가 기피하는 학습방법
- 사용가능한 자원: 교수자 수와 전문성, 학문목적영어에 대한 교수자의 태도, 과목 내용에 대한 교수자의 지식 및 태도, 학습자료/보조자료, 방과후 활동 기회
- 학습자 정보: 연령/성별/국적, 목표언어 사용능력, 내용지식, 관심사항, 사회문화적 배경, 친숙한 교수유형, 목표언어 및 영어사용권 문화에 대한 태도

수단분석

수단분석은 요구기반 언어학습 교육과정을 실행하는데 걸림돌이 되는 제한사항들을 분석한

다. Dudley-Evans & St. John(1998)은 수단분석을 통해 학문목적영어 교육과정이 운영되는 환경에 대한 정보를 얻을 수 있으며 그 결과 교육과정이 운영될 문화적 환경에 맞춰 적용할 수 있다고 주장한다. 수단분석의 주요 이슈 중의 하나는 한 상황에서 잘 적용되는 것이 다른 상황에서는 그렇지 않을 수 있다는 것이다. 따라서 특수목적영어 교육과정은 그것이 실행되는 문화적 환경에 예민하게 반응해야 한다. 학문목적영어 교육과정이 성공적으로 운영되기 위해 고려해야 할 요소로 학급문화, 학문목적영어 운영진, 시범적 목표상황분석, 운영주체의 위상, 변화주체들을 들 수 있다.

언어요구분석

위에서 언급한 요구분석들은 언어외적 요소들에 중점을 둔 것이다. 학문목적영어 상황에서 사용되는 언어적 요구분석에 중점을 두는 것들로는 사용역 분석(register analysis), 담화분석, 장르분석이 있다.

1) 사용역 분석

학문목적영어 언어기술에 관한 초기의 연구들은 어휘와 문법이 주류를 이루었다. 사용역 분석의 주요 동기는 학문목적영어 교육과정이 학습자들의 요구에 관련성을 지닐 수 있도록 교육적 차원에서 시작되었다(Hutchinson & Waters, 1987). 사용역 분석의 초점은 문법 및 구조적/비구조적 어휘에 맞춰졌는데 이는 학문목적영어 텍스트들의 문법이 일반영어 텍스트의 문법과 차이가 없지만 특정 문법 및 어휘형태들이 보다 많이 사용되고 있음이 밝혀졌기 때문이다. 사용역 분석의 제한점으로는 텍스트 분석의 대상이 어휘 및 문장 수준에 그치고 있고(West, 1994), 또한 언어의 기술적 측면만 강조하고 해석적 측면을 경시한다는 것이다(Robinson, 1991).

2) 담화분석

사용역 분석이 어휘 및 문장 수준에 국한되어 있다는 비판에 따라 문장들이 결합하여 담화를 구성하는 방식에 대한 분석들이 활성화되었다(Hutchinson & Waters, 1987). 구체적으로 담화분석은 문장들이 의사소통활동 수행에서 어떻게 사용되고 있는지 분석하고 이를 기초로 언어기능에 바탕을 둔 학습 자료를 개발하는 수단으로 활용되었다. 담화분석의 한계는 분석이 파편적이어서 담화의 기능과 문장들이 어떻게 결합하여 텍스트를 구성하게 되는지에 대해 별다른 설명이 없다는 점이다. 또한 텍스트들이 전체담화 속에서 어떻게 기능하는지에 대해서만 초점을 맞추고 있고 이들 담화들이 생성되는 의사소통 상황맥락에 대해서 충분한 고려를 하지 않는다(Dudley-Evans & St. John, 1998, West, 1994).

3) 장르분석

장르분석은 담화분석보다 한 차원 높은 수준의 텍스트 분석으로서 Swales(1981)가 처음 도입하였다. 장르분석의 장점은 학문목적영어 학습자가 언어사용과 의사소통 목적간의 관계를 충분히 인지하면서 언어를 학습할 수 있도록 한다는 것이다. 일반적으로 학문목적영어 학습자가 특정영역의 담화들을 처리하기 위해서는 네 가지의 기본 능력이 필요하다.

- 코드 지식: 전문영역의 담화에서 의사소통 전문성을 계발하기 위한 선행 필수 코드지식
- 장르지식: 전문적 담화공동체의 전형적 수사구조 및 규약들에 대한 지식
- 인지구조에 대한 민감성: 일반적 언어능력 이외에 특정영역에서 사용되는 언어의 특수의미 파악능력
- 전문지식의 활용능력

위에서 학문목적영어 교수/학습상황에서 필요한 다양한 관점의 요구분석들을 간단하게 살펴보았다. 이중 어느 한 가지만으로 학습에 대한 요구사항들을 분석할 수는 없으며 필요에 따라 이들 모두를 활용하는 통합적 요구분석이 이루어져야 한다. Dudley-Evans & St. John(1998: 125)은 요구분석이 다음의 것들을 아우르는 것이 되어야 한다고 한다.

- 환경적 상황: 특수목적언어 교육과정이 운영될 상황에 대한 정보(수단 분석)
- 학습자 개인정보: 학습자의 학습방식에 영향을 미치는 요소 들(희망사항, 수단, 주관적 요구)
- 학습자 언어정보: 학습자의 언어능력 및 언어사용 정보(현재상황분석)
- 학습자의 결핍사항: 학습자의 현재상황과 학습자에 대한 전문적 정보 간의 간극
- 교육과정에 대한 학습자 요구: 학습자가 교육과정에서 원하는 사항(단기 요구)
- 언어학습요구: 결핍분석 결과 필요한 기술 및 언어 학습에 대한 효과적 방식
- 학습자에 대한 전문적 정보: 학습자가 영어를 사용하게 될 과제 및 활동 등(목표상황분석

및 객관적 요구)

• 목표상황에서의 의사소통방법: 언어와 기술이 목표상황에서 사용되는 방식에 대한 지식(사용역 분석, 담화분석, 장르분석)

요구기반 학문목적영어 교육과정의 목표를 고려할 때 Widdowson(1983)이 제시한 광의능력(capacity)과 협의능력(competence) 개념이 출발점이 되어야 한다. 앞에서 설명한 바와 같이 협의능력은 언어시스템에 대한 화자의 지식 및 언어형태의 적절한 사용을 결정하는 사회적 규칙에 대한 지식을 지칭하고, 광의능력은 상황의 변화에 대응하기 위해 언어에 내재된 잠재치를 지속적으로 조정하고 활용함으로써 의미를 창조할 수 있는 능력을 의미한다. 즉 학문적, 전문적 공동체들에서와 같이 복잡한 언어결과를 요구하는 과제들에 상이한 능력요소들을 적용하는 능력을 의미한다. 협의의 학문목적영어 교육과정은 주로 협의능력 함양에 관심을 둔다. 즉 교육과정 목표가 언어체계 및 언어의 적절한 사용을 위한 사회적 규칙과 연계된다. 광의 학문목적영어 교육과정은 학습자들의 광의능력 함양에 주된 목적이 있다. 학문목적영어 교육과정은 협의 교육과정과 광의 교육과정 중, 일반적으로 학생들의 광의능력 함양에 중점을 두는 교육과정에 중점을 두는 것이 바람직하다. 광의능력 함양이 학문목적영어 교육과정 설계의 핵심인 이유는 대학생들이 상이한 전공학문 과목들을 수강하면서 다양한 상황에 직면하기 때문이다. 학생들이 각각의 상이한 학문적 맥락에 참여하는 것은 상이한 유형의 의사소통 및 수사적 목적과 언어사용을 포함한다. 학생들이 학문적 맥락에서 산출해야할 언어적 결과물은 확장된 텍스트를 준비하고 발표하는 것을 포함한다. 학문목적영어 교육과정의 목표는 학생들이 학문적 맥락에서 발생하는 다양한 유형의 텍스트들을 처리하고 창출하는 원리기반 접근법을 사용할 수 있도록 도와주는 것이어야 한다.

제 7장.
학문목적영어 교수요목 개발

제 7장.
학문목적영어 교수요목 개발

교수요목은 교수 및 학습을 통해 성취할 수 있는 사항들을 설계하는 계획으로서 교수요목 개발에는 학문목적영어 교육과정에 포함될 내용지식의 구성에 대한 체계적, 원리 기반 접근이 요구된다. Bruce(2015: 54-59)는 교수요목을 개발할 때 다음의 4가지 측면을 고려할 것을 제안한다.

- 선언적 지식 / 절차적 지식
- 미시적 목표 / 전체적 목표
- 하향식 / 상향식 처리
- 합성적 유형 / 분석적 유형

첫째, 선언적 지식은 어휘, 문법, 통사 등 언어체계에 대한 의식적 지식을 의미하고, 절차적 지식은 선언적 지식을 올바르게 사용할 수 있는 방법에 대한 지식으로서 Widdowson(1983)의 협의능력 개념과 연계된다. 선언석, 절차적 지식 모두 중요하지만 학문목적영어 교육과정 학생들의 능력을 함양하기 위해서는 절차적, 구성적 지식이 교수요목에 투영되어야 하고 교육과정의 중심적, 지속적 요소가 되어야 한다. 절차적 지식이 교수요목에 녹아있기 위해서는 절차적 지식이 교수요목의 목표를 수행하는데 효과적으로 활용될 수 있도록 학습목표들이 구성되어야 한다. 이를 위해 전체론적 접근이 요구되는바 교수요목의 전체적 목표는 선언적 지식 및 절차적 지식 모두에 초점을 맞추어야 한다.

둘째, 미시적 목표 및 전체적 목표의 관점에서, Widdowson이 제시한 광의 교육과정의 교수요목 목표는 다양한 학문적 맥락에서 협의능력 요소들을 효과적으로 활용하는데 필요한 절차적 지식의 개발을 촉진하는 것을 요구한다. 절차적 지식에 지속적으로 초점을 맞추기 위해서는 학문목적영어 교수요목의 목표가 텍스트 기반이나 장르기반 같이 전체적 속성을 지녀야 한다. 이러한 유형의 교수요목은 상이한 유형의 지식들을 통합하는 것을 포함하는 보다 광범위한 과제의 수행을 요구한다. 예를 들어, 학문목적영어 글쓰기 과정의 단원 목표가 학생들로 하여금 막대그래프, 파이차트, 표 등을 사용하여 비 시간 순서적 데이터를 기술하는 한두 단락 정도의 데이터 보고서를 작성하는 것일 경우, 이러한 목표를 실현하기 위해 절차적 지식에 초점을 맞추기 위해서는 이 단원은 아이디어 구성에 적용할 스키마 지식과 텍스트 구성을 위한 텍스트 구조 지식의 두 가지 보조 목표들을 지니고 있어야 한다. 이러한 이중 스키마 지식에 관한 목표는 학생들이 전체 보고서 작성을 위해 전체-부분 스키마 지식을 활용하고, 정보 보고서의 본문 작성을 위해 상향-하향 스키마를 사용할 수 있도록 하는 것이다.

셋째, 지식처리에 있어서 정보는 인지체계상 상향식, 하향식 양 방향으로 처리될 수 있다. 하향식 처리는 부분을 이해하기 위해 전체를 파악하는 처리과정으로서, 예를 들어 텍스트의 전체적 의미를 파악하기 위해 텍스트를 읽는 경우가 이에 해당한다. 상향식 처리과정은 구체적 사항의 이해에 초점을 맞추는 처리과정으로서, 예를 들어 텍스트를 읽을 때 개별어휘 및 그 의미들에 초점을 맞추는 것이다. 초보자들은 상향식 처리과정을 보다 많이 활용하고 상급자들은 하양식 처리과정을 보다 많이 활용한다. Widdowson(1990)은 교수요목 설계가 합성 및 분석의 원리를 융합해서 하향식과 상향식 처리과정 모두를 포함해야 한다고 주장한다. 교수요목의 구성이 기본적으로 상향식일지라도 그 안에서 문법 및 어휘의 중요한 요소들이 제시되고 학습될 수 있는 것이다.

넷째, 합성적 교수요목과 분석적 교수요목 관점에서, Wilkins(1976)는 합성적 교수요목을 문법항목을 중심으로 구성한 교수요목으로 규정한다. 합성적 교수요목에서는 학습자들이 문법항목들을 순차적으로 학습한다(Nunan, 1998). 즉 언어의 상이한 요소들이 개별적, 순차적으로 학습되고 점차적으로 누적되어 언어의 전체구조가 완성될 때까지 학습이 이루어진다. 이는 언어학습이 체계적, 누적적 과정임을 전제로 하고 있다. 이에 대해 Nunan은 학습자들은 합성적 교수요목이 전제하는 바와 같이 언어를 순차적으로 학습하지 않는다고 비판한다. 발화처리 제약, 교육적 관여, 습득과정, 담화환경 등의 다양한 요소들이 복잡하게 상호작용하여 언어학습의 과정을 형성한다는 것이다. 합성적 교수요목의 추가적 문제점으로서 화용론, 의미론, 음운론, 철자, 형태론, 통사론 등, 실제 언어사용 상황에 동시적으로 관여하는 상호 연계된 언어의 복잡한 체계를 통합할 능력이 없다는 점이다. Widdownson(1990)은 합성적 교수요목의 원자론적 특성의 문제점을 해결하기 위해 분석적 교수요목을 제안하고 이를 통해 언어학습 과정에서 합성화된 언어를 분석할 수 있도록 제시한다. 그는 또한 교수요목 및 교육과정 개발자는 언어사용의 필수 담화자질을 보존하는 분석수단을 고안해야 한다고 주장한다. 그는 이것이 학생들의 담화능력 개발을 목표로 하는 교수요목 및 교육과정 자료개발에 핵심적인 것으로 생각한다. Hyland(2006)는 학문목적영어에서 사용되는 분석적 교수요목의 예로서 과제기반, 과정기반, 텍스트기반 교수요목을 제시한다. 학문목적영어 교수요목은 학생들의 장르기술 개발을 위한 목표에 초점을 맞추는 결과지향적 목표를 설정하여 다양한 종류의 과제를 활용하고, 다양한 유형의 지식 및 기술을 통합해야 한다.

7.1. 학문목적영어 교수요목 개발 과정

일반적으로 교수요목 개발은 4 단계 과정을 거친다(Bruce, 2015: 59-65).

1 단계: 코스목적 및 전반적 목표 설정

2 단계: 코스 단원들의 순서 결정

3 단계: 단원별 목표 설정

4 단계: 단원 내의 기술 및 지식의 내부적 단계 결정

첫 번째 단계는 학문목적영어 코스의 기대결과에 대해 기술하는 전체적 목표 진술이다. Bruce는 이에 대한 예시로서 두 가지 가상적 학문목적영어 프로그램의 목표를 제시한다(ibid: 60).

<u>코스 1</u>

목표: 대학 신입생들이 다양한 학문분야 학습에 필요한 읽기 및 쓰기 기술을 개발함

코스 2

목표: 대학 신입생들이 다양한 학문영역에서 언어입력을 처리하고 구두참여 요건들을 충족하기 위해 효과적 듣기 및 말하기 기술을 개발함

위의 목표들을 구현하기 위해 학문목적 영어학습의 현재상황과 목표상황을 분석한다.

현재상황분석:

- 학생들의 선행 언어학습이 선다형 평가의 환류효과로 인해 분리식, 비맥락적 문법 및 어휘학습 위주였음
- 자기주도적 학습경험 및 협력학습 경험이 없는 교사중심의 학습경험을 하였음
- 그 결과 암기 및 패턴 인식형 학습위주의 인지적 훈련 경험을 하였음

목표상황분석:

분석결과 학생들의 핵심 요구사항은 두 가지임

- 학문적 담화능력 개발
- 대학의 다양한 학문영역들에서 공통적으로 기대하는 사항들 및 학습에 대한 문화적 적응

각각의 학문목적영어 코스의 목표 기술들을 개발하기 위한 구성 원칙을 바탕으로 학습과제들이 다음과 같이 제시될 수 있다(Bruce, 2015: 61).

코스 1 학습과제

특정 주제에 대한 읽기 텍스트들은 동일한 내용 및 어휘를 재사용하는 쓰기과제로 연결된다. 학생들이 다양한 학문영역을 학습하고 있으므로 쓰기 결과물은 특정 학문 장르가 될 수 없고, 다양한 전공학문과정들에서 공통적으로 활용되는 수사적 목적유형과 관련된 쓰기과제이어야 한다. 읽기기술 개발의 경우, 어휘습득은 이 코스의 중요한 자질이 되어야 하며 따라서 어휘가 읽기활동에 포함되어야 하고, 쓰기 과제에도 재사용될 수 있어야 한다.

코스 2 학습과제

특정 주제에 대한 듣기 텍스트는 동일한 주제에 대한 말하기 연습과제 및 구두 발표 과제로 연결된다. 듣기 및 말하기 코스에서 학생들은 강의청취 등 확장된 듣기 텍스트를 듣고 처리할 수 있는 능력을 연마해야 한다. 또한 전공학문 코스의 평가 부분을 형성하는 참여적 요건들을 충족하기 위한 말하기, 듣기 능력을 연마해야 한다. 아울러 공식적, 학문적 구두발표 기술도 연마해야 한다. 듣기와 말하기 기술은 분리해서 교육하는 것보다는 통합하는 것이 바람직하다. 예를 들어 확장 듣기 텍스트 활동을 통해 개발된 주제를 활용해서 개별적, 집단적 발표 등, 텍스트 산출을 유도할 수 있다.

이를 바탕으로 학문목적영어 읽기/쓰기 코스 1과 듣기/말하기 코스 2의 목적과 목표를 다음과 같이 제시할 수 있다.

읽기 및 쓰기 코스 (코스 1):

목적:

대학 신입생들이 다양한 학문분야 학습에 필요한 읽기 및 쓰기 능력을 개발함.

목표:

1. 읽기:

학생들이 단원의 주제영역과 연계된 텍스트로부터 내용의미를 추출하고 담화적, 의미적, 언어적 자질들을 파악하는 다양한 읽기전략을 활용함.

2. 쓰기:

단원의 주제 영역에 있어서, 학생들이 학문적 텍스트에서 공통적으로 발생하는 진술, 보고, 설명, 논의의 4가지 텍스트 유형을 사용하는 과제에 대한 확장된 글을 작성함.

듣기 및 말하기 코스 (코스 2):

목적:

대학 신입생들이 다양한 학문 영역에서 언어입력을 처리하고 구두참여 요건들을 충족하기 위해 효과적 듣기 및 말하기 기술을 연마함.

목표:

1. 듣기:

학생들이 관련정보를 추출하고 구성하기 위한 목적으로 학문적 강의 및 개인교습/세미나 논의를 청취하고 처리함.

2. 말하기:

학생들이 복수의 정보자료를 요약하고 세미나에 참여하는 등, 구두발표에서 확장된 담화를 산출함. 또한 학생들이 발표와 관련한 후속 상호작용에 참여함.

학문목적영어 교수요목 개발의 두 번째 단계는 코스 단원들의 순서를 결정하는 것이다. 학문목적영어 코스에서 사용할 텍스트 선정은(어휘 및 언어 자질이 포함됨) 담화이론들에 기초해야 한다. 담화이론들을 바탕으로 개별단원들의 기초를 형성할 언어항목들을 결정하고 또한 코스 내에서 상이한 단원의 내용들이 순서와 진행 면에서 어떻게 연계될 것인지를 결정하게 된다. 예를 들어 장르기반이나 텍스트 기반의 학문목적영어 코스 설계에 있어서 단원의 전개는 장르지식을 적절하게 단계화해야한다. 단원별 순서를 정할 때 학생들의 선행 텍스트 학습경험을 바탕으로 이를 활용하는 텍스트로 시작하는 것이 바람직하다.

학문목적영어 교수요목 개발의 세 번째 단계는 단원목표 설정이다. 단원별 목표는 학습자가 학습종료 시에 성취할 수 있는 행위를 기술한다. 따라서 단원의 목표는 교수/학습 활동계획 및 실행의 틀과 평가의 기초를 제공한다. 단원별 목표는 또한 교수 및 학습 활동에 적합한 과제유형에 관한 방향을 제시한다. 따라서 단원 목표는 교수/학습 방법론과 밀접한 관련이 있다. 개별단원들은 단원의 전체적 목표의 관점에서 기술되고 이 전체적 목표를 달성하는데 도움이 되는 보조적 목표들을 포함한다. 따라서 전체목표 및 보조목표는 교수요목의 이론적 기초에 밀접한 영향을 받는다. 학문목적영어 코스 단원별 목표들을 선행할 때 다음의 사항을 고려해야 한다.

- 지식에 대한 원자론적 접근보다는 전체적 접근을 지향하는 텍스트 결과물의 관점에서 목표를 설정함

- 외국어 학습의 상향식 접근과 하향식 접근의 균형을 도모함
- 선언적 지식 뿐 아니라 절차적 지식을 포함함

(예시)(Bruce, 2015: 64)

학문목적영어 코스 단원 목표:

학생들이 막대그래프, 파이 차트, 도표 자료 자료들을 바탕으로 비연대기적 자료를 보고하는 200단어로 작성된 글을 쓸 수 있다.

이런 식으로 단원 목표를 기술하는 것은 학생으로 하여금 어휘, 문법, 통사 등 언어요소들에 대한 선언적 지식과 언어 및 내용의 배열에 대한 절차적 지식을 활용해서 단원의 목표를 달성하는 결과물로서의 텍스트를 산출하도록하기 위함이다.

학문목적영어 교수요목 개발의 네 번째 단계는 단원 내에서 학습해야할 기술 및 지식의 단계를 결정하는 것이다. 앞에서 언급한 바와 같이 지식의 구성은 담화 및 텍스트 이론에 기초해야 하고 또한 어휘, 문법, 통사, 수사적 구조, 의미, 맥락 등의 상이한 측면들을 통합해야 한다. 지식의 처리과정은 또한 상향식과 하향식을 모두 활용해야 한다.

7.2. 학문목적영어 학문지식 계발

학문목적영어 코스 개발자, 교재 집필자, 교수자들은 학생들이 학문지식을 계발할 수 있도록 다양한 사항들을 균형적으로 고려해야 한다. 첫째, 학생들에게 학문언어 기술, 특히 학문적 담화능력을 체계적, 종합적으로 개발할 수 있는 기회를 제공해야 한다. 둘째, 학생들이 현재나 미래의 학문과정에 참여할 수 있도록 타 영역의 학문적 메타지식, 기술, 실행을 연마하도록 해야 한다. 이는 학생으로서의 적절한 역할과, 독립적으로 지식을 습득하고 사용하며 인용하는 등 학습자 자신의 자기주도성을 이해하고 수용하는 것을 포함한다. 이 두 가지 영역은 이론 및 연구결과들에 기반한 체계적 방식으로 개발해야 한다(Bruce, 2015). 이 두 가지 중 학문적 언어능력 개발이 학문목적영어 교수요목 개발의 핵심적 고려사항이다. 두 번째 영역인 학문적 메타지식, 기술, 실행, 교수법, 기술개발 방식, 과제 및 평가 등은 학문목적영어

교수요목의 실행과 관련되는 것으로서 교수자가 학생들의 학습문화 및 실행 유형의 관점에서 개발할 수 있다.

학문목적영어 코스에서 이 두 가지 영역을 실행하는 것은 코스 개발자와 교수자가 상이한 학문의 학습문화를 접하고 해석할 수 있어야 한다는 전제에 기초한다. 또한 이들 학문 문화와 관련된 요소들을 학생들이 이해하고 습득할 수 있는 방식으로 수업에 도입할 수 있는 능력이 있어야 한다는 전제가 깔려있다. 학문목적영어 학습의 두 가지 영역을 개발하는 것은 교수자의 지식 및 전문적 실행 여부에 달려있다. 학문목적영어 교육환경에서는 일반영어교수 방법론들이 대학의 학문문화 양상을 반영하도록 수정되어야 한다. 즉 대학 학문문화에서 작동하는 학문적 상이성들과 이들이 언어선택에 미치는 영향을 반영할 수 있어야 한다. 학문목적영어 코스의 요구사항들을 반영하라는 압력을 받는 일반영어 교수자들에게는 학문적 요구에 부응하기 위해 일반 언어교수법을 수정해야하는 과제가 커다란 도전이 된다. 이들 일반영어 교수자들은 적절한 연수 및 지원을 받지 못한 채 전공학문분야 같은 특수 영어교수영역에서 가르칠 수 있는 언어코스를 개발하고 가르치도록 요구받고 있다. 이들은 자신들이 가르치는 학문영역에 대해 자신의 개인적, 절충식 경험과 직관만으로 학생들에게 체계적, 이론적 방식으로 학문적 담화 및 실행들을 가르쳐야 하는 어려움에 직면한다.

학문목적영어 교육과정의 언어교수/학습 영역을 파악하는데 있어서 학습자의 목표상황요구를 이해하는 것이 핵심적 사항이다. 첫째, 대학입학예비 학문목적영어 코스의 경우 학생들은 장래에 대학에서 다양한 영역의 학문들을 학습해야하기 때문에 대학예비 학문목적영어 코스를 특정학문 중심으로 운영하면 학생들의 요구를 충족할 수 없다. 따라서 지식 및 관련 주제들을 대조하거나 학제 간 접근을 도입할 수 있다. 이 과정의 전반적 목표는 장래 다양한 영역의 전공학문 학습에 관련성이 있는 언어 및 내용에 초점을 맞춤으로써 학생들에게 최대한의 혜택을 제공하는 것이다. 이는 대학예비 학문목적영어 교육과정들이 학문적 초점을 맞춘 주제를 선정하고 언어능력을 지속적으로 개발할 수 있는 수단들을 제공할 것을 요구한다. 둘째, 전공학문 학문목적영어 과정의 목표는 학부 및 대학원 과정의 학생들의 언어적 요구를 더욱 깊이 고려해야 한다. 대학 및 대학원 학생들이 직면하는 가장 어려운 문제는 학문적 글쓰기 과제수행으로서, 학생들은 학문적 글쓰기 언어능력 개발에 있어서 여러 학문들에 걸쳐 상이한 과제 장르들의 요구사항에 대응할 수 있는 수단을 개발해야 한다. 특히 학부학생들은 상이한 과목 및 학문영역들의 다양한 코스들을 수강해야 하기 때문에 이들 학생들은 각각의 과목들의 글쓰기 과제들이 요구하는 학문적 정체성 유형, 방향성, 담화자원들을 이해할 수 있도록 전공학문의 특성을 탐구할 틀을 제공받아야 한다. 셋째, 연구결과 보고에 사용되는 문어/구어 장르에 초점을 맞춘 학문목적영어 코스는 연구결과 보고 텍스트 및 이들 텍스트들을 생산하는 담화들을 분해할 수 있는 고도의 체계적 접근이 요구된다. 이를 위해 학문목적영어 코스 디자인에 대한 적절한 장르기반 접근을 활용하는 것이 필요하다(Bruce, 2015: 68-69).

학문목적영어는 본질적 특성상 학문적 내용과 언어를 결합하는 것이기 때문에 학습자들이 이 두 가지를 균형적으로 습득할 수 있기 위해서는 필요시 내용 교수자와 언어 교수자 간의 협력이 요구된다. Dudley-Evans & St John(1998: 42-8)는 언어 교수자와 전공학문 교수자 간의 참여의 세 가지 유형으로서 협력(cooperation), 공동작업(collaboration), 팀티칭(team teaching)을 제시한다. 첫째, 협력의 경우 언어 교수자가 관련 전공학과 방문, 코스개요 및 과제 예시물 수집, 전공학과 정보원 활용 등 다양한 방법을 사용해서 학생들이 학습하고자 하는 전공영역의 학문 및 언어적 요건들을 조사한다. 또한 전공학문의 글쓰기, 말하기 요구에 대한 사항들을 파악하기 위해 전공학문 텍스트를 읽거나 강의, 세미나 등에 참석하기도 한다. 협력활동은 학문목적영어 교수자 및 코스 개발자 모두에게 상당한 부담이 된다. 이들은 특정 주제 학문의 핵심인 교수/학습 실행과 텍스트 및 담화자원을 분석하고 적절하게 해석할 수 있어야 한다. 따라서 학문목적영어 코스 개발자나 교수자간의 협조를 통해 담화 및 실행을 분석하고 활용할 수 있기 위해서는 자신들이 담화분석자로서의 지식과 기술을 구비하여 자신들이 파악한 전공학문지식 유형들을 분석하고 이를 바탕으로 교육에 적용해야 한다.

둘째, 공동작업으로서, 협력의 경우 언어 교수자 및 코스 개발자가 스스로 일방적으로 특정 주제 학문영역에 대한 정보를 수집해야 하는 반면, 공동작업은 언어 교수자와 주제영역 교수자 간의 보다 직접적 활동으로서 이는 세 가지 면으로 나타날 수 있다.

- 학생들이 후속 과목 학습을 영어로 준비할 수 있도록 일련의 수업들을 계획함
- 언어 교수자는 전공학과에서 제작한 교재를 사용하여 관련 과제를 수행하는 학급을 운영함
- 전공학문 학습에 어려움을 지닌 학생들을 돕기 위한 병존 학급을 운영함

공동작업에서 언어 교수자는 전공학문 텍스트의 담화들을 분석할 수 있도록 담화분석가로의 지식 및 기술을 구비하는 것이 필수적이다.

셋째, 팀티칭은 언어 교수자와 전공학문 교수자 간의 가장 통합된 모형으로서 양자가 특정 학문의 맥락 및 학문내용특수 언어를 가르치기 위해 함께 활동한다. 팀티칭에는 다양한 유형들이 있는데 핵심 요소는 수업 및 학습 지도안이 내용 교수자와의 협동으로 디자인되고 코스의 교수 및 과제에 대한 언어적 요건들에 초점을 맞춘다.

학문목적영어 교수자는 전공영역 지식 및 실행을 분석하기 이해하기 위한 이론적 지식을 구비하고 이해해야 한다. 학문목적영어 교수자 뿐 아니라 학생들도 적극적 참여가 요구되는 과제 및 활동에 참여하여 전공학문을 처리하고 이해하는 과정을 훈련받아야 한다. 전공학문 텍스트 분석을 위해서는 텍스트/담화 분석 틀, 텍스트 맥락, 학문의 지식학적 배경, 텍스트 저자의 입장, 텍스트의 인지적 장르 등에 대한 이해가 있어야 한다(Bruce, 2015: 73-81).

첫째, 전공학문 텍스트/담화 분석 틀에 있어서, 학문목적영어 코스 개발자 및 교수자가 학생들에게 전수할 학문적 지식의 많은 부분이 글쓰기 과제 및 구두 발표 같은 규약화된 구어/문어 형태의 학문적 의사소통과 관련되어있다. 코스 개발자 및 교수자는 특정 학문의 텍스트 및 관련 담화를 분석하는 체계적이고 명확한 틀을 구비해야 한다. 교수자는 또한 스스로가 담화분석가로서 학생들이 주제영역 담화를 분석할 도구 및 지식을 습득할 수 있도록 훈련시켜야 한다. 전공학문영역의 담화 및 텍스트의 상이한 측면들을 탐구하기 위한 틀을 정립하기 위해서는 민족지학적 접근, 장르기반 접근, 코퍼스 언어학에 대한 지식을 구비해야한다.

둘째, 텍스트와 맥락은 불가분의 관계로서, 특정 전공학문영역을 분석하기 위해서는 우선적으로 학문영역의 장르나 텍스트에 전문적 의미를 부여하는 맥락적 요인들을 고려해야 한다. 학문적 장르에 있어서 텍스트의 언어외적 맥락 요인들로서 텍스트가 속한 전문적 지식 유형들이 있고, 언어적 맥락 요인들로는 특정 영역에서 사용되는 의사소통의 특수한 언어형태 및 전문어휘들이 포함된다.

셋째, 학문의 지식학적 배경과 관련하여, 특정 학문영역의 지식학적 토대를 이해하기 위해서는 학문목적영어 읽기 및 쓰기 텍스트를 분석하는 것만으로는 부족하고 특정 학문분야에 종사하는 학자들이 수용하는 지식이론을 이해해야 한다. 그 이유는 학문영역의 텍스트 및 관련 담화는 지식창출에 대한 접근법의 결과물로서 특정 학문분야에서 사용되는 지식창출 패러다임이

지식의 소통형태를 형성하기 때문이다.

넷째, 텍스트 저자의 입장으로서, 전공학문 영역의 전반적 맥락 및 지식학적 가치는 저자의 입장 및 관점에 영향을 미친다. Bakhtin(1986)은 글쓰기를 말하기와 마찬가지로 대화적 성격을 지니고 있는 것으로 본다. 즉, 글쓰기는 독자의 기대치 및 지식을 염두에 두고 구축된다는 것이다. Hyland(2005)는 텍스트 저자가 독자와 상호작용하는 언어적 장치를 메타담화라고 지칭하며, 그 예로서 일방적 의사소통을 멈추고 대화를 개방하는 장치인 에두르기(hedge), 확실성을 강조하고 대화를 마감하는 장치인 강조장치(booster) 등을 든다.

다섯째, 인지 장르는 보고, 기술, 논증 등 단일의 수사적 목적을 실현하는 텍스트를 지칭하는 것으로서, 사회적 장르의 텍스트에 포함된 부분 텍스트로 나타나는 경향이 있다. 따라서 복합적 인지 장르 구조를 지닌 텍스트 쓰기를 가르칠 경우 초보적 글쓰기 학습자는 전체 텍스트의 일부 섹션 들 중에서 한 가지 이상의 인지적 장르에 대한 규칙적 사용을 집중적으로 연마하는 것이 도움이 된다.

7.3. 학문목적영어 언어지식 연마

학문목적영어 교육과정의 중요한 목표는 학생들의 담화능력을 신장하는 것이다. 담화능력은 확장 구어/문어 담화를 산출하기 위해 내용정보 및 언어를 적절하게 배열하는 능력으로서 학문목적영어 프로그램 내용구성에 대한 장르기반 접근은 담화능력의 전체성 정신에 부합하도록 맥락적 지식, 구성적 지식(수사적/절차적/전략적 지식), 언어적 지식의 세 영역의 지식을 통합할 수 있어야 한다(Bruce, 2015). 이 세 가지 지식들은 상호간 유기적으로 전체 프로그램 운영의 일부로 기능해야 한다.

이중에서, 언어적 지식과 관련하여 고려해야 할 사항들로는 텍스트 문법, 메타 담화, 어휘 들이 있다. 첫째, 텍스트 문법은 문법 및 통사 항목들을 텍스트의 통합적 자질들로 사용하는 것으로서, 이는 통사구조 및 문법이 추상적 규칙들로 학습되고 또한 개별 문장 수준의 언어학습에 그치는 언어교수와 대비된다. 기존의 언어교수는 텍스트 내에서의 학습목표 항목들이 내포한 의사소통기능적 역할을 무시할 뿐 아니라 또한 텍스트의 해석결과 도출되는 후속적 관련 담화들도 무시한다. 이러한 원자론적 언어 교수 접근은 두 가지 문제를 야기한다. 첫째, 교수자가 문법적 항목들이 사용되는 의사소통적 맥락요소들에 대한 교육적 고려 없이 가르치기 때문에 학생들이 이들 문법 항목들의 실제적 의미와 사용을 이해하지 못한다. 즉, 원자론적 접근은 학생들로 하여금 문법항목의 의미와 사용이 텍스트 환경과 상위 맥락에 영향을 받고 있다는 점을 이해하는데 도움을 주지 못하는 것이다. 둘째, 학문적 글쓰기 교재에 포함될 문법 자질들을 선정할 때 학습자들이 특정 유형의 텍스트나 장르 글을 작성하는데 필요한 언어적 요소들에 대해 초점을 맞추고 있지 않다.

둘째, 메타담화 관련 지식으로서, Hyland(2005)는 메타담화를 특정의 독자/청자에게 명제적 내용을 일관성 있고, 설득력 있게 전달하기 위한 수단으로 정의한다. 그는 메타담화를 상호적 메타담화(interactive metadiscourse)와 상호작용적 메타담화(interactional metadiscourse)로 구분한다. 상호적 메타담화의 기능은 독자를 텍스트 속으로 안내하는 것으로서, 이를 위한 장치로서 전환, 프레임 표지, 동일텍스트 내 지칭표지, 증거제시, 용어주해 들이 있다(Bruce, 2015: 94).

상호작용적 메타담화 장치의 기능은 독자를 텍스트에 참여시키는 것인데 이러한 장치로는 확신유보 표지, 강조 표지(boosters), 태도 표지, 자아 언급, 관심끌기 표지 들을 들 수 있다.

메타담화는 글쓴이의 입장을 파악하는 텍스트 모델로 적합하며 텍스트의 메타담화 장치에 교육적 초점을 맞추면 학생들이 다음의 사항들을 파악하는 능력을 연마할 수 있다.

- 필자의 입장을 구체적으로 제시하는 부분
- 텍스트 내용에 대한 필자의 태도를 보여주는 언어자질
- 특정한 방식으로 독자들에게 영향을 미치고 설득하는 언어자질
- 필자의 아이디어들을 연결하기 위해 사용하는 언어자질

학생들의 텍스트 메타담화 분석능력 연마를 위해서는 특정 범주의 텍스트를 선정하여, 공통적으로 반복되는 메타담화자질에 초점을 맞춰 교육하는 것이 효과적이다.

셋째, 학문목적영어 프로그램에서 고려해야 할 어휘지식과 관련된 것으로서, Jordan(1997)은 학문목적영어 프로그램에서 학습자의 어휘개발 요구가 자주 무시되고 있다고 지적한다. 설령 어휘개발에 초점을 맞춘다 하더라도 텍스트 읽기기술에만 한정되어 있다는 것이다. 학문목적영어 교육과정의 어휘개발에 대한 소홀로 인해 어휘학습은 학생들의 간접적 학습에 맡겨지고 있어서 결과적으로 비효율적 학습이 초래된다. 어휘지식은 학문목적영어 교육의 필수적 요소로서 학생들이 고등학문을 학습을 할 때 직면하는 가장 큰 문제는 어휘력 부족이다. 따라서 학생들이 고등학문 학습의 요구들을 효과적으로 처리할 수 있도록 학문목적영어 코스에 어휘 요소가 적극적으로 반영되어야 한다. Coxhead & Nation(2001)은 학문적 상황에서 사용되는 어휘를 고빈도 어휘, 학문어휘, 기술어휘, 저빈도 어휘의 네 집단으로 구분한다. 그들은 고빈도 어휘의 경우, 약 2천 개의 학문적 고빈도 영어 어휘 군을 제시한다. 이에는 176개의 기능어휘가 포함되는데 이들이 학문 텍스트 어휘 전체의 80%를 차지한다. 학문어휘는 Coxhead(2000)가 학문어휘목록(academic word list)에서 제시한 570개의 어휘 군으로 구성되어 있으며 상이한 유형들의 학문 텍스트들에서 상당히 공통적으로 사용된다. Coxhead & Nation(2001)은 학문어휘목록이 학문적 텍스트 어휘의 8.5-10%를 차지한다고 주장한다. 기술(전문) 어휘는 학문 주제별로 상이하며, 특정 주제별로 1천개 정도로 구성되고 해당 주제 텍스트 어휘의 5% 정도를 구성한다. 저빈도 어휘는 사용빈도수가 낮고 전문적 의미를 지닌 어휘들이다. Coxhead Nation은 학습자가 약 2,000개의 고빈도 어휘를 습득한 후에는 학생들에게 보다 전문적 영역에 초점을 맞춘 어휘를 학습할 수 있도록 지도해야한다고 주장한다. 학문학습 관련 대표적 기본 어휘 목록으로는 Xue & Nation(1984)이 제시한 대학어휘목록(university word list)과 Coxhead(1988, 2000)가 제시한 학문어휘목록이 있다. 학문목적영어 어휘지식은 학문목적영어 프로그램의 단계(대학예비단계, 학부 및 대학원 단계), 일반학문목적영어 프로그램 / 특수학문목적영어 프로그램 여부를 고려해서 결정해야 한다. 즉, 학문어휘목록 어휘와 전공학문의 전문어휘를 함께 고려해야 한다.

제 8장.
영어강의 교수자 역량

제 8장.
영어강의 교수자 역량

8.1. 영어강의 교수자 역량 틀

영어강의 상황에서 교수자의 역할은 절대적이다. 특히 학습자들이 전공학문영역을 자신의 모어가 아닌 영어로 학습해야 하는 상황에서 교수자는 학생들이 이해할 수 있는 언어입력을 제공하면서 학문적 내용을 전달해야 하는 이중적 역할을 수행해야 한다.

영어강의 교수자가 학문적 상황에서 영어를 사용해서 전공과목을 강의하기 위해서는 다양한 역량들을 연마해야 한다. 영국의 학문목적영어 교수자 협의회인 British Association of Lecturers in English for Academic Purposes(BALEAP)(2008)는 학문목적영어 교수자들의 교수능력 개발을 위한 틀(Competency Framework for Teachers of English for Academic Purposes: CFTEAP)을 제시하고 있다. BALEAP는 영어강의 교수자가 구비해야 할 역량들을 네 가지 주요영역의 11가지 역량으로 제시한다. 네 가지 주요영역은 다음과 같다(de Chazal, 2004: 49-54).

- 학문적 실행 영역
- 학생관련 영역
- 교육과정 개발영역
- 프로그램 실행영역

CFTEAP(BALEAP 2008: 3)는 학문목적영어 교수자가 수행해야 할 두 가지 기본적 능력자질로서 다음을 제시한다.

- 학생들이 고등교육기관에서 학업하는데 필요한 언어, 기술, 전략 습득을 촉진함
- 학생들이 학문적 과제 및 관련 과정들의 요건들을 해석하고 대응하는 접근법을 연마할 수 있도록 도와줌

학문목적 영어교육은 일반영어교육과 여러 면에서 차이가 있기 때문에, 일반영어교육 훈련을 받은 교수자가 전문적 학문목적영어 교수에 대한 훈련이나 준비 없이 학문목적영어 프로그램을 구성하고 가르칠 경우에 많은 문제가 발생한다. 이들 교수자들은 자신들의 개인적 학문습득 및 학문세계에 대한 경험을 바탕으로 학습자들을 가르치는 경향이 있다. 영어교육환경의 변화에 따라 학문목적 영어교육이 일반적 영어교육에 필요한 지식 및 기술영역 이상의 것을 요구하고 있음을 인식함에 따라, 고등교육기관들은 학문목적영어 과정을 가르칠 수 있는 관련 전문기술 및 경험을 소지한 교수자를 요구하고 있다. 이러한 새로운 유형의 학문목적영어 교수자를 배출하기 위한 전문적 훈련 및 자격취득 과정 등이 적극적으로 개발되고 있어서, 학문목적영어 교수자 능력개발을 위한 훈련과정 개발에 많은 도움을 주고 있다. BALEAP가 제시한 영어강의 교수자들의 역량은 영어 모어화자 교수자들 대상으로 한 것이어서 우리나라와 같이 영어강의 교수자들의 대부분이 비 영어 모어화자들인 상황에 그대로 적용하기는 다소 무리가 있지만 기본적으로 학문목적영어 상황에서의 교수자의 자질에 관한 것이기 때문에 우리나라 고등교육기관들의 영어강의 교수자들에게도 적용할 수 있을 것으로 보인다.

8.1.1. 학문적 실행영역

학문적 실행에 초점을 맞춘 학문목적영어 교수자 역량은 학문적 맥락, 전공학문들 간의 상이성, 학문적 담화, 개별학습 및 자율성의 4개의 하위 영역에 대한 역량으로 구분된다. BALEAP은 영어강의 교수자의 역량을 지식 및 이해, 역량, 지표의 세 가지 범주로 제시하고 있는데, 여기에서는 지식 및 이해, 역량의 두 범주에 한정하여 제시하기로 한다.

1) 학문적 맥락

학문목적영어 교수자는 대학의 구성, 교육, 의사소통실행, 가치, 규약에 대한 지식을 구비해야 한다(CFTEAP: 4).

- 학문목적영어 프로그램 구조, 교수/학습, 교수자와 학생 간의 의사소통 및 평가에 관한 규범 및 규약
- 인쇄매체, 전자매체, 구어 장르를 포함한 지식의 소통 및 출판유형
- 학문윤리 실천, 지적재산권 절차, 학문절차, 학생지원관련 학교정책

학문목적영어 교수자는 대학의 일상적인 교육적 전제들, 가치, 실행들을 인지하고, 이러한 것들이 학문전반에 걸쳐 프로그램의 구성 및 교수에 어떻게 영향을 미치는지 파악해야 한다. 이러한 지식영역은 또한 교수자가 학문코스에서 작동하는 공식적, 비공식적 의사소통의 기저를 이루는 교수자/학생, 학생/학생 간에 예상되는 관계를 이해하는 것을 포함한다. 다양한 학문영역에서 발생하는 지식들의 소통을 이해하기 위해 학문목적영어 교수자는 전공영역의 텍스트를 분석하기 위해 담화분석을 실시해야 한다.

2) 학문들 간의 상이성

학문목적영어 교수자는 전공학문들의 차이점들을 인식하고 탐구하며 이것들이 학문지식의 확립 및 소통에 어떻게 영향을 미치는지 알아야 한다. 이를 위해 구체적으로 다음 사항들에 대한 지식 및 이해를 가져야 한다(Bruce, 2015: 107).

- 담화공동체, 공동체 구성원 자격, 공동체 참여방식
- 담화공동체 내의 청중/독자
- 지식산출에 있어서 증거기반 추론의 중요성

담화공동체 분석틀은 의사소통모드(구어, 문어)와 담화공동체 내에서 독자/청자와의 참여 및 소통의 본질에 따라 상이하다. 특히 후자에 대한 이해는 전공학문분야 텍스트/담화의 두 가지 핵심적 요소들인 인식론 및 참여방식과 밀접하게 관련되어 있다. 특정 전공학문의 인식론적 지식습득은 해당 학문영역에 대한 지속적 참여를 통해 개발되는데 이 과정에서 연구방법론의 전제 및 실행 등, 지식산출 과정에 대한 이해가 요구된다.

3) 학문적 담화

학문목적영어 교수자는 담화분석적 지식을 포함한 높은 수준의 체계적 지식을 구비해야한다. 교수자가 전공영역 전문가가 아닐지라도 학문 텍스트를 읽고 내용을 이해할 수 있도록 텍스트의 담화자질 관련지식 및 전문어휘를 구비해야한다(ibid: 109).

- 문장수준의 문법 및 통사구조
- 담화차원의 언어자질
- 텍스트 응집성 및 통일성
- 의미론 및 화용론 지식
- 텍스트 장르 및 유형에 대한 이론지식

학문목적영어 교수자의 언어지식은 개별적 언어자질 범주에 대한 인식을 뛰어넘어 텍스트를 산출하고 형성하는 담화과정에 대한 분석방법과, 텍스트에 대한 독자/청자의 해석에 대한 지식을 포함한다. 따라서 학문목적영어 교수자는 텍스트 문법 및 텍스트 분류에 대한 담화분석이론의 피상적 지식만 구비해서는 안 된다. 또한 교수자는 학생들이 확장된 구어/문어 텍스트를 정확하고 유창하게 처리하고 산출할 수 있는 능력을 함양할 수 있도록 지도해야 한다.

4) 개인학습, 발전, 자율성

학문목적영어 교수자는 지속적 전문성 개발, 전문용어 습득 및 사용, 학문목적영어 교수 및 연구에 대한 제반 이슈들의 이해, 자신의 교수실행에 대한 비판적 숙고 등의 중요성을 인식해야 한다. 학문목적영어 영역은 그 자체로서, 교수자, 이론가, 연구자, 연수자를 포함하는 담화공동체를 구성하며 전문적 학문영역으로서의 위상을 확립하였기 때문에 학문목적영어 교수자들이 이 분야의 지식 및 이해를 구비하기 위해서는 전문적 연수, 지속적 학문목적영어 관련 연구논문 검토 등, 학문목적영어 실행공동체에 대한 적극적 참여가 요구된다.

8.1.2. 학습자 관련 영역

5) 학습자 요구 이해

학문목적영어 교수자는 학생들이 자신들의 선행경험과 관련한 요구사항들 뿐 아니라, 목표상황의 요건들을 이해하고 또한 이 요건들이 현재의 교육기대치에 어떻게 영향을 미치는지에 대해 이해해야한다. 이는 다음 사항들에 대한 지식 및 이해를 포함한다(Bruce, 2015: 111).

- 학생들의 학습문화에서 발생한 선행학습, 기대치, 가치
- 목표 학습문화에 참여하는데 필요한 언어지식, 기술, 교육적 가치 및 역할
- 대학예비 과정과, 학부 및 대학원의 전공학문 수준 간의 학습내용 및 초점의 상이성

교수자는 학생들이 학문목적영어 프로그램에서 학문언어, 지식, 가치, 역할, 기대치를 효과적으로 이해하고 습득할 수 있도록 연결고리를 제공해주어야 한다. 이를 위해, 학생들의 현재상황 및 목표상황 분석결과를 효과적으로 활용해야 한다.

6) 학습자의 비판적 사고 배양

학문목적영어 교수자는 학문적 맥락에서 지식처리 및 지식산출에 대한 비판적 접근의 필요성을 이해해야 한다. 또한 학생들이 다음과 같은 비판적 사고력을 연마할 수 있도록 필요한 과제, 처리, 상호작용 방법을 활용해야 한다(ibid: 112).

- 학문적 실행의 기저를 이루는 비판적 사고
- 비판적 사고 및 지식에 대한 비판적 접근
- 학생자율성 및 지식과 관련한 개인적 입장/태도 개발

학문목적영어 교수자는 비판적 사고능력 연마를 위한 명확한 방법을 개발하고 학생들이 비판적 사고기술을 사용할 수 있도록 원리에 입각한 체계적 방식을 사용해야 한다. Ramannathan & Kaplan(1996)은 비판적 태도가 특정 학문적 맥락에서 형성되고, 이는 학생들이 속한 학문영역의 판단기준으로 사물을 평가를 할 수 있는 능력을 포함한다고 주장한다. 특정 학문공동체에

서 승인된 판단기준의 일부는 지식산출과정 및 전공학문 장르 등의 지식보고 형식에서 추출된다(Swales & Feak, 2004). 따라서 비판적 사고모형을 제시하고 그 표현양식을 제시하며 교육하는 것은 학문목적영어 교수자의 핵심 활동이다.

7) 학습자 자율성 증진

학문목적영어 교수자는 학문적 맥락에서 학습자 자율의 중요성을 이해하고, 학생들이 개인별, 집단별로 효과적으로 학습할 수 있는 과제, 과정, 상호작용들을 적극적으로 활용해야 한다. 구체적으로, 교수자는 학습자 자율성의 원리를 이해하고 자기주도 학습을 지원하기 위한 기술을 사용하며, 다양한 집단활동 및 개인교습을 통해 학생들의 학습을 지원해야 한다. 교수자는 학생의 자율성을 향상시키기 위한 요건들을 이해하기 위해 특정 전공학문과정의 요구사항 및 기대치를 검토해야 한다. 또한 교수자는 학생들이 학문목적영어 프로그램의 방법론, 과제, 교재들에 친숙해질 수 있도록 지도해야 한다. 이를 위해 학문목적영어 코스의 과정 및 과제들을 학생들 상호간의 협력 및 자율학습을 동시에 신장할 수 있는 방향으로 단계화해야 한다.

8.1.3. 교육과정 개발 영역

8) 교수요목 및 프로그램 개발

학문목적영어 교수자는 언어교수요목의 주요 유형들을 이해하고 교수요목을 학문적 맥락에서 학생들의 요구들을 충족하는 프로그램으로 전환시킬 수 있어야 한다. 이를 위해 다음의 사항들을 검토해야 한다(Bruce, 2015: 114).

- 학문목적영어 교수요목 유형
- 지식 및 기술을 타 학습영역에 활용, 전이하기 위한 교수요목의 필요성
- 교수요목 설계의 제약 및 그 영향
- 선언적 지식 및 절차적 지식의 균형
- 목표설정에 대한 전체론적 접근

• 상향식 및 하향식 처리과정의 균형
• 광의 언어단위 중심의 분석적 교수요목

9) 텍스트 처리 및 텍스트 생산

학문목적영어 교수자는 텍스트 분류 및 담화분석 방법을 이해하고 학생들이 텍스트를 처리하고 산출할 수 있도록 전체 텍스트 및 부분 텍스트들을 중심으로 교육과정, 단원, 학습과제를 구성할 수 있어야 한다. 구체적으로 다음의 사항들에 대한 지식 및 이해를 구비해야 한다(ibid: 114-5).

• 텍스트 분류 및 분석 방법
• 학문적 장르에 나타나는 전공학문들의 상이성
• 텍스트 처리기술 및 전략
• 텍스트 산출기술 및 전략

학생들의 담화능력 함양을 위해서는 텍스트기반, 장르기반 교수방법이 필요하다. 텍스트 처리는 읽기와 듣기전략 및 하위기술을 포함하고 텍스트 산출은 학문적 글쓰기 기술과 구두발표 기술을 포함한다. 텍스트기반, 장르기반 교수법은 담화기반 교수법과 결합되어야 하며 이를 위해 교수자는 학생들의 글쓰기 및 말하기 산출능력을 신장할 수 있도록로 전체 텍스트를 분해하고 재구성하는 방법을 숙지해야 한다.

8.1.4. 프로그램 실행영역

10) 교수 실행 역량

학문목적영어 교수자는 의사소통 언어교수법들을 숙지하고 이들을 학문적 과제 및 과정이 요구하는 언어기술 학습훈련에 적용할 수 있어야 한다. 교수자는 일반영어 학습과 학문목적영어 학습 간의 요구사항에 핵심적 차이점을 인식하고 또한 이미 개발된 교수기술들과 이들의 사용 근거를 숙지해야 한다. 교수실행을 위한 필요 능력들은 다음과 같다.

• 교수요목에 근거한 단원별 프로그램 계획 및 실시
• 각 단원 내에서 학문적 언어교수와 학습기술 교수 간의 통합
• 주제내용 교수, 절차적 지식, 언어지식 간의 구분
• 내용전달에 있어서 IT 기술 활용
• 상황에 따른 유연한 대응 및 비계획적 학습기회들의 효과적 활용

11) 학습평가 실행

학문목적영어 교수자는 형성적, 총괄적 평가방법을 활용하여 학문적 언어 및 기술과제들을 평가할 수 있어야 한다. 이를 위해, 상이한 유형의 학문목적영어 평가, 평가와 학습/교수간의 연계성, 국제적 언어능력 평가시험의 목적 및 구조 등에 대한 지식과 이해를 구비해야 한다. 학문목적영어 교수자는 언어의 4기능 평가방법을 숙지해야 하며 특히 수행평가의 관점에서 산출적 능력을 측정하는 지식을 구비해야 한다. 형성적 평가는 학문목적영어 학생들에게 지속적, 누적적 피드백을 제공해주어야 한다.

8.2. 영어강의 교수자의 강의실행

8.2.1. 강의 기술

영어강의 교수자는 위에서 언급한 주요 역량들을 구비하고 강의에 임해야 한다. Rumpus (2009: 4-11)는 영어강의 교수자가 효과적 강의를 위해 필요한 다양한 요소들을 제시한다. 그의 제안들은 영국의 대학상황을 전제로 한 것이지만 영어로 전공과목들을 강의하는 우리나라 교수자들에게도 동일하게 적용될 수 있을 것이다.

1) 강의목적에 대한 명확한 인식
교수자의 강의는 다양한 목적을 수행하는 도구이다.

• 학생들의 후속 텍스트 읽기를 위한 기초 제공
• 학습주제에 대한 학생들의 관심 유도
• 다양한 정보들의 요약정리
• 학생들에게 최근의 학문연구발전 상황에 대한 정보제공
• 학생들에게 전문가적 관점과 열정을 보여줌
• 학생들에게 학문추론과정의 본보기를 보여줌

2) 강의의 잠재적 문제점 파악

강의를 통해 학생들에게 다량의 정보를 제공한다고 해서 학생들이 정보들을 모두 습득하는 것은 아니다. 교수자는 학생들이 강의목표를 이해하고 정보를 지식으로 전환할 수 있도록 다양한 학습활동들을 제공해야 한다. 강의에 명확한 구조가 없고 또한 학습의 결과와 관련이 없을 경우 학생들은 혼란을 느끼고 강의의 맥을 놓치게 된다. 따라서 강의는 세심하게 계획하고 조직해야 한다. 연구들에 의하면 학생들은 15-20분 정도 지나면 집중력을 잃게 되고, 학습활동의 변화가 없이 교수자의 강의를 받아 적기만 하면 효과적 학습이 이루어지지 않는다(Biggs, 2003). 따라서 교수자는 학습활동에 변화를 주어야 한다. 학생들에게 참여할 기회를 주지 않거나 과도한 양의 학습 자료를 제공하면 학생들이 수동적이 되므로 이를 방지하기 위해서 학생들이 학습자료와 상호작용할 수 있는 활동을 제공하거나, 노트테이킹을 유도하거나, 학생들이 완성해야할 부분이 있는 핸드아웃을 제공하는 것이 필요하다. 교수자는 자신의 강의기술에만 초점을 맞추지 말고 가능하면 학생중심적 강의가 될 수 있도록 해야 한다. 강의가 대규모여서 학생들이 소외감을 느끼거나 비개인적이라고 느낄 경우 강의를 가능한 한 개별화된 강의로 느낄 수 있도록 해야 한다. 학생들이 다수의 학생들 앞에서 질문하기를 두려워해서 강의내용을 잘못 이해하거나 불확실하게 이해하고 있을 경우, 학생들이 적극적으로 질문을 할 수 있도록 격려하는 것이 중요하다. 또한 학생들이 수동적이 되지 않도록 강의시작 후 몇 분 동안 말할 수 있는 기회를 제공하는 것도 필요하다. 교수자의 발표기술이 부족할 경우 학생들이 강의를 제대로 이해하지 못할 수 있으므로 교수자는 발표기술을 연마해야 한다.

3) 강의구조의 명확성

교수자는 학생들이 자신의 강의내용을 충분히 파악하고 이해할 수 있도록 강의의 구조를 명

확히 해야한다. 이를 위해 사전에 세밀하게 강의계획을 세워야 한다. 또한 학생들에게 강의와 나머지 모듈간의 관계에 대해 명확히 제시해야 하며 학생들의 선행지식과 주제에 대한 이해정도를 파악하고 있어야 한다. 또한 학생들에게 강의 종료 후의 예상학습결과를 설명하고, 학생들이 강의를 통해 이들을 달성할 수 있도록 학습활동을 계획해야 한다. 강의의 일련의 과정들을 명확한 순서로 제시해야 하며 교수자가 강의 중 다른 활동으로 전환할 경우 이를 알릴 수 있는 표지를 활용해서 설명해야 한다. 강의를 하면서 기존에 다루었던 다른 주제에 연결하거나, 학생들이 기존에 학습한 다른 모듈과 연계하도록 한다. 강의시작 시에 학생들이 이전시간에 학습한 내용을 요약함으로써 학습의 지속성을 느끼도록 해서 강의가 동떨어진 것이 되지 않도록 한다. 강의종료 시에는 강의내용을 정리하는 것이 중요하다.

4) 학습활동의 다변화 모색

영어강의 교수자는 학생들의 학습 집중도를 높이기 위해 학습활동에 변화를 주는 것이 필요하다.

- 잠시 동안이나마 학생들 간에 특정 이슈들에 대해 토의하도록 함.
- 학생들에게 다양한 대안적 답들이 있는 질문을 제시함.
- 학생들에게 미니학습이나, 개인별 또는 동료와 함께 풀 수 있는 문제를 제시함.
- 학생들로 하여금 특정한 사항에 대한 예시들을 생각해보고, 이를 말이나 글로 표현하도록 함.
- 강의도중 학생들에게 질문하고 응답하도록 함.
- 사전에 퀴즈문제들을 준비하여 강의시작 시와 강의종료 시에 사용함.
- 학생들에게 시간적 여유를 주고 교수자가 강의한 내용을 반추할 수 있도록 함.
- 학생들로 하여금 강의단계별로 또는 강의종료 시에 학습/이해한 내용을 간단하게 복습하도록 함.

5) 학생중심의 강의실시

교수자가 학습자중심의 강의를 하기위해서는 강의 전에 질문/응답을 통해 학생들이 주제에 관해 무엇을 알고 있는지 파악하는 것이 필요하다. 강의 중에는 학생들에게 친숙한 예시를 사용하거나 학생들이 예시를 제시하도록 장려하고, 이론적 틀을 제시하며 강의를 시작하는 대신 해당이론에 대해 학생들의 예시, 생각, 의견들을 바탕으로 강의를 전개하는 것이 바람직하다. 또한 학생들에게 학습내용에 대해 반추해보도록 하고 이를 노트로 작성해보도록 한다. 이렇게 함으로써 학생들로 하여금 피상적 지식이 아닌 보다 심화된 지식을 습득할 수 있도록 한다.

6) 학생들의 질문/응답을 격려하기

학생들은 일반적으로 다수의 학생들 앞에서 질문하거나 응답하기를 꺼린다. 이는 자신들의 응답이 틀리거나, 사소한 것이거나, 반박을 받을 수 있을 것에 대한 두려움 때문이다. 상호작용적 강의를 하려면 강의 도중에 학생들이 수동적이 되지 않도록 해야 한다. 학생들이 쉽게 답할 수 있는 질문들을 제시해서 학생들의 자신감이 증가하면 보다 어려운 질문들을 제시하고, 학생들이 질문에 응답하거나 질문할 때에는 항상 인정을 해주는 자세가 필요하다. 학생의 답변이 틀릴 경우 이를 일축하지 말고 신중한 질문을 통해 적절한 답을 말할 수 있도록 유도하고, 학생들이 짝이나 소집단으로 질문을 하거나 응답을 하도록 하는 것도 필요하다. 경우에 따라서는 학생들로 하여금 질문을 만들어서 수업종료 시에 제출하도록 하고 다음 시간에 교수자가 이 질문들에 대해 다시 설명할 수도 있다.

7) 시청각자료 활용하기

교수자가 강의 시에 시청각 자료를 적절하게 활용하면 학생들의 학습효과를 향상시킬 수 있다. 시청각자료는 학습활동의 변화를 주는 장치로 활용할 수 있다(비디오를 시청하며 질문에 답하기, 특정사항 파악하기, 등). 시청각자료는 학습의 보조장치이므로 단순해야 한다. 또한 강의가 산만해지지 않도록 시청각 자료를 너무 자주 활용하지 않도록 한다.

8) 강의발표기술 연마

영어강의 교수자는 강의내용을 세밀하게 설계하는 것 못지않게 발표기술을 연마하는 것도 매우 중요하다. 강의내용이 학생들에게 효과적으로 전달될 수 있기 위해서는 다음 사항들을 유념

할 필요가 있다.

- 강의의 목적과 학습의 예상결과에 대해 진술함
- 동일한 페이스 유지하며 다양한 목소리 톤을 유지함
- 학생이 이해할 수 있는 표현을 사용함
- 교재나 노트를 그대로 읽지 않음
- 학생들과 시선을 마주침
- 강의 중에 주제를 전환할 경우 학생들에게 알려줌
- 학습활동을 도입할 경우, 학생들에게 명확하게 설명을 함
- 강의종료 시에 강의내용을 정리할 시간을 가짐

이처럼 Rumpus(2009)는 영어강의 교수자의 효과적 강의를 위해 요구되는 다양한 사항들을 제시하였다. 이와 비슷한 맥락에서, 미국의 University of Southern California의 the Center for Excellence in Teaching(2014)은 대학의 비 영어 화자 강의조교들이 영어를 사용해서 학생들에게 효과적으로 강의를 실시하는데 도움을 줄 수 있는 안내서를 개발하였다. 우리나라 영어강의 교수자들 거의 대부분이 비 영어 화자인 점을 고려할 때 University of Southern California의 강의조교용 강의안내서의 내용들은 우리나라 영어강의 상황의 교수자의 강의에도 충분히 활용할 수 있을 것이다.

1) 강의의 목적을 고려함

- 신개념 교수 여부
- 강의의 핵심내용 복습 여부
- 실험방법 설명 여부

2) 학생들의 준비도를 고려함
- 학습주제에 대한 학생들의 선행지식 구비 여부
- 학습자들의 지식상태 파악방법
- 학생들의 지식에 대한 정보가 교수자의 강의에 영향을 미치는 방식

3) 강의내용이 학생들에게 연계성을 지니도록 함

• 새로운 자료를 학생들의 선행지식이나, 강의를 통해 이미 학습한 내용에 연결시킴
• 강의초반에 이전 수업에서 강의한 내용을 간단하게 복습함.
• 교수자는 새로운 개념들을 도입할 때마다 이러한 연계성을 만들어주어야 함

4) 강의시간에 다룰 내용에 대해 학생들에게 개관시킴

• 강의를 통해 성취하고자 하는 내용들을 알려줌
• 강의의 틀을 제시해줌

5) 강의주제가 다른 주제로 전환되거나, 아이디어들 간의 관련성을 보여주기 위해 담회지표 등의 전환장치를 사용함

6) 핵심어휘 및 용어들을 효과적으로 설명함

교수자는 특정용어를 가르치기 전에 다음의 세 단계별로 검토해야 한다.

<u>용어정의 전</u>

• 학생들이 해당용어를 습득해야 하는 이유
• 해당용어와 관련주제에 대한 학생들의 지식수준
• 해당용어를 이해하는데 도움을 줄 수 있는 학생들의 선행 아이디어 및 개념

<u>용어 정의하기</u>

• 해당용어의 형식적 정의
• 해당용어가 상이한 맥락에서 상이하게 정의될 수 있는 가능성

<u>학습과 관련지어 용어 정의하기</u>

• 특정개념을 학생들에 보다 명확하게 제시할 수 있는 실용적 예시제시
• 용어설명에 도움을 줄 수 있는 예시제공
• 학생들이 이미 알고 있는 비유를 활용한 개념설명
• 해당용어와 비교하거나 대조할 수 있는 용어제시

• 해당용어/어휘의 어원 설명
• 용어의 이해를 돕는 그림이나 다이어그램 제시

7) 중요한 원리들을 현실에서 보여줌으로써, 이들 원리들의 학습을 강화함.
• 시각 보조자료, 칠판, 핸드아웃 등도 원리를 보여주는데 사용될 수 있음

8.2.2. 학생들과의 상호작용 기술

영어강의 교수자는 다양한 강의상황 속에서 학생들과의 원활한 상호작용을 위해 적절한 기술들을 사용해야 한다. 특히 강의언어가 학습자의 모어가 아닌 영어이기 때문에, 교수자 자신이 핵심적 영어표현들을 연마해야 할 뿐 아니라 이러한 표현들을 학생들이 제대로 이해할 수 있도록 해야 한다. 일반적으로 교수자가 강의에서 자주 대하게되는 언어적 상황들은 다음과 같다.

1) 학습수행과제 구성 및 명확한 방향 제시

강의의 가장 중요한 부분은 수행과제를 구성하고 명확한 방향을 제시하는 것이다. 학생들은 자신들이 수행해야 할 과제를 명확히 이해하면 과제수행에 어려움이 없으므로 교수자는 학생들이 수행해야할 과제를 명확하게 제시해야 한다.

• 과제를 부과하는 이유 제시
• 지시사항의 명확하고 간결한 제시
• 학생들의 지시사항 이해여부 확인

2) 질문하기

교육의 궁극적 목표는 학생들이 스스로 학습하도록 돕는 것이다. 이를 위해서는 학생들로 부터 정보를 이끌어내는 다양한 질문기술을 사용하는 것이 중요하다.

3) 학생들의 질문 처리하기

영어강의 수업이 상호작용적으로 활발하게 이루어지기 위해서는 교수자와 학생간의 질문과 응답이 원활하게 이루어져야 한다. 교수자가 학생들의 질문에 응답하는 절차는 다음과 같다.

• 질문 확인하기:

학생들의 질문은 주로 의문문을 사용하지만 경우에 따라서는 평서문이나 감탄문의 형태로 질문을 할 수 있다. 이 경우, 교수자는 이로부터 질문의 내용을 파악해야 한다.

• 질문에 대해 언어적, 비언어적으로 인정하기:

교수자는 학생의 질문에 대해 말로 표현하거나 또는 얼굴 표정으로 질문을 인정해주는 것이 좋다. 학생의 질문을 인정할 때는 빠른 시간 내에 하고 또한 질문에 대해 부정적으로 응대하지 말아야 한다.

• 질문을 반복하거나 다른 말로 표현하기:

교수자가 학생들의 질문을 반복하거나 다른 말로 표현함으로써 다음의 목적을 달성할 수 있다.

– 학생에게 교수자가 자신의 질문을 이해했는지 알게 해줌

– 타 학생들이 질문을 들을 수 있게 함

– 교수자에게 질문을 보다 명확하고 적합하게 표현할 수 있게 함

– 교수자에게 질문에 대한 응답을 생각할 수 있는 시간적 여유를 줌

• 질문에 대해 간결하게 답변하기:

교수자는 학생이 질문한 내용을 다듬고 질문의 의미를 명확히 한 후에 질문에 대해 어떻게 응답할 것인지 생각해야 한다. 답변은 간단하면서도 정확하게 제시하는 것이 중요하다. 학생의 질문에 대해 답변하는데 시간이 많이 소요될 경우 수업이 끝난 후 답변해주는 것이 바람직하다. 학생들이 질문할 때에는 이들이 교수자의 강의 내용을 제대로 이해하고 있는지를 확인할 수 있는 중요한 기회가 되는 점을 인식해야한다. 때로는 정답을 제시하는 대신 교수자가 질문함으로써 학생이 제기한 질문에 대한 답을 제시할 수도 있다.

• 학생들의 이해여부 확인하기:

학생이 제기한 질문에 대해 교수자가 답을 제시한 다음 학생이 답변에 만족하는지 확인해야 한다. 제시한 답이 학생이 의도한 질문과 상치한다면 학생의 질문을 다시 이해해야하도록 해야 할 것이다.

4) 시각보조자료 활용

학문영역에서는 정보가 그래픽으로 제시되는 경우가 빈번하다. 그래프 및 도표들은 통계적 정보들을 제시하는 경우가 많기 때문에 교수자는 이를 학생들에게 제시하고 이에 대해 토의할 수 있는 능력을 갖추도록 하는 것이 중요하다. 교수자가 시각보조자료를 준비할 때 다음의 사항들을 고려해야 한다.

- 자료를 간단하고 명확하게 제시함
- 동일자료에 동시에 과다한 정보를 담지 않음
- 학생들에게 알맞은 수준의 기술을 활용함
- 가능한 한 언어적 표현사용을 자제하며 제시함

영어강의 교수자가 준비된 시각보조자료를 활용해서 강의를 진행할 때 다음의 사항들을 유의할 필요가 있다.

- 학생들이 시각자료를 제대로 볼 수 있도록 위치함
- 시각보조자료의 모든 정보를 설명 다 설명하려하지 말고 중요한 점이나 흐름에 초점을 맞춤
- 시각자료를 보여주는 동안 학생들과 시선을 유지함. 또한 시각자료만 바라보지 않도록 내용을 숙지함
- 사용할 시각보조자료의 수를 제한함
- 시각보조자료들을 보여주면서 설명과 해석을 해줌
- 시각보조자료는 해당 자료에 대해 토의할 때만 보여주고 다른 사항으로 넘어가면 사용하지 않음

시각보조자료 중에서 그래프/도표를 제시할 때 교수자는 다음의 사항들을 점검하는 것이 필요하다.

- 그래프/도표의 주제
- 그래프/도표 상의 정보들의 의미
- 그래프/도표가 보여주는 추세/흐름
- 그래프/도표가 제시하는 예측/전망 등

5) 토론 진행

전공학문 강의상황에서 교수자는 학생들과 다양한 토론을 하게 된다. 교수자가 토론을 원활하게 진행하기 위해서 고려할 사항들은 다음과 같다.

(1) 토론 준비

- 수업시간에 다루는 내용 중에서 토론을 위해 가장 중요한 측면을 선정함
- 토론에 앞서 학생들에게 읽기자료의 어느 부분이 토의에 활용될 것인지 알려줌
- 토론에 적합한 질문을 준비함
- 강의시작 시에 토론 주제 및 목표를 제시함
- 다양한 토론기술을 준비함

(2) 토론 중

- 학생들에게 토론주제를 언급함
- 토론진행에 앞서서 읽기자료에 대한 일반적 이해도 질문을 하며 시작함
- 학급전체 토론을 할 경우, 모든 학생들이 참여할 수 있도록 함
- 학생이 의견을 제시 할 때, 교수자는 적극적으로 청취함
- 불명확한 질문/답변을 명확히 하고 참신한 답변과 생각에 긍정적 피드백을 줌
- 상이한 생각 및 의견에 열린 마음으로 대처함
- 토론의 열기가 지나칠 경우 지나친 일방적 주장들을 제어함
- 토론의 속도를 인식하고 원만한 진행이 되도록 함
- 정기적으로 토론내용을 요약함
- 토의된 주요 사항들, 해결된 이슈들, 도출된 결론, 후속 토론주제 들에 대해 재진술하며 토론을 요약 정리함

교수자는 토론이 강의가 아니라는 점을 명심하고 학생들의 적극적 참여를 장려하고 아이디어를 교환하는 환경을 유지하는 역할을 수행해야한다.

제 9장.
내용보호 언어교수 관찰프로토콜

제 9장.
내용보호 언어교수 관찰프로토콜

8장에서 영어강의 교수자가 구비해야 할 역량들에 대해 기술하였다. 이와 관련하여 추가적으로 소개할 내용으로서 내용보호 언어교수 관찰프로토콜(Sheltered Instruction Observation Protocol)(Echevarria, Vogt, & Short, 2013)을 들 수 있다. 앞에서 언급한 바와 같이, 내용보호 언어교수(sheltered content instruction)는 영어권 국가들의 교육기관들에서 영어 비원어민 학생들을 원어민 학생들로부터 분리하여 이 학생들에게 교과과목들을 가르치는 것이다. 즉, 영어 비원어민 학생들이 원어민 학생들과 함께 수업할 때 언어능력의 부족으로 인해 수업의 결손이 생기는 것을 방지하기 위해 비원어민 학생들에게 일종의 언어적 보호장치를 제공해주는 프로그램이다. 내용보호 언어교수에서는 이처럼 원어민 교수자가 원어사용능력이 부족한 학생들의 영어사용능력에 맞게 학습내용을 조절하여 가르침으로써 학생들의 불안심리를 없애고 학습할 수 있도록 도와준다. 영어강의에 대한 여러 연구결과들이 보여주듯이 우리나라 고등교육기관들의 영어강의의 경우, 학생들의 평균적 영어사용능력이 전공학문영역의 강의를 영어로 수강하기에 많이 부족한 게 사실이다. 본장에서는 우리나라 대학을 비롯한 고등교육기관들에서 영어강의를 실시할 때 교수자들이 적극적으로 참고할 수 있는 내용보호 언어교수 관찰프로토콜(Sheltered Instruction Observation Protocol)에 대해 설명하고자 한다.

내용보호 언어교수 관찰프로토콜은 원래 미국의 유치원과정부터 고등학교과정에 이르기까지 영어사용능력이 부족한 학생들의 교육을 위해 고안된 언어 · 내용 교수학습 관찰모형이다. 내용보호 언어교수 관찰프로토콜이 고안된 배경에는 미국 내의 영어학습자들의 증가에 있다.

미국 인구조사국의 2009년도 자료에 의하면 전체 미국 인구의 12%가 외국에서 태어났고 20%는 영어 이외의 언어를 사용하고 있는 것으로 나타났다. 또한 이들 20%의 인구 중 44%가 영어 구사능력이 높지 않은 것으로 나타났다. 학생들의 경우, 2008-09년도에 전체 학생들 중 11%가 영어 사용능력이 부족한 것으로 나타났다. 이처럼 영어사용능력이 부족한 학생들이 미국 전역에 걸쳐 증가하고 있음에도 불구하고 교육당국들은 이들을 수용할 수 있는 교육과정 프로그램, 적절한 학습자원, 교사연수 등에 대한 준비가 되어 있지 않았다. 이러한 이유로 인해 영어사용능력이 부족한 학생들은 일반 학생들에 비해 학업 성취도가 현저하게 뒤떨어지고 있다. 내용보호 언어교수 관찰프로토콜은 이처럼 영어사용능력이 부족한 학생들이 학문적 성취도를 높일 수 있는 해결책을 제시한다. 내용보호 언어교수 관찰프로토콜은 대상을 유치원, 초 · 중등 학생들을 대상으로 하고 있고, 또한 교수자가 영어 원어민임을 전제로 하고 있어서 교수자가 거의 대부분 영어 비원어민 화자이고 또한 대상이 대학교 이상의 고등교육기관의 학생들인 한국상황에 그대로 적용하기에는 다소 무리가 따를 수 있지만 내용보호 언어교수 관찰프로토콜의 전반적 원리는 우리나라 고등교육기관의 영어강의 실시에 참고할 내용들이 많다.

9.1. 내용보호 언어교수 관찰 프로토콜의 구성 체계

내용보호 언어교수 관찰 프로토콜은 8개의 주요 요소들과 30개의 자질들로 구성되어 있다(Echevarria, Vogt, & Short, 2013). 구체적 내용을 정리하면 다음과 같다.

9.1.1. 수업준비

내용보호 언어교수 관찰프로토콜의 수업준비 과정은 6개의 자질들로 구성된다(ibid: 26-44).

1) 학습내용 목표설정

교수자는 학생들이 학습할 내용의 목표를 명확하게 제시하고 이를 학생들과 공유함으로써 학생들이 학습내용에 대한 명확한 인식을 가질 수 있도록 한다. 학습내용 목표를 제시할 때 중요한 점은 교수자의 관점이 아니라 학생들이 학습하거나 행할 것이 무엇인지의 관점에서 작성되어야 한다는 것이다. 교수자는 수업이 끝난 후 제시된 수업목표가 달성되었는지 여부를 평가 등의 방법을 활용하여 확인할 수 있다.

2) 언어목표 설정

교수자는 단순히 내용영역에 대한 전문적 지식을 구비하는 것만으로는 부족하고, 정보의 전달, 사용, 적용을 위해 영어가 어떻게 사용되고 있는지를 알아야 한다. 또한 언어목표가 학생들이 학문영어를 배우는데 필요한 것에 초점을 맞출 수 있도록 학생들의 영어사용능력을 파악해야 한다. 교수자는 언어학습이 일회성이 아닌 장기적 과정이라는 점을 인식해야 한다. 따라서 언어목표는 과정지향적 언어학습에서부터 수행지향적 언어학습까지 다양한 범위를 포괄함으로써 학생들이 언어목표를 달성하기 전에 언어목표를 탐구하고 실습할 수 있도록 해야 한다. 언어능력은 수용능력(듣기, 읽기)과 산출능력(말하기, 쓰기)의 두 가지로 구분되는데 교수자는 학생들이 이 두 가지가 통합된 방식으로 습득하도록 도와주는 것이 바람직하다.

영어강의 학습자들이 영어를 학습할 때 읽기와 쓰기에 집중하고 듣기, 말하기 연습을 소홀히 하는 것이 일반적인데 말하기 연습을 소홀히 할 경우 학문내용 수업 시 학생들이 큰 어려움을 겪게 된다. 따라서 교수자는 구두로 학생들과 상호작용함으로써 학생들로 하여금 학습내용에 대해 비격식적 설명을 넘어 전문적, 학문적 영어사용으로 진전할 있도록 지도해야 한다. 교수자는 또한 영어의 기능 및 형태적 요소 초점을 맞춤으로써 학생들이 고급 학문영어능력을 연마해서 충분한 영어사용능력을 습득할 수 있도록 지도해야 한다. 이를 위해 교수자는 특수 문법사항들과 어휘를 언어목표에 포함시켜야 한다. 또한 교수자는 학생들이 학문영어에 노출되는 양이 증가하고 또한 영어를 많이 사용할수록 영어사용능력이 빠르게 향상한다는 점을 인식하여 학생들로 하여금 학문영어 사용기회를 적극적으로 제공해야 한다. 교수자는 학생들이 학문영어 사용능력을 습득하고 있는지 여부를 판단하기 위해 언어목표를 평가하는 것이 중요하다. 교수자는 언어목표를 설정하기에 앞서 네 가지 사항들을 고려할 필요가 있다(Echevarria et al: 33-4).

• 학문어휘

- 내용어휘: 특정 학문에 사용되는 핵심어휘와 기술적 용어들

– 일반학문어휘: 일반적으로 모든 학문영역에서 공통적으로 사용되는 어휘들
– 어휘성분: 어근, 접사 등

• 언어기능

교수자는 학생들에게 듣기, 말하기, 읽기, 쓰기의 4 가지 영어사용 기능들을 가르치고 또한 연습할 수 있도록 지도해야 한다. 또한 이러한 언어사용 기술들은 수업 내용과 연계되어야 한다.

• 언어구조

교수자는 학생들에게 수업하는 내용영역에서 광범위하게 사용되는 문장구조들에 관심을 가지고 학생들에게 가르쳐야 한다.

• 언어학습 책략

언어학습책략은 학생들 스스로 학습할 수 있는 자원을 제공하는 것으로서 교정전략, 자아모니터링 전략, 읽기전 전략, 언어실습 전략 등을 지칭한다. 교수자는 학생들이 영어를 보다 효과적으로 학습할 수 있도록 다양한 학습책략을 지도해야 한다.

3) 학습내용·개념 제시

교수자가 학생들이 학습할 내용·개념을 계획할 때에는 학생들의 언어사용능력, 주제에 대한 배경지식, 읽기텍스트의 난이도 수준 들을 고려해야 한다. 학생들이 내용 주제에 대해 연계성을 인식할 수 있도록, 개념을 학습하고 적용하는데 필요한 배경지식의 양을 고려한 후 학생들이 관련 배경지식을 구축하거나 활성화할 수 있는 방안들을 고안해야 한다.

4) 보조학습자료 준비

강의와 텍스트를 중심으로 한 학습활동만으로는 학생들이 학습내용을 이해하는데 어려움이 따르게 되므로, 내용에 대한 이해를 증진하고 혼돈되는 개념을 명확히 할 수 있도록 교수자는 그림 및 시각자료, 멀티미디어 자료, 예시자료, 관련문헌 등, 보조학습자료 들을 준비하는 것이 중요하다.

5) 학습내용 조절

교수자는 핵심정보를 강조하기 위해 필요시 텍스트를 요약할 수 있다. 그 방법으로는 개요 제시, 요점항목 제시, 그래픽조직자 활용 등이 있다. 교수자가 텍스트의 내용을 학생들의 수준에 맞게 조절해야 할 경우 때는 다음의 점들을 고려하는 것이 바람직하다(Echevarria et al: 43).

- 학생들이 텍스트에서 학습해야할 내용 결정
- 구체적 개념 설명으로부터 추상적 개념 설명으로 진행
- 필수적이지 않은 세부사항 축소
- 새로운 정보를 학생들의 선행경험과 연계
- 시각적 자료(지도, 차트, 개요 등)들의 활용
- 어휘를 단순화 하면서 핵심개념과 전문용어사용 유지
- 필요시 특정개념에 대한 부연설명
- 어휘선택과 문장순서 점검

6) 유의미 학습활동

학습자는 자신이 알고 있거나, 학습하는 내용을 자신의 삶과 연계시킬 수 있을 때 성공적으로 학습할 수 있다, 따라서 교수자는 학습이 진정성 있고 유의미한 학습경험이 될 수 있도록 구성하고 가르쳐야 한다.

9.1.2. 배경지식 구축

교수자는 학생들의 언어발달 요구와 교육적 경험들 간의 괴리들을 염두에 두면서 학생들이 강의내용을 충분히 이해할 수 있도록 정보를 제공해야 한다. 이를 위해 다음의 3 가지 자질들을 유의해야 한다(Echevarria et al: 65-76).

7) 학생들의 배경경험과 연계된 개념 제시

교수자는 학생들이 강의내용을 효과적으로 습득할 수 있도록 관련 배경지식을 생성하고 활성화할 수 있는 방법들을 활용해야 한다.

• 학습단원의 소개나 예측안내들의 기술 활용
• 새로운 개념을 제시할 때 시각자료(사진, 그림, 등)를 사용하여 학습맥락 제공

8) 선행학습과 새 개념간의 연계 제시

학습이 이루어지기 위해서는 새로운 정보가 이전에 학습된 것과 통합되어야 한다. 따라서 교수자는 이전의 학습단원들과 현재 학습단원 간에 개념 및 자료들의 연계를 구축해야 한다. 다수의 학생들이 이러한 연계를 자동적으로 구축하지는 못하므로 교수자는 과거의 학습이 현재의 정보와 어떻게 연계되는지 명확하게 제시해야 한다. 이를 위해 과거 학습내용에 대해 학생들에게 질문을 하거나, 그래픽조직자 리뷰, 이전 강의노트 활용, 파워포인트 활용 등 다양한 방법들을 활용할 수 있다.

9) 핵심어휘 제시

학문어휘는 학문언어의 일부로서 학문내용학습에 있어서 아주 중요한 요소이다. 앞에서 언급한 바와 같이 학문어휘는 세 가지로 분류된다.

• 내용어휘: 특정 주제 및 전문적 내용과 관련된 어휘
• 일반학문어휘: 교육과정의 전반적 용어/과정 및 기능관련 어휘
• 어휘구성 요소: 어근 및 접사

교수자는 학생들이 전공학문과 관련된 어휘들로 인해 강의내용을 이해하는데 어려움을 겪지 않도록 이들을 효과적으로 지도할 필요가 있다.

• 학생들이 쉽게 이해할 수 있도록 어휘의 의미 설명
• 어휘가 사용된 예시 제시
• 학생들의 어휘를 사용한 예시 제시

교수자는 다양한 방법을 활용해서 학생들이 강의이해에 도움을 받을 수 있는 어휘에 대한 배경지식을 제공할 수 있다(Echevarria et al: 79-82).

• 핵심어휘를 맥락화해서 제시
• 어휘 자아수집 책략 활용
• 개념정의 맵 활용

- 문장의 빈칸 메우기 활용
- 어휘생성 등

9.1.3. 이해가능언어입력 제공

학생들이 교수자의 강의를 제대로 이해할 수 있기 위해서는 교수자가 제공하는 언어입력이 학생들에게 이해될 수 있도록 지도해야 한다(Echevarria et al: 97-103).

10) 발화

교수자는 학생들의 영어사용능력을 고려해서 자신이 사용하는 어휘와 문장 구조를 신중하게 모니터해야 한다.

- 가급적 관용적 표현 사용을 피함
- 동일한 발화를 반복하거나 다른 말로 표현함
- 구문의 복잡성을 줄여 문장을 단순화함

11) 학습과제의 명료한 설명

학생들은 교수자가 부과하는 과제 및 활동들에 대해 명확하게 설명하면 이들을 잘 수행할 수 있다. 교수자는 이를 인식하고 학생들에게 과제 및 학습활동들을 부과할 때 모델 및 예시들을 충분히 활용하여 단계별로 명확하게 제시하는 것이 중요하다.

12) 명확한 내용개념 이해를 돕기 위한 다양한 방법 활용

교수자는 학생들에게 이해가능입력을 제공하기 위해 다양한 방법을 활용해야한다.

- 발화시에 제스처, 몸동작 언어, 그림/사진, 물건 등 활용함
- 학습과정, 과제, 숙제들에 대한 모델을 제시함
- 최적의 학습을 위해 학습자료를 미리 살펴봄
- 학생들이 정보 및 개념의 이해정도를 표현할 수 있는 대안적 형태를 허용함
- 수업 시 멀티미디어 및 기타 기술들을 활용함
- 학생들이 어휘, 개념, 기술에 대해 반복적으로 노출되도록 함

• 그래픽조직자를 효과적으로 활용함
• 학습이해도를 높일 수 있도록 필요시 교재내용을 녹음한 자료를 제공함

9.1.4. 학습책략 제시

교수자들은 학생들의 학습과정을 촉진하는 다양한 유형의 학습책략들을 인지하고 이를 학생들에게 제공해야 한다(Echevarria et al: 117-26).

13) 학생들이 학습책략을 사용할 수 있는 기회 제공

Chamot(2009)는 학습책략의 중요성을 다음과 같이 제시한다.

• 유능한 학습자는 과제수행에 적합하고 융통성 있는 책략을 사용함
• 정신적인 면에서 적극적이고 전략적인 학습자가 보다 좋은 학습결과를 보임
• 학습책략은 특히 학문적 과제수행에 효과적임
• 학습책략은 가르칠 수 있고 또한 학습할 수 있음
• 학습책략은 새로운 과제수행에 전이될 수 있음

(1) 인지학습책략

인지학습책략은 개별학습과제 수행과 직접적 관련이 있으며, 학습자가 정신적, 육체적으로 학습자료를 조작하거나 주어진 학습과제에 특정의 기술을 적용할 때 사용하는 학습책략을 지칭한다. 인지학습책략들로는 다양한 것들이 있다(Echevarria et al: 117-8).

• 텍스트읽기 전에 텍스트 개관하기
• 학습목적을 설정하기
• 개인경험, 신념, 감정과 읽기 등 학습내용과의 연계성 만들기
• 기억보조장치 사용하기
• 중요한 정보를 확인하기 위해 강조하기, 밑줄 긋기 등 활용하기
• 노트하기나 개요작성하기
• 학습의 명확화를 위해 소리내어 읽기
• 이해를 돕기 위해 텍스트 다시읽기

• 정보지도 작성이나 그래픽조직자 사용하기
• 핵심어휘 확인하기
• 다양한 텍스트 구조를 확인, 분석, 사용하기 등

(2) 초인지 학습책략

초인지 학습책략은 의식화, 반추, 상호작용을 포함하며 통합적, 상호 연관적, 반복적 방식으로 사용된다. 초인지 학습책략들로는 다음의 것들이 있다(Echevarria et al: 118).

• 예측 및 추론하기
• 질문생성 및 질문을 사용해서 이해를 돕기
• 모니터링 및 명확화 하기
• 평가 및 중요도 결정하기
• 요약 및 종합하기
• 정신적 이미지 만들기(시각화) 등

(3) 언어학습책략

위의 두 가지 책략이 일반적 학습책략에 관한 것인데 비해, 언어학습책략은 영어 학습자의 언어학습을 지원하는 책략을 지칭한다. 언어학습책략들로는 다음의 것들을 활용할 수 있다.

• 텍스트 사전개관, 대충읽기, 훑어읽기, 사후복습 등, 기초적 읽기기술 적용하기
• 언어형태 및 유형 분석하기
• 맥락적, 통사적 정보에 기초하여 논리적 추측하기
• 어휘성분 분석하기
• 어휘를 그룹으로 조직하고 어휘그룹 명칭 만들기
• 발화 중에 자가 모니터링 및 자가 교정하기
• 의역하기
• 추측하기 및 연역하기
• 언어적, 비언어적 단서를 활용하기 등

14) 학습도움 틀 활용

학습도움 틀 개념은 Vygotsky(1978)의 근접발달영역(zone of proximal development) 개념

과 관련이 있다. Vygotsky의 사회문화적 학습이론에 의하면, 학습은 학습자 홀로 수행하는 것이 아니라 전문적 지식을 구비한 주위 사람들(부모, 교사, 전문가 등)의 도움을 받아서 함께 구축해 간다. 학습자의 현재 지식상태와 다음 단계에 도달해야 할 지식상태간의 차이를 근접발달영역이라고 하며, 두 지식간의 괴리를 교사가 학습자와 협력하여 이끌어줌으로써 학습자가 다음 단계의 지식을 습득하게 된다는 것이다. 이 과정에서 교사가 제공하는 도움의 틀을 스캐폴딩(scaffolding)이라고 지칭한다. 교수자는 다음과 같은 방법을 활용해서 학습자 스스로 학업의 책임감을 가질 수 있도록 도와줄 수 있다(Echevarria et al: 121).

- 학습책략을 실행하는데 있어서 개인적 선택, 노력, 끈기의 역할 강조
- 학습책략 활용이 학습내용 이해와 학습에 도움을 주는 과정을 보여줌으로써 학생들의 책략사용에 대한 동기부여
- 학습에 있어서 선행지식의 활성화와 연계의 중심적 역할강조
- 책략사용의 장점과 특정 책략사용의 가치 설명
- 학생들이 자신들의 사고를 명확하게 인식할 수 있는 정신적 모형 제시
- 학습자가 책략들을 활용할 수 있도록 다양한 실습 제공
- 책략적용의 책임감을 학생에게 점진적으로 부여함으로써 독립적 책략사용 증진

교수자가 학생들의 학습을 도와주기 위해 활용할 수 있는 스캐폴딩 유형으로는 다음의 것들이 있다(Echevarria et al: 122-4).

(1) 언어적 스캐폴딩

학생들의 언어발달 정도를 파악하고 있는 교수자는 학생들의 언어사용능력, 이해도, 사고력을 한 단계 더 높일 수 있도록 자극제공, 질문하기, 부연설명 들을 활용할 수 있다.

- 의역하기
- think aloud 기법활용
- 맥락적 정의활용
- 정확한 발음제공
- 발화속도 감소, 휴지시간 증가
- 학생들로부터 언어 및 정보추출

(2) 절차적 스캐폴딩

절차적 스캐폴딩은 학생들이 학습의 과정을 보다 효과적으로 진행할 수 있도록 도와주는 것을 지칭한다.

- 명확한 교수, 학습모형, 동료 학생들과 연습할 수 있는 기회제공, 독립적 적용 등을 포함하는 교수 틀 사용
- 일대일 교수, 코칭, 모델 제시
- 책략학습을 경험한 학생들과 새로 학습한 책략을 연습할 수 있도록 소집단 모둠 수업 실시

(3) 학습 스캐폴딩

교수자는 학생들이 학습내용과 언어를 쉽게 이해할 수 있도록 학습 스캐폴딩을 사용할 수 있다.

- 그래픽조직자를 사전읽기 도구로 활용하여 학생들이 학습할 텍스트의 내용을 준비할 수 있도록 도와줌.
- 과제물의 완성모형을 교수 스캐폴딩으로 사용.

15) 고등학습기술 습득 촉진을 위한 질문 및 과제

일반적으로 교육목표는 지식, 이해, 적용, 분석, 종합, 평가의 여섯 단계를 포함한다. 즉, 학습은 구체적 지식으로부터 추상적 가치를 점증적으로 습득해 가는 과정이다. Anderson & Krath-wohl(2001)은 다음과 같이 학습의 단계를 보다 구체적으로 제시한다(Echevarria et al: 125).

- 기억하기: 인식 / 회상
- 이해하기: 해석 / 예시 / 분류 / 요약 / 추론 / 비교 / 설명
- 적용하기: 실행 / 실시
- 분석하기: 차별화 / 구성 / 인과
- 평가하기: 점검 / 비평
- 창조하기: 산출 / 계획 / 생산

교수자는 영어사용능력이 부족한 학생들의 언어부담을 줄여주면서도 고차원적 사고를 촉진할 수 있도록 도와주어야 한다. 학습책략교수를 위한 방법들로는 다음의 것들을 활용할 수 있다.

9.1.5. 교수 · 학생 및 학생들간의 상호작용

학생들이 전공과목내용을 학습할 때 교수자 및 타 학생들과 상호작용하면 다양한 장점들이 있다(Echevarria et al: 145-6).

- 텍스트이해 심화: 교수자가 토론을 촉진하기 위해 사고력을 요구하는 질문들을 하면 학생들은 텍스트에 관해 논의하게 되고 이로 인해 텍스트를 깊이 있게 사고함.
- 구어언어 사용능력 발달: 학생들의 말하기 수준보다 약간 높은 수준의 언어로 상호작용하면 학생들의 언어사용능력을 한 차원 높은 수준으로 이끌어줌.
- 뇌활동 활성화: 토론과 같은 학습활동들은 학습에 중요한 역할을 담당하므로 학생들이 학습에 몰두하고 뇌가 활성화되면 학습효과를 높임.
- 학습동기강화 유발
- 학습 불안심리 감소: 교수자와 학생간의 전형적인 질문 · 응답식의 일방적 관계는 학생들에게 심리적 위협이 되는데 학생들의 짝활동, 모둠활동을 통해 심리적 불안감을 줄일 수 있음.
- 학생들에게 처리시간의 여유 제공
- 학생들의 학습집중도 향상

16) 상호작용 및 토론기회 제공

교수자는 다음의 방법을 사용하여 학생들의 상호작용과 토론을 활성화시킬 수 있다(ibid: 151).

- 학생들의 토론을 향상시킬 수 있도록 강의를 조직하고, 교수자와 학생 상호간에 발화의 양을 균형적으로 배분함.
- 학생들이 단답형의 짧은 구문으로 답하지 않고 보다 구체적으로 답을 할 수 있도록 다양한 기술들을 활용함.
- 학생들의 답변을 스캐폴딩하기 위해 학생의 질문을 다시 진술하는 등의 기법을 활용할 수 있음. 또한 학생들이 언어를 처리해서 자신들의 응답을 만들어 낼 수 있도록 휴지시간을 줌.

17) 교수자 강의와 집단활동의 균형

학생들의 학습 성취도를 극대화하기 위해 교수자의 강의와 학생들의 집단활동 간에 균형이 필요하다. 이러한 균형적 접근의 장점들은 다음과 같다(ibid: 153).

- 교수자가 학생들을 다양한 그룹으로 구성하면 학생들이 새로운 정보를 습득하고, 토론하며, 처리할 수 있는 기회를 제공할 수 있음
- 학생들이 공동으로 비평, 자료 분석, 자료요약 등을 하면 정보를 유의미하게 처리하여 결과적으로 학습이 증진됨
- 교수자가 강의속도를 적절하게 유지함으로써 학생들의 학습내용 기억을 증진시킴
- 교수자가 학생들의 모둠구성과 활동을 변화시키면 학습을 증진시킴

18) 학생들이 답변할 수 있는 충분한 시간 제공

교수자는 학생들이 자신들의 생각을 충분히 표현할 수 있도록 시간을 주어야 한다. 이점은 학생들의 영어사용능력이 부족한 점을 감안하면 더욱 그러하다. 교수자의 입장에서는 학생들의 답변준비 시간이 길어지면 이를 참지 못하고 자신이 직접 답하려는 경향이 있는데 학생들이 자신들의 생각이나 표현을 영어로 마칠 수 있도록 충분한 시간을 배려해야 한다. 이와 동시에 학습 진도를 고려해서 양자 간에 조화를 맞추도록 노력해야 한다.

19) 학습자가 핵심개념을 자신의 모어로 명확화할 수 있는 기회제공

학습자가 자신의 모어가 아닌 외국어로 수업을 할 경우 필요에 따라 학문적 개념이나 내용들을 자신의 모어로 명확하게 이해할 수 있어야 한다.

9.1.6. 연습 및 적용

외국어학습 연구들은 언어학습자가 높은 수준의 언어능력을 구비하기 위해서는 이해가능언어입력(Krashen, 1985)을 제공받는 것만으로는 부족하고 구두 및 문자 언어 연습을 통해 언어산출(Swain, 1985)을 해야 한다는 점을 보여준다.

20) 학생들이 습득한 내용·지식을 활용하여 연습한 자료 및 활동 제공(Echevarria et al: 114)

교수자는 학생들이 수업을 통해 습득한 지식을 활용해서 연습할 수 있도록 구체적 활동자료를 제공해야 한다.

- 수업시간에 연습할 학습분량은 가급적 짧으면서도 유의미해야함
- 연습분량은 학생들이 집중적으로 노력해서 학습할 의지가 있을 정도여야 함
- 새로운 학습의 경우 몇 개의 연습들을 짧은 시차를 두고 연계해서 실시하는 것이 바람직함. 이전내용 학습의 경우에는 기존학습의 복습과 같이 연습 간의 시차를 늘리는 것이 효과적임

21) 학생들이 언어 및 내용지식을 적용할 수 있는 활동 제공

새로운 언어를 학습하는 학생들에게는 새로운 정보를 적용하는 것이 중요하다. 그 이유는 토론과 학습활동을 통해 추상적 개념들을 구체적인 것으로 변환시킬 수 있기 때문이다. 따라서 교수자는 학습자들이 학습하는 내용을 관련성 있고 유의미 하게 적용할 수 있는 활동을 적극적으로 제공해야 한다.

22) 언어기능들을 통합하는 활동 제공

교수자는 학습자들이 언어의 4 기능을 연마하고 통합적으로 처리할 수 있도록 기회를 제공해 주어야 한다. 이를 위해 다음의 방법을 사용할 수 있다(Echevarria et al: 177).

- 핵심질문에 대한 토론을 읽기교재와 연계하여 실시하기
- 학생들 간에 상호작용하도록 구조화하기
- 학생들이 문장도입을 신호하는 어휘들을 사용하도록 지도하기
- 학생들이 동료학생들의 생각을 듣고 반응할 수 있는 기회를 제공하기
- 학생들이 학습하는 내용에 대한 글을 써보도록 하기

9.1.7. 강의내용 전달

수업내용 전달은 앞에서 언급한 수업준비와 밀접하게 관련되어 있다. 교수자는 자신이 준비한 내용을 효과적으로 학생들에게 전달할 수 있어야 한다.

23) 강의를 통한 명확한 내용학습목표 전달

학생들이 학습해야 할 학습목표는 명확하게 진술되어야 하며, 이를 교수자와 학생이 공유해야한다.

24) 강의를 통한 명확한 언어학습목표 전달

교수자가 수업을 실시할 때에 학습목표들은 다음의 점들을 구비해야 한다((Echevarria et al: 194).

• 관찰가능성: 학생들이 성취해야 할 활동들의 관점에서, 또한 교수자가 하는 질문 및 이해 점검의 관점에서 학습목표들이 명료하게 인식되어야 함
• 측정가능성: 학생들의 목표달성 여부나 목표달성의 진척도 여부를 측정할 수 있는 방법이 있어야 함
• 평가: 매 학습 말미에 학습목표를 점검하고 달성여부를 판단함

25) 학생들을 적극적으로 수업에 참여시키기

교수자가 제시한 학습목표들이 성공적으로 달성되기 위해서는 무엇보다도 학생들이 적극적으로 수업에 참여할 수 있어야 한다. 교수자가 학생들의 수업참여 시에 고려할 사항들은 다음과 같다(Echevarria et al: 195-6).

• 시간 배분: 교수자는 주어진 학습주제를 학습하는데 소요되는 시간의 양과 학문목표에 대한 결정을 해야 함. 또한 학습정보 제시와 학생들이 정보를 유의미하게 연습하고 적용할 수 있는 기회들 간의 균형을 모색하며 강의를 계획하고 실행해야 함.
• 참여 시간: 학생들이 수업에 적극적으로 참여할 수 있기 위해서, 교수자는 학생들이 교수내용을 이해할 수 있고 학습개념들에 대해 말할 수 있는 기회를 부여해야 하며, 또한 학생들의 관심을 지속시킬 수 있는 활동들을 제공해야 함.

26) 학생들의 수준에 맞게 강의속도 조절하기

수업시간을 효과적으로 활용하기 위해서 교수자는 수업에서 일상적으로 사용하는 표현들을 연마하고, 또한 학생들에게 과제수행 절차를 숙지하도록 하는 것이 바람직하다.

9.1.8. 복습 및 평가

27) 핵심어휘 복습하기

학습자의 어휘양이 풍부할수록 학습의 성공률이 높으므로, 교수자는 학생들이 핵심어휘들을 습득할 수 있도록 다양한 방법들을 활용하여 충분한 어휘입력을 제공해줄 필요가 있다.

28) 핵심개념 복습하기

학생들은 수업시간 중에 핵심어휘들을 복습하는 것이 중요할 뿐 아니라, 수업종료 시에 핵심개념을 복습하는 것도 중요하다.

29) 규칙적 피드백 제공하기

교수자는 학생들이 강의를 통해 내용지식 및 언어를 제대로 학습하고 있는지를 파악하기 위해 학생들이 산출한 결과물들에 대해 피드백을 제공해주어야 한다. 교수자의 효과적 피드백은 다음의 사항들을 구비해야 한다(Echevarria et al: 217-9).

- 격려 및 인정: 학생들이 교수자의 피드백을 받기 위해서는 언어산출물을 제출해야 하는데, 교수자가 학생들의 상호작용과 참여를 장려하기 위해 학 생들을 격려해 주어야 한다.
- 구체적이고 학문지향적일 것: 학생들의 산출물을 격려하고 인정해주는 방식은 막연한 것이 아니라 구체적이고 학문내용지향적인 것이어야 한다.
- 내용과 언어 모두 초점을 맞출 것: 교수자는 학생들이 자신의 강의를 통해 또한 학생들과의 상호작용을 통해 본보기를 제시함으로써 학생들이 점진적으로 어려운 어휘, 구문, 문장들을 사용할 수 있도록 지도해야 한다. 이 과정에서 교수자는 학생들의 영어사용능력에 맞는 스캐폴딩을 제공해주어야 한다.
- 언어사용의 모델을 제시할 것: 교수자는 학생들의 응답을 재 진술할 때 올바른 영어용법에 대한 모범을 제시하는 것이 바람직하다. 학생들의 말이나 글이 문법적이지 않거나 이해하기 어려운 것이면 교수자가 이를 다른 방식으로 표현함으로써 보다 정확하고 적절하게 피드백을 제공할 수 있다.
- 얼굴표정 및 몸동작 활용할 것: 교수자는 언어적 수단 뿐 아니라 얼굴표정과 몸동작도 사용하면서 보다 풍부하게 피드백을 제공할 수 있다.

30) 학생들의 학습이해도 평가

일반적으로 학생들의 학습이해도 평가는 학습종료 시에 하지만, 효과적인 이해도 평가를 위해서는 수업시간을 최대한 활용하여 평가하는 것이 바람직하다(Echevarria et al: 219).

- 수업시작 시 평가: 학생들의 선행지식과 경험을 활성화할 수 있는 활동을 사용하여 평가할 수 있음
- 수업 중 평가: 교수자의 관찰, 학생과의 대화, 집단응답 방식 들을 활용해서 학생들의 이해

도를 비 격식적으로 평가할 수 있음

• 수업 후 평가: 교수자는 수업시간에 학습한 내용들을 학생들에게 복습시킴으로써 수업의 목표가 달성되었는지 여부를 확인할 수 있음

위에서 내용보호 언어교수 관찰프로토콜의 구체적 내용들에 대해 개관하였다. 이미 언급한 바와 같이, 비록 내용보호 언어교수 관찰프로토콜이 미국의 초중등 학생들을 대상으로 한 교수/학습 모형이지만, 이 모형은 우리나라 고등교육기관들의 영어강의 환경에서도 적용할 수 있는 사항들이 많은 것으로 판단한다. 즉, 우리나라 고등교육기관들에서 영어강의 대상이 미국의 영어사용능력 부족 학생들과 같이 제한적 영어사용능력을 구비한 학생들로서, 초중등학생들에게 국한될 수 있는 일부 내용보호 언어교수 관찰 로토콜 자질들을 제외하면 우리나라 고등교육기관에서도 충분히 활용할 수 있을 것이다.

제 10장.
영어강의 학습자의 학습역량

제 10장.
영어강의 학습자의 학습역량

10.1. 영어강의 학습상황

영어 비원어민 화자가 영어를 사용하여 학문적 내용을 순조롭게 습득할 수 있기 위해서는 다양한 학습기술들의 연마가 요구된다. 학습기술은 학문목적 읽기, 쓰기, 듣기 활동을 할 때 사용되는 능력, 기술, 책략 등을 의미한다(Richard, Platt & Platt, 1992). 일반적으로 영어강의 학습자들이 당면하게 될 학습상황들로는 다음의 것들을 들 수 있다.

- 강의
- 세미나, 토론
- 실험실 및 야외 작업
- 개별학습
- 참고자료 및 도서관 활용
- 에세이, 프로젝트, 리포트, 사례연구, 학위논문, 연구 논문 등 작성
- 연구수행
- 시험

Jordan(1997: 7)은 다양한 학문적 학습상황에서 요구되는 학습기술들을 다음과 같이 제시한다.

1) 강의 상황:

• 강의내용 청취 및 이해
• 노트테이킹
• 질문하기(강의내용 반복 요청, 강의내용의 명확화 요청, 정보 요청 등)

2) 세미나 및 토론 상황:

• 청취 및 노트테이킹
• 질문하기 / 질문에 응답하기
• 동의(부동의), 의견진술, 이유제시, 대화 참여
• 자료 사용하며 말하기 / 논문(구두) 발표 /코멘트 / 반응 / 데이터 내용의 언어적 표현 등

3) 실습 / 실험식 작업 / 야외작업 상황:

• 문서 및 구두, 격식 및 비 격식적 지시사항 이해
• 질문하기 / 도움 요청
• 결과 기록하기

4) 개인별 학습 / 읽기 상황:

• 이해 및 속도를 증진시키기 위한 효율적 읽기
• 훑어읽기 / 대강읽기
• 그래프, 다이어그램 등 데이터 분석 및 이해
• 노트테이킹 / 내용을 중요도 순서로 배열하기
• 요약하기 / 달리 표현하기

5) 참고 자료 및 도서관 이용 상황:

• 내용/색인 사용
• 사전을 효율적으로 사용하기
• 도서 분류체계 이해
• 도서관 목록 이용
• 참고문헌 등의 정보를 신속하게 찾기

• 정보수집 및 분석

6) 에세이/프로젝트/리포트/사례연구/박사학위논문/논문/연구논문 작성 상황:
• 계획수립, 초안 작성, 수정
• 요약 / 다른 말로 표현하기 / 종합
• 학문적 스타일의 계속적 글쓰기 / 적절하게 구성하기
• 인용, 주석, 참고문헌 사용
• 증거발견 및 분석 / 데이터의 적절한 사용

7) 연구수행 상황:
• 인터뷰 실시
• 설문조사 내용 설계
• 설문조사 실시

8) 시험준비 상황:
• 쓰기: 시험준비기술 연마 / 수정작업 / 질문(지시 사항) 이해 / 빠른 글쓰기 /시간적 압력 대처
• 말하기: 질문에 구두로 명료하고 정확하게 답하기, 구두로 설명/기술/주장을 정당화하기

10.2. 학문적 영어 듣기

영어강의 청취는 교수자의 강의, 텍스트, 미디어 등 다양한 언어양식의 청취를 포함한다. 최근에 다양한 시각자료 활용 기술들이 도입되면서 이들이 강의에 적극적으로 활용하고 있다.

• 파워포인트 및 투사자료들을 활용한 시각자료
• 비디오/오디오 자료
• 온라인사이트 하이퍼링크

• 사물, 샘플, 자료, 모델 등
• 핸드아웃, 강의노트, 과제, 텍스트
• 타 텍스트: 도서, 논문 등

교수자가 다양한 언어양식을 사용함으로 인해 영어강의 학생들은 청취에 어려움을 겪게 된다. 그 이유는 학생들이 의미를 파악하기 위해서 다양한 유형의 언어입력들을 처리해야하기 때문이다.

10.2.1. 영어강의 청취 상황

교수자의 강의는 영어강의 상황에서 있어서 전형적인 청취 장르이다. 강의는 스타일, 길이, 격식성, 상호작용성, 복잡성, 언어, 내용, 청취자 특성 및 규모, 전달, 기대치 등, 다양한 측면에서 천차만별이다. 이처럼 강의들의 상이성에도 불구하고 학문적 강의에는 공통점들이 있다. 첫째, 강의를 하는 교수자들은 해당 전공영역의 권위자 및 전문가이고 학생들은 이들 전공영역들을 학습하는 자들이다. 이런 특성으로 인해 학생들은 교수자에 대해 종속적 위상을 지니게 된다. 또 하나의 공통점은 강의가 전문적 지식을 전달하는 효과적 수단이라는 것이다. 교수자들은 학문영역에서 구축된 연구결과, 주장, 논란 등을 강의를 통해 요약적, 종합적으로 전달할 수 있다. 학문적 상황에서 교수자의 강의를 청취하는 것이 영어강의 수강학생들의 가장 중요한 과제이지만 학생들은 강의이외의 상황들에서도 구어언어 입력을 처리해야 한다. de Chazel(2014: 221-3)은 학문적 환경에서 발생하는 청취상황들과 특성들을 다음과 같이 제시한다.

1) 강의상황
• 교수자의 계획된 강의내용 전달
• 교수자와 학생들 간의 빈번한 상호작용
• 1-2시간 정도의 시간적 지속성
• 순환적, 통합적, 복수언어 모드 사용
• 청취와 노트테이킹을 동시에 하는 멀티테스킹
• 교수자와 학생간의 비등위적 위상
• 대규모 수강생 가능성

2) 발표/말하기 상황

- 사전에 연습된 내용 전달
- 정보전달 및 상호작용적 질문
- 비교적 짧은 시간적 지속성
- 이야기식의 내용전달
- 시간, 질문 등에 대한 관례 준수
- 핸드아웃, 요약들의 선택적 포함
- 발표자와 청중간의 비교적 동등한 지위

3) 세미나/토의 상황

- 사전 예행연습 없는 내용 전달
- 상호작용적 활동: 참여자들은 타인의 말을 청취, 반응하고, 추가적 활동을 함
- 멀티텍스트를 사용하며, 한 공간에서 다단계 토의를 할 수 있음
- 참여자의 기여를 장려하고 존중함
- 다양한 견해들이 수용되지만 학문적 근거가 요구됨
- 비판적 분위기: 자신의 토의에 대해 타인의 비판/도전을 받을 수 있음
- 전문적 언어와 비 격식적 언어를 혼용함
- 목적 지향적: 문제에 대한 해결책 제시나 특정주제에 대한 심도 있는 탐구 등

4) 개별지도 상황

- 학생이 학습내용을 준비함: 기본적으로 텍스트읽기나 연구관련 내용임
- 소수의 지도학생을 대상으로 함
- 튜터의 역할은 토의안내, 비평, 학습점검임
- 튜터와 학생간의 명확한 역할분리: 튜터는 전문가/평가자, 상담자, 동기부여자 등의 역할을 수행함
- 관련강의, 세미나, 읽기, 연구 등을 통해 보다 확장된 학습으로 통합됨
- 선형적 과정: 과제들은 후속 개별지도를 위해 준비됨

5) 튜터/강좌 감독자와의 일대일 회의 상황
- 학생이 요구함: 특정사항을 요구하거나 제공할 수 있음
- 시간적 압력으로 인해 단시간 진행됨
- 비 격식적, 효율적, 목적 지향적: 학생들은 자신들의 질문들에 대해 답변을 기대함
- 사회문화적 역할: 학생들이 튜터/강좌 감독자들과 보다 긴밀한 전문적 관계를 형성할 수 있음

6) 연구수행 관련 감독자와의 전문가적 면대면 회의상황
- 학생개인과 감독자/평가자 간의 명확한 역할 구분
- 상황에 따라 튜터 중심이나 학생중심일 수 있음
- 연속적 회의들의 일부임
- 학문적 엄격성과 평가에 초점을 맞춘 내용지향적임
- 독창성 강조: 학생들은 독창성의 증거를 제시해야 함
- 학생들은 튜터/평가자의 비판적 상호작용에 응대해야 함

7) 집단프로젝트 수행상황
- 협동적, 상호작용적, 역동적
- 각자의 역할과 내용이 협의됨
- 문제해결 지향적
- 연구기반: 텍스트읽기, 장소/사람 방문 등
- 지식처리: 일차적 연구수행
- 결과 지향적
- 결과물이 평가받음: 강좌 평가, 튜터/감독자의 평가

8) 비 격식적/사회적 상호작용 상황
- 기본적으로 비 격식, 비 예행연습: 학문적 과제(주제)의 토의(명확화) 등 학문적 초점
- 학생 주도적
- 내용 및 초점에 대한 협의
- 언어 및 스타일: 주목적이 언어적 정확성 보다는 효과적 의사소통임
- 보완적: 집단프로젝트, 세미나 준비 등 타 학문활동을 뒷받침함

10.2.2. 청취 과정 및 청취기술 개발

음성언어 청취과정은 상향식과 하향식 처리과정이 상호작용한다. 그러나 청취과정의 상향식, 하향식의 이분법적 접근은 청취내용의 이해에만 관련되는 것으로서 Flowerdew & Miller(2005)는 상향식, 하향식 이외에 개인적 요인, 문화적 요인, 사회적 요인, 맥락적 요인, 정의적 요인, 전략적 요인, 텍스트 상호간 요인, 비평적 요인 등 다수의 요인들을 추가한다. 이중에서 정의적 요인은 음성텍스트에 대한 청자의 청취동기 및 정서적 지향성과 관계되고 전략적 요인은 모니터링 및 학습관리에 적용되는 메타인지 처리를 포함한다. 텍스트 상호간 요인은 타 텍스트에 대한 전제지식과 관련된다. 비평적 요인은 화자와 청자 간의 사회적 관계 및 이것이 텍스트에 어떻게 구현되는지에 대해 고려한다.

하향식 의미처리 전략학습을 위해서 텍스트의 맥락화, 세상사에 대한 선행지식 활성화 등의 오리엔테이션 활동, 대의파악을 위한 듣기과제 수행 등을 활용할 수 있고, 상향식 청취전략으로서 음운패턴, 어휘들에 대한 청취훈련을 할 수 있다. 이외에도 텍스트 및 텍스트 처리에 대한 특정 문화적 태도, 텍스트 상호간 지식, 모니터링 및 학습관리, 음성학문 텍스트에 내재한 태도 및 행위의 틀을 형성하는 사회적 관계 형에 대한 인식 등에 대해 학습해야할 필요가 있다.

10.3.2.1. 청취 시 활용하는 지식유형

청취 시 활용되는 다섯 가지 지식유형으로는 맥락지식(화용지식 포함), 의미론적 지식, 통사지식, 어휘지식, 음운지식이 있으며 이들 각각의 지식들은 동시에 사용되어 청취를 돕는다(Bruce, 2015: 157-160).

1) 맥락지식

맥락지식은 세상사에 대한 일반적 지식과 로컬, 문화적, 맥락 특수 지식과 강의의 대상인 학문주제 내용지식 및 이 내용과 연관된 타 텍스트 지식을 포함한다. 예를 들어 강의주제가 소셜미디어의 역할이라고 가정할 때 학생들은 소셜미디어에 대한 자신의 경험이나 선행지식(이론, 의미, 경험 등)을 재생하여 이를 바탕으로 이 주제의 강의를 들으면서 자신이 알고 있는 바를 제시된 강의내용과 연결한다. 즉 학생들은 자신의 선행지식 및 경험을 활용하여 강의 중에 접하는 정보들에 대한 인지적 모델을 구축한다.

2) 의미지식

의미지식과 관련한 핵심개념은 응집성(cohesion)과 통일성(coherence)으로서, 응집성은 텍스트의 언어자질 내에서 구체적으로 나타나고 통일성은 독자/청자가 텍스트를 처리하고 그 내용에 대한 정신적 표상을 창출할 때 이들의 심리에 내재화된다. Hoey(1991)는 응집성을 신호하는 다수의 언어적 장치가 어휘임에도 불구하고 대부분의 언어교재들이 문법적 응집성만 지나치게 강조하는 경향이 있다고 비판한다.

3) 통사지식

확장 텍스트를 처리할 때에는 통사지식 요소들도 고려해야 한다. 특히 확장 텍스트 내의 하위텍스트들 간의 연계를 신호하는 어휘들은 항상 고정된 의미를 지니는 것은 아니기 때문에 청자는 특정어휘가 사용되는 맥락 속에서 그 의미를 이해할 수 있는 가장 적합한 의미를 파악해야 한다. 예를 들어 다음의 문장들에서 'and'는 맥락에 따라 그 의미 해석이 달라진다(Bruce, 2015: 159).

학생들이 텍스트를 통일성있게 해석할 수 있기 위해서는 명제들 간의 관계를 확인해야하고, 또한 명제들 간의 의미관계가 맥락에 따라 언어적으로 신호되지 않을 수 있을 뿐 아니라 맥락에 따라 언어적 신호들의 기능 및 의미가 달라질 수 있다는 점을 인식해야 한다.

4) 어휘 및 음운지식

어휘 및 음운지식은 하위수준의 청취요소이다. 청취하는 음운 코드를 탐지하고 처리하는 능력은 청취의 기본으로서 학생들은 문자 언어형태는 비교적 쉽게 인식하고 처리할 수 있으나, 강의청취의 경우 핵심적 음운요소들을 놓칠 경우 이에 대한 성공적 처리가 불가능하다. 음소, 강세, 음조, 동화, 생략, 억양 등의 음운지식은 음성 언어 텍스트의 성공적 처리를 위해 중요한 요소들이다.

10.2.3. 영어강의 청취의 애로사항들

Tauroza(2001)는 학문적 맥락에서 확장 담화청취의 근본적 어려움으로서 시각적, 청각적 정보들의 결합에 대한 부담, 대화스타일 강의청취의 부담, 장시간의 음성담화 처리에 대한 부담을 든다. 이러한 강의의 특성들로 인해 청자가 수용하는 음성언어 입력의 유형 및 그 입력을 처리하기 위해 사용하는 전략은 타 유형의 청취와 구별된다. 타 청취 맥락에서는 음성텍스트가 대학 강의처럼 모노로그가 아닌 대화체 텍스트가 일반적인데, 대화체 텍스트는 모노로그 텍스트에 비해 분절적이다. 즉 음성텍스트가 짧은 섹션들로 구성되어있고 화자와 청자 간에 말차례를 통해 질문, 명확화, 피드백 들을 주고받을 수 있어서 청자가 음성텍스트를 보다 쉽게 처리할 수 있다. 또한 음성텍스트의 의미가 맥락단서, 몸동작 언어, 얼굴표정, 제스처 등의 준언어적 단서를 통해 매개될 수 있다.

영어강의 맥락에서는 일반적으로 강의노트와 핸드아웃에 기초한 비 격식적, 대화 스타일이 지배적 강의모드이다(Biber, 2006; Decarrico & Nattinger, 1988; Dudley-Evans & Johns, 1981; McDonough, 1978). 강의가 일반대화와 상이한 점은 학생과 교수자간의 말차례 및 의사소통 관리의 기회가 크게 제한되어 있다는 점이다. 강의의 경우 교수자의 강의가 잉여성, 몸동작 언어 등, 음성언어의 의미매개 요소들을 다수 포함하고 있으나 말차례의 상화작용 요소들은 상당히 제한된다. 그 결과 학생이 처리해야 할 음성텍스트의 양 및 농도가 상호작용적 대화에 비해서 크게 증가한다. 강의에서 발생하는 또 다른 의사소통 측면은 교수자와 학생들 상호간의 사적인 의사소통 참여이다. Stridt-Lopez(1991)은 교수자의 일화 및 방백이 학생들과의 보다 사적인 의사소통을 위해 어떻게 사용되는지 연구하였다. 그에 의하면, 교수자의 일화 및 방백은 일반적으로 강의주제, 강의내용 및 강의구조, 어휘 측면에서 일상적 강의에서 벗어나기 때문에 학습자에게 강의청취에 대해 추가적 어려움을 준다. 학습자는 중요한 정보와 농담/유머, 일화, 방백 등, 내용습득 상 중요하지 않은 정보를 구별해야하기 때문이다.

de Chazel(2014: 225)는 영어강의 학생들이 청취자료들을 평가하고 처리하는데 겪는 다양한 어려움들이 언어, 교육수준, 경험, 동기, 문화적 요인, 인지적 요인들에 의해 발생하는 것으로 본다.

1) 언어적 측면

- 음운론적 언어입력: 발화자의 억양 및 발음이해, 언어입력 처리 및 의미 구축
- 어휘: 전문 어휘, 전공영역별 특수어휘
- 문법적 복잡성: 특히 명사 구문의 복잡성

2) 실제적 측면

- 발화 전달속도 처리, 강의 따라가기
- 교수자의 강의, 비디오 및 오디오 텍스트 등 멀티텍스트/멀티언어 모드 처리

3) 시각적 측면

- 슬라이드, 파워포인트 등 시각 미디어 활용정보 처리
- 텍스트, 그래픽, 차트, 시각자료, 통계 등 정보처리

4) 내용적 측면

- 청취 텍스트의 내용을 처리하고 이를 기존학습 내용에 관련시켜 지식을 확장함

5) 인지적 측면

- 농축되고 복잡한 정보 및 언어를 처리함

6) 학문적 측면

- 청취의 방법 및 목적: 강의청취 중의 노트테이킹

7) 맥락적, 지식기반적 측면

- 학습내용을 학생 자신의 개인적 맥락에 적용함
- 의미를 이해, 해석하고, 맥락화함
- 추후과제 도출하기

이처럼 영어강의 수강학생들이 학문적 청취에 어려움을 겪게 되는 사항들이 많지만 이를 완화해주는 장치들도 있다.

- 친숙한 논리적 텍스트 구조(서론, 목적 진술, 전문 어휘의 정의 등)
- 방향제시적 언어사용
- 응집성 언어사용
- 어휘/용어의 정의
- 달리 표현하기 등

10.2.4. 학문적 청취기술 및 역량

영국의 학문목적영어 전문가포럼인 BALEAP(2013)은 학문목적영어 학생들을 위한 역량 틀을 개발하였다. 이 역량 틀은 학문적 맥락과 학문적 담화를 구분하여 각각에 대해 구체적 역량들을 제시하였다(de Chazal, 2014: 231-2).

1) 학문적 맥락

학문적 맥락은 학문환경에서 학습하기 위해 요구되는 학문적 관행, 가치, 규약, 인지능력 및 초인지능력을 지칭한다. 학문적 맥락에서는 4가지 구체적 역량을 요구한다.

- 강의에서 제공되는 정보에 대한 비판적 자세 유지
- 이해도 향상을 위한 강의확장 자료의 사용: 강의의 순환성, 통합성, 멀티모드 성을 강조함
- 상이한 강의유형들에 대한 대처
- 최근 상황들에 대한 인식

이러한 역량들을 개발하기 위해 영어강의 학생들은 다음과 같은 다양한 활동들을 수행해야 한다.

- 강의나 강연에 대한 적절한 노트 작성
- 텍스트읽기 전/읽기 후와 비교하여 어떤 책략이 강의청취에 효율적인지 비교함
- 교수자의 강의목적(정보제공, 개념적용, 학생들에 대한 질문 등)과 강의유형(일방적 강의, 상호작용적 강의) 확인

2) 학문적 담화

학문적 담화는 언어지식과 특정 학문영역의 요구사항들에 대응하기 위해 학생들이 적절한 언어를 동원하는 능력을 의미한다. 이를 위해 학생들은 자신이 청취하는 바를 이해해야 할 뿐 아니라 그것을 타인과 소통할 수 있어야 한다. 학문적 담화와 관련된 구체적 역량들은 다음과 같다.

- 빠른 속도의 강의발화 이해
- 상이한 강의유형 대처
- 익숙하지 않은 영어 비원어민 화자의 억양 이해
- 주제참여를 위한 충분한 내용이해(정보이해 및 동화속도)

10.2.5. 강의 노트테이킹

영어가 모어가 아닌 영어강의 학습자들에게 있어서, 교수자의 강의를 제대로 청취하고 이해하는 것은 학습의 성패를 좌우하는 중요한 일이다. 특히 강의 후 강의 내용을 복습하기 위해, 강의 중에 교수자의 강의내용을 받아 적으며 요약 및 정리하는 노트테이킹 기술은 영어강의 학습자의 핵심적 학습기술이다. 따라서 영어강의 학습자는 노트테이킹 기술을 연마해야한다. Coughlan(2007)은 효과적 노트테이킹을 위해 다음의 세 단계별로 준비할 것을 제시한다.

1) 강의시작 전 :

강의시작 전에는 교수자자 강의에서 다루게 될 주요 내용, 새로운 전문용어들에 친숙하기 위해 관련 독해과제를 일별하는 것이 바람직하다. 이렇게 함으로써, 학습자는 학습에 대한 준비도를 향상시킬 수 있다. 또한 체계적 노트테이킹을 향상시킬 노트북을 준비하는 것도 필요하다. 무엇보다 중요한 점은 학습자 자신이 교수자의 강의내용을 적극적으로 청취하고자 하는 의지이다.

2) 강의 중 :

일단 강의가 시작되면 학습자는 적극적으로 노트테이킹에 임해야 한다. 노트테이킹 시에 다음의 다양한 사항들을 유의해야 한다.

- 자신에게 적합한 노트테이킹 포맷을 정립함
- 강의의 주요 구조 및 정보를 청취함
- 중요한 사항 및 구성적 단서들을 라벨로 표시함
- 강의청취 내용을 자신의 언어로 작성함
- 강의내용을 놓치더라도 집중력을 잃지 않음
- 여백의 공간을 남겨둠
- 상세한 세부내용들은 후에 채워 넣음
- 후에 다시 청취내용을 복사하는 일이 없도록 함
- 강의에서 논의된 주요 내용을 사용함
- 주요 내용들 밑에 이차적 내용을 적음
- 교수자가 강의 도중에 예시들을 제시하면 추후 그에 대한 기억을 되살릴 수 있도록 노트함
- 습득한 지식을 학습자 자신이 후에 이해할 수 있는 맥락상황을 활용해서 예시들을 작성함
- 해당 섹션의 이해를 위해 필요한 이론, 법칙, 기타 기초 요소들의 제목을 적음
- 통계수치, 문헌, 일자, 고유명사들을 적음
- 심볼 및 축약형을 사용함
- 산만하거나 감정적 대응을 하지 않음
- 교수자의 언어적, 몸동작, 시각적 단서에 관심을 가지고 중요 사항을 파악함
- 교수자의 발음이 이해하기 어렵거나 산만하게 강의하더라도 차분하게 강의내용을 주의 깊게 청취함
- 노트작성 일시, 쪽수를 기록함
- 노트정리를 일찍 마무리하지 말고 강의말미에 주어지는 정보에 주의 깊게 청취함

3) 강의종료 후 :

노트테이킹의 가장 큰 어려움 중의 하나가 청취내용의 노트에 기록한 후 그 내용을 기억하는 것이다.

- 강의 후 빠른 시간 내에 자신이 작성한 청취노트를 리뷰함: 기록한 내용을 이해할 수 있어야 함

• 누락된 사항들이나 잘못 이해한 사항들을 텍스트나 다른 자료에서 메움
• 청취노트를 편집함: 주요사항에 라벨 표시 및 핵심내용들을 상이한 색상들로 강조함
• 학습자 자신의 생각 및 숙고 내용들을 기록함

영어강의 청취를 위해 요구되는 언어적, 비언어적 요소들로서 다음의 것들이 있다.

• 강의목적과 범위 확인
• 강의주제 확인 및 주제전개 파악
• 담화 내의 단위들 간의 관계 확인(주요 사항, 일반화, 가설, 예시 등)
• 강의구조를 신호하는 담화지표의 역할 확인(접속사, 부사, 등)
• 관계추론(원인, 효과, 결론)
• 주제와 관련된 핵심어휘 인식
• 맥락을 통한 어휘의미 추론
• 응집장치 인식
• 정보구조를 신호하는 억양의 기능 확인(음성 폭, 발음속도, 등)
• 주제에 대한 화자의 태도 탐지
• 상이한 강의모드 파악: 구두언어, 청각, 시청각
• 발화 엑센트와 속도차이에 관계없이 강의이해
• 상이한 강의 스타일 친숙: 격식적, 대화, 읽기, 등
• 상이한 화용역(register) 친숙: 문어체/구어체
• 강의내용과 관계없는 사항 인식: 농담, 일탈, 등
• 비언어적 단서를 강조와 태도의 지표로 인식함
• 강의실 규범에 대한 지식(대화순서, 요청 등)

노트테이킹 기술의 핵심은 받아 적어야 할 내용을 파악하는 것이다. 교수자의 강의 중에서 중요한 사항을 구별해내는 일은 연습을 통해 향상되는데 강의의 핵심어휘와 핵심요점을 파악하면 받아 적을 내용을 결정하는데 도움을 준다. 핵심어휘는 학습자에게 해당 정보나 이후의 정보가 받아 적어야 할 중요성을 지니고 있는지 신호하며 이러한 핵심어휘에는 내용관련어휘, 방향성 어휘, 단서어휘 등이 있다. 내용핵심어휘는 강의주제와 직접적 관련성을 지니고 있다. 내

용핵심어휘들은 교재에서 볼드체나 이탤릭체로 강조되는 것이 일반적이다. 방향성 핵심어휘는 학생들이 행해야할 구체적 사항들과 관련된 어휘들을 지칭한다. 단서어휘는 학습자에게 중요한 정보가 제시될 것임을 알려주는 기능을 하는 어휘이다.

일반적으로 강의의 핵심요점들은 교재 및 보조 강의자료에서 쉽게 확인할 수 있다. 강의의 핵심요점은 보통 해당교재 단원의 주 제목과 상응한다. 교수자는 강의의 개요를 판서하기도 하는데 이 개요에 강의의 핵심요점이 주 제목으로 나타난다. 또한 교수자가 제공하는 핸드아웃도 강의의 핵심요점을 제공해줄 수 있다. 교수자가 강의 중에 제공하는 단서들은 중요정보를 확인하는데 도움을 준다. 예를 들어, 중요한 정보를 제공할 때 종종 교수자의 목소리가 높아지거나 발화속도가 증가한다. 또한 교수자의 몸동작도 중요한 단서가 되고 칠판에 쓰거나 파워포인트에 표시하는 것도 단서가 된다.

10.2.5.1. 노트테이킹 구성형태

영어강의 학습자가 교수자의 강의정보를 노트에 구성하는 방식은 다양하다. 학습자가 사용할 노트테이킹 구성형태는 학습자의 개인적 선호도, 학습유형, 자료 제시방식, 주제에 따라 달라질 수 있다. 따라서 모든 노트테이킹에 동일한 구성형태를 사용할 필요가 없다. Rost(1990)는 노트테이킹을 주제관련 노트테이킹과 개념순서 관련 노트테이킹의 두 유형으로 분류한다.

1) 주제관련 노트테이킹

- 주제화: 텍스트 섹션을 대표할 어휘나 구문 적기
- 번역: 주제의 모어 상응표현 적기
- 복사: 교수자가 판서한 내용을 그대로 적기
- 전사: 교수자가 강의한 발화내용을 그대로 적기
- 구조화: 주제나 관계를 보여주기 위해 그래픽(다이어그램) 삽입하기

2) 개념순서 노트테이킹

- 순서화: 강의주제들을 순서대로 제시하기

• 서열화: 노트를 주요요점(핵심발견사항, 결론, 등) 또는 예시(인용, 일화)로 라벨화하기
• 관계 제시화: 강의주제 간에 관계를 나타내기 위해 내어넣기, 화살표, 대쉬 등 사용하기

10.2.5.2. 노트테이킹 방법

미국 Penn State University(2005: 6-13)는 영어강의 청취를 위해 효과적으로 활용할 수 있는 노트테이킹 방법들로서 다음의 것들을 제시한다.

• 코넬방식(Cornell Method)
• 2 컬럼방식(Two-Column Method)
• 개요방식(Outlining)
• 매핑방식(Mapping Method)
• 차트방식(Charting Method)
• 문장방식(Sentence Method)

1) 코넬방식

코넬방식에서는 노트 면의 상이한 부분들이 상이한 기능을 지닌다. 강의내용을 받아적는 노트 면은 노트의 반쪽에 나머지 반쪽에는 핵심어휘와 개념을 기록한다. 강의내용에 대한 회상은 노트 면의 바닥에 기록한다. 이 방법의 장점으로는 다음의 것들이 있다.

• 노트테이킹이 조직적으로 구성됨
• 학습자가 핵심어휘 및 개념을 쉽게 확인할 수 있음
• 시험대비용 학습가이드로 효과적으로 활용될 수 있음
• 정보의 배치가 심미적이며 쉽게 일별할 수 있음

코넬방식의 구체적 작성방법은 다음과 같다.

(1) 노트 면 분할

• 노트 페이지의 한 면만 사용함
• 페이지를 세로로 이분함

(2) 문서화

• 각 페이지의 위에 일자 및 쪽수를 표기함

(3) 노트 작성

• 강의청취 중, 주요 내용 및 개념들을 우측면에 기록함
• 정보를 기록하기 전에 학습자 자신의 어휘로 재구성함
• 내용 사이에 한 줄, 토픽 간에 몇 줄 간격을 둠
• 완전한 문장 대신 상징이나 축약형을 사용함

(4) 검토 및 명확화

• 우측면에 작성한 노트를 신속하게 검토하고 불분명한 정보를 명확히 함
• 기록한 정보를 자신의 교재 및 타 학습자의 노트와 비교함
• 주요 내용, 개념, 용어, 장소, 일시, 이름 등을 우측면에서 끌어내서 좌측면의 회상 란에 기록함

(5) 요약

• 강의자료를 요약하고 이를 노트의 마지막 부분에 기록함
• 요약은 문장이나 짧은 구문을 사용함

(6) 학습

• 노트의 양 면을 활용해서 시험 준비함

2) 2 칼럼방식

2 칼럼방식은 코넬방식과 마찬가지로 특정정보를 쉽게 일별할 수 있도록 도와준다. 구체적인 노트테이킹 방법은 다음과 같다.

(1) 페이지 분할

• 페이지의 한 면만 사용함
• 페이지를 세로로 이분함

(2) 문서화

• 페이지 위쪽에 강좌명, 일시, 쪽수 기재
• 핵심어휘 및 아이디어 기록: 핵심어휘, 아이디어, 사람, 사건 등의 정보를 왼쪽 칼럼에 간결하게 기록함

(3) 기술/토의 내용 기록

• 강의의 핵심어휘 또는 아이디어에 상응하는 기술이나 설명을 우측 칼럼에 기록함

(4) 검토 및 명확화

• 강의종료 후 우측 칼럼의 노트들을 검토하고 불분명한 정보들을 명확히 함
• 정보를 교재 및 타 학습자의 노트와 비교함

(5) 학습하기

(6) 변경하기

• 필요시 여분의 칼럼을 만들기.

3) 개요방식

개요방식은 가장 일반적 정보를 좌측에 배열하고 구체적 정보들을 점점 우측으로 밀어 넣는 방식이다. 상이한 부분들 간의 관계는 밀어넣기를 통해 파악할 수 있다. 개요방식의 구체적 방법은 다음과 같다.

• 강의를 듣고 공간 밀어넣기의 조직적 패턴에 맞춰 요점들을 적음
• 주요사항들을 가장 좌측에 배치하고 보다 구체적 사항들은 오른쪽으로 배치함
• 정보들 간의 상대적 중요도는 주요 사항과의 거리로 표시함

개요방식은 강의내용들 간의 관계들을 체계적으로 기록할 수 있다. 또한 편집이 줄어들고 주요 사항들을 쉽게 질문으로 전환할 수 있는 장점이 있다. 반면에 정확한 기록구성을 위해 많은 사고를 요구한다. 또한 이 방법으로는 강의내용들의 관계들 간에 순서를 보여줄 수 없다. 또한 교수자의 강의가 너무 빠르면 이 방법을 사용하기 어렵다. 이 방식은 강의가 개요식으로 제시

될 때 효과적으로 활용할 수 있다.

4) 매핑방식

매핑방식은 개개의 사실이나 아이디어를 다른 사실이나 아이디어와 관련짓는 그래픽 표현방식으로서 적극적 강의참여를 극대화하는 방법이다. 이 방법은 학습자로 하여금 강의조건에 관계없이 강의를 시각적으로 추적할 수 있게 한다. 특별한 사고가 필요하지 않으며 관계들을 쉽게 파악할 수 있다. 또한 숫자, 마크, 색칠 등을 첨가하여 작성한 노트를 편집할 수 있다. 후에 작성한 노트를 리뷰하기 위해서는 사고의 과정들을 재구조화하고 이해도를 점검해야 한다. 이 방법은 강의내용 분량이 많고 잘 조직되어있을 때 사용하는 것이 효과적이다.

5) 차트방식

차트방식은 칼럼을 그리거나 도표에 적절한 제목을 표기하여 노트를 작성하는 것으로서, 강의형태가 연대기처럼 시간적 순서가 뚜렷할 경우에 사용된다. 이 방법을 사용하기 위해서는, 먼저 강의에 포함되는 범주들을 결정해야 한다. 강의를 들으면서 정보(어휘, 구문, 주요 내용 등)를 적절한 범주로 기록한다. 이 방법을 사용하면 학습자가 교수자의 혼란스러운 강의내용을 추적할 수 있고 관련 없는 내용을 배제하는데 도움을 주어서 결과적으로 받아 적는 양이 줄어준다. 이 방법은 어려운 강의 내용을 교수자가 빠른 속도로 강의할 때 강의내용을 편집할 시간을 줄이기 위해 유용하게 사용할 수 있다.

6) 문장방식

문장방식은 강의내용을 간단한 문장 형식으로 기록하는 것으로서 강의 중, 새로운 사고, 사실, 주제들마다 새로운 줄에 순서를 정해 작성한다. 문장방식의 장점은 강의내용을 단락보다 조직화할 수 있고 보다 많은 정보를 노트에 작성할 수 있다. 단점은 문장 간의 순서를 나타내는 숫자만으로는 주요/보조 사항들을 결정할 수 없다. 따라서 편집으로 문장들 간의 관계들을 명확하게 정리하지 않으면 리뷰하기 어렵다. 이 방법은 다음의 상황에 효과적으로 사용될 수 있다.

- 강의가 조직적으로 구성되었으나 내용이 많고 강의 발화속도가 빠를 경우
- 학습자가 상이한 사항들을 청취하지만 사항들 간의 연결 관계를 모를 경우
- 교수자가 요점 중심으로 강의를 하고 그룹으로 제시하지 않을 경우

문장 방식의 예시:

A revolution is any occurrence that affects other aspects of life, such as economic life, social life, and so forth. Therefore, revolutions cause change. (See page 29 to 30 in your text about this.)

→

Revolution – occurrence that affects other aspects of life: e.g., econ., socl., etc.
C.f. text, pp. 29–30.

10.2.5.3. 노트 관리(Note Management)

학습자가 교수자의 강의를 노트테이킹한 것을 후에 유용하게 활용하게 사용하기 위해서는 이에 대한 관리를 잘해야 한다. 노트테이킹한 자료들을 효율적으로 관리하는 방법들로는 다음의 것들이 있다(Penn State University 2005: 13–15).

1) 컬러코딩(Color Coding)

컬러코딩은 상이한 유형의 정보를 구분하고 노트를 조직하기 위해 사용한다. 이 전략은 교수자의 강의 도중 강의내용을 노트에 기록하기 위해 사용할 수 있지만 보통 강의 후에 사용한다. 이 방법은 다음의 장점들을 지니고 있다.

- 작성자가 자신의 노트를 리뷰할 기회를 제공함
- 중요한 자료를 빨리 구분할 수 있는 수단을 제공함
- 노트를 보다 잘 조직할 수 있게 함

컬러코딩의 구체적 방법은 다음과 같다.

- 상이한 유형의 정보를 구분하기 위해 각각의 주요 주제마다 상이한 색상을 사용함
- 기억을 촉발하는 중요한 정보, 핵심어휘, 이름, 일시, 사고 등을 보조정보나 기술적 정보와 상이한 색상으로 기록함
- 주요정보마다 특정색상을 지정하고 지정된 색상을 사용하여 각각의 주제에 해당하는 모든 정보를 강조함

2) 노트 SHRINK

이 방법은 노트테이킹한 자료를 핵심만 남겨놓을 정도로 축소할 경우에 사용하는것으로서, 코넬방식을 사용하여 우측 섹션에 노트를 작성하고 좌측 섹션에 회상란을 작성한다. 구체적 방법은 다음과 같다.

- 각 블록이나 단락의 첫 문장을 읽고 노트를 개관함
- 각 단락별로 한 두 단어로 전체단락의 내용을 요약하고, 이들 주제들에 밑줄 긋거나 강조함
- 모든 주제들을 검토하고 가장 큰 사고단위를 결정함. 주요 개념들을 좌측 칼럼에 기록함

3) 노트 TALK

이 방법은 정보에 대한 이해력을 높이고 정보를 기억하기위해 암송하는데 효과적이다. 구체적 방법은 다음과 같다.

- 주요 노트칼럼을 덮음
- 회상란의 개개의 핵심어휘 또는 구절을 보고 해당 주제와 관련된 노트의 관련정보를 회상함
- 정보를 학습자 자신의 어휘로 바꾸어 소리내어 암송함
- 노트를 열어 정확도를 점검함

4) 노트 THINK

이 방법은 학습자의 관심을 유발하고 기억을 향상시키기 위해 새로운 정보를 개인화한다.

- 학습자료와 관련한 개인적 경험을 떠올림
- 이러한 정보가 타 학습과정에 어떻게 사용되는지 생각함
- 사회에서 유사한 상황을 찾아봄
- 개인적 느낌을 노트나 특별 섹션에 상이한 색상으로 기록함
- 회상을 돕기 위해 자신이 작성한 노트를 리뷰함

10.2.5.4. 강의 음성 녹취

영어강의 학습자는 학습내용의 충분한 이해를 위해 앞에서 기술한 다양한 노트테이킹 방법들을 활용해서 교수자의 강의내용을 글로 간단하게 요약 정리할 수 있을 뿐 아니라 필요시 보다 적극적으로 교수자의 강의의 전체 또는 부분적 내용을 녹음장치를 사용해서 녹취할 수 있다. 교수자의 강의를 녹취하는 것은 영어강의 학습자에게 다양한 도움을 줄 수 있다.

- 강의내용을 그대로 받아 적는데 어려움을 느끼는 청각학습 선호 학습자에게 유용한 방법임
- 학습자로 하여금 강의도중에 강의청취에 전념할 수 있게 하고 강의 후에 녹취 내용을 활용해서 강의내용들을 노트에 정리할 수 있음
- 노트테이킹에 비해 강의내용을 보다 정확하게 정리할 수 있음
- 학습자가 녹취 내용을 반복적으로 청취함으로써 강의내용을 효과적으로 복습할 수 있음

(부록 2)는 영어강의 노트테이킹에서 자주 활용하는 축약들을 제시한다(Berman, 2003).

10.3. 학문적 영어

Levelt(1989)는 구두의사소통 시에 메시지의 개념화, 언어적 정립, 발성, 모니터링의 요소들이 위계적 구조를 가지고 계획되고 실행되는 것으로 보고 있다. 메세지 개념화는 절차적 지식인 정보 배열 방식 및 선언적 지식인 메시지 내용을 포함하는 목적 지향적 언어사용의 전 단계 계획으로서 하위목표들을 통해 전체적 의사소통 목적을 실현하는 것을 포함한다. 언어적 정립은 개념구조를 언어구조로 변환하는 것을 일컫는다. 언어적 정립의 첫 단계는 계획된 메시지의 의미를 문법적으로 부호화하기 위한 어휘의 선정 및 배열이고, 둘째 단계는 부호화된 메시지의 문법적, 어휘요소들에게 적절한 음성적 자질들을 재생함으로써 메시지를 음운론적으로 부호화하는 것이다. 부호화된 메시지인 내적발화는 일시적으로 발성완충영역(articulatory buffer zone)에 저장된다. 발성은 신체의 발성기관을 활성화해서 음운론적 부호들을 음성적 신호로 재생하는 것이다. 모니터링은 발화 중이나 발화 후에 발생하며 발화시의 오류들을 방지하거나 수정하는 역할을 수행한다.

10.3.1. 영어강의 학습자의 말하기역량

BALEAP(2008, 2013)은 학문목적영어 상황에서 학습자들의 말하기 역량 틀을 개발하였다. 학문적 청취에서와 마찬가지로 말하기 역량 틀도 학문적 맥락과 학문적 담화의 두 가지로 구분해서 각각의 필요 역량을 제시한다(de Chazal, 2014: 247-9).

1) 학문적 맥락

(1) 일반적 접근

- 비판적 사고력 보여주기
- 독립적/협동적으로 작업하기
- 집단과제의 가치 이해하기
- 탐구기반 학습을 활용하는 집단작업 참여하기
- 문제분석 및 해결을 위한 집단작업에 참여하기
- 타인의 오류 지적하기
- 원어민 화자와 상호작용하기
- 문화적 통찰력 구비하기

(2) 집단역량

- 집단토의에 참여하기
- 토의에 전적으로 참여하기
- 논쟁 및 소통하기 / 사고 및 감정 공유하기
- 동료리뷰에 참여하기

(3) 개인적 역량

- 높은 수준의 발표기술 보여주기
- 적절한 세부사항을 선정하고 발표내용을 제한하기
- 글/말로 작성된 내용을 확장하기

• 파워포인트의 과도한 의존없이 발표하기

(4) 보충 역량

• 교수자와 효과적으로 상호작용하기
• 독립적 입장을 전개하고 유지하기
• 조언 및 피드백 요청하기
• 교수자의 주장에 도전하기

2) 학문적 담화

(1) 일반적/언어 특수적 접근

• 명확화 요청
• 질문 및 응답하기
• 이견 제시하기
• 타인의 오류 지적하기
• 효과적으로 의사소통하기

(2) 집단역량

• 실험실 환경에서 협동 및 집단작업에 참여하기
• 문제분석 및 해결을 위한 집단작업에 참여하기
• 집단과제에서 협력하고 완성하기
• 집단작업에 타 참여자 포함시키기
• 집단과제 결과 보고하기
• 세미나 및 토의에 기여하기
• 집단 내 타 구성원 의견에 이견제기하기

(3) 개인적 역량

• 높은 수준의 발표기술 보여주기
• 적절한 세부사항 선정하고 발표내용 제한하기

• 감독자와 효과적으로 상호작용하기
• 감독자와 효과적으로 소통하면서도 자신의 독립적 입장을 전개하고 유지하기
• 조언 및 피드백 요청/대응하기
• 교수자의 강의 비평하기

10.3.2. 학문적 말하기의 어려움

영어강의에서 학생들이 직면하는 말하기 어려움들은 다음과 같다(de Chazal: 250).

1) 실제적 측면
• 주도적: 말하기의 대상, 시기, 방법 파악하기
• 화용적: 타인과의 상호작용 속도에 대처하고 메시지 이해해기

2) 언어적 측면
• 언어(문법 및 어휘): 의미를 전달할 적절한 언어 파악하기
• 음운론: 이해가능한 발화 산출하기
• 기능적/개념적: 상호작용에 적절한 언어 찾기

3) 내용 및 지식 측면
• 아이디어: 양질의 아이디어 도출하기

4) 인지적/정의적 측면
• 전개: 학문적 구어 의사소통에서 타인의 아이디어를 이해, 처리, 첨가하기
• 개인적 성격: 공적 환경에서 말하기에 자신감 가지기

5) 학문적 측면
• 공동체: 자신을 학문적 공동체의 일원으로 확립하기(특정수준의 지식, 기술, 참여 등)
• 평가: 평가되는 자료를 관리하고 산출하기

6) 텍스트 측면

- 멀티텍스트/멀티모드: 타 텍스트 모드로 발표 및 참조하기(시각자료, 그래프, 시청각 자료 등)
- 텍스트 상호성: 상이한 구어/문어 출처자료들의 정보 및 의미를 관련시키고 종합하기

7) 맥락적, 지식기반적 측면

- 구두 의사소통의 내용을 자신의 발표상황에 적용하기
- 의미를 이해, 해석, 상황에 맞게 적용하기
- 향후 할 일을 도출하기

10.3.3. 학문적 상황에서의 말하기 유형

Jordan(1997)은 대학 학문상황에서 학생들에게 필요한 말하기 활동들로서 다음의 것들을 든다.

- 강의에서 질문하기
- 세미나, 토의 참여
- 구두발표(질문 및 응답 포함)
- 세미나/워크숍/실험실 등에서 데이터 내용을 구두 언어로 표현하기, 구두로 지시하기

1) 강의 중 질문이나 코멘트 하기

Csomay(2007)는 고등교육기관 강의의 말차례를 분석한 결과 전체 말차례의 44%가 교수자의 발화이고 56%가 학생들의 발화임을 발견했다. 그의 연구에 의하면 학생들의 발화길이는 평균 30 단어 정도의 짧은 것들이었고, 주로 강의내용에 대한 코멘트나 질문에 관한 것들이었다. McKenna(1987)는 학생들이 강의 중에 하는 질문유형들로서 명확화(정보 반복이나 추가정보 제공 요청), 해석점검(정보를 다른 표현으로 제공해줄 것을 요청), 주어진 정보예시 요청, 주제 일탈, 강의내용에 대한 이의제기 등을 들었다. Kim(2006)은 미국 대학원 과정에서 학업을 이수하는 동아시아 학생들을 대상으로 한 설문조사 결과 65%의 학생들이 학급에서 질문을 많이

하도록 요청받고 있음을 확인하였다. 그는 미국 대학원의 강의실에서 전체학급 토론이 가장 흔한 학문적 활동임에 비해 동아시아 학생들은 이점이 가장 어려운 것으로 인식하고 있어서 이를 위한 준비를 시킬 필요가 있음을 지적하였다.

학문목적영어 학생들이 말하기능력 신장을 위해 계발해야 할 두 가지 지식영역으로서, 질문의 유창성, 정확성, 적절성 신장과, 강의 및 집단 환경에서 적절한 질문 사용을 위한 화용적 지식 연마를 들 수 있다. 이러한 질문관련 기술을 가르치기 위해서는 이들 내용이 포함된 비디오 등 시각교재 활용이 유용하다. 시각적 교재들은 언어적, 비언어적 상호작용을 분석하고 논의하는데 도움을 준다.

2) 세미나, 개인교습, 집단 내 상호작용

학문적 세미나는 질문 및 응답, 내용이해의 정확성, 새로운 정보습득 기회의 제공을 목표로 한다. 학문목적 상황에서의 세미나 참여는 세 단계로 이루어진다. 첫째, 준비단계에서는 세미나 주제 확인, 세미나 주제와 관련된 텍스트자료 찾아 읽기, 텍스트에 대한 대응을 정립한다. 둘째, 세미나 도중에는 세미나 주제나 질문을 명확히 하기, 증거를 활용하여 주장을 뒷받침할 수 있는 사항들 제시하기, 타인의 주장에 대응하고, 비판/덧붙이기 등 타 참여자들과 상호작용하기, 결론도출이나 제기된 질문 해결하기 등의 활동이 이루어진다. 셋째, 세미나 후속활동 단계에서는 세미나에서 제기된 중요한 관심사항들 처리, 세미나에서 인용된 텍스트자료를 기반으로 후속 텍스트 읽기, 세미나에서 도출된 아이디어를 새로운 텍스트에 통합하기 등의 활동이 이루어진다.

Furneaux(1991)는 세미나 유형들로서 다음의 것들을 제시한다.

- 학생들의 집단활동(문제-해결 연습)
- 사례연구들에 대한 답변준비 및 검토
- 이전에 부과된 읽기자료 토의
- 읽은 텍스트 내용의 보고, 또는 학생자신의 연구수행 진척상황 보고

Lynch & Anderson(1992)은 영어 비원어민 학생들이 세미나 참여시 겪게 될 어려움들로

서 언어수행의 공적 성격, 신속한 대응, 주제관련 지식상기, 주장의 논리적, 순서적 제시, 세미나 기여도에 대한 타인의 평가 등을 든다. Jordan(1997)은 세미나 참여와 관련한 하위기술들로서 이해부족 표시, 명확화 요청, 질문하기, 의견대립을 든다. 일반적으로 세미나 참여에 필요한 의사소통 기능들로는 동의, 부동의, 견해 표명, 비판 표현, 제안, 예시, 이유제시 등이 있다. Basturkmen(2002)은 학문목적영어 강의 수강 학생들이 세미나에 효과적으로 참여할 수 있기 위해서는 위에서 제시한 기술들을 연마하는 것에 머물러서는 안 된다고 주장한다. 그는 기존의 세미나 참여 관련 교육교재들이 동의, 부동의, 명확화 요구 등, 단일기능들에만 초점을 맞추고 있다고 비판한다. Lynch & Anderson은 세미나의 상호작용적 환경에서 의미를 상호구축하기 위한 활동의 중요성을 강조한다. 이를 위해 말하기 언어기능 유형들과 함께 의미를 협상하고 구축하는 과정이 상호보완적으로 활용되어야 한다고 주장한다. Basturkmen은 학문목적영어 말하기과정의 목표로서 화자개인의 말하기 기술 뿐 아니라 화자들 간의 대화기술도 세부적으로 제시해야 할 필요성을 제기한다.

3) 구두 발표

구두발표는 모든 학문에 걸쳐 학생들이 공통적으로 수행하는 활동이다. Zappa-Hollman(2007)은 캐나다 대학에서 영어 원어민 학생들과 비원어민 학생들의 구두발표 사례들을 분석한 결과 비원어민 학생들이 학문적 맥락에서 구두발표 과제를 수행할 때 발표준비 및 구어언어 사용에 있어서 큰 어려움을 겪고 있음을 발견하였다. 구체적으로 비원어민 학생들은 원어민 학생들에 비해 다음의 어려움을 겪는 것으로 나타났다.

- 발표준비시간 증가
- 즉흥적 발화의 어려움
- 단순한 언어형태 및 동일어휘의 과다사용
- 발표 후 질의응답 관리의 어려움
- 발화속도 저하

Reinhart(2002)는 학문적 구두의사소통의 목적들로서 사물 기술하기, 과정/절차 설명하기, 개념 정의하기, 문제-해결 기술하기, 데이터 제시 및 해석하기, 담론적 주장/사례 제시하기 들을 든다. 그는 의사소통목적을 발화의 내적, 인지적 구성패턴과 관련시킨다. 예를 들어, 의사소통목적이 사물 기술하기일 경우 관련발화의 내적 패턴은 일반적 사항에서 구체적 사항으로, 중요도가 높은 것에서 낮은 것으로 이어지는 형태를 취한다. 발화의 내적패턴이 정해진 후에는 의사소통목적을 달성하기 위해 사용되는 언어적 구조유형들을 고려한다, 예를 들어, 과정을 기술하는 발표에서는 명제들 간의 연결 및 동사 양태의 선택과 관련한 다양한 언어적 자질들을 사용한다. Anderson, Maclean,& Lynch(2004)는 의사소통의 시각적 요소, 몸동작 언어, 질문응답 관리방법의 사용에 초점을 맞춘다. 학생들은 이외에도 전공학문 주제와 관련한 특징 및 가치를 활용할 수 있어야 한다.

다중 앞에서 특정의 학문적 내용을 중심으로 발표를 해야 하는 것은 대부분의 학생들에게 매우 부담스러운 일이다. 효과적 발표를 위해서 내용과 전달 면에서 다음의 사항들을 고려해야한다.

(1) 발표 내용

- 발표주제에 대한 지식과 권위 면에서 신뢰를 지니고 있어야 함
- 청중이 알고 있거나, 알고 싶어 하는 것이 무엇인지 적절한 판단을 해야 함
- 청중들의 기존지식을 기반으로 확장해야 함
- 연구들에 의해 뒷받침되고 있는 내용을 제시해야 함
- 자신의 독창적 내용, 사고를 제시해야 함
- 주제에 대한 최신의 아이디어 및 연구내용을 소개해야 함
- 발표내용이 청중의 특수한 맥락에 접목될 수 있어야 함
- 발표내용이 후속발표, 논의, 연구로 이어질 수 있도록 함

(2) 전달

- 새롭고 어려운 개념을 포함한 내용을 명확하게 설명함
- 발표의 목적이 명확하게 전달될 수 있도록 발표를 구조화 함
- 발표스타일, 언어, 매너(반복, 설명, 유머, 이야기, 움직임, 예시, 질문 등)를 사용하여 흥미롭고 동기를 유발하도록 내용을 전달함
- 발표도중에 발생하는 요구사항들을 수용함(청중들의 질문에 응답하기 등)
- 청중이 새로운 개념을 이해할 수 있도록 적절한 발화속도를 유지함
- 발표내용을 뒷받침할 명확하고, 타당하고, 매력적인 시각자료를 사용함

• 발표할 내용을 주어진 시간 내에 전달함

영어강의 학생들이 구두발표를 준비하기 위해서는 다음의 단계들을 밟아서 하는 것이 바람직하다(de Chazal, 2014: 257-61).

(1) 계획단계

청중의 프로필 확인:

• 청중이 구비한 지식 확인
• 발표 후에 청중이 알기 원하는 내용
• 주어진 발표시간 내에 청중이 이해할 수 있는 내용 파악

발표 자료:

• 발표하고자 하는 내용 및 발표자료의 양 결정(과다한 자료 포함하지 말 것)
• 미지의 개념이나 난해한 개념들을 설명할 수 있는 방법 마련(정의, 설명, 시각자료 등)

이야기식 발표:

• 발표를 이야기 식으로 시각화 함: 시작 - 중간 - 종료

발표 제목:

• 발표제목이 명확하고 발표내용에 대해 대표성을 지니고 있어야 함
• 제목을 바탕으로 발표할 내용의 요약, 발표목적을 작성함

발표내용 연구:

• 활용자원을 사용하여 발표주제에 관해 연구함: 도서관자료, 전자자료, 인터넷, 도서, 미디어 등 활용함

발표내용 구성:

• 발표할 자료들을 구성함: 불필요한 자료들은 제외함

• 선정한 자료에 대해 타인과 논의함

시각자료 및 미디어 준비:

• 발표에서 활용할 시각자료를 준비함
• 파워포인트를 활용할 경우: 큰 활자체 사용, 색상충돌 피함, 슬라이드 당 어휘 수 제한, 동영상 및 특수효과 사용제한, 대문자 사용 피함 등
• 필요시 타 미디어를 포함할 것: 하이퍼링크, 오디오/비디오 파일 등

발표구조:

• 발표의 구조를 결정함: 시작 – 중간 – 종료
• 주요 요점들을 발표전체에 걸쳐 분산시킴
• 청중들이 발표 내용을 이해할 수 있도록 적절한 안내를 제공함
• 발표 종료 방법을 생각함

발표정리/리뷰:

• 주요 사항들을 정리할 방법을 모색함

전달방식의 다양성:

• 다양한 발화속도 사용
• 다양한 자료입력 채널 활용(청각/구두, 시각, 움직임 등)
• 다양한 발표스타일 사용
• 시각자료 및 기타자료 활용

발표스타일:

• 자신에 알맞은 스타일 개발함
• 다양한 발표기술을 시도함(슬라이드 읽기, 슬라이드 인쇄물 등)

발표언어:

• 상황에 따라 비 격식적 언어와 학문적 언어를 사용함

- 지나치게 긴 문장 사용 피함
- 청중들에게 낯선 전문용어 및 개념을 정의해줌
- 몸동작을 효과적으로 활용함

발표예행연습:

- 사전에 발표 예행연습할 것: 혼자 하거나, 동료 앞에서 할 수 있음

발표에 대한 평가:

- 발표가 평가의 대상일 경우 평가받는 영역에 초점을 맞출 것: 내용, 구조 및 구성, 언어, 전달의 효과성, 시각자료 활용, 학문적 출처의 사용, 청중의 질문처리 등

(2) 발표단계

발표장비 점검:

- 발표에 필요한 장비 점검함: 파워포인트 슬라이드, 하이퍼링크, 인터넷, 프로젝터, 음향시스템, 포인터 등

발표시작:

- 자신 소개하기(이력, 연락처 등)

발표시간 준수:

- 발표시간을 준수하는 것이 중요함

발화:

- 적절한 수준에서 천천히 말함
- 청중과 눈 맞춤

시각자료 제시:

- 청중이 시각적 자료를 읽을 수 있도록 시간적 여유를 줌

• 장비가 작동하지 않을 경우를 대비해서 보완계획을 수립함

(3) 발표 후 단계

발표예절:

• 발표 후 제기되는 질문들에 관한 예절을 숙지함

질문대응:

• 청중의 질문 시 질문내용에 대한 이해를 보여주기 위해 동일질문을 다시 말함
• 질문에 대해 명료하고 간단하게 답변함

학습측면:

발표 후에는 다음의 사항들을 확인함

• 발표목적의 달성여부
• 계획대로 잘 수행된 부분
• 계획대로 수행되지 않은 부분
• 동료의 평가
• 향후 발표 시에 개선할 사항

10.4. 학문적 영어

읽기는 매우 복잡한 심리언어학적 처리를 요하는 과정으로서 예전에는 읽기 관련 학자들 간에 하향식 처리(주제 및 맥락정보의 중요성 강조)와 상향식 처리(개별어휘의 강조)가 상호 대립적 구도를 이루었으나, Rumelhart(1977)는 양자를 결합한 상호작용적 처리모형을 제안하여 상향식과 하향식 모두 읽기처리 과정에서 평행적으로 동등한 역할을 수행한다고 주장한다. 영어강의 학생들은 자신들의 학문영역에서 교재, 참고자료, 초록, 논문, 보고서, 학술대회 논문발표, 비평/리뷰, 지시사항, 요약, 핸드아웃, 에세이, 논문, 학위논문 등 다양한 장르의 텍스트들을 읽게 된다.

de Chazal(2014: 156)은 학문목적 텍스트 읽기능력 연마를 위해 고려해야 할 사항들을 제시한다.

- 목적: 텍스트읽기 목적을 명확히 함
- 우선순위: 가장 중요한 사항을 파악하고 우선적으로 읽음
- 선별: 텍스트를 선별적으로 읽음. 텍스트가 자신의 주제와 관련성이 있으면 관련이 있는 부분들을 짧게 읽어봄.
- 순서: 텍스트를 읽기목적에 맞춰 비선형적으로 읽음. 연구논문의 경우 자신의 상황에 대한 적합성여부 파악을 위해 연구배경부분을 먼저 읽음
- 읽기기술: 읽기목적에 부합하는 읽기기술을 파악함(scanning, skimming, 등)
- 변화/적응: 텍스트를 읽으면서 읽기대상과 방법에 지속적 변화를 줌.
- 산출: 텍스트를 읽는 동안 간단한 노트들을 작성하면 읽기의 효과성을 신장시키고 읽은 내용을 장기간 기억할 수 있음.
- 실험: 유사한 길이 및 장르의 텍스트를 다수 읽음. 각각의 텍스트를 읽은 시간들을 기록하여 읽기수행 향상정도를 평가함.
- 기록: 자신이 읽은 내용을 기록함. 이에는 텍스트의 모든 정보들(저자, 연도, 제목, 출판사, 장소, 논문 호수 등)이 포함되어 추후에 필요시에 사용할 수 있도록 함
- 연습: 읽기 페이스를 잘 유지함. 규칙적으로 영어읽기 함.

10.4.1. 학문적 읽기의 어려움

영어강의 수강학생들은 다양한 어려움을 겪게 되는데 이중 어휘문제가 가장 큰 어려움으로 확인되고 있다(Nuttall, 2005). 영어강의 학생들은 읽기과정에서 어휘 이외의 어려움들도 경험한다(de Chazal, 2014: 152).

언어적 어려움:

- 전문어휘를 포함한 어휘습득 부담
- 문법적 복잡성: 특히 복합명사 구문 및 고등문법지식 습득

비언어적 어려움:

• 그래픽, 차트, 시각자료, 통계자료

인지적 어려움:

• 정보, 개념의 밀도 및 복잡성

학문적 어려움:

• 읽기의 목적 및 방법

문화적, 사회적, 심리적 어려움:

• 비유, 응용

지식기반적 어려움:

• 의미의 이해, 해석, 맥락화

10.4.2. 학문적 읽기과정

• 영어강의 수강학생들은 학습과정에서 읽기를 중심으로 다양한 단계들을 거치게 되는데 전체과정과 각 단계는 학습의 주요목적에 따라 달라진다(de Chazal, 2014: 150).

단계	과정 및 목표	읽기 활동
1	전공학문, 학위학문 분야, 학습영역/주제에 친숙하기	전공주제 교재 및 추천교재 등 개론서 및 배경교재 읽기
2	읽기과제나 연구프로젝트 등에 대한 계획을 세우기 위한 과제처리하기	관련문서들을 포함한 과제를 읽고 이해하기
3	과제에서 사용할 적합한 관련교재 찾아내기	책의 제목, 내용목차, 서론이나, 논문초록 등, 교재의 거시정보 읽기
4	과제에서 사용할 교재를 선별, 한정함으로써 교재의 관련성 및 유용성 평가하기	교재의 서론, 논문의 서론/결론, 논문전체 등 선정된 텍스트의 확장부분 읽기

5	선정된 텍스트에서 관련있는 자료를 이해, 기록, 처리하기	선정된 텍스트를 읽고 노트 작성하기 (주요/보조 주장 및 저자의 입장 등)
6	원 텍스트 자료들을 과제에 사용하기	읽기, 재처리, 작성한 노트에서 선별한 자료들을 통합하여 과제에 사용함

이 여섯 단계는 선형적, 위계적 순서를 지니지만 상황에 따라서는 순환적인 면을 지니고 있다.

de Chazel(2014: 160-77)은 영어강의 학생들의 학문 텍스트 읽기과정을 다음의 12 단계의 과제로 제시한다.

- 출판 세부정보를 바탕으로 텍스트 파악하기
- 장르, 독자, 목적 파악하기
- 텍스트 및 텍스트 초록 선정하기
- 맥락 및 필수적 요소 확인하기
- 관점 파악하기
- 의미 파악하기
- 저자입장 파악하기
- 인용하기
- 언어 확인
- 비판적 사고 및 평가하기
- 개인적 반응 및 반추하기
- 차기 단계 및 독립

이들 12 단계들은 논리적 순서에 따른 것으로서 구체적 상황에 따라 이들 중에서 필요한 단계를 선별적으로 사용할 수 있다. 이들 학문텍스트 읽기과제들을 구체적으로 설명하면 다음과 같다.

1) 세부 출판정보 활용한 텍스트(교재나 학술논문) 파악

- 제목: 출판물의 전공분야 확인 및 범위와 제한점 파악
- 저자: 저자의 전공분야 확인 및 전공분야에 대한 공헌도 파악
- 출판연도: 출판물의 현재 통용성 파악

- 출판사: 출판사의 전문영역 확인 및 전공분야에 대한 기여도 평가
- 출판 장소: 출판사의 세계적 위상 파악

영어강의 학생들이 원 텍스트의 정보를 기록해야 하는 이유는 다양하다.

- 텍스트 자료를 자신의 작업에 사용할 경우 참고문헌 제시를 위해 출판물 세부정보가 필요함
- 원 텍스트를 후에 참조하기 위해 정보를 기록하는 것이 필요함
- 학생들의 학습동기를 증진할 수 있음: 자신들이 선정하여 읽은 원 텍스트들의 수량을 파악할 수 있음

2) 장르, 독자, 목적 파악하기

영어강의 수강학생들은 새로운 텍스트를 자신의 전공학문영역과 광의의 맥락적 상황에 맞추기 위해 텍스트 장르, 텍스트 독자, 텍스트 목적을 파악해야 한다(de Chazal, 2014).

3) 텍스트 및 텍스트 초록(발췌) 선별하기

텍스트 자료를 찾는 일은 복잡한 과정이다. 학생이 특정주제에 관한 발표를 준비할 때, 우선적으로 주제에 대한 자신의 기존지식을 구축하고 배경정보를 찾아내야 한다. 다음으로 해당주제에 대한 배경지식을 비롯해서 보다 세부적 정보에 관한 관련 자료들을 찾아야 하는데 이는 신뢰할 수 있는 적합한 텍스트 자료를 찾는 것을 의미한다. 선정된 주제에 대해 보다 광범위한 이슈들을 다루는 관련 텍스트들을 사용하기로 결정할 때에는, 텍스트 제목, 저자, 출판연도, 출판사, 출판 장소 등, 출판관련 정보들을 기록해야 한다. 또한, 장르, 독자, 텍스트 목적의 관점에서도 관련내용을 기록해야 한다. 텍스트에 대한 상세한 정보를 파악하기 위해서는 다음의 사항들이 유용하게 활용될 수 있다.

- 내용목차: 전체 텍스트의 범위를 제시하고 심층적으로 취급하는 영역을 제시함
- 인덱스: 텍스트에서 취급하는 구체적 사항/개념들을 보여줌
- 장/섹션 제목 및 하위 제목: 주제 전개방식 및 자료구성 방식을 보여줌
- 비언어적 요소(그래픽, 사진, 다이어그램, 지도 등): 자료를 설명하고 제시하는데 있어서 비 텍스트 지원수준을 평가함
- 참고문헌/추가 읽기 자료: 참고문헌 및 텍스트들을 확인하고, 추가자료 읽기 기회를 얻음

• 기타 자질:
– 용어사전: 전문용어를 찾고 새로운 의미를 학습함
– 텍스트 삽입: 기존지식을 이해하기 쉬운 방식으로 확장함
– 뒷표지 안내문: 출판물의 일차적 대상 확인
– 타 출처(웹사이트 링크 등): 후속 학습

4) 맥락 및 필수요소 파악

주장, 비교, 평가 등은 학문 텍스트의 대부분을 차지하는 필수 요소로서 다양한 학문장르에 걸쳐 반복적으로 발생한다. 필수 요소를 이해하면 발췌된 텍스트가 출판물과 어떻게 연결되는지 파악할 수 있다. 학생들이 텍스트를 처리하기 위해서는 많은 양의 정보가 필요하다. 이러한 정보에는 발췌 텍스트의 배경 및 맥락정보가 포함된다. 이런 과정을 통해 학생들은 텍스트 속의 자료를 시간, 장소, 전공학문, 이론, 관점 등의 측면에서 파악할 수 있다.

5) 관점 파악

특정 관점을 통해 주제나 이슈에 접근하는 것은 사고 및 주장을 구성하는 주된 방식이다. 텍스트의 관점은 텍스트의 맥락 및 목적에 연계되며 텍스트들은 특정의 관점을 포함하고 타 관점들을 배제한다. 관점의 측면에서 텍스트를 분석하는 목적중의 하나는 텍스트 저자가 내용, 특히 주장을 제시하기 위해 상이한 관점들을 활용하는 방식을 파악하는 것이다.

6) 텍스트 의미파악

독자들은 저마다 다른 방식으로 텍스트의 의미를 파악한다. 초급 단계의 학문목적영어 학습자들은 단락 수준에서 의미를 구축한 후에 텍스트 수준의 의미를 구축한다. 이는 기본적으로 합성적(Wilkins, 1976), 원자론적(Bruce, 2011), 상향식 접근이다. 능숙한 독자는 보다 전체적 관점에서 분석적(Wilkins, 1976) 하향식 접근을 활용한다. 텍스트의 개괄적 의미를 파악하는 또 다른 방법은 텍스트 전반에 걸쳐 단락들을 연결고리로 활용하는 것이다. 학생들은 이런 방식으로 단락의 주제문과 결론 문장에 초점을 맞출 수 있게 된다. 텍스트의 의미를 파악하는 첫 단계는 텍스트의 핵심요점과 보조사항들을 구분하는 일이다. 전형적 단락에서는 핵심요점이 예시 및 증거 등의 보조사항들과 함께 제시된다. 이 경우 핵심요점은 한두 문장으로 제시되며 텍스트의 결론 부분에서는 이러한 핵심요점들이 요약적으로 정리된다. 텍스트의 핵심의미를 요약

하는 것은 핵심적 학문기술이다. 학생들은 텍스트 속의 의미를 요약해서 자신의 텍스트에 수용해야할 필요가 있을 수 있다.

7) 필자입장 파악

입장은 필자/저자나 화자가 이론, 이슈, 주장, 명제 등에 대해 어떤 자세를 취하는가를 지칭하는 개념이다. 사람들마다 동일한 개념에 대해 상이한 입장을 보일 수 있기 때문에 입장은 본질적으로 주관성을 띤다. 학생들이 학문 텍스트를 읽을 때에는 저자/필자의 입장을 확인할 필요가 있다. 텍스트의 의미가 언어를 통해서 표현되므로 언어는 입장을 파악하는 출발점이 된다. 따라서 학생들은 텍스트 내의 입장 관련 어휘들을 숙지해야 한다.

8) 문헌인용하기

문헌인용은 텍스트 외부의 출처들로부터 연구결과, 이론, 진술, 주장 등의 아이디어를 차용하는 것으로서 차용된 자료는 동일저자, 타 저자의 것일 수 있고, 또한 원문을 그대로 표현하는 직접인용이거나, 비슷한 길이의 다른 표현으로 바꿔서 표현하거나, 또는 요약과 같이 요점을 간단하게 정제해서 표현할 수도 있다. 인용은 학문담화의 전형적 특성으로서 필수적 요소이다. 학생들은 텍스트 내의 인용자료들을 확인하고 이를 저자의 자료와 구분할 수 있어야 한다.

9) 언어

학문적 읽기활동에 있어서 언어를 너무 포괄적으로 분석하는 것은 바람직하지 않다. 그보다는 언어의 한두 가지 양상에 초점을 맞추는 것이 도움이 된다. 예를 들어, 필자의 입장을 파악하기 위해서는 평가적 언어양상에 초점을 맞추는 것이 바람직하다. 언어의 또 다른 유용한 양상의 예로서 총칭적 언어를 들 수 있다. 총칭적 언어는 학문들에 걸쳐 공통적으로 사용되는 의미들을 소개하는데 사용되는 언어를 의미한다. 언어적 초점을 맞춰야 할 또 다른 언어적 양상은 텍스트에서 사용되는 학문적 어휘이다.

10) 비판적 사고 및 평가

비판적 사고 읽기활동들로는 텍스트 내에서 필수요소들이 연결되는 방식 및 이유, 비유 및 유형 파악, 텍스트 내의 전제 및 암시적 의미 확인, 저자의 입장 확인, 개진된 주장에 대응하는 비판적 질문제시 등이 있다. 학생들은 자신들이 읽은 텍스트를 평가하는 것이 중요하며 다음의 기준을 바탕으로 텍스트와 맥락을 고려할 수 있다.

• 맥락 및 현재성:

– 텍스트가 출판된 시기 및 장소

– 텍스트가 해당 영역을 구축하고 기존의 업적을 확장하는지 여부

• 예시:

– 텍스트에서 제시된 예시 및 설명의 유형들

– 예시 및 설명이 주장을 효과적으로 뒷받침하는 정도

• 정보:

– 텍스트 내의 정보가 명확하게 표현되는 정도

– 텍스트 내의 정보가 선별되는 방식

• 수준/단계:

– 텍스트에 사용된 언어의 난이도

– 텍스트 내의 개념 및 주장이 완전하게 이해가능한지 여부

• 응용/적용:

– 텍스트 내의 주장 및 발견이 타 맥락에 일반화/구체화 되는 정도

• 개인화:

– 텍스트 내의 정보의 흥미도, 유용성, 관련성 정도

– 텍스트 내의 자료를 자신의 작업(문어 텍스트, 구두 발표 등)에 사용할 수 있는 방법

11) 개인적 반응 및 반추

학생들은 읽기활동들을 단계별로 수행한 후에 자신의 읽기에 관해 다음의 사항들에 대해 반추할 필요가 있다.

• 텍스트 주제이해를 위한 텍스트 정보의 기여 방식

• 자신의 학문문화에서 텍스트의 해석방식

- 텍스트 정보를 바탕으로 예측가능성 여부
- 텍스트에서 추출할 수 있는 언어 및 지식
- 자신의 글과 말에 텍스트의 내용/구성/구조/언어 들을 사용할 수 있는 방식
- 자신이 학습한 언어적 내용
- 텍스트에 대한 자신의 반응
- 추후에 읽을 텍스트

이들 사항들에 대한 반추는 독립적으로 텍스트를 읽는 능력을 신장할 수 있다. 학생의 독립성이 신장될수록 자신의 학습목표를 정립하는 방법을 학습하고 결과적으로 그 목표를 달성하게 된다.

12) 추후단계 및 독립

학문목적영어 학습자는 향후 자신의 학문분야를 영어로 학습할 수 있도록 준비해야하므로 독립적 학습자가 되어야 한다. 학습자의 독립성은 자기주도성과 밀접하게 관련된 개념으로서, 학습자의 독립성과 자기주도성을 신장하기 위한 활동들로 다음의 것들을 들 수 있다.

- 교수자, 정해진 단원, 정규학급, 정해진 교재로부터 독립된 활동
- 기술(인터넷 자료, 도서관 데이터베이스, 이미지 등)을 활용한 활동
- 타 학생들과의 협력이 필요한 활동(집단연구 프로젝트, 공동발표 등)

학습자의 독립성이 신장됨에 따라 스스로 텍스트 찾는 법을 터득하고 이들 텍스트 자료들을 자신의 전공학문 학업에 사용할 수 있게 된다.

10.4.3. 학문적 읽기 책략

학문적 읽기는 목적에 따라 다양한 읽기 책략과 기술이 요구된다. Jordan(1997)은 읽기 책략 및 기술을 다음과 같이 제시한다.

- 예측하기

- 훑어읽기
- 세부정보파악읽기
- 정보의 사실성여부 구분
- 정보의 중요성여부 구분
- 정보의 관련성여부 구분
- 정보의 명확성여부 구분
- 사고/예시/견해 구분
- 추론 및 결론도출
- 어휘의미 추론
- 그래픽정보 이해(데이터, 다이어그램 등)
- 텍스트구성 및 언어적/의미적 양상이해: 응집성, 담화/의미지표 인식

1) 훑어읽기

이는 텍스트에 대한 전반적 인상을 얻기위해 수행하는 읽기활동으로서, 텍스트를 세밀하게 읽지 않는다. 예를 들어, 책의 서론이나 결론부분을 대강 읽어보거나, 논문의 맨 앞 단락과 마지막 단락을 읽어보는 것이다. 훑어읽기의 주요목적은 글의 요지를 파악하는 것이다.

2) 세부정보파악읽기

이는 특정정보를 파악하기 위한 읽기활동으로서, 자신이 원하는 정보에 초점을 맞추기 위해 특정 정보에만 초점을 맞추는 활동이다. 세부정보파악 읽기활동을 할 때는 자신이 찾고자 하는 정보가 무엇인지 알고 있어야 한다.

3) 비판적 읽기

비판적 읽기는 자신이 읽은 텍스트 내용을 지속적으로 분석하고 질문을 하며 평가하는 활동으로서, 다음의 사항들에 대해 자문한다.

- 필자의 주요주장
- 필자의 주장을 뒷받침하는 증거
- 증거의 타당성 여부
- 필자주장과 타 주장과의 유사성/상이성 여부

• 필자의 주장에 대한 동의여부
• 정보의 활용 방법(예를 들어, 에세이/보고서/발표 등)

4) SQ3R 기법

SQ3R은 Survey, Question, Read, Recall, Review의 과정을 지칭하는 것으로서 읽기학습의 효과적 책략으로 많이 사용된다. 조사(survey) 단계에서는 텍스트를 신속하게 대충 읽으며 텍스트에 대한 전반적 아이디어를 확인하고 그에 기초하여 텍스트의 유용성여부를 판단한다. 질문(question) 단계에서는 텍스트의 효용성여부, 정보의 유용성여부 등을 검토한다. 읽기(read) 단계에서는 텍스트 전체를 읽고 핵심사항들에 대해 노트작성하며 비판적 읽기활동을 수행한다. 회상(recall) 단계에서는 텍스트와 노트를 접어두고 자신이 읽은 정보를 회상하며 확실하지 않은 점들에 대해 노트 정리한다. 복습(review) 단계에서는 텍스트 이해여부 및 불명확한 사항들을 명확히 하기위해 텍스트를 다시 읽는다.

10.4.4. 영어강의 어휘학습

영어강의 학습자가 자신의 전공학문 영역을 영어로 학습할 때 겪는 가장 큰 어려움 중의 하나가 영어 원어민 학습자에 비해 절대적으로 부족한 어휘지식이다. 이러한 문제점을 해결하기 위해 다수의 어휘학습관련 학자들이 학문적 영역에서 빈번하게 사용되는 영어어휘들을 분류하는 작업을 해왔다. 학문영역에서 자주 사용되는 어휘들을 학문어휘(academic vocabulary)로 통칭하는데 이는 일반유용과학어휘(generally useful scientific vocabulary), 하위기술어휘(sub-technical vocabulary)(Anderson, 1980), 준기술어휘(semi-technical vocabulary)(Farrell, 1990), 특별비기술어휘(specialized non-technical lexis)(Cohen, Glassman, Rosenbaum-Cohen, Ferrara, & Fine, 1988), 학문어휘(academic vocabulary)(Coxhead, 2000) 등 다양한 용어로 사용되어왔다. 1980년대 이후 제2언어 읽기를 위한 연구들은 텍스트 이해를 위한 최소 필수어휘들을 확인하였다. Hirsh & Nation(1992)은 텍스트를 읽고 내용을 이해하기 위해서는 95% 이상의 어휘를 알아야 할 것으로 판단한다. Bauman Culligan(1995)은 일반서비스목록(general service list: GSL)(West, 1953)에 제시된 2,300개의 어휘들이 대부분의 텍스트 어휘의 80%를 차지함을 발견하였다.

10.4.4.1. 학문어휘의 중요성

영어강의 학습자들이 학문영어 어휘들을 학습해야하는 이유들은 다음과 같다. 첫째, 다양한 학문텍스트에 공통적으로 사용된다. 학문어휘들은 다양한 영역의 학문텍스트에서 공통적으로 빈번하게 사용되고 있지만 비학문적 텍스트들에서는 그렇지 않다. 둘째, 학문어휘는 학문텍스트들에서 사용되는 어휘들 중 상당수를 차지한다. 어휘빈도를 확인하는 방법에는 토큰(token)과 어휘군(word family)을 계산하는 두 가지 방법이 있다. Sutaryah, Nation,& Kennedy(1994)에 의하면 Lancaster-Oslo-Bergen Corpus의 Learned and Scientific sections에 포함된 어휘토큰들 중 8.4%가 학문어휘였다. Coxhead(1998)도 자신이 개발한 학문어휘목록인 학문어휘목록(academic word list: AWL)이 350만개에 달하는 학문영어 코퍼스 어휘의 10%를 차지하고 있음을 발견하였다. Sutarsyah, Nation,& Kennedy는 일반서비스목록과 대학어휘목록(university word list: 800 단어)(Xue & Nation, 1984)를 결합하면 학문목적영어 교육과정의 기초를 제공할 수 있을 것으로 보고 있다. 그러나 일반서비스목록(GSL)과 학문어휘목록(AWL)만으로는 특정전공영역의 어휘공백을 메워줄 기초로는 충분하지 않다. Hyland & Tse(2007)의 연구에 의하면 일반서비스목록과 학문어휘목록이 과학분야 어휘의 22%를 포함하지 않고 있는 것으로 나타났다. 학문목적영어 어휘개발은 일반서비스목록, 학문어휘목록, 및 전공학문 특수어휘의 세 가지 어휘들에 기초하는 것이 바람직하다. 셋째, 일반적으로 학문어휘는 기술어휘(technical vocabulary)에 비해 학습자들에게 잘 알려져 있지 않다. 따라서 학문어휘에 대한 적극적 학습이 필요하다(Cohen, Glassman, Rosenbaum-Cohen, Ferrara, & Fine, 1988). 넷째, 학문어휘는 영어강의 교수자들이 학습자들에게 도움을 줄 수 있는 특수어휘이다. 영어강의 교수자들은 전문 학문분야에 대한 전문적 지식을 구비하고 있고 학습자들이 전문영역에서 사용해야 할 전문어휘들을 습득해야할 필요성을 잘 이해하고 있으므로 학습자들의 학문어휘 학습에 큰 도움을 줄 수 있다.

Coxhead(1998)가 개발한 학문어휘목록은 인문, 과학, 법, 상업의 4 영역에서 각각 7개의 하위 학문영역들(심리학, 수학, 역사학 등)을 대상으로 공통적으로 사용되고 있는 어휘들을 추출하여 제시한 것이다. 학문어휘목록은 총 570개로 이루어져 있으며, 이들 어휘들은 10개의 하위목록으로 구성되어 있다(부록 2 참조). 영어강의 학습자들이 일반적으로 사용빈도가 높은 일반 영어어휘 이외에 학문적 영역에서 공통적으로 사용되는 학문어휘들을 학습하기만 해도 학문

텍스트 이해와 교수자의 강의내용에 대한 이해력을 상당히 향상시킬 수 있을 것이다. 이점에서 영어강의 학습자들을 위한 학문어휘 학습활동들을 충분히 제공해주어야 한다. 이를 위해 다음의 방법들을 제안할 수 있다.

첫째, 학문어휘 학습을 촉진할 다양한 청취 및 독해 활동을 제공한다. 이에는 학문 텍스트에 대한 정독 및 다독, 강의청취, 세미나 토론 등이 포함된다. 원어민들이 5만개 정도의 어휘를 인식하는 점을 감안할 때 학문목적영어 학생들의 어휘지식 향상을 위해서는 많은 양의 수용적 어휘를 습득할 수 있도록 정독과 다독을 빈번하게 실시하는 것이 바람직하다. Hu & Nation(2000)은 주어진 텍스트를 어려움 없이 읽을 수 있기 위해서는 텍스트 어휘의 95-98%를 알아야 한다고 주장한다. Schmidt & Carter(2000)는 공통의 주제를 다루는 몇몇 텍스트들에 대한 집중적 읽기를 제안한다. 이를 통해 학습자가 해당주제에 친숙해지고 그 주제에 관한 텍스트들에 대해 풍부한 배경지식을 습득할 수 있을 뿐 아니라 특정어휘들에 반복적으로 노출됨으로써 어휘학습을 촉진한다. 둘째, 직접적 어휘교수를 통해 영어강의 학습자들이 어휘학습을 효과적으로 할 수 있도록 지도한다. 학문영어어휘의 다수가 라틴어나 그리스어 어원인 것들이므로 이들 어원들을 활용한 어휘분석을 통해 학습자들의 학문어휘 지식을 확장시킬 수 있다. 셋째, 학문어휘가 학문적 말하기와 글쓰기에도 유용하기 때문에 학습자들이 학문적 상황에서 학문어휘를 활용해서 말하기와 글쓰기 등 의미기반 산출물을 만들어낼 수 있는 기회를 제공해야 한다. 넷째, 학문어휘를 유창하게 사용할 수 있도록 특정주제를 중심으로 반복적 어휘학습을 할 수 있게 한다. 학생들은 또한 광범위한 읽기 입력을 제공받는 것이 필요하다. 아울러 모르는 어휘들을 포함하는 텍스트를 자율적으로 처리할 수 있는 책략훈련도 필요하다.

10.4.4.2. 영어강의 기술어휘 범주

영어강의 학습자들이 자신들의 전공학문 어휘에 대한 큰 부담 없이 학습할 수 있기 위해서는 학문어휘목록 어휘 이외에 기술어휘(technical vocabulary) 습득이 필요하다. 기술어휘는 특수 전문영역에서 집중적으로 사용되는 어휘들을 지칭하는 것으로서 일반적 학문어휘와 구별된다. Nation(2001: 198-201)은 기술어휘를 4범주로 구분한다.

• 범주 1:

특정영역이외에서는 거의 사용되지 않음.

(예시)

– 법학: jactitation, per curiam, cloture

– 응용언어학: morpheme, hapax legomena, lemma

– 전자공학: anode, impedance, galvanometer, dielectric

– 전산학: wysiwyg, rom, pixel, modem

• 범주 2:

특정영역 내외에서 사용되지만 양자 간의 의미가 동일하지 않음.

(예시)

– 법학: cite, caution

– 응용언어학: sense, reference, type, token

– 전자공학: induced, flux, terminal, earth

– 전산학: execute, scroll, paste

• 범주 3:

특정영역 내외에서 사용되지만 대부분은 특정영역 내에서 사용됨.

(예시)

– 법학: accused, offer, reconstruction

– 응용언어학: range, frequency

– 전자공학: coil, energy, postive, gate, resistance

– 전산학: memory, drag, window

• 범주 4:

특정 영역에서 보다 일반적으로 사용됨. 어휘가 특수한 의미를 지니지 않음.

(예시)

– 법학: judge, mortgage, trespass

– 응용언어학: word, meaning

– 전자공학: drain, filament, load, plate
– 전산학: print, program, icon

10.5. 학문적 영어 글쓰기

10.5.1. 학문적 담화능력

학문목적 영어강의를 수강하는 학생들은 학문적 영어글쓰기 담화능력을 연마하는 것이 중요하다. Canale(1983)는 담화능력을 상이한 모드에서 통합적 텍스트를 산출하기 위해 의미 및 형태를 결합하고 해석하는 방법의 습득이라고 정의하고 이를 의사소통의 핵심적 성분으로 규정한다. 통합적 텍스트 산출을 위해 의미와 언어형태를 결합하는 두 가지 주요한 방법으로서 언어형태들을 결합하는 장치인 응집(cohesion)과 의미를 구성하는 규칙인 통일성(coherence)이 있다. Bachman(1990)은 텍스트 능력(textual competence)을 언어능력의 요소로 포함시키고 있는 바, 이를 응집성과 수사구조를 포함하는 개념으로 정의한다. 응집성은 위에서 언급한 바와 같이 의미적 관계들을 명확하게 표시하기 위해 언어형태들을 결합하는 장치로서 참조, 대체/대용, 생략, 접속, 어휘응집, 신구정보 배열 등이다. 수사구조는 텍스트의 전체 개념구조와 관련한 수사적 구조를 의미한다. Celce-Murcia, Dorney, & Thurrell(1995)은 담화능력이 응집성, 통일성 뿐 아니라, 지칭, 총/통칭 구조, 대화구조를 포함하는 포괄적 개념으로 정의한다. 담화능력은 또한 Common European Framework of Reference for Languages(CEFR)이 제시한 화용능력의 일부이다. CEFR에서는 담화능력을 언어사용자/학습자가 일관성 있는 확장된 언어를 산출할 수 있도록 문장들을 순서적으로 배열할 수 있는 능력으로 정의한다. 이는 다음의 관점에서 문장의 순서를 통제하는 지식과 능력을 포함한다(Council of Europe, 2001).

• 주제/초점
• 신구정보
• 시간적 순서
• 원인결과
• 주제구성, 응집성 및 일관성, 논리적 순서, 스타일 및 화용역, 수사적 효과성

Bhatia(2004)는 담론능력(discursive competence) 개념을 주창하며 이것이 사회적 능력, 일반능력, 텍스트 능력, 비평적 능력을 포함한다고 보고 있다. 사회적 능력은 다양한 사회적, 제도적 맥락에 참여하기 위해 언어를 사용하는 능력이다. 일반능력은 일상 활동에 참여하고 특정 전문공동체의 목표를 달성하기 위해 특정영역 장르를 확인, 해석, 구성, 활용할 수 있는 능력이다. 텍스트 능력은 언어코드를 습득하여 맥락적으로 적절한 텍스트를 구성하고 해석하기 위해 텍스트, 맥락, 화용 지식을 사용하는 능력을 의미한다. Bruce(2015)는 여기에 비평적 능력도 포함해야 한다고 주장한다. 비평적 능력은 특정학문 내에서 적정한 분석적, 평가적 글쓰기에서 텍스트 및 수사적 자원들을 사용할 수 있는 능력을 의미한다.

학문적 담화능력에 포함되는 지식요소들은 특정 학문 공동체 내의 저자/필자 및 화자의 능력 수준과 밀접한 관련이 있다. 이 요소들은 특정 공동체의 맥락, 담화규약, 가치, 정체성에 적합한 확장텍스트를 처리하고 텍스트에 반응하는 고도의 완성된 능력을 지칭한다. 결론적으로, 담화능력은 의사소통 언어능력의 핵심적 성분으로서 확장텍스트의 처리 및 산출과 관련한 다수의 요소들을 포함한다. 학문목적영어코스에서 학문적 글쓰기 과정은 학생들이 글쓰기 과제를 수행할 때 이들 능력 요소들을 통합적으로 또한 자율적으로 개발하고 사용할 수 있도록 도와주어야 한다.

Bruce(2011)는 글쓰기를 학문목적영어 교육과정의 핵심으로 인식한다. 학문적 글쓰기는 고도의 복잡한 기술을 요구하는 것으로서 전문가들도 끊임없이 연마해야 하는 기술이다. 학문적 글쓰기는 영어강의 수강학생들이 자신들의 전공영역 지식을 구성하는 수단이기 때문에 이에 대해 체계적으로 학습해야 한다. 즉, 글쓰기를 통해 자신들에 대한 학업성취도 평가에 제대로 대응할 수 있고, 또한 장래 전문가들과 소통할 수 있기 때문이다(Nesi & Gardner, 2012). 영어강의 글쓰기를 소통의 개념으로 이해할 때 이는 다음의 몇 가지 구체적 활동을 포함한다.

1) 기술

학문텍스트의 본질적 요소는 기술(description)로서, 영어강의 학생들은 배경정보, 구체적 맥락 및 특성, 이론/아이디어 전개, 물리적 공간 및 구조 등의 실재, 과정/체계/절차 등 다양한 사항들을 기술하고 제시해야 한다.

2) 설득

학문텍스트에서 기술활동이 빈번하게 이루어지고 있지만 학문글쓰기의 기본적 목적은 설득이다. 영어강의 수강 학생들은 설득목적의 주장들을 이해하고 산출하는 능력을 배양해야 한다. 학문글쓰기에서는 필자가 텍스트 주제와 관련한 필요정보 및 설명들을 제시하기 위해 기술하고, 이것이 필자의 주장전개 및 증거/예시의 제공으로 이어지며 궁극적으로는 설득의 목적을 달성하는데 활용된다.

3) 논증

학문 글쓰기에서 논증은 이성, 논리, 증거를 바탕으로 특정의 진술을 구축하는 것이다. 일반적으로 주요논증은 하위 보조주장들로 뒷받침 된다. 다수의 학문적 장르들은 논증위주의 장르들로서 하나의 주요한 주장이 텍스트 전체를 관통하고 그것을 위해 필자의 글이 전개된다. 학문적 텍스트의 필자들은 텍스트를 통해 자신의 입장을 설득하고자 한다. Toulmin(2003)은 학문적 글쓰기에서 있어서 필자가 자신의 주장을 전개하는 모델을 다음과 같이 제시한다(de Chazal, 2014: 182 재인용).

단계	기능
1. 주 장	독자들이 받아들이기를 원하는 진술 제시
2. 근 거	인용 등을 통해 자신의 주장을 뒷받침할 증거 제공
3. 정당성	근거들이 주장을 뒷받침하는 이유제시
4. 지 원	관련된 질문들에 답하는 등, 자신의 주장을 뒷받침할 추가증거 제공
5. 보 호	타인의 비판을 야기할 수 있는 과도한 주장을 피하기
6. 반 박	자신의 주장을 보다 강화하기 위해 반대주장을 처리하기

10.5.2. 학문적 글쓰기 과정

학문적 글쓰기 과정은 장르에 따라 상이하지만 일반적으로 글쓰기 전 단계, 글쓰기 단계, 글쓰기 후 단계로 구분할 수 있다(de Chazel, 2014: 190-1).

글쓰기 과정의 과제	글쓰기 과정 단계
과제 지침을 읽고 분석하기	쓰기 전
과제 지침에서 아이디어 형성하기	쓰기 전
주제 분석의 관점 결정하기	쓰기 전
추가 아이디어 및 자료확보를 위한 원 텍스트 찾아 읽기	쓰기 전
동일 장르에서 샘플 텍스트 읽기	쓰기 전 / 쓰기 중
동료와 아이디어를 토의하고 전개하기	쓰기 전 / 스기 중
주제를 상세하게 조사하기 위해 추가 텍스트 찾기	쓰기 전
선별된 텍스트 자료들을 비평적으로 평가하고, 텍스트에서 사용할 보조증거 및 예시들을 확인 및 기록하기	쓰기 전
상기의 자료를 통일성 있는 구성 틀로 조직하기	쓰기 전 / 쓰기 중
자료 모니터, 새로운 자료 추가, 비핵심적 자료 삭제하기	쓰기 전 / 쓰기 중
자료를 정제하고 범위를 축소하기	쓰기 전
텍스트의 서론 쓰기	쓰기 중

섹션/텍스트의 단락들을 쓰며 점진적으로 텍스트의 본론 작성하기	쓰기 중
텍스트의 본론 완성하기	쓰기 중
텍스트의 결론 쓰기	쓰기 중
자신이 쓴 글을 비평적으로 읽고, 글의 논리를 점검하고 필요시 재작성하기	쓰기 후
텍스트에 대한 튜터의 피드백에 반응하기	쓰기 후
피드백을 후속 글쓰기 과제에 수용하기	쓰기 후

10.5.3. 학문적 글쓰기 목적 및 유형

대부분의 영어강의 상황에서는 글쓰기 과제를 통해 학습자들을 평가한다. 이러한 글쓰기 과제들은 장시간 준비를 요하는 것일 수도 있고 시험처럼 단시간 내에 작성해야 하는 것도 있다. 학문적 글쓰기에는 목적이 명확해야 하는데 가장 보편적 학문 글쓰기 목적들은 다음과 같다.

- 연구결과 보고하기
- 질문에 답하기
- 학문적 관심사에 대해 토의하고 자신의 관점을 제시하기
- 특정 학문주제에 대해 타인이 수행한 연구를 종합하기

학문적 글쓰기 유형들로는 다음의 것들이 있다.

- 노트작성: 학습자의 개인적 활용을 위해 텍스트나 강의의 주요요점을 기록함
- 프로젝트 글 작성: 가장 일반적 글쓰기 유형으로서, 교수자가 제시한 제목에 관해 1,000~2,000자의 중간분량 정도의 글을 산출함
- 학위논문 작성: 고등교육기관 학위취득을 위해 학생자신이 선정한 주제에 관해 장문의 텍스트를 산출함
- 보고서 작성: 설문조사 등과 같이 학생이 수행한 활동을 글로 기술함
- 학술 에세이: 학문적 에세이, 보고서, 발표, 논문 들을 통칭함

영어강의 상황에서 학문적 글쓰기의 형태는 전공학문영역 등에 따라 다소간의 차이가 있을 수 있으나 일반적으로 다음과 같은 기본적 구조를 지니고 있다.

단문 에세이 구조:

서론 → 본론 → 결론

장문 에세이 구조:

서론 → 본론 → 관련문헌 검토 → 사례연구 →논의 → 결론 → 참고문헌 → 부록

학위논문 및 학술논문 구조:

초록 → 내용목차 → 도표목차 → 서론 → 본론(관련문헌 검토, 연구 방법 및 내용, 결과, 논의) → 결론 및 제한 점 → 참고문헌 → 부록

이들 학문적 글쓰기 유형들 중 학술에세이와 보고서작성의 두 가지 학문적 글쓰기에 대해 구체적으로 살펴보면 다음과 같다.

10.5.3.1. 에세이

에세이는 박사학위 논문처럼 장문의 완성도 높은 텍스트와 달리 주어진 주제에 대한 학문적 글쓰기이다. 일반논문 등은 출판을 목적으로 작성되는데 이는 대학 학부생들 보다는 전문학자들 및 연구원들이 주로 작성한다. 에세이는 학생들, 특히 대학학부생들의 글쓰기에 있어서 중요한 위치를 차지하고 있으므로 영어강의 수강학생들은 에세이의 구조 및 작성 지침들을 파악할 필요가 있다(Nesi & Gardner, 2012). 학문적 에세이의 일반적 구조는 다음과 같다(de Chazel, 2014: 192-3).

1) 서론

(1) 맥락화(일반적인 것으로부터 구체적인 것으로)

- 독자의 관심을 유발하기 위한 진술
- 맥락화 및 배경: 주제를 적합한 상황(시간, 장소, 맥락 등) 속에서 독자들에게 방향을 제시하기 위해 배경자료에 대한 간단한 기술
- 하위주제, 관점 및 초점: 주제접근 및 분석에 대한 다양한 관점에 기초하여 주제를 다듬음

• 근거: 에세이 작성이유 설명
• 이론적 근거를 뒷받침할 핵심연구들의 인용
• 정의: 핵심적 전문용어, 개념에 대한 정의, 설명

(2) 논지 및 목적진술
• 제한점 명시, 주제 정의, 에세이 목적 진술
• 에세이 주요주장의 진술, 필자의 입장
• 이전 섹션의 항목에 대한 언급
• 에세이의 구성적 조직에 대한 안내

2) 본론
(1) 거시적 기능
논지를 논의(산문적/논증적), 비교 및 대조, 원인 및 결과, 분류, 시간적 순서 등, 아이디어의 논리적 구분에 따라 전개함.

(2) 미시적 기능
다양한 필수적 요소들을 활용해서 거시적 기능을 뒷받침 함.
• 분석, 주장, 사례, 인용, 비교/대조, 정의, 논의, 효과, 평가, 증거, 예시, 설명, 문제, 제안, 과정, 회상, 반추, 해결, 요약

(3) 단락 구성
주요 요점이나 아이디어는 단락으로 전개될 수 있다. 단락은 주제문을 통해 단락의 주제를 진술할 수 있고, 결론 부분에서 요점을 요약할 수 있다. 주요요점은 주장, 인용, 설명, 평가 등의 필수적 요소들을 통해 전개된다.

3) 결론
(1) 요약 및 결론 진술
에세이의 주요요점을 재 진술하고 요약함.
• 제안의 이유, 해결방안, 결론의 요약

• 제기된 질문과 관련한 필자의 입장의 요약/재 진술

(2) 미래작업
목표영역에서의 추후 작업, 사고, 연구 제안 및 권유

10.5.3.2. 보고서

보고서는 다수의 학문적 상황에서 핵심적 글쓰기 장르이다. 보고서의 세부내용들은 상이하지만 방법론 및 연구에 대한 설명, 연구결과에 대한 해석, 평가 및 권고 등, 일반적으로 규약화된 구조를 공유하고 있다. Swales(1990: 141)는 180개의 연구논문을 대상으로 보고서들을 분석한 뒤 다음과 같은 일반적 보고서 양식을 제시하였다.

Move 1: 영역정립
step 1: 중심주장
step 2: 주제 일반화
step 3: 선행연구개관

Move 2: 틈새정립
step 1A: 반대주장
step 1B: 괴리표시
step 1C: 문제제기
step 1D: 전통유지

Move 3: 틈새확보
step 1A: 목적개요
step 1B: 현재연구 발표
step 2: 주요발견 발표
step 3: 연구논문구조 표시

10.5.4. 영어강의 글쓰기 고려사항

de Chazal(2014: 205–8)은 효과적 학문적 글쓰기를 위한 주요 고려사항들을 제시한다.

1) 장르, 독자, 목적

영어강의 글쓰기에 있어서 학생들은 글쓰기 장르, 독자, 목적을 명확히 해야 한다. 이를 위해 학생들은 목표장르의 예시가 되는 전문적 텍스트들을 많이 접함으로써 해당장르의 전형적 구조에 익숙해져야 한다.

2) 구조, 타당성, 통일성

영어강의 수강학생이 작성해야 하는 텍스트는 통일성과 논리적 구조를 지니고 있어야 한다. 이를 위해 다음의 사항들을 점검해야 한다.

- 제목 및 초록을 바탕으로 텍스트에 대한 독자들의 기대치 충족여부
- 제목, 논지 진술, 전개, 결론을 통한 텍스트 자료들의 논리적 전개여부
- 텍스트 전체를 통해 자료들 간 연계의 명확성 및 일관성 유지여부
- 결론 부분에서 제목과 논지진술에서 제기된 질문들에 대한 처리여부
- 텍스트가 학문세계 맥락과 상통하는지 여부
- 비언어적 자료의 적절한 포함여부

3) 내용

영어강의 수강학생이 작성한 텍스트의 내용은 자신의 아이디어, 자료, 연구, 인용, 비판성 등을 포함한다.

- 연구질문에 답하기 위해 충분한 자료제공여부
- 텍스트의 목적을 충족하기 위해 필수적 요소들(기술, 설명 등)의 충분한 전개여부
- 적절한 관점에서 텍스트 주제탐구 및 분석여부
- 텍스트가 의도한 의미에 대해 독자의 쉽고 명확한 파악가능성 여부

4) 연구

영어강의 수강학생들이 학문적 연구를 수행해야 하는 양은 학생의 수준 및 글쓰기 과제의 본

질에 따라 달라지지만 일반적으로 대학 학부학생들의 연구는 일차적 연구가 아닌 것들이 대부분이다.

- 텍스트 내용전달을 위한 적절하고 충분한 연구수행여부
- 자료 선정의 신중성 및 제시의 명확성여부
- 텍스트 전체를 통해 아이디어 출처의 명확한 제시여부

5) 비판적사고

비판적 사고에는 평가, 입장, 주장이 포함된다.

- 텍스트에 충분한 분석, 해석, 평가 포함여부
- 양질의 인용을 포함하기 위해 원 자료의 비판적 선정여부
- 텍스트 내에 필자 개인적 입장 존재여부

6) 인용 및 학문적 규약

인용과 학문적 규약은 학문적 글쓰기의 핵심이다.

- 인용된 문헌들의 참고문헌 제시여부
- 참고문헌에 제시된 항목들의 본문 내의 존재여부
- 표절방지 여부
- 학문적 규약준수 여부

7) 담화 및 응집성

글쓰기는 텍스트 전체를 통해 동질성을 확보하고 장르, 독자, 목적의 측면에서 적절해야 한다.

- 텍스트 내의 아이디어들과 의미들이 적절하고 응집성있는 언어로 명확하게 연결되어 있는지 여부
- 독자들을 위한 충분하고 명확한 안내제공 여부
- 독자들이 유창하게 읽을 수 있도록 텍스트 흐름의 자연스러움 여부

8) 언어

텍스트에서 사용하는 언어의 개념은 정확성, 어휘, 문법을 모두 포함한다. 언어적 정확성에

는 어휘 선택, 철자, 구두점, 문법이 포함된다.

- 장르, 독자, 목적의 관점에서 어휘 및 문체의 적절성여부
- 문법구조의 적절성여부
- 다양한 어휘 및 문법사용 여부
- 언어선택, 구두점, 철자 등의 정확성여부
- 개념, 축약 등의 적절한 정의 여부

10.5.5. 구체적 영어 글쓰기과정

영어강의 학습자들의 학문적 글쓰기과정은 매우 복잡하다. 일반적으로 학문적 글쓰기과정은 다음과 같다(Bailey, 2011: 13-64).

1) 계획

모든 학문적 글쓰기에 있어서 계획이 필요하지만, 단 시간에 완성해야하는 시험 대비용 글쓰기 계획과, 충분한 사전 독서가 요구되는 글쓰기 간에는 상당한 차이점이 있다. 글쓰기 계획 과정들은 다음의 3 단계를 포함한다.

- 글쓰기 주제나 제목을 분석하고 요구사항을 파악함
- 글의 전개 방식을 구상하기 위해 주제에 대해 브레인스토밍 함
- 자신이 선호하는 방법을 사용하여 글의 전반적 개요를 작성함

영어강의 글쓰기에서 제목 및 주제는 학생이 글쓰기에서 사용해야 할 핵심 어휘를 포함한다. 학문적 글쓰기에서는 다음의 활동들이 빈번하게 수행된다.

- 분석: 주제를 다양한 부분으로 세분화하고 이들 간의 관계를 살펴봄
- 평가: 주제의 가치에 대해 평가함
- 기술: 세부사항들을 제시함
- 논의: 특정사항들을 비판적으로 기술함
- 탐구: 주제의 다양한 양상을 검토하고, 장점 및 단점들을 비교함
- 예시: 특정 사항을 뒷받침할 예시를 제공함

• 개요: 주제의 주요사항에 대해 간단하게 설명함
• 진술: 복잡한 주제를 주요 요소들로 축소해서 진술함
• 제안: 특정사안에 대해 제안을 하고 그에 대해 뒷받침함
• 요약: 주제를 간결하고 명확하게 설명함

2) 글쓰기를 위한 노트작성

글쓰기의 사전작업으로서 관련 참고문헌 및 텍스트들을 수집한 후에는 이들로부터 글쓰기의 주제 및 제목관련 핵심적 사항들을 선정하고 그에 대해 노트를 작성해야 한다. 글쓰기를 위한 노트작성은 개인적 용도로 사용하는 것이므로 자신만의 스타일을 만드는 것이 중요하다. 이를 위해 노트작성 시에 다음 사항들을 고려해야 한다.

• 표절방지를 위해 원문의 표현을 그대로 복사하지 않고 자신의 언어로 표현함.
• 추후 참고문헌을 작성할 때 시간낭비를 줄이기 위해 항상 참고한 원문을 기록함.
• 신속하고 간단하게 작성함: 완전한 문장을 사용하지 않고 관사, 전치사 등을 생략함.
• 목차를 작성할 경우 정보를 체계적으로 구성하기 위해 제목과 글의 순서체계를 명확히 함.
• 작성시간절약을 위해 보편화된 부호 및 기호들을 사용하고 축약형도 적극적으로 사용함.

3) 의역하기

영어강의 학문적 글쓰기 과정에서 노트작성 못지않게 필요한 기술이 의역하기이다. 의역하기는 원 텍스트의 의미를 훼손하지 않으면서 원본과는 상당히 상이하게 표현하는 것을 의미한다. 표절의 위험성을 방지하기 위해 효과적 의역은 학문적 글쓰기의 핵심적 기술이다. 의역과 요약은 둘 다 에세이 작성 시에 일반적으로 사용되는 것으로서 요약은 정보를 적절한 길이로 축소하는 것인데 비해, 의역은 관련되는 정보를 재 진술하는 것이다. 효과적 의역은 다음의 특징들을 지니고 있다.

• 원문과 상이한 구조를 가짐
• 원문의 어휘와 상이한 어휘를 사용함
• 원문과 동일한 의미를 유지함

4) 요약하기

학문적 글쓰기 있어서 요약은 의역과 함께 핵심적 기술로서 이를 사용해서 장문의 원문 텍

스트를 간략하게 정리할 수 있다. 요약기술도 다른 기술들과 마찬가지로 연습을 통해 향상시킬 수 있다. 요약하기는 융통성을 지닌 글쓰기 수단으로서, 글을 한 문장으로 정리하거나 글쓰기 요구에 따라 보다 구체적으로 작성할 수 있으며 일반적으로 다음과 같은 단계를 거친다.

- 원 텍스트를 읽고 새롭거나 어려운 어휘를 점검함
- 핵심내용들을 밑줄 긋기 등의 방법으로 강조함
- 핵심내용들을 노트작성하고 필요시 의역함
- 노트를 바탕으로 내용을 요약하고 필요시 재구성함
- 내용요약이 정확하게 되어 있는지 점검함

5) 단락구성하기

영어강의 글쓰기를 위한 계획단계를 거친 후에는 본격적으로 학문적 글쓰기를 시작해야 한다. 학문적 글쓰기의 기초단위는 단락이다. 단락은 단일 주제를 다루는 문장들의 집합체로서 단락의 길이는 텍스트 유형에 따라 상이하지만 보통 4-5개 이상의 문장으로 구성된다. 일반적으로 단락의 첫 번째 문장에서 주제가 도입되며 각 문장들은 연결사 및 접속사로 연결된다. 새로운 단락은 이전의 단락과 이어주는 연결사를 사용해서 연결된다. 이렇게 함으로써 단락들 간에 내용 및 사고의 연속성이 유지된다.

6) 다시쓰기 및 교정

에세이 작성과정에서 자신이 쓴 글을 다시 쓰고 교정하는 것은 핵심적 과정이다. 영어강의 글쓰기시험 상황에서는 작성한 글을 고쳐 쓰는 것이 쉽지 않지만 과제의 경우에는 글의 명확성과 논리성을 향상시킬 수 있도록 시간을 가지고 글을 수정하는 것이 중요하다. 양자의 경우 모두 글의 정확성 및 이해도를 저하시키는 작은 오류들을 없애기 위해 교정과정을 거치는 것이 필수적이다. 에세이 작성자는 자신의 글이 적절하다고 생각할 수 있으나 다양한 문제들이 있을 수 있다. 따라서 에세이 초고를 작성한 후 어느 정도 시간적 여유를 가지고 다시 읽어 보아야 한다. 이때 다음의 사항들을 점검하는 것이 필요하다.

- 제기된 문제들에 대해 충분한 해결방안 제공여부
- 글의 상이한 부분들의 균형적 작성여부
- 주장이나 논의의 명확하고 논리적 전개여부
- 글의 전개를 뒷받침할 중요한 사항들의 누락여부

교정은 독자로 하여금 에세이 작성자가 쓴 글의 정확한 의미이해를 방해하는 오류들을 점검하는 것을 의미하는 것으로서 오류들이 다수 발견되면 아무리 사소한 것들이라도 혼란을 야기할 수 있다. 에세이 교정 시에는 철자 및 의미 파악에 혼동을 주는 어휘들을 잘 못 사용하는지 여부를 점검하는 것이 중요하다.

10.5.6. 영어강의 글쓰기요소

학문적 에세이를 작성하기 위해서는 에세이의 요소들을 파악할 필요가 있다. 이들 각 요소들이 에세이 작성에 어떻게 적용되는지에 대해 살펴보면 다음과 같다(Bailey, 2011).

1) 주장 및 논의

영어강의 학습자들은 특정 주제에 대해 상반되는 견해들을 검토하고 이에 대해 자신의 주장을 펼치거나 논의해야할 경우가 있다. 이를 위해 상이한 견해들을 분석하고 적절하게 비평하는 것이 요구된다. 에세이를 통해 주장 및 논의를 전개하기 위해서는 이와 관련된 적절한 어휘들을 사용할 수 있어야 한다. 에세이의 주제나 제목은 일반적으로 특정주제에 대해 논의하도록 요구한다. 이러한 주제는 에세이 작성자로 하여금 주제에 대한 장점, 단점 모두 평가하도록 요구하기 때문에 평가관련 어휘들이 자주 사용된다. 논의는 두 가지 방식으로 구성될 수 있다. 첫째, 장점을 한 단락에, 단점을 다른 단락에 기술하는 수직적 구성방식이 있다. 둘째, 주제를 상이한 관점에서 검토하는 수평적 방식이 있다. 학문적 에세이에서는 일반적으로 개인적 표현 사용을 지양하고 비개인적 표현을 사용하는 것이 바람직하다. 특정 주제에 대한 자신의 주장 및 논의를 제시할 때, 글쓴이는 논의의 대립적 주장들을 정확하게 파악하고, 자신의 입장을 뒷받침할 이유를 제시해야 한다. 자신의 견해를 밝히기 전에 자신의 주장과 상치하는 반대주장을 먼저 처리하는 것이 일반적이다.

2) 인과관계

학문적 연구에서는 인과관계 제시가 빈번하게 이루어진다. 따라서 영어강의 학습자들은 인과관계를 논리적으로 서술하는 표현들을 연마해야 한다. 인과관계를 서술할 때에 원인과 결과 중 어느 한쪽에 초점을 맞출 수 있으나 어느 경우에든 일반적으로 동사나 접속사를 사용해서 인과관계를 설명하게 된다.

3) 응집성

응집성은 전체 텍스트가 명확하고 가독성이 있도록 지칭어휘 및 접속사를 사용해서 어휘, 구, 문장을 연결하는 것을 의미한다. 학문적 글이 짜임새 있게 작성되기 위해서는 응집성 장치들을 효과적으로 사용해야한다. 지칭어휘는 동일어휘의 반복 사용을 피하기 위한 수단으로 활용된다. 지칭어휘를 사용할 때는 독자의 혼란을 방지하기 위해 지칭하는 대상이 명확한 경우에만 사용해야 한다.

4) 비교

학문적 글쓰기에서는 특정대상들을 비교해야 할 필요성이 종종 발생한다. 비교의 대상은 에세이 주제에 대한 비교일 수도 있고 특정주장에 대한 증거를 제공하는 것일 수도 있다. 따라서 비교를 할 때는 비교의 대상이 무엇인지 파악하고 정확하게 대상 간의 비교를 하는 것이 중요하다. 일반적으로 비교를 위한 구문은 비교급 구문과 최상급 구문이 사용된다.

5) 정의

일반적으로 특정용어 및 어휘에 대한 정의는 글의 서론에서 이루어진다. 글의 제목에서 친숙하지 않은 표현이나 어구가 제시되거나, 용어를 특수한 방식으로 사용하고자 할 때는 독자들이 맥락 속에서 사용되는 의미를 명확하게 알 수 있도록 제시하는 것이 중요하다.

6) 예시

학문적 글쓰기에서 예시는 필자의 주장을 뒷받침하고 보여주기 위해 사용된다. 적절한 예시는 필자의 주장을 강화하고 독자로 하여금 요점을 이해하도록 도와준다. 글에서 주제를 도입할 때에 그에 대한 예시가 주어지면 주제에 대한 사고가 보다 구체적으로 제시될 수 있다.

7) 일반화

학문적 에세이의 주제는 보통 일반화되는데, 일반화는 간단하고 이해하기 쉽기 때문에 강력한 진술이 될 수 있지만 부정확성이나 지나친 단순화를 피하기 위해 신중하게 사용해야 한다. 일반화의 정도는 정보에 대한 정확성 요구정도에 따라 달라질 수 있다. 또한 증거나 연구를 통해 뒷받침되지 않은 일반화의 사용을 피해야 한다. 일반화할 때는 가급적 절대구문 사용을 피하는 것이 바람직하다.

8) 문제 해결

학문적 에세이를 작성할 때 모든 상황에 적용할 수 있는 규칙은 없다. 학문적 글쓰기에 도움이 되는 일반적 지침들은 다음과 같다.

- 관용어휘나 구어체 어휘, 비 격식적 표현 사용을 자제함
- 정확한 어휘를 사용함
- 사실이나 수치를 다룰 때는 정확성을 유지함
- 개인적 태도를 표현하는 어휘 사용을 자제함
- 동사의 경우 축약형 사용을 피함
- 일반적으로 수동형 문장을 사용함: 상황에 따라 능동형 문장들도 사용 가능
- 적절한 동의어가 있을 경우 2어 동사(two-word verb) 사용을 자제함

9) 반복 및 잉여성 방지하기

학문적 에세이를 작성할 때 동일개념을 반복적으로 사용해야 할 상황이 자주 발생하게 된다. 이때 동일어휘를 자주 반복하여 사용할 경우 글의 생동감이 저하되므로 동일어휘를 유사 어휘로 대체하면서 동일어휘 반복사용을 피하는 것이 바람직하다. 글의 잉여성은 불필요한 내용을 반복하는 것으로서 학문적 에세이에 불필요한 내용이 반복되면 필자가 자신의 글을 제대로 통제하지 못하고 있다는 인상을 심어줄 수 있다.

10) 신중성 유지

학문적 에세이는 일반 에세이와 달리 고도의 정확성이 요구된다. 따라서 필자가 특정주제나 내용에 대해 확신이 없을 경우에는 신중한 표현을 사용하여 제시해야 한다. 즉, 신중한 에세이 스타일은 학문적 글쓰기에 있어서 타인으로부터 반박 받을 수 있는 진술을 피하기 위해 필요하다. 신중성이 특별히 요구되는 영역들로는 가설의 개요제시, 결론이 불명확한 연구결과 논의, 타 저자들의 연구에 대한 논평, 상황 예측 등이 있다.

11) 참조동사 활용

학문적 에세이에서는 타인의 아이디어, 주장, 인용, 진술들을 요약해서 제시하는 일이 빈번

한데 이때 참조동사(verbs of reference)들이 많이 사용된다.

(예시)

argue, claim, consider, hypothesize, suggest, believe, thin, state, accept, admit, agree, deny, doubt, assume, conclude, discover, explain, imply, indicate, maintain, presume, reveal, show, assess, characterize, classify, define, describe, evaluate, identify, interpret, portray, present, blame, censure, commend, condemn, criticise 등

고등교육기관들의 학문목적 영어강의 :
사례 및 원리

부록.

부록 1 : 영어강의 노트테이킹에서 자주 활용되는 축약 표현들 (Berman, 2003)

A

A	answer	**abbr.**	abbreviation, abbreviated
abr.	abridged	**acad.**	academic, academy
adj.	adjective, adjourned, adjustment	**adm.**	administration
aka.	also known as	**anly.**	analysis
app.	appendix	**approx.**	approximately
assoc.	association		

B

bibliog.	bibliography	**biol.**	biology
bk	book, born	**bot.**	botanical, botany
b/4	before	**b/c**	because

C

C	(e.g. 21C for 'twenty-first	**c.**	approximately, roughly, about (abbreviation for the Latin 'circa')
cap.	capital, capitalize		
cf.	compared to, in comparison with	**ch / chap.**	chapter
chem.	chemical	**co.**	company
colloq.	colloquial, colloquialism	**conf.**	conference, confer
com.	commercial, commission, common, communication, community	**cont.**	containing, content, continental, continue, continued
		cp.	Compare
cr.	credit	**crit.**	criticism

D

def.	definition	**dept**	department
diag.	diagram	**diff.**	different, difference
disc.	discovered	**div.**	dividend, division

E

ea.	each	**econ.**	economics, economy
e.g.	for example	**esp.**	especially
est.	established, estimate	**etc.**	and the rest, and so on
eval.	evaluation	**excl.**	excluding

F

f.	feminine, feminism, frequency	**fr.**	From

G

gen.	gender, general	**govt.**	government
gvt	government		

H

hist.	historian, historical, history

I

i.e. t	hat is, that means, in other words	**illus.**	illustrated
inc.	including	**info.**	information
impt.	important	**lang.**	language
lr	learn		

M

m.	male	**max**	maximum
min	minimum		

N

NB	important, notice this, note well	**nec.**	necessary
no.	number		

P

p. / pp.	page / pages	**para.**	paragraph
prin.	principal	**poss.**	possible, possibly

prob.	problem, probable, probably	**prod.**	produced by, producer, production
pt. / pts.	part, point / parts, pts		
orig.	original, originated		

Q

q	question		

R

re.	regarding, about	**ref.**	refer,reference
reg.	region, registered, regular, regulation	**rev.**	review, revision

S

sci.	science, scientific	**sect.**	section
sim.	similar	**sit.**	situation
sp.	special, species. specific	**st.**	study, student
s/t	something		

T

T.	theory, theoretical	**tho'**	though
thro'	through		

U

univ.	universal, university	**usu.**	usually

V

v.	very	**vers.**	version
viz.	namely, that is to say	**vs.**	against
vv.	extremely		

W

w/	with	**w/i**	within
w/o	without	**wrt**	write
wrd	word		

Y

yr. year

특수문자

@ at

number

à increase

$ dollar

lb pound

> less than

“ feet

& and

↑ to go up, increases

↓ to go down

≈. is approximately equal to

≠ isn't equal to

Δ to change to, a change

→ leading to, causing

← to be caused by, as a result of

O degree

% percent

ß decrease

yr year

< greater than

MPH miles per hour

““ inches

♂ man, men

♀ woman, women

= is equal to

K thousand (40K = 40,000)

/ per, out of (1/25 = 1 per 25)

+, & and

∴ therefore, consequently

부록 2 : Academic Word List (Coxhead : 1998)

Sublist 1 of Academic Word List

aanalysis	approach	area	assessment	assume
authority	available	benefit	concept	consistent
constitutional	context	contract	create	data
definition	derived	distribution	economic	environment
established	estimate	evidence	export	factors
financial	formula	function	identified	income
indicate	individual	interpretation	involved	issues
labour	legal	legislation	major	method
occur	percent	period	policy	principle
procedure	process	required	research	response
role	section	sector	significant	similar
source	specific	structure	theory	variable

Sublist 2 of Academic Word List

achieve	acquisition	administration	affect	appropriate
aspects	assistance	categories	chapter	commission
community	complex	computer	conclusion	conduct
consequences	construction	consumer	credit	cultural
design	distinction	elements	equation	evaluation
features	final	focus	impact	injury
institute	investment	items	journal	maintenance
normal	obtained	participation	perceived	positive
potential	previous	primary	purchase	range
region	regulations	relevant	resident	resources
restricted	security	sought	select	site
strategies	survey	text	traditional	transfer

Sublist 3 of Academic Word List

alternative	circumstances	comments	compensation	components
consent	considerable	constant	constraints	contribution
convention	coordination	core	corporate	corresponding
criteria	deduction	demonstrate	document	dominant
emphasis	ensure	excluded	framework	funds
illustrated	immigration	implies	initial	instance
interaction	justification	layer	link	location
maximum	minorities	negative	outcomes	partnership
philosophy	physical	proportion	published	reaction
registered	reliance	removed	scheme	sequence
sex	shift	specified	sufficient	task
technical	techniques	technology	validity	volume

Sublist 4 of Academic Word List

access	adequate	annual	apparent	approximated
attitudes	attributed	civil	code	commitment
communication	concentration	conference	contrast	cycle
debate	despite	dimensions	domestic	emerged
error	ethnic	goals	granted	hence
hypothesis	implementation	implications	imposed	integration
internal	investigation	job	label	mechanism
obvious	occupational	option	output	overall
parallel	parameters	phase	predicted	principal
prior	professional	project	promote	regime
resolution	retained	series	statistics	status
stress	subsequent	sum	summary	undertaken

Sublist 5 of Academic Word List

acadc	adjustment	alter	amendment	aware
capacity	challenge	clause	compounds	conflict
consultation	contact	decline	discretion	draft
enable	energy	enforcement	entities	equivalent
evolution	expansion	exposure	external	facilitate
fundamental	generated	generation	image	liberal
licence	logic	marginal	medical	mental
modified	monitoring	network	notion	objective
orientation	perspective	precise	prime	psychology
pursue	ratio	rejected	revenue	stability
styles	substitution	sustainable	symbolic	target
transition	trend	version	welfare	whereas

Sublist 6 of Academic Word List

abstract	accurate	acknowledged	aggregate	allocation
assigned	attached	author	bond	brief
capable	cited	cooperative	discrimination	display
diversity	domain	edition	enhanced	estate
exceed	expert	explicit	federal	fees
flexibility	furthermore	gender	ignored	incentive
incidence	incorporated	index	inhibition	initiatives
input	instructions	intelligence	interval	lecture
migration	minimum	ministry	motivation	neutral
nevertheless	overseas	preceding	presumption	rational
recovery	revealed	scope	subsidiary	tapes
trace	transformation	transport	underlying	utility

Sublist 7 of Academic Word List

adaptation	adults	advocate	aid	channel
chcal	classical	comprehensive	comprise	confirmed
contrary	converted	couple	decades	definite
deny	differentiation	disposal	dynamic	eliminate
empirical	equipment	extract	file	finite
foundation	global	grade	guarantee	hierarchical
identical	ideology	inferred	innovation	insert
intervention	isolated	media	mode	paradigm
phenomenon	priority	prohibited	publication	quotation
release	reverse	simulation	solely	somewhat
submitted	successive	survive	thesis	topic
transmission	ultimately	unique	visible	voluntary

Sublist 8 of Academic Word List

abandon	accompanied	accumulation	ambiguous	appendix
appreciation	arbitrary	automatically	bias	chart
clarity	conformity	commodity	complement	contemporary
contradiction	crucial	currency	denote	detected
deviation	displacement	dramatic	eventually	exhibit
exploitation	fluctuations	guidelines	highlighted	implicit
induced	inevitably	infrastructure	inspection	intensity
manipulation	minimised	nuclear	offset	paragraph
plus	practitioners	predominantly	prospect	radical
random	reinforced	restore	revision	schedule
tension	termination	theme	thereby	uniform
vehicle	via	virtually	widespread	visual

Sublist 9 of Academic Word List

accommodation	analogous	anticipated	assurance	attained
behalf	bulk	ceases	coherence	coincide
commenced	incompatible	concurrent	confined	controversy
conversely	device	devoted	diminished	distortion
duration	erosion	ethical	format	founded
inherent	insights	integral	intermediate	manual
mature	mediation	medium	military	minimal
mutual	norms	overlap	passive	portion
preliminary	protocol	qualitative	refine	relaxed
restraints	revolution	rigid	route	scenario
sphere	subordinate	supplementary	suspended	team
temporary	trigger	unified	violation	vision

Sublist 10 of the Academic Word List

adjacent	albeit	assembly	collapse	colleagues
compiled	conceived	convinced	depression	encountered
enormous	forthcoming	inclination	integrity	intrinsic
invoked	levy	likewise	nonetheless	notwithstanding
odd	ongoing	panel	persistent	posed
reluctant	so-called	straightforward	undergo	whereby

참고문헌.

참고문헌

- 강소연 · 박혜선. (2004a). 영어 강의의 실태 및 효과에 대한 학생들의 지각 성향에 관한 조사 연구. 연세교육연구, 17(1), 33-53.
- 강소연 · 박혜선. (2004b). 공학 분야에서의 영어 강의에 대한 기초연구. 공학교육연구, 7(1), 87-96.
- 강순희 · 서혁 · 신상근 · 이종원 · 이현주 · 최진영. (2007). 사범대학 영어 강의에 대한 학생들의 인식 및 만족도 조사. 교과교육학연구, 11(2), 637-656.
- 교육인적자원부. (2006). 2005년 주요업무 계획.
- 교육인적자원부. (2006). 영어교육혁신 방안.
- 교육인적자원부. (2006). 고등교육의 국제화 전략.
- 교육과학기술부. (2008a). 영어공교육 실행 계획.
- 교육과학기술부. (2008b). 교육통계분석. 서울: 학지사.
- 교육과학기술부. (2010). 영어교육 질 제고 및 영어교육격차 해소 방안.
- 교육과학기술부. (2012)."고등교육 국제화 추진전략" 보고.
- 교육과학기술부. (2012). 2단계 Study Korea 정책연구.
- 권오량. (2002). 국제 인력 양성을 위한 영어교육 - 대학의 영어교육과 기업 국제화 교육 의 연계성. 국제교류진흥회 심포지움 발표 논문.
- 권오량 · 김정렬. (2010). 한국영어교육사. 한국문화사.
- 김달효. (2010). 대학의 영어강의 확대에 대한 비판적 논의. 수산해양교육연구, 22(1), 38-51.
- 김민정 (2007). 대학 영어전용 교과의 수업 방법 개선 방안 탐색과 적용: 수행공학 모형을 바탕으로. 교육공학연구, 23(3), 31-57.
- 김현옥. (2012). 대학 영어전용 강의와 외국어 학습 불안. 현대영어교육, 13(3), 105-124.
- 맹은경 · 한호 · 김현옥 · 김성완. (2011). 효과적인 대학 영어강의 운영을 위한 교수자 요구분석 및 지원방안. 영어학연구, 17(3), 269-301.
- 송미정 · 박용예. (2004). 대학 교양영어 교육의 통합적 접근: 서울대학교 대학영어 프로그램의 사례 연구. 영어교육, 59(2), 179-211.
- 신경구. (2001). 국가 경제의 효율을 높이고 사회정의 실현을 위한 영어교육제도의 개혁. 영어교육, 56(2), 193-218.
- 신학용 외. (2007). 영어교육진흥 특별법안. 대한민국국회.
- 심영숙. (2010). 영어매개강의에 대한 대학생 인식 연구. 영어학연구, 16(3), 47-67.
- 박분주. (2012). 대학전공교육에 있어서 영어 원어강의의 효과: 원어민과 비원어민 교수 강의에 대한 학습자의 인식 비교. 현대문법연구, 69, 223-260.
- 박준선 외. (2010). 영어공교육강화 특별법안. 대한민국국회.
- 박준언. (1997). 원어민 교수에 의한 대학생 의사소통 영어교육의 운영결과 분석. 영어교육, 52(1), 161-187.
- 박준언. (2004). 한국 대학영어교육의 과제와 해결 노력. 영어학, 4(4), 593-613.

• 박준언. (2008). TEE 수업 진단 매뉴얼 개발 및 활성화 방안 모색. 교육인적자원부.
• 박준언. (2009). '제주글로벌 영어센터'의 기능 및 위상 제안. 이의갑 외(2009), 제주영어교육센터의 역할과 기능 및 운영 모델(55-90). 한국교육과정평가원.
• 박준언. (2014). 우리나라 영어 공교육 시스템 개선. 서울: 숭실대학교출판부.
• 박준언 · 박선호. (2006). 경제자유구역 및 제주특별자치도 초등영어몰입교육 시범실시 방안. 교육인적자원부.
• 복거일. (1998). 국제어 시대에서의 민족어. 문학과 지성사.
• 오희정 · 이희원. (2010). 효과적인 영어강의의 특성과 지원 방안 탐색. 현대영어교육, 11(1), 191-212.
• 윤민희. (2009). 국내대학 미술이론과목 영어강의 사례연구 및 제안. 조형교육, 34.
• 이경숙. (2007). 고등교육 국제화 전략 진단 및 개선 방안. 한국대학교육연구소: 홍디자인.
• 이병민. (2003). 우리나라 및 비영어권 대학 영어 관련학과 학부 교과과정 비교연구. 영어교육, 58(1), 89-118.
• 이부형. (2010). 공학 전공과목 영어강의에서 효율적인 교수법 연구. 한국공학교육학회, 13(6), 188-194.
• 이의갑 외. (2009). 제주영어교육센터의 역할과 기능 및 운영 모델. 한국교육과정평가원.
• 이정연 · 최원준 · 손나비 · 강병덕. (2013). 대학교 전공영어강의의 전공학습 효과 및 효과적인 학습 전략과 교수법. 교과교육학연구, 17(3). 729-748.
• 이종규. (2016). 고등교육 국제화 이론과 실제. 교육과학사.
• 장은영. (2013). 외국인 대학교수의 이공계 전공 수업 효과에 대한 인식조사: 교수와 학생의 관점에서. 응용언어학, 29(1), 209-244.
• 정동수 · 김해동. (2001). 대학의 교양영어 과목 개선을 위한 연구. 영어교육, 56(4), 265-292.
• 조동완. (1998). 몰입영어교육사례: 포항공대 몰입 영어 프로그램을 중심으로. 영어교육 53(2), 57-176.
• 조성은 · 황성수. (2013). 대학교 전공과목 영어강의 현황 파악 및 미래 방향 탐색: 영어능력차이에 따른 인식 및 만족도 조사를 중심으로. 현대문법연구, 71, 175-194.
• 조세경 · 문승철 · 이강혁. (1997). 대학영어의 교육환경과 제도의 개선 방안. 영어교육, 52(4), 303-330.
• 조정순. (2002). 교양영어 교육의 현황과 방향성 연구. 영어교육, 57(2), 365-394.
• 진성희 · 김학일. (2013). 전공 영어강의 만족도 및 학습효과 인식에 영향을 미치는 변인에 관한연구. 공학 교육연구, 16(3), 10-19.
• 한국교육과정평가원. (2012). 국가영어능력평가시험 2급(NEAT Level 2) - 검사설명서.
• 한국교육과정평가원. (2012). 국가영어능력평가시험 3급(NEAT Level 3) - 검사설명서.
• 황선유. (2013). 공과대학 영어강의에 대한 교수자 인식. 영어영문학 연구, 55(1), 475-501.
• 황종배 · 안희돈. (2011). 대학 영어강의의 효과: 전공지식과 영어 능력 측면에서. 영어학, 11(1), 77-97.
• Abouharb, M. R., & Cingranelli, D. L. (2011). The human rights effects of world bank structural adjust ment, 1981-2000. In Ritzer, G., & Atalay, Z. (Eds,). (2011). Readings in globalization: Keyconcepts and major debates (pp. 138-145). Oxford: Wiley-Blackwell.
• Airey, J. (2004). Can you teach it in Engilsh? Aspects of the language choice debate in Swedish higher education. In R. Wilkinson (Ed.), Integrating content and language: Meeting the challenge of a multilingual higher Education (pp. 97-108). Maastricht: Universitaire Pers Maastricht.

- Airey, J. & Linder, C. (2006). Language and the experience of learning university physics in Sweden. European Journal of Physics, 27, 553-560.
- Airey, J. & Linder, C. (2007). Disciplinary learning in a second language: A case study from university physics. In R. Wilkinson & V. Zegers (Eds.), Researching content and language integration in higher education (pp. 161-171). Maastricht: Maastricht University.
- Airey, J. & Linder, C. (2008). Bilingual scientific literacy? The use of English in Swedish university science programmes. Nordic Journal of English Studies, 7, 145-161.
- Airey, J. (2009). Science, language and literacy. Case studies of learning in Swedish university physics. Acta Universitatis Upsaliensis. Uppsala Dissertation from the Faculty of Science and Technology 81. Uppsala.
- Airey, J. (2010). The ability of students to explain science concepts in two languages. Hermes - Journal of Language and Communication Studies, 45, 35-49.
- Airey, J. (2011). The disciplinary literacy discussion matrix: A heuristic tool for initiating collaboration in higher education. Across the Disciplines, 8(3). http://www.colostate.edu/atd/clil/airey.cfm.
- Airey, J. (2012). "I don't teach language." The linguistic attitudes of physics lecturers in Sweden. In R. Manchon (Ed.), AILA review: Integrating content and language in higher education (pp. 64-79). Amsterdam: John Benjamins Publishing Company.
- Airey, J. (2012). The linguistic attitudes of physics lecturers in Sweden. In R. Manchon (Ed.), AILA Review: Integrating content and language in higher education (pp. 64-79). Amsterdam: John Benjamins Publishing Company.
- Airey, J. (2015). From stimulated recall to disciplinary literacy: Summarizing ten years of research into teaching and learning in English. In S. Dimova, A. K. Hultgren, & C. Jensen. (Eds.), English-medium instruction in European higher education (pp. 157-176). Berlin: De Gruyter Mouton.
- Alexander, O., Argent, S. & Spencer, J (2008). EAP essentials: A teacher's guide to principles and practice. Reading, England: Garnet.
- Allwright, R. (1982). Perceiving and pursuing learner's needs. In M. Geddes & G. Sturtridge (Eds.), Individualisation. Oxford: Modern English Publications.
- Altbach, P. G. (2004). Globalisation and university: Myths and realities in an unequal world. Tertiary Education and Management, 10, 3-25.
- Altbach, P. G., & Knight, J. (2007). The internationalization of higher education: Motivation and realities. Journal of Studies in International Education, 11(3/4), 290-305.
- Ammon, U. (1991). Die internationale Stellung der deutschen Sprache. Berlin: Mouton de Gruyter.
- Ammon, U. (2001). Engilsh as a future language of teaching at German universities? A question of difficult consequences, poased by the decline of German as a language of science. In U. Ammon (Ed.), The dominance of Engilsh as a language of science: Effects on other language and language communities (pp. 343-62). Berlin: Mouton de Gruyter.
- Ammon, U. (2003). Global English and the non-native speaker: Overcoming disadvantage. In H. Tonkin

& T. Reagan (Eds.), Language in the 21st century (pp. 23-34). Amsterdam: Benjamins.

- Ammon, U. (2005). Welche Rolle spielt Deutsch als Wissenschaftssprache neben Englisch? In M. Motz (Ed.), Englisch oder Deutsch in internationalen studiengangen? (pp. 67-88). Frankfurt am Main: Peter Lang.
- Ammon, U. (2006). Language conflicts in the European Union. International Journal of Applied Linguistics, 16(3), 319-338.
- Ammon, U. (2007). Die Wichtigkeit und Schwiergkeit von Deutsch als Arbeitssprache in den EU-Instituionen. Muttersprache, 117, 98-109.
- Ammon, U. (2008). German as a scientific language: how much longer? In C. Gnutzmann (Ed.), English in academia: Catalyst or barrier? (pp. 25-43). Tubingen: Gunter Narr.
- Ammon, U. & McConnel, G. (2002). English as an academic language in Europe: A survey of its use in teaching. Bern: Peter Lang.
- Anderson, J. J. (1980). The lexical difficulties of English medical discourse for Egyptian students. English for Specific Purposes, 37(4).
- Anderson, K., Maclean, J. & Lynch, T. (2004). Study speaking: A course in spoken English for academic purposes (2nd Ed.). Cambridge: Cambridge University.
- Anderson, L. W. & Krathwohl, D. R. (Eds.). (2001). Taxonomy for learning, teaching, and assessing: A revision of Bloom's taxonomy of educational objectives. Boston: Longman.
- Arkin, E. & Osam, N. (2015). English-medium higher education: A case study in a Turkish university context. In S. Dimova, A. K. Hultgren, & C. Jensen (Eds.), English-medium instruction in European higher education (pp. 177-200). Berlin: De Gruyter Mouton.
- Arnbjornsdottir, B. (2009). Enska I haskolam (English translation). In M. Sigurosson and R. Prainsdottir (Eds.), Milli mala (pp. 77-94). Reykjavik: Stofnun vigdisar Finnbogadottur.
- Arnbjornsdottir, B. (2011). Exposure to English in Iceland: A quantitative and qualitative study. Journal of the School of Eucation. University of Iceland. http://netla.hi.is/menntakvika201.
- Arnbjornsdottir, B. & Ingvarsdottir, H. (2010). Coping with English at University of Iceland: Ideology and reality. In A. K. Hultgren, F. Gregersen, J. Thorgersen (Eds.), English at Nordic universities: Ideologies and practices.
- Ashcroft, B., Griffiths, G., & Tiffin, H. (1995). The post-colonial studies reader. London: Routledge.
- Ashraf, H. (2008). The language of schooling and social capital in Pakistan. NUML Research Magazine, 1(1), 73-89.
- Ashraf, H., Hakim, L., & Zulfiqar, I. (2014). English for academic purposes in plurilingual Pakistan. In I. Liyanage & T. Walker (Eds.), English for academic purposes (EAP) in Asia: Negotiating appropriate practices in a global context (pp. 33-50). Rotterdam: Sense Publishers.
- Babb, S. (2011). The social consequences of structural adjustment: Recent evidence and current debates. In Ritzer, G., & Atalay, Z. (Eds,). (2011). Readings in globalization: Key concepts and major debates (pp. 127-137). Oxford: Wiley-Blackwell.
- Bachman, L. F. (1990). Fundamental considerations in language testing. Oxford: Oxford University Press.

- Bakhtin, M. M. (1986). Speech genres and other late essays. Austin, TX: University of Texas Press.
- Bailey, S. (2011). A handbook for international students (3rd. ed.) London & New York: Routledge.
- BALEAP. (2008). BALEAP competency framework for teachers of English for academic purposes. BALEAP.
- BALEAP. (2013). BALEAP can do framework for EAP syllabus design and assessment. BALEAP.
- Ball, P. & Lindsay, D. (2005). TOPTULTE: Test of performance for teaching at university through the medium of English. Unpublished manuscript.
- Ball, P. & Lindsay, D. (2013). Language demands and support for English-medium instruction in tertiary education: Learning from a specific context. In A. Doiz, D. Lasagabaster & J. M. Sierra (Eds.), English-medium instruction at universities: Global challenges (pp. 44-61). Bristol: Multilingual Matters.
- Basturkmen, H. (2002). Negotiating meaning in seminar-type discussion and EAP. English for Specific Purposes, 21(3), 233-242.
- Bauman, J. & Culligan, B. (1995). The general service list.
- Bayerisches Hochschulgesetz. (2006). http://www.gesetz-bayen.de/jportal/protal/page/bsbayprod.psml?
- Beacco, J. C. & Byram, M. (2003). Guide for the development of language education in Europe: From linguistic diversity to plurillingual education. Strasbourg: Council of Europe.
- Beckett, H. & Li, F. (2012). Content-based English education: Students' experiences and perspectives. Journal of Contemporary Issues in Education, 7(1), 47-63.
- Benesch, S. (1993). ESL, ideology, and the politics of pragmatism. TESOL Quarterly, 27(4), 705-717.
- Benesch, S. (2001). Critical Engilsh for academic purposes: Theory, politics and practice. London: Lawrence Erlbaum.
- Benesche, S. (2009). Theorizing and practicing critical English for academic purposes. Journal of English for Academic Purposes, 8(2), 81-85.
- Ben-Rafael, E. (2001). A sociological paradigm of bilingualism: English, French, Yiddish and Arabic in Israel. In H. Herzog & E. Ben-Rafael (Eds.), Language and communication in Israel (pp. 175-205). New Brunswick: Transaction Publishers.
- Benson, P. (2001). Teaching and researching autonomy in language learning. Harlow: Longman.
- Berman, M. (2003). Advanced listening: Listening strategy guide. DynEd International.
- Bernini, G. (2012). I processi di internazionalizzazione delle universita italiane e le loro ricadute. In R. Bombi & V. Orioles (Eds.), 150 anni. l'identia linguistica italiana (pp. 151-165). Roma: Il Calamo.
- Bernstein, M. (1999). Vertical and horizontal discourse: An essay. British Journal of Sociology Education 20, 157-173.
- Bhatia, V. K. (2004). World of written discourse. New York: Continuum.
- Biber, D. (2006). University language: A corpus-based study of spoken and written registers. Amsterdam: John Benjamins.
- Biber, D., Conrad, S., & Reppen, R. (1998). Corpus linguistics: Investigating language structure and use. Cambridge: Cambridge University Press.
- Biber, D. & Finegan, E. (1989). Styles of stance in English: lexical and grammatical marking of evidentiality

and affect. Text, 9(1), 93-124.

- Biggs, J. (2003). Teaching for quality learning at university. SRHE & Open University Press.
- Bjorkman, B. (2010). Spoken lingua franca English at Swedish technical university: An investigation of form and communicative effectiveness. Unpublished Ph.D. thesis. Stockholm University.
- Bjorkman, B. (2011). The pragmatics of English as a lingua franca in the international university: Introduction. Journal of Pragmatics, 43(4), 923-925.
- Blommaert, J. (2010). The sociolinguistics of globalization. Cambridge: Cambridge University Press.
- Blommaert, J. & Verschueren, J. (1998). Debating diversity: Analysing the discourse of tolerance. London: Routledge.
- Blue, G. (1988). Individualising academic writing tuition. In P. C. Robinson (Ed.), Academic writing: Process and product (pp. 84-16). London: Modern English Publications and The British Council.
- BMBF (Bundesministerium fur Bildung und Forschung). (2001). Bundeseregierung wirbt weltweit um die besten Kopfe in der Wissenschaft.
- Bolton, K. (2011). World Englishes and English as a lingua franca: A comparison of approaches with particular reference to English in the Asian context. Keynote speech, 4th International Conference of English as a Lingua Franca. Hong Kong.
- Bolton, K. & Kuteeva, M. (2012). English as an academic language in Swedish university: Parallel language use and the threat of English. Journal of Multilingual and Multicultural Development 33(5), 429-447.
- Bonton, K., & Graddol, D. (2012). English in China today. English Today 111, 28(3), 1-9.
- Brenn-White, M. & Faethe, E. (2013). English-taught master's programs in Europe. Institute of international Education.
- Brinkley, I. (2006). Defining the knowledge economy. London. The Work Foundation.
- Brinton, D., Snow, M. A., & Wesche, M. (2011). Content-based second language instruction. Ann Arbor, MI: The University of Michigan Press.
- Brock-Utne, B. (2001). The growth of English for academic communication in the Nordic countries. International Review of Education, 47(3-4), 21-233.
- Brock-Utne, B. (2007). Language of instruction and research in higher education in Europe: Highlights from the current debate in Norway and Sweden. International Review of Education, 53(4), 367-388.
- Bruce, I. (2011). Theory and concepts of English for academic purposes. Basingstoke: Palgrave Macmillan.
- Bruce, I. (2015). Theory and concepts of English for academic purposes. New York: Palgrave McMillan.
- Brumfit, C. J. (2004). Language and higher education: Two current challenges. Arts and Humanities in Higher Education, 3(2), 163-73.
- Bryman, A. (2011). Global implications of McDonaldization and Disneyization. In Ritzer, G., & Atalay, Z. (Eds,). (2011). Readings in globalization: Key concepts and major debates (pp. 399-401). Oxford: Wiley-Blackwell.
- Buela-Casal, G., Gutierrez-Matinez, O., Bermuda-Sanchez, M, & Vadillo-Munoz, O. (2007). Comparative

study of international academic rankings of universities. Scientometrics, 71(3), 349-365.

- Burge, S., Wesche, M., & Migneron, M. (1997). "Late, late immersion": Discipline-based second language teaching at the University of Ottawa. In R. Johnson & M. Swain (Eds.), Immersion education: International perspectives (pp. 65-84). Cambridge: Cambridge University Press.
- Byun, K., Chu, H., Kim, M., Park, I., Kim, S., & Jung, J. (2011). Engilsh-medium teaching in Korean higher education: Policy debates and reality. Higher Education, 62, 431-449.
- Byun, K., & Kim, M. (2011). Shifting patterns of the government's policies for the internationalization of Korean higher education. Journal of Studies in International Education, 15(5), 467-486.
- Cabau. B. (2011). Language policy in Swedish higher education: A contextualised perspective. European Journal of Language Policy, 3(1), 37–60.
- Cai, J. G. (2012a). EAP needs analysis and the study on teaching methodology. Foreign Language Learning Theory and Practice, 2, 30-35.
- Cai, J. G. (2012b). Sharing views on general English teaching reform. Journal of Northwest Normal University, 1, 94-96.
- Calderhead, J. (1981). Stimulated recall: A method for research on teaching. British Journal of Educational Psychology, 51, 211-217.
- Campagna, S. & Pulcini, V. (2014). English as a medium of instruction in Italian universities: Linguistic policies, pedagogical implications. In M. Guido & B. Seidlhofer(Eds.), Textus. English studies in Italy: Perspectives on English as lingua franca, 27(1), 173-190.
- Canagarajah, A. S. (2009). The plurilingual tradition and the English language in South Asia. AILA Review, 22(1), 5-22.
- Canagarajah, A. S. (2013). Translingual practice: Policy and practice on multilingual education in South Asia. Annual Review of Applied Linguistics, 33, 258-285.
- Canagarajah, A. S. & Ashraf H. (2013). Policy and practice on multilingual education in South Asia. Annual Review of Applied Linguistics, 33, 258-285.
- Canale, M. (1983). On some dimensions of language proficiency. In J. R. Oller Jr. (Ed.), Issues in language testing research (pp. 333-342). Rowley, MA: Newbury House.
- Cancino, R. (2011). Language policy, language planning and language teaching at Danish universities. In R, Cancino, L. Dam, & K. Jaeger (Eds.), Politics, principles, practices: New directions in foreign language education in the era of educational g lobalization (pp. 138-160). Newcastle upon Tyne, UK: Cambridge Scholars Press.
- Carmichael, C. (2000). Conclusion: Language and national identity in Europe. In S. Barbour & C. Carmichael (Eds.), Language and nationalism in Europe (pp. 280-89). Oxford: Oxford University Press.
- Carr, J. (2003). Culture through the looking glass. An intercultural experiment in sociolinguistics. In A. J. Liddicoat, S. Eisenchlas, & S. Trevaskes (Eds.), Australian perspectives on internationalising education (pp. 65-74). Melbourne: Language Australia.
- Celce-Murcia, M., Dornei, Z., & Thurrell, S. (1995). Communicative competence: A pedagogically motivated

model with content specifications. Issues in Applied Linguistics, 6(2), 5-35.

- Cenoz, J. (2009). Towards multilingual education: Basque educational research from an international perspective. Bristol: Multilingual Matters.
- Cenoz, J. & Gorter, D. (2011). A holistic approach to multilingual education: Introduction. The Modern Language Journal, 95(3), 339-343.
- Chambers, F. (1980). A revaluation of needs analysis in ESP. The ESP Journal, 1(1), 25-33.
- Chamot, A. U. (2009). The CALLA handbook (2nd ed.). Boston: Pearson Education, Inc.
- Chang, Y. (2010). English-medium instruction for subject courses in tertiary education: Reactions from Taiwanese undergraduate students. Taiwan International ESP Journal, 2(1), 55-84.
- Charles, M. (2003). 'This mystery ...': A corpus-based study of the use of nouns to construct stance in theses from two contrasting disciplines. Journal of English for Academic Purposes, 2(4), 313-326.
- Chen, C. (2010). Competing in the market of international students: Universities offer English-medium courses one after another. China Times. http://timyurl.com/28grkvs.
- Cho, D. W. (2012). English-medium instruction in the university context of Korea: Tradeoff between teaching outcome and medium-initiated university ranking. The Journal of Asia TEFL, 9(4), 135-163.
- Cho, J. (2012). Campus in Engilsh or campus in shock? English Today 110, 28(2), 18-25.
- Clerehan, R. (2004). Wiser by degrees: Improving student learning about disciplinary discourse. Paper presented at the 2004 Annual International Conference of the Higher Education Research and Development Society of Australasia (HERDSA).
- CoEC (Commission of the European Communities). (2008). Languages mean business. Recommendations from the Business Forum for Multilingualism.
- Coffey, B. (1984). ESP - English for specific purposes. Language Teaching, 17(1), 2-16.
- Cogo, A., & Jenkins, J. (2010). English as a lingua franca in Europe: A mismatch between policy and practice. European Journal of Language Policy 2(2), 271-294.
- Cohen, A. H., Glassman, Rosenbaum-Cohen, P. R., Ferrara, J., & Fine, J. (1988). Reading English for specialized purposes: Discourse analysis and the use of students information. In Carrell, P., Devine, J., & D. E. Eskey (Eds.), Interactive approaches to second language reading (pp. 152-167). Cambridge: Cambridge University Press.
- Coleman, J. A. (2006). English-medium teaching in European higher education. Language Teaching, 39, 1-14.
- Coley, M. (1999). The English language entry requirement of Australian universities for students of non-English speaking background. Higher Education Research and Development, 18(1), 7-17.
- Cooper, R. L. (1989). Language planning and social change. Cambridge: Cambridge Unviersity Press.
- Costa, F. (2012). Focus on form in ICHLE lectures in Italy: Evidence from English-medium science lectures by native speakers of Italian. In AILA Reviews: Integrating Content and Language in Higher Education (pp. 30-47). Amsterdam: John Benjamins.
- Costa, F. & Coleman, J. A. (2013). A survey of English-medium instruction in Italian higher education. International Journal of Bilingual Education and Bilingualism, 16(1). 3-19.

- Cots, J. M. (2013). Introducing English-medium instruction at the University of Lleida, Spain: Intervention, beliefs and practices. In A. Doiz, D. Lasagabaster & J. M. Sierra (Eds.), English-medium instruction at universities (pp 106-130). Bristol: Multilingual Matters.
- Coughlan, A. (2007). Active listening: Note-taking in lectures. Dublin City University Student Learning Resources.
- Council of Europe. (2001). Common European framework of reference for languages. http://coe.int/t/dg4/linguistic/cadre_en.asp.
- Coxhead, A. (1998). An academic word list. ELI Occasional Publication, 18, Victoria University of Wellington, New Zealand.
- Coxhead, A. (2000). A new academic word list. TESOL Quarterly, 34(2), 213-238.
- Coxhead, A., & Nation, P. (2001). The specialized vocabulary of English for academic purposes. In J. Flowerdew & M. Peacock (Eds.), Research perspectives on English for academic purposes (pp. 252-267). Cambridge: Cambridge University Press.
- Coyle, D., Hood, P., & Marsh, D. (2010). CLIL: Content and language integrated learning. Cambridge: Cambridge University Press.
- Crawford, L., Schmeister, M., & Biggs, A. (2008). Impact of intensive professional development on teachers' use of sheltered instruction with students who are English language learners. Journal of In-service Education, 34(3), 327-342.
- Crystal, D. (2003). English as global language (2nd ed.). Cambridge: Cambridge University Press.
- Csomay, E. (2007). A corpus-based look at linguistic variation in classroom interaction: Teacher talk versus student talk in American unviersity classes. Journal of English for Academic Purposes, 6(4), 336-355.
- Dafouz, E. (2014). Integrating content and language in European higher education: An overview of recurrent research concerns and pending issues. In A. Psaltou-Joycey, E. Agathopoulou, & M. Mattheoudakis (Eds.), Cross-curricular approaches to language education (pp. 289-304). Cambridge: Cambridge University Press.
- Dafouz, E. & Guerrini, M. (Eds.). (2009). CLIL across educational levels: Experiences from primary, secondary and tertiary context. Madrid: Richmond.
- Dafouz, M. E. & Nunez, P. B. (2009). Metadiscursive devices in university lectures. In C. Dalton-Puffer, T. Nikula & U. Smit (Eds.), Language use and language learning in CLIL Classrooms (pp. 213-231). Amsterdam: John Benjamins.
- Dafouz, E. & Nunez, B. (2009). CLIL in tertiary education: Devising a new learning landscape. In E. Dafouz & M. Guerrini (Eds.), CLIL Across educational levels: Experiences from primary, secondary and tertiary contexts (pp. 101-112). London: Richmond.
- Dafouz-Milne, E. & Llinarez-Garcia, A. (2008). The role of repetition in CLIL teacher discourse: A comparative study at secondary and tertiary levels. International CLIL Research Journal [online], 5(1), 50-59.
- Dafouz-Milne, E. & Sanchez-Garcia, D. (2013). 'Does everybody understand?' Teacher questions across disciplines in English-mediated university lectures: An exploratory study. Language Value [online], 5(1), 129-151.

- David C. S. Li (2013). Linguistic hegemony or linguistic capital? Internationalization and EMI at the Chinese university of Hong Kong. In A. Doiz, D. Lasgabaster, & J. M. Sierra (Eds.), English-medium instruction at universities: Global challenges (pp. 65-83). Bristol : Multilingual Mattres
- Decarrico, J. & Nattinger, J. R. (1988). Lexical phrases for the comprehension of academic lectures. English for Specific Purposes, 7(2), 91-102.
- de Chazel, E. (2008). Ten steps to better academic writing. In M. Krzanowski (Ed.), Current developments in English for academic, specific and occupational purposes. Reading, UK: Garnet Education.
- de Chazel, E. (2014). English for academic purposes. Oxford University Press.

  Dudley-Evans, T., & Johns, T. F. (1981). A team teaching approach to lecture comprehension for overseas students. The Teaching of Listening Comprehension, ELT Document Special.
- Deci, E. & Ryan, R. (1985). Intrinsic motivation and self-determination in human behavior. New York: Plenum.
- Deem, R., Mok, K. H., & Lucas, L. (2008). Transforming higher education in whose image? Exploring the concept of the 'world class' university in Europe and Asia. Higher Education Policy, 21, 83-97.
- De Swaan, A. (1998). A political sociology of the world language system: The dynamics of language spread. Language Problems and Language Planning, 22, 63-73.
- De Swaan, A. (2001). A political sociology of the world language system. In E. Ben-Rafal & Y. Sternberg (Eds.), Identity, culture and globalization (pp. 205-34). Cologne: Brill.
- De Swan, A. (2007). The language predicament of the EU since the enlargement. Sociolinguistica, 21, 1-21.
- De Wit, H. (2010). Internationalisation of higher education in Europe and its assessment, trends and issues. The Hague: Netherlands-Vlaamse Accreditatieorganisatie.
- Dimova, S. & Kling, J. (2015). Lecturers' English proficiency and university language policies for quality assurance. In R. Wilkinson & M. L. Walsh (Eds.), Integrating content and language in higher education: From theory to practice. Selected papers from the 2013 ICLHE Conference (pp. 61-74). New York: Peter Lang.
- Doiz, A., Lasagabaster, D. & Sierra, J. (2011). Internationalisation, multilingualism and English-medium instruction. World Englishes, 30(3), 345-59.
- Doiz, A., Lasagabaster, D. & Sierra, J. (2012). Globalisation, internationalisation, multilingualism and linguistic strains in higher education. Studies in Higher Education, 1-15.
- Doiz, A., Lasagabaster, D., & Sierra, J. (2013). English as L3 at a bilingual university in the Basque Country. In A. Doiz, D. Lasagabaster & J. M. Sierra (Eds.), English-medium instruction at universities (pp. 84-105). Bristol: Multilingual Matters.
- Doiz, A., Lasagabaster, D., & Sierra, J. M. (Eds.)(2013). English-medium instruction at universities: Global challenges. Bristol, UK: Multilingual Matters.
- Dudley-Evans, A. (1986). Genre analysis: An investigation of the introductions and discussion sections of MSc dissertation. In M. Coulthard (Ed.), Talking about text (pp, 128-145). Birmingham: University of Birmingham Press.
- Dudley-Evans, A. (1989). An outline of the value of genre analysis in LSP work. In C. Lauren & M.

Nordman (Eds.), Special language: From humans thinking to thinking machines (pp. 72-79). Clevedon: Multilingual Matters.

- Dudley-Evans, A & Johns, T. A. (1981). A team teaching approach to lecture comprehension for overseas students in the teaching of listening comprehension. London: The British Council.
- Dudley-Evans, T. & St. John, M. J. (1998). Developments in English for specific purposes: A multi-disciplinary approach. Cambridge: Cambridge University Press.
- Dunworth, K. & Kirkpatrick, A. (2003). Redifining tertiary literacy - How literate do you need to be. In A. J. Liddicoat, S. Eisenchlas, & S. Trevaskes (Eds.), Australian perspectives on internationalising education (pp. 27-37). Melbourne: Language Australia.
- Dupuy, B. C. (2000). Content-based instruction: Can it help ease the transition from beginning to advanced foreign language classes? Foreign Language Annals, 33(2), 205-223.
- Earls, C. W. (2013). Setting the Catherine wheel in motion: An exploration of Englishization in the German higher education system. Language Problems and Language Planning, 37(2), 125-50.
- Earls, C. W. (2016). Evolving agendas in European English-medium higher education: Interculturality, multilingualism and language policy. New York: Palgrave Macmillan.
- Echevarria, J., Vogt, M. W., & Short, D. J. (2013). Making content comprehensible for English learners: The SIOP model. Pearson.
- Eckel, P., Hill, B., & Green, M, F. (1998). On change: En route to transformation. Washington, DC: American Council on Eduction.
- Ehlich, K. (2004). The future of German and other non-English languages for academic communication. In A. Gardt & B. Huppauf (Eds.), Globalization and the future of German (pp. 173-184). Berlin & New York: Mouton de Gruyster.
- Ehlich, K. (2005). Deutsch als medium wissenschaftlichen Arbeitens. In M. Mots (Ed.), English oder Deutsch in internationalen studiengangen? (pp. 41-50). Frankfurt am Main: Peter Lang.
- Erasmus mobility statistics. (2003-04). Higher education authority.
- Erling, F. & Higendorf, S. K. (2006). Language policies in the context of German higher education. Language Policy, 5, 267-92.
- European Commission. (2004). Promoting language learning and linguistic diversity: An action plan 2004-2006. Brussels: European Commission.
- Evans, S. (2003). Hong Kong's new English language policy in education. World Englishes, 19(2), 185-204.
- Evans, S., & Green, C. (2007). Why EAP is necessary: A survey of Hong Kong tertiary students. Journal of English for Academic Purposes, 6(1), 3-17.
- Farrell, P. (1990). Vocabulary in ESP: A lexical analysis of the English of electronics and a study of semi-technical vocabulary. CLCS Occasional Paper, 25. Trinity College.
- Feng, A. W. (2007). Intercultural space for bilingual education. In A. W. Feng (Ed.), Bilingual education in China: Practices, policies, and concepts (pp. 259-286). Clevedon, UK: Multilingual Matters.
- Feng, A. W. (2009). English in China: Convergence and divergence in policy and practice. AILA Review, 22, 85-102.

- Ferguson, G. (2012). English in language policy and management. In B. Spolsky (Ed.), The Cambridge handbook of language policy (pp. 475-498). Cambridge: Cambridge University Press.
- Ferris, J. M. (1991). Competition and regulation in higher education: A comparison of the Netherlands and the United States. Higher Education, 22, 93-108.
- Fishman, J. (1991). Reversing language shift. Theoretical and empirical foundations of assistance to threatened languages. Clevedon: Multilingual Matters.
- Flowerdew, J. (2002). Corpus-based analysis in EAP. In J. Flowerdew (Ed.), Academic discourse. London: Longman.
- Flowerdew, J. & Miller, L. (2005). Second language listening: Theory and practice. Cambridge: Cambridge University Press.
- Fortanet-gomez, I. (2012). Academics' beliefs about language use and proficiency in Spanish multilingual higher education. In R. Manchon (Ed.), AILA Review: Integrating content and language in higher education Vol. 25 (pp. 48-63). Amsterdam: John Benjamins.
- Furneaux, C., Locke, C., Robinson, P. & Tonkyn, A. (1991). Talking heads and shifting bottoms: The ethnography of academic seminars. In P. Adams, B. Heaton & P. Howarth (Eds.), Socio-cultural issues in English for academic purposes (pp. 74-87). London: Macmillan Education.
- Gao, Y. & Bartnett, B. (2014). Opportunities and challenges for negotiating appropriate EAP practices in China. In I. Liyanage & T. Walker (Eds.), English for academic purposes (EAP) in Asia: Negotiating appropriate practices in a global context (pp. 13-31). Rotterdam : Sense Publishers.
- Gardt, A. & Huppauf, B. (2004). Globalization and the future of German. Berlin: Mouton de Gruyter.
- Gazzola, M. (2012). The linguistic implications of academic performance indicators: General trends and case study. International Journal of the Sociology of Language, 216, 131-156.
- Geoghegan, G. (1983). Non-native speakers of English at Cambridge University. Cambridge: Bell International Trust.
- Ghazarian, P. G. (2011). Higher education global rankins system in East Asia. InJ. D. Palmer, A. Roberts, & Y. H. Cho (Eds.), The internationalization of East Asian higher education (pp. 173-196). New York: Palgrave Macmillan.
- Gill, S. K. & Kirkpatrick, A. (2013). English in Asian and European higher education. In C. A. Chapelle (Ed.). The encyclopedia of applied linguistics (pp. 1916-1920). Oxford: Blackwell Publishing Ltd.
- Glassman, J., & Carmody, P. (2011). Structural adjustment in east and southeast Asia; Lessons from Latin America. In Ritzer, G., & Atalay, Z. (Eds,). (2011). Readings in globalization: Key concepts and major debates (pp. 119-126). Oxford: Wiley-Blackwell.
- Gonen, A. (2008). Linking Jerusalem to the global economy of higher education. Floerscheimer Studies Institute of Urban and Regional Studies. The Hebrew University of Jerusalem. Publication no. 1/64.
- Gottlieb, N. (2012). Language policy in Japan: The challenge of change. Cambridge: Cambridge University Press.
- Graddol, (1997). The future of English? UK: The English Company Ltd.
- Graddol, D. (2004). The future of language. Science, 3030, 1329-31.

- Graddol, D. (2006). English Next. British Council.
- Greenwood, J. (1999). The third industrial revolution: Technology, productivity, and income inequality, Economic Review, QII, 2-12.
- Gunnarsson, B.-L. & Ohman, K. (1997). The internationalized university. A study of the use of English and other foreign languages at Uppsala University. TeFa 16. Uppsala: Institution for nordiska sprak, Uppsala universitet.
- Guo, Y. & Beckett, G. H. (2007). The hegemony of English as a global language: Reclaiming local knowledge and culture in China. International Journal of Adult Education, 40(1-2), 117-132.
- Gurtler, K. & Kronewald, E. (2015). Internationalization and English-medium instruction in German higher education. In Dimova, S., Hultgren, A. K., & Jensen, C. (Eds.), English-medium instruction in European higher education (pp. 93-108). Boston: Walter de Gruyter.
- Haglund, B. (2003). Stimulated recall. Notes on a method of data generation. Pedagogisk forkningi Sverige, 8, 145-157.
- Haines, K. B. J., Meima, E. J., & Faber, M. (2012). Fromative assessment and the support of lecturers in the international university. In D. Tsagari, S. Papadima-Sophocleous, & S. Ioannou-Georgiou (Eds.), International experiences in language testing and assessment: Selected papers in memory of Pavlos Pavlou (pp. 177-190). Frankfurt-am-Main: Peter Lang.
- Hannerz, U. (2011). The world in creolisation. In Ritzer, G., & Atalay, Z. (Eds,). (2011). Readings in globalization: Key concepts and major debates (pp. 322-323). Oxford: Wiley-Blackwell.
- Hashimoto, K. (2013). 'English-only', but not a medium-of-instruction policy: The Japanse way of internationalising education for both domestic and overseas students. Current Issues in Language Planning, 14(1), 16-33.
- Hawthorne, L., Minas, I. H., & Singh, B. (2004). A case study in the globalization of medical education: Assisting overseas-born students at the University of Melbourne. Medical Teacher, 26(2), 150-159.
- Hazelkorn, E. (2009). Rankings and the battle for world-class excellence: Institutional strategies and policy choices. Higher Education Management and Policy 21(1), 1-22.
- Held, D., McGrew, A., Goldblatt, D., & Perraton, J. (1999). Rethinking globalilzation. In D. Held & A. McGrew (Eds.), The global transformations reader: An introduction to the globalization debate (pp. 67-74). Cambridge: Blackwell.
- Hellekjaer, G. O. (2005). The acid test: Does upper secondary EFL instruction effectively prepare Norwegian students for the reading of English textbook at colleges and universities? Oslo: University of Oslo.
- Hellekjaer, G. O. (2009). Academic English reading proficiency at the university level: A Norwegian case study. Reading in a Foreign Language, 21(2), 198-222.
- Hellekjaer, G. O. & Wilkinson, R. (2003). Trends in content learning through English at universities: A critical reflection. In C. van Leeuwen & R. Wilkinson (Eds.), Multilingual approaches in university education: Challenges and practices (pp. 81-102). Maastricht: Universiteit Maastricht & Uitgeverij Valkhof Pers.
- Hellmann, S. & Patzold, M. (2005). Internationale Studiengange: Wer braucht so etwas? Uberlegungen zu einem Trend, der sich fortsetzen wird. In M. Mots (Ed.), English oder Deutsch in internationalen studiengangen?

(pp. 17-30). Frankfurt am Main: Peter Lang.

- Hilgendorf, S. (2001). Language contact, convergence, and attitudes: The case of English in Germany. Urbana-Champaign: University of Illinois.
- Janssens, C. & Marynissen, A. (2005). Dutch in the past and now. Leuven: ACCO.
- Hilmarsson-dunn, A. (2009). The impact of English on language education policy in Iceland. European Journal of Language Policy, 1(1), 39-59.
- Hincks, R. (2010). Speaking rate and information content in English lingua franca oral presentations. English for Specific Purposes, 29, 4-18.
- Hirsh, D. & Nation, P. (1992). What vocabulary size is needed to read unsimplified texts for pleasure? Reading in a Foreign Language, 8(2), 689-696.
- Hoey, M. (1991). Textual interaction: An introduction to written discourse analysis. London: Routledge.
- Horii, S. (2015). Creating a multilingual/multilingual space in Japanese EFL: A critical analysis of discursive practices within a new language education policy. In X. L. Curdt-Christiansen & C. Weninger (Eds.), Language, ideology and education: The politics of textbooks in language education (pp. 145-160). New York: Routledge.
- Hu, G. (2005). Engilsh education in China: Policies, progress, and problems· Language Policy, 4(1), 5-24.
- Hu, G. W. (2008). The misleading academic discourse on Chinese-English bilingual education in China. Review of Educational Research, 78(2), 195-231.
- Hu, M. & Nation, I. S. P. (2000). Unknown vocabulary density and reading comprehension. Reading in a Foreign Languages, 13(1), 403-430.
- Huang, S. C., & Chung, J. M. (2000). Learning subject matter in a whole English environment--Exploring relevant factors affecting student performance. In C. Chang & C. Yu (Eds.), Proceedings of the seventh conference on English teaching and learning in the Republic of China (pp. 14-23). Taipei: Crane Publishing Co.
- Huang, Y. (2005). Towards internationalization: Instruction language used in 1300 content courses has been changed to English. The Liberty Times. <http:search.nioerar.edu.tw/edu_paper/data_image/news/n0000011/20050116/08/000
- Hudson, W. & Morris, S. (2003). University teaching and international education. In A. J. Liddicoat, S. Eisenchlas, & S. Trevaskes (Eds.), Australian perspectives on internationalising education (pp. 65-74). Melbourne: Language Australia.
- Hutchinson, T. & Waters, A. (1987). English for specific purposes: A learning-centered approach. Cambridge: Cambridge University Press.
- Huxur, G., Mansfield, E., Nnazor, R., Schuetze, H., & Segawa, M. (1996). Learning needs and adaptation problems of foreign graduate student. CSSHE Professional File, 15, 1-16.
- Hyland, K. (2001). Bringing in the reader: Addresseee features in academic articles. Written Communication, 18(4), 549-574.
- Hyland, K. (2002). Directives: Argument and engagement in academic writing. Applied Linguistics, 23(2),

215-239.
- Hyland, K. (2005). Metadiscourse: Exploring interaction in writing. London: Continuum.
- Hyland, K. (2006). English for academic purposes: An advanced resource book. New York: Routledge.
- Hyland, K. (2009). Academic discourse: English in a global context. London: Continuum.
- Hyland, K. & Hamp-Lyons, L. (2002). EAP: Issues and directions. Journal of English for Academic Purposes, 1(1), 1-12.
- Hyland, K. & Tse, P. (2007). Is there an 'academic vocabulary?' TESOL Quarterly, 41(2), 235-253.
- Iino, M. & Murata, K. (2016). Dynamics of ELF communication in an English-medium academic context in Japan: From EFL learners to ELF users. In K. Murata (Ed.), Exploring ELF in Japanese academic and business context: Conceptualization, research and pedagogic implications (pp. 111-131). London: Routledge.
- Ilani, O. (2008). Eyeing global market, Technion makes its MBA English-only. Ha'aretz, 18th August,
- Inbar-Lourie, O. & Donitsa-Schmidt, S. (2013). Englishization in an Israeli teacher education college: Taking the first steps. In A. Doiz, D. Lasagabaster & J. M. Sierra (Eds.), English-medium instruction at universities: Global challenges (pp. 151-173). Bristol: Multilingual Matters.
- Ingvarsdottir, H. & Arnbjornsdottir, B. (2015). English in a new linguistic context: Implication for higher education. In S. Dimova, A. K. Hultgren & C. Jensen (Eds.), English-medium Instruction in European higher education (pp. 137-155). Berlin: De Gruyter.
- Iwai, T., Kondo, K., Limm, S. J. D., Ray, E. G., Shimizu, H.,Brown, J. D. (1999). Japanese language needs analysis.
- Jacobs, C. (2015). Mapping the terrains of ICLHE: A view from the south. In R. Wilkinson & M. L. Walsh (Eds.), Integrating content and language in higher education (pp. 21-38). Oxford: UK. Peter Lang.
- Jenkins, J. (2007). English as a lingua franca: Attitude and identity. Oxford: Oxford University Press.
- Jenkins, J. (2014). English as a lingua franca in the international university: The politics of academic English language policy. London: Routledge.
- Jensen, C., Staehr, L. S., & Thogersen, J. (2009). Lecturers' attitudes towards English as the medium of instruction - a questionnaire study at the university of Copenhagen.
- Jensen, C. & Thogersen, J. (2011). Danish university lecturers' attititudes towards English as the medium of instruction. Iberica, 22, 13-24.
- Johns, A. M. (1997). Text, role, and context: Developing academic literacies. Cambridge: Cambridge University Press.
- Johns, A. M. (2001). The future is with us: Preparing diverse students for the challenges of university texts and cultures. In M. A. Hewings (Ed.),Academic writing in context: Implications and applications. Paper in honour of Tony Dudley-Evans (pp. 32-42). Birmingham: University of Birmingham Press.
- Johns, T. (1991). Should you be persuaded - two smaples of data-driven learning materials. In T. Johns & P. King (Eds.), Classroom concordancing. ELR Journal, 4.
- Johnson, R. K. & Swain, M. (1997). Immersion education: A cetegory within bilingual education. In R. K. Johnson & M. Swain (Eds.), Immersion education: International perspectives (pp. 1-16). Cambridge:

Cambridge University Press.
- Jongbloed, B. (2003). Marketisation in higher education, Clark's triangle and the essential ingredients of markets. Higher Education Quarterly, 57(2), 110-35.
- Jordan, R. R. (1989). English for academic purposes (EAP). Language Teaching, 22(3), 150-164.
- Jordan, R. R. (1997). English for academic purposes: A guide and resources book for teachers. Cambridge University Press.
- Jung, E.-K. (2010). Non-native English speakers' perceptions of incoherence in English-medium instruction. The Journal of Studies in Language, 25(4), 815-835.
- Kachru, B. (1992). The other tongue: English across cultures. Urbana: University of Illinois Press.
- Kang, S. & Park, H. (2005). English as the medium of isntruction in Korean engineering education. Korean Journal of Applied Linguistics, 21(1), 155-174.
- Karlgren, J. & Hansen, P. (2003). Cross-languge relevance assessment and task context. Paper presented at Advances in Cross-Language Information Retrieval. Third Workshop of the Cross-Language Evaluation Forum, CLEF 2002. Rome, Italy.
- Kasper, L. F. (1997). The impact of content-based instructional programs on the academic progress of ESL students. English for Specific Purposes, 16(4), 309-320.
- Kaul, I., Grunberg, I., & Stern, M. (1999). Global public goods: International public goods in the 21st century. New York: Oxford University Press.
- Kheimets, N. & Epstein, A. (2001). English as a central component of success in the professional and social integration of scientists from the former Soviet Union in Israel. Language in Society, 30(2), 187-215.
- Khubchandani, I. (2008). Language policy and education in the Indian subcontinent. In S. May & N. Hornberger (Eds.), Encyclopedia of language and education (2nd Ed.) Vol. 1 (pp. 369-381). New York: Springer.
- Kilimci, A. (Eds.). (1998). Being a child in native tongue: Education in a foreign language. Istanbul: Papirus Yayinevi.
- Kim, S. (2006). Academic oral communication needs of East Asian international graduate students in non-science and non-engineering fields. English for Specific Purposes, 25(4), 479-489.
- Kim. Y. M. (2009). English medium instruction in higher education: Does it promote cultural correction or cultural continuity? English Language & Literature Teaching, 15(4), 109-136.
- Kling, J. & Hjulmand, L.-L. (2008). PLATE - Project in language assessment for teaching in English. In R. Wilkinson & V. Zegers (Eds.), Realizing content and language integration in higher education (pp. 191-200). Maastricht: Maastricht University.
- Kirkici, B. (2004). Foreign language-medium instruction and bilingualism: The analysis of a myth. Sosyal Bilimler Dergisi, 4(2), 109-121.
- Kirkpatrick, A. (2011). English as a medium of instruction in Asian education (from primary to tertiary): Implications for local languages and local scholarship. Applied Linguistics Review, 2, 99-119.
- Klaassen, R. G. (2008). Preparing lecturers for English-medium instruction. In R. Wilkinson & V. Zegers (Eds.),

Realizing content and language integration in higher education (pp. 33-42). Maastricht: Maas tricht University Language Centre.

- Klaassen, R. G. & Bos, M. (2010). English language screening for scientific staff at Delft University of Technology. Hermes-Journal of Language and Communication Studies, 45, 61-75.
- Klaassen, R. G. & de Graaf, E. (2001). Facing innovation: Preparing lecturers for English-medium instruction in a non-native context. European Journal of Engineering Education, 26(3), 281-289.
- Kling, J. (2015). "You try with a little humor and you just get on with it": Danish lecturers' reflections on English-medium instruction. In S. Dimova, A. K. Hultgren & C. Jensen (Eds.), English-medium instruction in European higher education (pp. 201-222). Berlin: De Gruyter.
- Kling, J. & Hjulmand, L. L. (2008). PLATE-Project in language assessment for teaching in English. In R. Wilkinson & V. Zegers (Eds.), Realizing content and language integration in higher education (pp. 191-200). Maastricht: Maastricht University Language Centre.
- Kling, J. & Staehr, L. S. (2011). Assessment and assistance: Developing university lecturers' language skills through certification feedback. In R. Cancino, L. Dam, & K. Jaeger (Eds.), Policies, principles, practices: New directions in foreign language education in the era of educational globalization (pp. 213-245). Newcastle upon Tyne, UK: Cambridge Scholars Press.
- Knapp, P. & Watkins, M. (1994). Context-text-grammar: Teaching the genres and grammar of school writing in infants and primary classroom. Broadway, NSW, Astralia: Text Productions.
- Koehne, N. (2004). Positioning international education and international students: Multiple discourses and discursive practices. Paper presented at the AARE conference "Doing the Pubic Good: Positioning Education Research." Melbourne.
- Krashen, S. (1985). The input hypothesis: Issues and implications. New York: Longman.
- Kubota, R. (2002) The impact of globalization on language teaching in Japan. In D. Block & D. Cameron (Eds.), Globalization and language teaching (pp. 13-28). London: Routledge.
- Kubota, R. (2012). The politics of EIL: Toward border-crossing communication in and beyond English. In A. Matsuda (Ed.), Principles and practices of teaching English as an international language (pp. 55-69). Bristol: Multilingual Matters.
- Kuteeva, M. & J. Airey. (2014). Displinary differences in the use of English in higher education: Reflections on recent language policy developments. Higher Education, 67(5), 533-549.
- Lam, A. (2002). English in education in China: Policy changes and learners' experiences. World Englishes 21(2), 245-56.
- Lasagabaster, D. (2015). Multilingual language policy: Is it becoming a misnomer at university level? In S. Dimova, A. K. Hultgren, & C. Jensen (Eds.), English-medium instruction in European higher education (pp. 115-134). Berlin: De Gruyter.
- Lasagabaster, D. & Huguet, A. (Eds.). (2007). Multilingualism in European bilingual contexts: Language use and attitudes. Bristol: Multilingual Matters.
- Lasagabaster, D. & Ruiz de Zarobe, Y. (Eds.). (2010). CLIL in Spain: Implementation, results and teacher

training. Newcastle upon Tyne: Cambridge Scholar Publishing.

- Lasagabaster, D. & Sierra, J. M. (2002). University students' perceptions of native and non-native speaker teachers of English. Language Awareness, 11(2), 132-142.
- Lave, J. & Wenger, E. (1991). Situated learning: Legitimate peripheral participation. Cambridge: Cambridge Unviersity Press.
- Lea, M. & Street, B. V. (1998). Student wiriting in higher education: An academic literacies approach. Studies in Higher Education, 23(2),157-172.
- Lehikoinen, A. (2004). Foreing-language-medium education as national strategy. In R. Wilkinson (Ed.), Integrating content and language: Meeting the challenge of a multilingual higher education (pp. 41-48). Maastricht: Universitaire Pres.
- Lehtonen, T. Pitkanen, K., Sidall, R., & Virkumen-Fullenwider, A. (2009). A quick-and-dirty SWOT analysis on master's degree programmes conducted in English in non-English environments in bi- and multilingual universities: European perspectives and beyond: Conference Proceedings Bolzano-Bozen: Bozen Bolzana University Press.
- Leppanen, S., Kaanta, L. & Nikula, T. (2008). Third domestic language: Case studies of English in Finland. Helsinki: Suomalaisen Kirjallisuuden Seura.
- Leppanen, S., Pitkanen-Huhta, A., Nikula, T., Kytola, S., Tormakangas, T., Nissinen, K., Kaanta, L., Virkkula, T., Laitinen, M., Pahta, P., Koskela, H., Lahdesmaki, S., & Jousmaki, H. (2009). National survey of English in Finland: Uses, functions, and attitudes. Jyvaskyla: Jyvaskyla Studies in Humanities, 132.
- Levelt, W. J. M. (1989). Speaking: From intention to articulation. Cambridge, MA: MIT Press.
- Li, D. C. S. (2013). Linguistic hegemony or linguistic capital? Internationalization and English-medium instruction at the Chinese Unviersity of Honk Kong. In A. Doiz, D. Lasagabaster, & J. M. Sierra (Eds.), English-medium instruction at universities: Global challenges (pp. 65-83). Bristol: UK. Multilingual Matters.
- Lillis, T. & Scott, M. (2007). Defining academic literacies research: Issues of epistemology, ideology and strategy. Journal of Applied Linguistics, 4(1), 5-32.
- Lin, A. M. Y. (2008). The ecology of literacy in Hong Kong. In A. Creese, P. Martin, & N. H. Honrberger (Eds.), Encyclopedia of language and education, (2nd Ed.), Vol. 9: Ecology of language (pp. 291-303). New York: Springer Science.
- Liyanage, I. & Walker, T. (2014). Accommodating Asian EAP practices within postgraduate teacher education: Perspectives from Australia. In I. Liyanage & T. Walker (Eds.), English for academic purposes (EAP) in Asia: Negotiating appropriate practices in a global context (pp. 1-12). Rotterdam: Sense Publishers.
- Ljosland, R. (2007). English in Norwegian academia: A step towards diglossia? World Englishes, 26(4), 395-410.
- Lloyd, V., & Weissman, R. (2011). How international monetary fund and world bank policies undermine labor power and rights. In Ritzer, G., & Atalay, Z. (Eds,). (2011). Readings in globalization: Key concepts and major debates (pp. 146-149). Oxford: Wiley-Blackwell.
- Lorenzo, F. Moore, P., & Casal, S. (2011). On complexity in bilingual research: The causes, effects, and breadth

of content and language integrated learning: A reply to Burton. Applied Linguistics, 32(4), 450-455.

- Lynch, T. & Anderson, K. (1992). Study speaking: A course in spoken English for academic purposes. Cambridge: Cambridge University Press.
- Maiworm, F. & Wachter, B. (2002). English-language-taught degree programmes in European higher education: Trends and success factors. Bonn: Lemmens.
- Maiworm, F. & Wachter, B. (2003). Englischsprachige Studiengange in Europa: Merkmale, Impulse, Erfolgsfaktoren. http://www.stifterverband.info/publikationen_und_podcast/positionen_dokumentationen/en glishcsprachige_studiengaenge_in_europa_2003.pdf.
- Maiworm, F. & Wachter, B. (2008). English-language-taught degree programmes in European higher education. Bonn: Lemmens.
- Mackiewicz, W. (2005). The introduction of the Bologna structure as an opportunity for innovation. Paper presented at The Implementation of the Common European Framework of Reference at Higher Education Level. Freie Universitat Berlin.
- Margic, B. D. & Vodopija-Krstanovic, I. (2015). Introducing EMI at a Croatian university: Can we bridge the gap between global emerging trends and local challenges? In S. Dimova, A. K. Hultgren, & C. Jensen (Eds.), English-medium instruction in European higher education (pp. 43-63). Berlin: De Gruyter.
- Marginson, S. (2004). Don't leave me hanging on the Anglophone: The potential for online distance education in the Asia-Pacific region. Higher Education Quarterly, 58(2/3), 74-113.
- Marginson, S. (2009). The knowledge economy and higher education: A system for regulating the value of knowledge. Higher Education Management and Policy, 21(1), 1-15.
- Marginson, S. (2010). Higher education in the global knowledge economy. Procedia Social and Behavioral Sciences 2, 6962-6980.
- Marginson, S. & Van der Wende, M. (2006). Globalisation and higher education, http://www.oecd.org/dataoecd/20/4/37552729.pdf
- Marginson, S., & van der Wende, M. (2007). To rank or to be ranked: The impact of global rankings on higher eduction. Journal of Studies in Higher Eduction, 11(3/4), 306-329.
- Marsh, D. & Laitinen, J. (2005). Medium of instruction in Europen higher education: Summary of research outcomes of European network for language learning amongst undergraduates (ENLU) task group 4. Jyvaskyla: uniCOM.
- Mauranen, A. (2010). Features of English as a lingua franca in academia. Helsinki English Studies, 6, 6-28.
- McCambridge, L. & Saarinen, T. (2015). "I know that the natives must suffer every now and then": Native/ non-native indexing language ideologies in Finnish higher education. In S. Dimova, A. K. Hultgren, & C. Jensen (Eds.), English-medium instruction in higher education (pp. 291-316). Berlin: De Gruyter Mouton.
- McDonough, J. (1978). Sociology (Listening to lecture series). Oxford: Oxford University Press.
- McDonough, J. (1984). ESP in perspective: A practical guide. London: Collins ELT.
- McKenna, E. (1987). Preparing foreign students to enter discourse communities in the U.S. English for

Specific Purposes, 6(3), 187-202.

- Melander, B. (2005). English and Swedish at Uppsala University - a follow-up report. Uppsala: Institution for nordiska sprak, Uppsala universitet.
- Melis, L. (2010). Dutch, English, competing or complementary instructional language in higher education. Paper at seminar, Dutch threatened? Vlaamse Academici Afdeling Brugge.
- Merisotis, J. & Sadlak, J. (2005). Higher education rankings: Evolution, acceptance, and dialogue. Higher Education in Europe, 30(2), 97-101.
- Meyer, H. J. (2004). Global English--A new lingua franca or a new imperial culture? In A. Gardt & B. Huppauf (Eds.), Globalization and the future of German (pp. 65-84). Berlin & New York: Mouton de Gruyster.
- Mok, K. H. (2007). Questing for internationalization of universities in Asia: Critical reflections. Journal of Studies in International Education, 11(3/4), 433-454.
- Molesworth, M., Cullion, R. & Nixon, E. (2011). The marketisation of higher education and the student as consumer. London: Routledge.
- Montgomery, S. (2004). Of towers, walls and fields: Perspectives on language in science. Science, 303, 1333-35.
- Motz, M. (2005). Englisch oder Deutsch in internationalen studiengangen? Frankfurt am Main: Peter Lang.
- Mufwene, S. (2002). Colonisation, globalisation, and the future of languages in the 21st century. International Journal of Multicultural Societies, 4(2), 1-48.
- Munby, J. (1978). Communicative syllabus design. Cambridge: Cambridge University Press.
- Murasawa, W. (2002). The future of higher eduction in Japan: Changing the legal status of national universities. Higher Education, 43, 141-155.
- Nation, I. S. P. (2001). Learning vocabulary in another language. Cambridge: Cambridge University Press.
- Nesher, T. (2012). Israel's Academy of the Hebrew language declares war - on English. Ha'aretz. http://www.haaretz.com/print-edition/news/israel-s-academy-of-the-hebrew-language-declares-war-on-english-1.415431.
- Nesi, H. & Gardner, S. (2012). Genres across the disciplines: Student writing in higher education. Cambridge: Cambridge Universiry Press.
- Neumann, R. (2001). Disciplinary differences and university teaching. Studies in Higher Education, 26, 135-146.
- Newby, H., Weko, T., Beneneman, D., Johanneson, T., & Maassen, P. (Eds.) (2009). OECD reviews of education: Japan.
- Newman, S. & Jahdi, K. (2009). Marketisation of education: marketing, rhetoric and reality. Journal of Further and Higher Education, 33, 1-11.
- Nunan, D. (1998). Teaching grammar in context. ELT Journal, 52(2), 101-109.
- Nunan, D. (2003). The impact of English as a global language on educational policies and practices in the Asia-Pacific region. TESOL QUARTERLY, 37(4), 589-613.
- Nuttall, C. (2005). Teaching reading skills in a foreign language (3rd. Ed.). Oxford: Macmillan.
- Ollikainen, A. & Honkanen, O. (1996). Competition of cosmopoles. Views into internationalization of

higher education. Turku: Turun yliopisto.
- Oosterhof, A. (2007). Het Engels voertaal aan onze universiteiten? Een inventariserend onderzoek. Brussel: Commissie Cultureel Verdrag Vlaanderen-Nederland.
- Oxford, R. L. (1990). Language learning strategies. Boston: Heinle & Heinle.
- Palmer, J. D., & Cho, Y. H. (2011). Does internationalization really mean Americanization? Internationalization policies. In Palmer, Roberts, A., Cho, Y. H., & Ching, G. S. (Eds.). The Internationalization of East Asian higher education: Globalization's impact (pp. 119-145). New York: Palgrave Macmillan.
- Paltridge, B. (2000). Making sense of discourse analysis. Gold Coast, Australia: Antipodean Educational Enterprises.
- Park, H. (2007). English medium instruction and content learning. English Language and Linguistics, 23, 257-274.
- Pecorari, D., Shaw, P, Irvine, A., Malstorm, H. (2012). The textbook in tertiary education: Undergraduate student practices and attitudes. Quality in Higher Education, 18, 21-22.
- Penn State University. (2005). Note taking strategies. Center for academic achievement, Penn State University.
- Pennycook, A. (1998). English the discourse of colonialism. London: Routledge.
- Peters, M. A. (2007). Higher education, globalization and the knowledge economy. Ubiquity, 8(18), 1-27.
- Phillipson, R. (1992). Linguistic imperialism. London: Routledge.
- Phillipson, R. (2003). English-only Europe? Challenging language policy. London: Routedge.
- Phillipson, R. (2006). English, a cuckoo in the European higher education nest of languages? European Journal of English Studies, 10(1), 13-32.
- Phillipson, R. (2007). English, no longer a foreign language in Europe? Springer International Handbook of Education, 15(1), 123-36.
- Phillipson, R. (2008). The linguistic imperialism of neoliberal empire. Critical Inquiry in Language Studies, 5(1), 1-43.
- Phillipson, R. (2012). Imperialism and colonialism. In B. Spolsky (Ed.). The Cambridge handbook of language policy (pp. 203-225). Cambridge: Cambridge University Press.
- Phillipson, R., & Skutnabb-Kangas, T. (1996). English only world-wide of language ecology? TESOL Quarterly, 30(3), 429-452.
- Phillipson, R., & Skutnabb-Kangas, T. (2013). Linguistic imperialism and endangered languages. In R. K. Bhatia & W. C. Ritchie (Eds.), The handbook of bilingualism and multilingualism. (pp. 495-516). Blackwell Publishing Ltd.
- Pieterse, J. N. (2011). Globalization and hybridization. In Ritzer, G., & Atalay, Z. (Eds,). (2011). Readings in globalization: Key concepts and major debates (pp. 326-333). Oxford: Wiley-Blackwell.
- Pietilainen, J, (2011). Public opinion on useful languages in Europe. European Journal of Language Policy, 3(1), 1-14.
- Pilkinton-Pihko, D. (2010). English as lingua franca lecturers' self-perceptions of their language use. Helsinki English Studies, 6, 58-74.
- Poon, A. Y. K. (2009). A review of research in English language education in Hong Kong in the past 25 years:

Reflections and the way forward: Educational Research Journal, 24(1), 7-40.

- Preisler, B. (2005). Deconstructing 'the domains of science' as a sociolinguistic entity in EFL scocieties: The relationship between English and Danish in higher education research. In B. Preisler, A. Fabricius, A. Haberland, S. Kjaerbeck & K. Risager (Eds.), The consequences of mobility (pp. 238-248). Roskilde: Roskilde University, Department of Language and Culture.
- Prescott, A. & Hellsten, M. (2005). Hanging together even with non-native speakers: The international student transition experience. In P. Ninnes & M. Hellsten (Eds.), Internationalizing higher education: Critical explorations of pedagogy and policy (pp. 75-95). Dordrecht: Springer.
- Pulcini V. & Campagna, S. (2015). Internationalisation and the EMI controversy in Italian higher education. In S. Dimova, A. K. Hultgren, & C. Jensen (Eds.), English-medium instruction in European higher education (pp. 65-87). Berlin: De Gruyter.
- Qin, X. B. (2003). The nature, scope and principles of ESP teaching. Journal of South China University of Technology, 5(4), 79-83.
- Rahman, T. (2001). English-teaching instituions in Pakistan. Journal of Multilingua and Multicultural Development, 22(3), 242-261.
- Rahman, T. (2009). Langauge ideology, identity and commodification of language in the call centers of Pakistan. Language in Society, 38(2), 233-258.
- Raisanen, C. A. & Fortanet-Gomez, I. (2008b). The state of ESP teaching and learning in western European higher education after Bologna. In Fortanet-Gomez & C. A. Raisanen (Eds.), ESP in European higher education: Integrating language and content (pp. 11-51). Amsterdam: John Benjamins.
- Ramannathan, V. & Kaplan, R. B. (1996). Some problematic 'channels' in the teaching of critical thinking in current L1 compostion textbooks: Implications for L2 student-writers. Issues in Applied Linguistics, 7(2), 225-249.
- Reinhart, S. M. (2002). Giving academic presentations. Ann Arbor: University of Michigan Press.
- Richard, J. C., Platt, J., & Platt, H. (1992). Longman dictionary of language teaching and applied linguistics. London: Longman.
- Richards, J. C. & Schmidt, R. W. (2002). Longman dictionary of language teaching and applied linguistics (3rd. Ed.). New York: Longman.
- Richterich, R. & Chancerel, J. L. (1977). Identifying the needs of adults learning in a foreign language. Oxford: Pergamon Press.
- Ritzen, J. (2004). Across the bridge: Towards an international university. In R. Wilkinson (Ed.), Integrating content and language: Meeting the challenge of a multilingual higher education (pp. 28-40). Maastricht: Maastricht University Press.
- Ritzer, G. (2011). An introduction to McDonaldization. In Ritzer, G., & Atalay, Z. (Eds.), (2011). Readings in globalization: Key concepts and major debates (pp. 383-388). Oxford: Wiley-Blackwell.
- Robertson, R. (2011). Glocalization: Time-space and homogeneity-hetereogeneity. In Ritzer, G., & Atalay, Z. (Eds.), (2011). Readings in globalization: Key concepts and major debates (pp. 334-343). Oxford:

Wiley-Blackwell.

- Robinson, P. C. (1991). ESP today: A practitioner's guide. Hemel Hempstead: Phoenix ELT.
- Rost, M. (1990). Listening in language learning. London: Longman.
- Rumelhart, D. E. (1977). Towards an interacitve model of reading. In S. Domic (Ed.), Attention and performance VI: Proceedings of the sixth international symposium on attention and performance (pp. 573-603). Hillsdale, NJ: Lawrence Erlbaum Associates.
- Rumpus, A. (2009). Giving effective lectures: Transforming information into learning. University of Westminster.
- Saarinen, T. (2012a). Internationalization and the invisible language? Historical phases and current policies in Finnish higher education. In S. Ahola & D. Hoffman (Eds.), Higher education research in Finland: Emerging structures and contemporary issues (pp. 235-248). Jyvaskyla: University of Jyvaskyla.
- Saarinen, T. (2012b). Internationalization of Finnish higher education: Is language an issue? International Journal of the Sociology of Language, 216, 157-173.
- Saarinen, T. & Nikula, T. (2013). Implicit policy, invisible language: Policies and practices of international degree programmes in Finnish higher education.In A. Doiz, D. Lasagabaster & J. M. Sierra (Eds.), English-medium instruction at universities: Global challenges (pp. 131-150). Bristol: Multilingual Matters.
- Salo, L. (2010). English or Swedish? A survey of the language situation in higher education and research. Stockholm: Sprakradet.
- Santos, T. (2001). The place of politics in second language writing. In T. Silva & P. K. Matsuda (Eds.), On second language writing (pp. 173-190). Mahwah, NJ: Lawrence Erlbaum Associates.
- Saville-Troike, M. (1989). The ethnography of communication: An introduction (2nd Ed.). Oxford: Blackwell.
- Schmidt. N. & Carter, R. (2000). The lexical advantages of narrow reading for second language learners. TESOL Journal, 9(1), 4-9.
- Scott, G. (2011). Who has failed Africa?: IMF measures or the African leadership? In Ritzer, G., & Atalay, Z. (Eds.), (2011). Readings in globalization: Key concepts and major debates (pp. 150-156). Oxford: Wiley-Blackwell.
- Scukanec, N. (2003). Overview of higher education and research systems in the Western Balkans. Country report: Croatia. http://www.herdata.org/public/HE_and_Research_in_Croatia_FINAL.pdf.
- Secru, L. (2004). The introduction of Engilsh-medium instruction in universities: A comparison of Flemish lecturers' and students' language skills, perceptions and attitudes. In R. Wilkinson (Ed.), Integrating content and language: Meeting the challenge of a multilingual higher education (pp. 547-555). Maastricht: Universitaire Pers Maastricht.
- Seidlhofer, B. (2011). Understanding English as a lingua franca. Oxford: Oxford University Press.
- Sert, N. (2008). The language of instruction dilemma in the Turkish context. System 36(2), 156-171.
- Shamim, F. (2008). Trends, issues and challenges in English language education in Pakistan. Asia Pacific Journal of Education, 28(3), 235-249.
- Shamim, F. (2011). English as the language for development in Pakistan: Issues, challenges and possible solutions. In H. Coleman (Ed.), Dreams and realities: Developing countries and the English language

(pp. 291-310). London: British Council.

- Shaw, P. & MaMillion, A. (2008). Proficiency effects and compensation in advanced second-language reading. Nordic Journal of English Studies 7, 123-143.
- Shin, J. C., & Harman, G. (2009). New challenges for higher education: Global and Asia-Pacific perspectives. Asia Pacific Education Review, 10, 1-13.
- Shohamy, E. (2013). A critical perspective on the use of English as a medium of instruction at universities. In A. Doiz, D. Lasagabaster & J. M. Sierra (Eds.), English-medium instruction at universities (pp. 196-213). Bristol: Multilingual Matters.
- Shohamy, E. & Donitsa-Schimidt, S. (1998). Attitudes, stereotypes and priorities of Jews towards Arabic and Arabs towards Hebrew. Tel-Aviv: The Stainmintz Center for Peace in the Middle East,Tel-Aviv University.
- Short, D., Fidelman, D., & Louguit, M. (2012). Developing academic language in English language learners through sheltered instruction. TESOL Quarterly, 46(2), 333-360.
- Sinlarat, P. (2004). Thai universities: Past, present, and future. In P. G. Altbach & T. Umakoshi (Eds.), Asian universities: Historical perspectives and contemporary challenges (pp. 201-220). Baltimore, MD: Johns Hopkins University Press.
- Smit, U. (2010). CLIL in an English as a lingua franca (ELF) classroom. On explaining terms and expressions interactively. In C. Dalton-Puffer, T. Nikula & U. Smit (Eds.), Languge use and language learning in CLIL (pp. 259-278). Amsterdam: John Benjamins.
- Snow, M. A. & Brinton, D. M. (1988). Content-based language instruction: Investigating the effectiveness of the adjunct model. TESOL Quarterly, 22(4), 553-574.
- Soderlundh, H. (2010). International university - local language choice. Uppsala: Institution for nordiska sprak, Uppsala universitet.
- Spolsky, B. & Shohamy, E. (1999). The languages of Israel: Policy, ideology and practice. Clevedon: Multilingual Matters.
- Spooner-lane, R., Tangen, D., & Campbell, M. (2009). The complexities of supporting Asian international pre-service teachers as they undertake practicum. Asia-Pacific Journal of Teacher Education, 37(1), 79-94.
- Steger, M. B. (2009). Globalization: A very short introduction. New York: Oxford University Press.
- Stridt-Lopez, B. (1991). Tying it all in: Asides in university lectures. Applied Linguistics, 12(2), 117-140.
- Strubell, M. (1996). How to preserve and strengthen minority languages. Accepted for International Ivar Aasen Conference, Barcelona.
- Stryker,S. & Leaver, B. (1997). Content-based instruction in foreign language education: Models and methods. Washington, D.C.: Georgetown University Press.
- Sun, J. & Xu, B. (2012). Discussion on the factors influencing the effect of bilingual teaching in Chinese universities and contermeasures. Higher Education of Social Science, 2(3), 27-31.
- Sursock, A. & Smidt, H. (2010). Trends 2010: A decade of change in European higher education. Brussels: European University Association.

- Sutarsyah, C., Nation, P., & Kennedy, G. (1994). How useful is EAP vocabulary for ESP? A corpus based study. RELC Journal, 25(2), 34-50.
- Swain, M. (1985). Communicative competence: Some roles of comprehensible input and output in its development. In S. Gass & C. Madden (Eds.), Input in second language acquisition (pp. 235-256). Rowley, MA: Newbury House.
- Swales, J. (1988). Discourse communities, genres and English as an international language. World Englishes, 7(2), 211-220.
- Swales, J. (1981). Aspects of article introduction. Aston Research Report No. 1. Birmingham: The University of Aston, Language Studies Unit.
- Swales, J. (1990). Genre analysis: English in academic and research settings. Cambridge: Cambridge University Press.
- Swerts, S. & Westbrook, P. (2013). Preparing students and lecturers for English medium instruction at the University of Copenhagen. Sprogforum, 56, 71-78.
- Symon, M. (2012). Drawing the line: A study of the communication and language needs of accounting, business and economics students in a tertiary EFL context. Doctoral thesis, Institute of Education, University of London.
- Symon, M. & Weinberg, L. (2015). Introducing EMI instruction in an EFL context: Can the integration of content and language in higher education improve students' English proficiency? In R. Wilkinson & M. L. Walsh (Eds.), Integrating content and language in higher education (pp. 309-322). Frankfurt am Main: Peter Lang.
- Tatzl, D. (2011). English-medium masters' programmes at an Austrian university of applied sciences: Attitudes, experiences and challenges. Journal of English for Academic Purposes, 10(4), 252-270.
- Tauroza, S. (2001). Second language lecture comprehension in naturalistic controlled conditions. In J. Flowerdew & M. Peacock (Eds.), Research perspectives on English for academic purposes (pp. 360-374). Cambridge: Cambridge University Press.
- Tayjasanant, C. (2016). Codeswitching in universities in Thailand and Bhutan. In R. Barnard & J. McLellan (Eds.), Codeswitching in university English-medium classes: Asian perspectives. Bristol: UK. Multilingual Matters.
- Teichler, U. (2004a). The changing debate on internationalilzation of higher education. Higher Education, 48, 5-26.
- Teichler, U. (2004b). Higher education and the world of work: Conceptual framework, comparative perspectives, empirical findings. Rotterdam: Sense Publishers.
- Teichler, U. (2009). Inernationalization of higher education: European experiences. Asia Pacific Education Review, 10(1), 2-7.
- Toh, G. (2016). English as medium of instruction in Japanese higher education: Presumption, mirage, or bluff Tokyo: Palrave MacMillan.
- Tollefson, J. W. (1991). Planning language, planning inequality. London: Longman.
- Tosi, A. (2008). The Language situation in Italy. In R. B. Kaplan & R. B. Balfauf Jr. (Eds.), Language planning

and policy, Europe, Vol. 3 (pp. 262-350). Clevedon: Multilingual Matters.

- Toulmin, S. E. (2003). The use of argument. Cambridge: Cambridge University Press.
- Truchot, C. (2002). Key aspects of the use of English in Europe. Strasbourg: Council of Europe.
- Turner, B. S. (2011). The McDonald's mosaic: Glocalization and diversity. In Ritzer, G., & Atalay, Z. (Eds,). (2011). Readings in globalization: Key concepts and major debates (pp. 389-392). Oxford: Wiley-Blackwell.
- University of Southern California. (2004). The Center for Excellence in Teaching.
- Unterberger, B. (2012). English-medium programmes at Austrian business faculties: A status quo survey on national trends and a case study on programme design and delivery, In R. Manchon (Ed.), AILA Review: Integrating content and language in higher education Vol. 25 (pp. 80-100). Amsterdam: John Benjamins.
- Usher, A., & Savino, M. (2007). A global survey of university ranking and league tables. Higher Education in Europe, 32(1), 5-15.
- Valimaa, J., & Hoffman, D. (2008). Knowledge society discourse and higher education. Higher Education, 56, 265-285.
- Van der Wender, M. (2007). Internationalization of higher education in the OECD countries: Challenges and opportunities for the coming decade. Journal of Studies in International Education, 11(3/4), 274-289.
- Van Leeuwen, C. (2003). Multilingual universities in Europe: Models and realities. In C. Van Leeuwan & R. Wilkinson (Eds.), Multilingual approaches in university education (pp. 576-84). Maastricht: Universiteit Maastricht Uitgeverij Valkhof Pers.
- Van Splunder, F. (2010). English as a medium of instruction in Flemish higher education: Language and identity management in a Dutch-speaking context. Lancaster, UK: Lancaster University dissertation.
- Van Til, C. & van der Heijden, F. (1998). PBL study skills: An overview. Maastricht: Maastricht University.
- Viereck, W. (1996). English in Europe: Its nativisation and use as a lingua franca, with special reference to German-speaking countries. In R. Hartmann (Ed.), The English language in Europe (pp. 16-24). Exter: Intellect.
- Vinke, A. A. (1995). English as the medium of instruction in Dutch engineering education. Delft: Delft University of Technology.
- Vinke, A. A., Snippe, J., & Jochems, W. (1998). English-medium content courses in non-English higher education: A study of lecturer experiences and teaching behaviors. Teaching in Higher Education, 3(3), 383-394.
- Vogt, M. E. (2000). Content learning for students needing modifications: An issue of access. In M. McLaughlin & M. E. Vogt (Eds.), Creativity and innovation in content area teaching: A resource for intermediate, middle, and high school teachers. Norwood, MA: Christopher Gordon Publishers.
- Vogt, M. E. (2002). SQP2RS: Increasing students' understandings of expository text through cognitive and metacognitive strategy application. Paper presented at the 52nd Annual Meeting of the National Reading Conference.
- Vogt, M. E. & Echevarria, J. (2008). 99 ideas and activities for teaching English learners with the SIOP model. Boston: Allyn & Bacon.

• Vygotsky, L. (1978). Mind and society: The development of higher psychological processes. Cambridge, MA: Harvard University Press.

• Wachter, B. & Maiworm, F. (2008). English-taught programmes in European higher education. The picture in 2007. Bonn: Lemmens.

• Walker, A. W. (2010). Language diversity and classroom dialogue: Negotiation of meaning by students in an internationalised postgraduate classroom. Unpublished doctoral dissertation. Griffith University, Asutralia.

• Wang, H. (2009). University rankings: Stauts quo, dilemma, and prospects. Chinese Education and Society, 41(1), 42-55.

• Wang, Q. (2007). The national curriculum changes and their effects on English language teaching in the People's Republic of China. International Handbook of English Language Teaching, 15(1), 87-105.

• Wastiau-Schluter, P. (2005). Foreign language learning: A European priority. Eurydice in brief. Brussels: EURYDICE.

• Waters, M. (2011). McDonaldization and the global culture of consumption. In Ritzer, G., & Atalay, Z. (Eds,). (2011). Readings in globalization: Key concepts and major debates (pp. 389-392). Oxford: Wiley-Blackwell.

• Weinberg, L. (2010). A contextual study of language-learner autonomy and motivation in a technology enhanced EAP course. Doctoral dissertation, University of Reading.

• Wenger, E. (1998). Communities of practice: Learning, meaning, and identity. Cambridge: Cambridge University Press.

• West, M. (1953). A general service list of English words. London: Longman, Green & Co. West, R. (1994). Needs analysis in language teaching. Language Teaching, 27(1), 1-19.

• Widdowson, H. G. (1983). Learning purpose and language use. Oxford: Oxford University Press.

• Widdowson, H. G. (1990). Aspects of language teaching. Oxford: Oxford Unversity Press.

• Widdowson, H. G. (2004). Text, context, pretext: Critical issues in discourse analysis. Malden, MA: Blackwell.

• Wiesemes, R. (2009). Content and language integrated learning: Evidence from research in Europe. Clevedon: UK. Multilingual Matters.

• Wilkins, D. A. (1976). Notional syllabuses: A taxonomy and its relevance to foreign language curriculum development. London: Oxford Unversity Press.

• Wilkinson, R. (2005). The impact of language on teaching content: Views from the content teacher. Maastricht: Maastricht University Press.

• Wilkinson, R. (2005a). Effective design in integrated content and language learning: Factors, challenges, opportunities. In J. Alam (Ed.), Faculty academic English proceedings of sixth annual symposium (pp. 2-16). Ankara: Bilkent University.

• Wilkinson, R. (2008a). English-taught study courses: principles and practice. C. Gnutzmann (Ed.), Engilsh in academia: Catalyst or barrier? (pp. 169-182). Tubingen: Guner Narr.

• Wilkinson, R. (2008b). Locating the ESP space in problem-based learning: Engilsh-medium degree programmes from a post-Bologna perspective. In I. Fortanet-Gomez & C. Raisanen (Eds.), ESP in European higher education (AALS 4) (pp. 55-73). Amsterdam: John Benjamins.

- Wilkinson, R. (2010b). What if all business education were in English, would we notice the difference? Paper presented at Language in Business Education. Brussels.
- Wilkinson, R. (2013). English-medium instruction at a Dutch university: Challenges and pitfalls. In A. Doiz, D. Lasagabaster & J. M. Sierra (Eds.), English-medium instruction at universities: Global challenges (pp. 3-24). Bristol: Multilingual Matters.
- Wilkinson, R. & Zegers, V. (2006). Bridging the assessment gap in English medium higher education. Nijmegen: AKS-Verlag Bochum.
- Wong, M. S., & Wu. S. F. (2011). Internationalization of higher education in East Asia: Issues, implications, and inquires. In Palmer, J. D., Roberts, A., Cho, Y. H., & Ching, G. S. (Eds.). The Internationalization of East Asian higher education: Globalization's impact (pp. 197-213). New York: Palgrave Macmillan.
- Wood, A. & Head, M. (2004). Just what the doctor ordered: The application of Wright, S. (2004). Language policy and language planning: From nationalism to globalisation. Houndmills, Basingstoke & New York: Palgrave Macmillan.
- Xue, G. & Nation, I. S. P. (1984). A university word list. Language Planning and Communication, 3, 215-229.
- Yamada, M. (2015). The role of English teaching in modern Japan: Diversity and multiculturalism through English language education in globalized era. London: Routledge.
- Yamagami, M. & Tollefson, J. W. (2011). Elite discourse of globalization in Japan: The role of English. In P. Seargeant (Ed.), English in Japan in the era of globalization (pp. 15-37). London: Palgrave Macmillan.
- Yang, H. Z. (2010). EAP in China: Retrospect, state of arts and prospect. Paper presented at the Chinese ESP Forum. Beijing, China.
- Yediyiliz, B. (Ed.). (2003). Dil, kultur ve cagdaslasma [language, culture and civilization]. Ankara: Hacettepe Universitesi Staturk Iikeleri ve Iinkilap Tarihi Enstitusu.
- Young, D. (1999). Affect in foreign language and second language learning. Boston, MA: MaGraw Hill.
- Zappa-Hollman, S. (2007). Academic presentations across post-secondary contexts: The discourse socialization of non-native English speakers. The Canadian Modern Language Review, 63(4), 455-485.
- Zonneveld, M. (1991). Studying in English-medium, multicultural situations. Wageningen, University of Agricultural Sciences, Department of Agricultural Educational Theory.
- Zohoorian, Z. (2015). A needs analysis approach: An investigation of needs in an EAP context. Theory and Practice in Language Studies, 5(1), 58-65.
- Zulfigar, I. (2012). The effects of the interaction between monomodal and multimodal text on language performance in Pakistan ESL context: A longitudinal case study. Unpublished dissertation, National University of Modern Languages, Islamabad, Pakist (Endnotes)

색인.

색인

ㄱ

ㄴ

ㄷ

ㅈ

ㅊ

ㅋ

ㅌ

ㅎ

B

C

E

O

P

S

T

W

고등교육기관들의 학문목적 영어강의: 사례 및 원리

초판 발행일 2018년 9월 3일

저 자 박준언
발행인 황준성
발행처 숭실대학교 지식정보처 중앙도서관
등 록 제14-2호(1982. 1. 25)
서울 동작구 상도로 369
전 화 02-820-0772
팩 스 02-817-5297
홈페이지 http://press.ssu.ac.kr
디자인 · 인쇄처 루시드-i (02-2275-5756)
값 18,000 원

ISBN 978-89-7450-387-1 (93740)

* 이 책은 저작권법에 따라 보호받는 저작물이므로 무단전재와 무단복제를 금지하며, 이 책의 내용의 전부 또는 일부를 이용하려면 반드시 저작권자의 서면 동의를 받아야 합니다.

* 잘못된 책은 바꾸어 드립니다.